神秘主义的学理源流

普罗提诺的太一本原论研究

道与理

陈越骅 著

二〇一九·北京
商务印书馆

本书出版承蒙以下基金资助：
浙江大学董氏文史哲研究奖励基金
浙江大学"中央双一流专项：一流骨干基础学科（哲学）"经费

序

古希腊哲学是整个西方哲学的源头和初始阶段。古希腊哲学思想自20世纪初大量传入中国，逐渐成为中国现代学术研究的一个重要领域，成为现代中国哲学发展的重要思想资源。改革开放以来，中国学者在该领域的研究有了长足的发展。其主要表现为：努力翻译和整理古希腊哲学典籍；在全球化的大趋势下，结合中国当下处境，对古希腊哲学文本做出新的诠释和阐发，提出了一系列重要的理论见解。近年来，从事古希腊哲学研究的中国学者不断进行方法论的反思，部分学者又提出要用发生学的方法进一步深化对古希腊哲学文本的解读。陈越骅是持有这种观点的青年学者之一。他的近著《神秘主义的学理源流——普罗提诺的太一本原论研究》是尝试发生学方法的一项成果。

陈越骅君，生于1982年，本科毕业于华南理工大学，2005年进入清华大学哲学系，攻读外国哲学专业硕士学位，2008年硕博连读，转为攻读博士学位，2011年毕业，获得哲学博士学位，同年赴浙江大学人文学院做博士后研究，两年后出站，留校任教，现任浙江大学人文学院副教授。

陈越骅的这本近著以古希腊晚期大哲学家普罗提诺为研究对象。我知道，陈越骅的博士论文写的也是普罗提诺。然而，时间过了六年，我看到他以博士后期间的研究为基础，把他的博士论文修改得"面目全非"，不仅在形式结构上有很大变动，而且在思想内容上有全面的深化，称之为一本"新著"并不为过。

陈越骅在书中指出：在西方思想史上，普罗提诺是古希腊罗马哲学传统最后一位大师级人物，对欧洲乃至周边文明的哲学和宗教的思想进程有深远的影响。在他的形而上学体系中，"太一"是最高顶点，是存在之源，是万物的本原，又是万物的终极目的，因而也是他的哲学孜孜以求的智慧终点。从源流上看，他的"太一"是对希腊哲学"什么是万物的本原"问题的回答，是前苏格拉底哲学以来的本原论传统的绝唱。从影响上看，他形成了完整的哲学体系，被誉为新柏拉图主义创始人，他的太一学说是基督教等宗教神秘主义的重要理论来源。

探索普罗提诺的神秘主义思想是陈著的重点。陈越骅指出：前人对本原的探索已经为普罗提诺准备了一个无所不包的层级体系的框架。最初的古希腊哲学家探讨了"物质的本原"，也提出了相对并被认为更高级的"非物质的秩序本原"，区分开了思维与存在两个世界。这种探究世界万物起源的方式成为一种哲学"一元二分论"的雏形，融入了柏拉图主义并得以一直延续。自然哲学家的秩序本原"逻各斯"、柏拉图的理念世界、亚里士多德的"思考自我"的神在普罗提诺的体系中被综合成包含纯粹"思维"和"存在"的理智本原（"努斯"）。但其本性还是"杂多的"，需要具有更高"统一性"的本原。因此，普罗提诺在借鉴和批判前人的基础上总结提出了超越的而又遍在的"那个一"——太一。这是他的理论贡献，也是神秘主义的肇端。

揭示普罗提诺思想体系是普罗提诺研究的难点。陈越骅吸取了以往中外学者的研究成果，对普罗提诺思想体系做了清晰的呈现。他指出：普罗提诺既肯定太一是真正的终极实在，又认为它是超越思维而不可言说的对象，这种"言说不可言说者"的矛盾就是神秘性的原因。在普罗提诺看来，太一必然具有"无限定"的本性，超越一切"有限定"的存在者，其超越性导致了我们不能简单说它"是什么",而只能用"非是"的方式来描述它。它的名称有"太一""潜能""第一者""至善"等,它们都指称太一,但并不正面谓述它的本性,只是分别代表它在万物中产生的不同效果。名称指称的太一的"面相",互相依赖创造,不是一个时间上从无到有的"创世纪"。太一或至善潜在包含万物,因而是绝对充实的、完满的无限者,而物质或恶不是实体而是绝对缺乏的无限者。在太一和万物的关系上,普罗提诺认为,万物都出自同一个本原,因此它们的完善就在于欲求同一个至善,从而万物存在的等级也就是善的等级。因此,在太一与人的关系上,或者说"伦理学"上,人的灵魂必须欲求更高的善(美德、知识、智慧等)以至至善,否则就会堕落到更低层次的本体论层次并进入恶的境地。既然存在与善的源头是统一的,普罗提诺的太一学说也统一了"实然"和"应然"这两个维度。追求太一的终点超越了理智思考,而必然是一种存在者与存在本原的"相遇",是超越语言描述的"体认",是灵魂同化于大全的"转变",是对本己身处其中的永恒的"觉醒"。这就是通过爱智慧的哲学旅途到达"神秘"的道路。

就在陈越骅博士毕业的那一年,我在一篇文章中说:"从上世纪 30 年代开始中国学者对希腊哲学进行独立研究以来,中国学者基本上掌握了古希腊哲学的精髓,形成了自己相对独立的、有别于欧美学者的系统见解,并向世人奉献了完整的中国版的'希腊哲学史'。可以说,中国学者在中国文化与希腊文化的双向交流中,已经完成了把'希腊哲学'本土化或中国化的过程。我相信在今后的岁月中,中国学者将更多地走上国际学术舞台,在与各国学者的交流中不断提高自己的水平,弥补自己的不足,在希腊哲学研究这块全球'公共领地'上,更多地留下中国学者的印记。"[①] 在陈越骅的

---

① 王晓朝:《中国学术界的晚期希腊哲学研究》,《中国社会科学》2011 年第 1 期。

这本新著中，我也看到了这种理论自觉和理论自信。

最近几年，我和包括陈越骅在内的多名青年学者合作，撰写五卷本的《古希腊罗马伦理思想史》（北京市社会科学基金重大项目，编号：14ZDA 14），从事"古希腊哲学术语数据库建设"（国家社会科学基金重大项目，编号：15ZDB 025）。我相信，在这样的合作研究中，陈越骅等青年学者一定能够取得更大的进步！

王晓朝

2017 年 10 月 1 日

目 录

导　言 1

第一章　普罗提诺与《九章集》..10
第一节　普罗提诺的生平................................10
第二节　《九章集》的来源及编撰........................21
第三节　学术传统与解释范式的转换......................25
第四节　附论：关于"太一"的译名........................57

第二章　普罗提诺形而上学的基石......................................60
第一节　"本体"（ὑπόστασις）是什么？...................63
第二节　"本原"（ἀρχή）是什么？........................79
第三节　"努斯"（νοῦς）是什么？........................97
第四节　本原—映像的探究结构..........................107

第三章　新柏拉图主义的本体论......................................109
第一节　εἶναι 和 ὄν：万物的双重结构...................111
第二节　οὐσία：形而上的本质..........................125
第三节　ὄντως：本然状态..............................137
第四节　思维与存在....................................139

第四章　太一本原论的历史源流......................................143
第一节　前苏格拉底哲学家的开创........................145
第二节　柏拉图主义传统的建构..........................167
第三节　新柏拉图主义的升华............................200

第五章　神秘之因：言说不可言说者..................208
- 第一节　太一的超越性和不可言说性..................210
- 第二节　太一的名称及其面相..................216
- 第三节　太一、全能、第一、至善..................219
- 第四节　诸原因的统一者..................227

第六章　秩序之因：万物皆来自本原..................232
- 第一节　先后秩序：在后者必然来自第一者..................233
- 第二节　一多秩序：杂多者必然来自单纯者..................239
- 第三节　生成秩序：不完美者必然来自完美者..................243
- 第四节　思的秩序：思想者必然来自不思者..................253
- 第五节　因果秩序：有原因者必然来自自因者..................259

第七章　复归之因：万物皆欲求至善..................263
- 第一节　超越而又遍在的双向图景..................263
- 第二节　生成的"是"的等级体系..................272
- 第三节　价值的"善"的等级体系..................280
- 第四节　本原和至善的统一..................285
- 第五节　通达太一的两条道路..................292

第八章　尾声..................300
- 第一节　主之以太一：一之义..................300
- 第二节　一与万物：本原之理..................303
- 第三节　一于太一：审美之人..................315
- 第四节　未尽之意..................322

参考文献..................331
后　记..................347

导　言

"神秘主义"（Mysticism）并不神秘。西方神秘主义具有漫长的历史，不断地被人阐发、研究，甚至实践，这说明这些关于思想或行动的学说具有共性并且可以被人用理性辨识和理解。[①] 泛泛而言，在宗教思想史或哲学方面，它特指某种那些认为至高真理不可被人类的理性认识而只有通过神启、直接意识、灵性内观，或者合一体验等途径认识的学说。因此，神秘主义严肃地与人的终极关怀紧密联系在一起，并不是对任何神秘的现象作轻率的接纳，而是对自我有限性的不断超越，对万事万物背后更普遍、更根本、更高尚的存在的探寻。其"神秘性"主要是针对认识真理的方法、途径是否向人的理性完全敞开而言。

从"神秘主义"的英文词源上看，后半部分的"-ism"是指"主义""学说"；而前半部分是词义的核心，它源自拉丁语 *mysterium*，再追溯是希腊语的 μυστήριον，指"神秘之事""秘仪"，再追溯是 μυέω，指"初学""教导"，再往前则是 μύω，指"遮蔽、闭眼、闭嘴"。仅从词源历史看，μύω 是使得事物被遮蔽，而遮蔽的事物是眼睛看不见的，因而是难以认识的；闭上眼睛则是为了主动经历某段即将到来的经历；不开口说话，则是秘

[①] 参见王晓朝：《神秘与理性的交融：基督教神秘主义探源》，杭州大学出版社1998年版。在跨文化视野中，"神秘主义"并非西方独有，而是东西方诸多宗教、哲学中普遍存在的现象。

密的、不对外公开的。古希腊自古有洞穴祭祀的传统,而且在公共祭祀之外,希腊人流行在山洞中举办"秘仪",既是初学者入教的仪式,又是对外秘密的教导,这种民间秘密宗教一般是指狄奥尼索斯-俄耳甫斯教。最有名的是"厄琉息斯秘仪"(Eleusis),据说是模拟死亡与再生的体验。① 因此,μνέω 就是"初学"或者"初次被教导",特指参加秘仪、开始神秘体验。从该词文本出处看,公元前5—前4世纪的古希腊阿提卡的演说家安多西德(Andocides)就使用过,柏拉图也使用过,并在《书信》第七封信(333E)介绍过秘仪,都是指出陌生人通过参加秘仪而结成亲密的朋友关系。② 也就是说秘仪可以是许多人一同参与的,类似于现代许多宗教组织或世俗的兄弟会、姐妹会的秘密入会仪式。更进一步,μυστήριον(常常是复数形式)则是指这种秘密仪式。公元前6世纪的赫拉克利特是有据可循的第一个提到这个词的人,可见其历史悠久。③ 这个词到了公元1世纪的早期基督教则转义成指"上帝所启示的宗教真理"。④ 所以,西方古代神秘主义的具体内涵在不断演化和发展,从特指某一种宗教仪式到泛指对人而言是秘密的、被遮蔽的、需要去遮蔽地获得启示和教导的至高真理。

"西方神秘主义之父"——过去的学者曾如此评价普罗提诺的地位。普罗提诺也因神秘主义而为中国学者所知,例如,钱锺书先生以20世纪初的法国神秘主义大家白瑞蒙的著作为起点,在追溯德国诗歌浪漫派的传统到普罗提诺之后,他写道:"普罗提诺

---

① 王晓朝:《希腊宗教概论》,上海人民出版社1997年版,第164—167页。

② 关于词源文本出处参见 Henry George Liddell et al., *A Greek-English Lexicon*, Oxford: Clarendon Press, 1968。

③ 残篇14,"夜行者、魔术师、巴库斯的祭司、酒神的女祭司,秘仪参加者。这些人们参加的秘仪是不神圣的。"参见 W. H. S. Jones tran., *Heraclitus on the Universe,* in the Loeb Classical Library, Cambridge: Harvard University Press, 1931, pp.506-507。

④ 具体文本分析参见王晓朝:《神秘与理性的交融:基督教神秘主义探源》,第149页及下。

者，西方神秘主义之大宗师，其言汪洋芒忽，弃智而以神遇，抱一而与天游，彼土之庄子也。"然而，他在文后几次补遗中又提出神秘主义语言自相矛盾、"浑然莫省"，例如为何上帝或道"超越"而又"遍在"，"多名"而又"无名"，"似有色相"而又"无可方物"，这些问题该作何解？再者，普罗提诺真的"绝圣弃智"——背弃柏拉图的"理念"——独自提出"一"而只求"与神合"吗？[①] 解读普罗提诺神秘主义之谜，对于中西人文学术的进展都具有重要意义。其实，西方神秘主义并非断然开始于普罗提诺，上述说法只是表明他对这一传统起了学理总结性的承上启下作用。[②] 如果我们区分基督教神秘主义与之前西方传统的神秘主义两个时期，那么"普罗提诺的思想体系是古代神秘主义的典范"[③]。虽然历史上神秘主义流派众多，意见纷纭，很难精准建立起追溯到普罗提诺的起源谱系，但是我们认为他之为神秘主义的滥觞主要集中在其关于最高本原的"太一学说"上，值得我们回到他的思想本身、回到他的文本本身去认识和理解。[④]

每个研究普罗提诺的学者都必须首先面对并在某种程度上理解和把握他的哲学体系的核心：太一。无论研究他的哲学的哪一

[①] 以上参见钱锺书：《谈艺录》（第二版），生活·读书·新知三联书店 2007 年版，第 675—677 页。

[②] 20 世纪早期的西方文化中，许多人提起普罗提诺就想到他是个神秘主义者，然而严肃的学术研究很早就已经在逐渐避免这种片面的看法，参见 John M. Rist, *Plotinus: The Road to Reality*, Cambridge: Cambridge University Press, 1967, p.16. 不论如何，对普罗提诺的这种刻板印象至今也很难在短时间内消散。我们认为普罗提诺为后世各种文化和类型的神秘主义提供了"学理"上的源泉，但"神秘主义"并不能够概括他的学说本身，从其源头看，它又是古希腊哲学，特别是"本原论""柏拉图主义"和"理智主义"等传统的高峰和绝唱。

[③] 王晓朝：《神秘与理性的交融：基督教神秘主义探源》，第 233 页。

[④] 对于从后世神秘主义的角度看待普罗提诺的"神秘"，我们放到第八章处理，因为在讨论完太一的本性之后，其"神秘性"也就水到渠成地得以解决。普罗提诺更多地提供了一种神秘主义（传统）的学理解释，而不是一种宗教。另外，王亚平教授很好地从人类宗教发展史的角度区分了普遍的"神秘宗教""宗教的神秘主义"以及"神秘感"，参见王亚平：《基督教的神秘主义》，东方出版社 2001 年版，第 1—33 页。

个方面、哪一个部分都绕不过对"太一是什么"这个问题的解答。《九章集》的选译和注释者奥布赖恩（O'Brien）对此有个形象的描述。他说："任何想要成功理解普罗提诺的人都必须方方正正地端坐在太一这个概念之前。"① 诚然，翻开每一本哲学史，凡是有提到普罗提诺的部分，其他概念都可能被省略，唯独太一必定有这样或者那样的介绍。全面研究普罗提诺哲学的专著里，通常要么在第一个重要章节，要么在最后一个重要章节，太一是绕不过去的主角。在西方哲学历史发展的长河之中，如果每位先哲都可以用一个概念作为其独特的象征，那么普罗提诺的代名词就是"太一"。而在这条长河之中，要为他的太一找到一个合适的定位，我们认为那就是"万物的最高本原"。

在其著作《九章集》之中，几乎每一篇稍具分量的文章都必然有太一的痕迹。它要么是所有论证的最终依据和源头，要么是所有概念论证的最终归属。在普罗提诺哲学的内在逻辑中，一切由太一开始，解开层层谜团，一切又复归于太一。它或者被称之为"至善"，或者被更多差异甚大的名称所指称，例如，"第一者""那个超越'存在'者""万物的潜能""一切之王""理智之父""神"② 等。然而普罗提诺却告诉我们，这些名字，甚至任何语言都不能够谓述太一。普罗提诺认为这个太一就是柏拉图在《国家篇》中所说的超越知识之上的"至善"，也是《巴门尼德篇》中的"一"本身。但这个学说却不明显见于柏拉图的对话中。相比之下，普罗提诺的这个超越的太一也超越了亚里士多德形而上学中最高本原"思自身的神"，因为根据普罗提诺的看法，前者

---

① Elmer O'Brien, *The Essential Plotinus: Representative Treatises from the Enneads*, New York: New American Library, 1964, p.18. 奥布赖恩借用的是吉尔森教授（Gilson，法国著名哲学史家，法兰西学院成员）的名言，大意是：面对历史上的哲学概念，就如画家面对他的对象，最终成功有赖于从正确的角度进行审视，而最开始不过就是要在正确的地方摆放上他的椅子。

② 对于普罗提诺，"神"可用于泛指一切"无死/不朽"的事物，用于强调神圣性。

不思因而是绝对单纯的,而后者内部还有"思"和"被思"带来的杂多性。[1]因此普罗提诺的太一学说带着浓厚的历史背景,若不以此为基础,则难以回答普罗提诺"为什么提出太一学说?"以及"太一是什么?"的问题。

需要特别澄清的是,"太一"并不是指称这个最高本原的唯一专名,就像"宙斯"就专指奥林匹斯最高的主神,相反,它只是普罗提诺最常用于指称这个最高本原的名称之一,借以区别其他事物而已。所以本书研究普罗提诺的太一学说并不是研究普罗提诺如何看待数字的"一",或者与"多"相对的"一"的范畴,或者"统一性"这一概念(虽然这些都与"太一"这个名称有关系),而是研究普罗提诺关于"万物的最高本原"的学说。因为约定俗成,我们也通常用"太一"称呼这个最高本原。

太一的诸多名称仿佛编织起层层迷障,让它更显得扑朔迷离,实际上,太一的本性与其名字"一"给读者留下的简单的第一印象相差甚远。太一是普罗提诺思想最大的谜。解开这个谜也将对普罗提诺研究、晚期希腊哲学史、神秘主义宗教思想史研究有重要意义。

格尔森(Gerson)教授在《剑桥普罗提诺指南》[2]开篇就指明了普罗提诺研究的困难之处:(1)普罗提诺的思想不能简单按传统的哲学范畴进行分类,例如分为形而上学、认识论、伦理学等;(2)虽然普罗提诺有一些基本的哲学概念,但是他的写作不是系统的,各种思想经常混杂在一起不易区分;(3)他的思想深深植根于悠长而又复杂的传统之中,如果没有对他叙述的语境有一个基本的认识,只会造成对他思想的扭曲。

首先,从什么哲学维度去理解"太一"是一个仁者见仁智者

---

[1] 这个"思自身的神"被称为νοῦς,一般翻译为"理智",普罗提诺用以指称太一之后的第二个本原。本书根据论证需要翻译为"理智"或"理思"。具体见第二章第三节。

[2] Lloyd P. Gerson, *Plotinus*, New York: Routledge, 1994, p 2.

见智的选择，本书不可能穷尽所有角度。就如大多数研究者所认同的，对太一的理解首先必须是形而上学的，本书亦注重选择这个角度。其次，太一必然是普罗提诺哲学体系中的核心，但是本书并不打算巨细无遗地重构整个体系，而是集中研究相对独立的太一学说。最后，本书并不追求注疏式地穷尽太一学说的所有文本来源，而是专注于梳理和阐明普罗提诺本人承认的太一学说的历史源流。一是因为文献来源的研究已经有很多丰富的成果（如H-S[1]第三册附录），二是这更多属于西方古典文献学的研究范畴。

我们的主要研究方法可以说是"文本分析"和"发生学"的方法，采取从最基本的术语到章句再到论证和思想的分析过程。由于《九章集》文字的艰深有别于一般古典哲学经典，因此研究第一步乃是知道它在说什么，如无法理解原文就无法通达其自身蕴含的哲学思想并诠释出来。翻译本身就已经是一种诠释。澄清重要术语的用法就是在理论探索道路上澄清普罗提诺哲学的第一步。本书围绕"太一是什么"这个问题挖掘和梳理相关概念和论证的关联，最终旨在揭示太一的哲学意义。

除了本篇导言外，本书分为八章。第一章交代研究背景，包括对普罗提诺的生平及《九章集》成书经过进行介绍，最后对本领域研究做了简略的学术综述。普罗提诺的学生波菲利所撰写的《生平》几乎已经成为《九章集》的有机组成部分，通过对该文的归纳，本章间接为正文的诠释提供了支援性知识。研究综述部分总结了三种主要的研究范式，并提出了学界在太一学说研究中最具争论的几个问题。

笔者认为，中文学界研究普罗提诺的另一个困难还包括希腊语和汉语之间的翻译要比希腊语和英语之间的翻译困难得多。英语译本的版本虽多，但是因为印欧语言间的亲缘性、词汇对等转换的简易性、来自拉丁文的传承性和德法等语言的比较性等，它们的译词趋于统一。因此，本书第二章澄清了普罗提诺形而上学的基础概念，讨论了相关术语（本体、本原、努斯）的辨识、理解和翻译问题，并以期为之后的讨论阐明他的哲学基本框架。我们特别澄清了普罗提诺是否有"三个本体"（Hypostases）的问题，并把太一、理智和灵魂三者重新放入本原论的框架。接着笔者回顾了"本原论"的历史，特别是讨论了亚里士多德对"本原"的看法，以界定"本原"的定义。第三章以"是"的相关译词的选择为切入点，讨论了新柏拉图主义的本体论框架，关注普罗提诺"存在/是"的用法。最后结合上一章对思维与存在的关系做检讨。

第四章通过诠释普罗提诺本人对古代作者的集中引述来回答"为什么设立太一"的问题。除了对《九章集》相关文本做注疏和解释外，本章还按年代顺序引用古代作者原文两相对比，从而梳理了希腊本原论的源流及在普罗提诺那里的吸收和改造。

在前面各章基础上，第五章将回答"太一是什么"的问题，从而也解释了为什么太一被看作是"神秘"的原因。从思想史的角度我们看到太一学说源头的驳杂，同时这种复杂的情况也体现在太一的多个名称上。太一其实是多方面的本原的统一体，这些本原对应太一不同的名称。我们对这些名称与太一作为"一自身"构成的理论张力进行解释。太一的本性"无限"，不可以用"是什么"谓述，超越了其他有限的万物，因此具有"不可言说性"。不同名称对应的"面相"和认识论的"否定法"就构成了太一学说的主要理论框架。太一为顶端，衍生出万物，彼此的辩证统一构建了一个大全式的等级体系，组成了太一学说的主要图景内容。有了这个解释的图景，我们将在第六章进一步探讨太一对万物的作用以及万物的存在论秩序。第七章则是讨论在存在论图景下普罗提诺的伦理价值论，即人为何需要以及如何复归太一，从而达到与太一合一的终极目标。太一作为"本原"和"至善"构建起来了两个互相联系又互有差别的"等级体系"。这又涉及太一自身"无限"本性的辨析、生成的原理、太一的可知性等问题。对不可言说的太一的认识需要采用"否定"到"神秘直觉"的认识方法。

最后一章，笔者对前面各章的分析又做了统合与总结，并以此为基础尝试阐发太一本原论的哲学与哲学史意义，与中国哲学做了跨文化比较。笔者还特别从美学、幸福论、人生哲学、美德知识论等角度谈了神秘的"与太一合一"如何解释的问题。笔者抛砖引玉地提出，普罗提诺的哲学还有许多学术难题和丰富的智慧宝藏等待我们处理和挖掘。

在跨文化研究视野中，普罗提诺身处古代晚期地中海多元文化格局，一方面他作为柏拉图主义的自觉继承者，受到了古典哲学，特别是柏拉图思想的强烈导向，另一方面他需要回答当时流行的宗教氛围提出的实践问题。普罗提诺所阐明的"神秘"并非毫无道理的迷信或者独断的迷思，而是基于哲学传统推演的理论结果，因而具有伦理学、本体论、认识论等重要的洞见。

最后交代一下本书所引古代文献。本书所引《九章集》希腊文来自亨利（Henry）和施维泽（Schwyzer）的考订版（1951—1973，1964—1982），英译文主要取自阿姆斯特朗（Armstrong，1966—1988）的七卷本全集，所有中译文都是笔者自译。常见术语借鉴国内已有研究成果，而重要的术语若采用新译法，笔者将在使用过程中加以注释。引文格式遵从学界惯例，采用"章、篇、段、行"的方式在引文后加括号注明，例如"（V.1.2.3）"表示《九章集》"第五个九章，第1篇，第2段，第3行"。前苏格拉底哲学家著作残篇引用自第尔斯所编辑的《前苏格拉底残篇》（*Die Fragmente der Vorsokratiker*）[1]，引用时简称"某某哲学家《残篇》"，中译文为笔者自译，参考了弗里曼的英译文。[2] 除非特别

---

[1] H. Diels and W. Kranz, *Die Fragmente der Vorsokratiker*, Berlin-Charlottenburg: Weidmann, 1959.

[2] Kathleen Freeman and Hermann Diels, "Ancilla to the Pre-Socratic Philosophers: A Complete Translation of the Fragment in Diels", Fragmente der Vorsokratiker, Cambridge: Harvard University Press, 1948.

注明，否则，柏拉图的著作中文译文都取自王晓朝教授翻译的《柏拉图全集》（2003），亚里士多德的著作则取自苗力田教授的《亚里士多德全集》（1997）。

虽然本书面世有赖许多人无私的帮助（详见后记），但毕竟主题艰深而知识之海无涯，笔者学力与知识有限，若书中有任何疏漏错误、有待商榷之处，责任在笔者，还请诸位读者不吝赐教。

第一章　普罗提诺与《九章集》

普罗提诺是一位大哲学家，是新柏拉图主义的创始人。[1]"他是原创性的哲学天才，是晚期希腊思想史中唯一能与柏拉图和亚里士多德比肩的哲学家。"[2] 他的《九章集》是希腊哲学史上仅有的两部保存最完整的哲学家全集之一，另一部是柏拉图的全集。

第一节　普罗提诺的生平

> 向普罗提诺表示敬意的诸多祭坛仍然温热，他的书在有教养的人手中流传，数量甚或比柏拉图的对话录还要多。不仅如此，甚至相当数量的平民大众也为他的著作倾倒，即使有一部分人并没能理解他的学说。波菲利将他的一生描述得如此完整，以致没有人能够提出更多的证据。
>
> ——欧纳庇乌斯《哲学家和智者行传》[3]

---

[1] 关于新柏拉图主义的界定及其创始人的讨论，参见王晓朝：《希腊哲学简史》，上海三联书店 2007 年版，第 314—319 页。

[2] A. H. Armstrong, *The Cambridge History of Later Greek and Early Medieval Philosophy*, London: Cambridge University Press, 1967, p.195.

[3] W. C. F. Wright tran., *Philostratus and Eunapius: The Lives of the Sophists*, London: W. Heinemann, 1922, p. 353. （下面简称《行传》）欧纳庇乌斯（大约346—414），4 世纪希腊的博学家和历史学家，这本传记是关于该时期新柏拉图主义历史的唯一来源。他对普罗提诺的记载很少，只是简单总结了波菲利的记录。这段话意在表明，在他那个年代，普罗提诺的著作非常流行。

普罗提诺（Plotinus），大约生于公元 205 年，卒于 270 年，享年 66 岁，可能出生于北非埃及的吕科（Lyco）。[①] 历史学家欧纳庇乌斯告诉我们（根据《行传》），他的弟子波菲利（Porphyry，233—301）撰写的《普罗提诺的生平与著作顺序》（以下简称"《生平》"）是我们了解他的个人情况的唯一资料来源。[②] 波菲利在《生平》开篇写道："普罗提诺，我们时代的哲学家，似乎为自己寓于肉体而感到羞耻。出于这种思想状态，他几乎从不与别人谈论自己的出身、父母和故土。"（VP. 1）[③] 普罗提诺在和弟子谈话的时候才会不由自主地透露一些关于早年生活的事情，因此波菲利得以保存一些关于他早年生活的信息。

欧纳庇乌斯还告诉我们，波菲利在公众中的演讲很受欢迎，但他总把人们的赞美归于他的老师，可以说普罗提诺学说的流行很大部分是波菲利推广的功劳。《生平》附于《九章集》（*Enneads*）前面，而《九章集》也是在波菲利晚年临近死亡前才编辑完成的，那么这篇《生平》中普罗提诺很可能是按照当时民

[①] 欧纳庇乌斯在他的《行传》中关于普罗提诺开篇第一句就是"普罗提诺是生于埃及的哲学家"，并"称他为'埃及人'"，然后说他的出生地人们叫它"吕科（Lyco）"。这是欧纳庇乌斯提供的唯一新信息，然而他并没有告诉我们该信息的来源。吕科可能就是古代的"吕科波利斯"（Λυκούπολις, Lycopolis），位于埃及北部尼罗河流入地中海形成的三角洲地区，那里土地肥沃，离亚历山大里亚城不远；另外也有学者认为是上埃及的尼罗河沿岸的另一个吕科波利斯城，即今天的阿斯尤特（Assiout）。笔者认为前一个比较可能。他又说，"神圣的哲学家"波菲利跟他的老师生活了大半辈子（实际上只有六年）却没有记录老师的出生地点，似乎在暗示波菲利有意隐瞒普罗提诺的出生地。从普罗提诺早年几次求学都选择亚历山大里亚来看，他很可能确是出生在埃及。当时流行把埃及视为一切智慧的家园，所以欧纳庇乌斯可能就此捏造了这个信息。（E. R. Dodds, "The Parmenides of Plato and the Origin of the Neoplatonic 'One'", *The Classical Quarterly*, Vol. 22, No. 3/4, 1928, pp.129-130, n. 2）无论如何，《九章集》中没有明显的埃及的东西，普罗提诺的文化背景主要是希腊文化。

[②] 波菲利，出生于北非腓尼基的首都提尔（Tyre），新柏拉图主义的奠基人之一，其著作大多已经遗失。

[③] 本节参考的《普罗提诺的生平与著作顺序》文本都来自 A. H. Armstrong, *Plotinus*, Vol. 1, Cambridge, MA: Loeb Classical Library, 1968, pp.1-87。按照学界惯例，《生平》缩写为"VP"，后面加数字表示第几段，方便对照原文和不同译本。

众心目中的圣人形象进行裁剪和塑造的，因为波菲利已经富有在公众面前烘托自己老师权威性的经验。正如历史学者早就发现的，古代晚期的圣人传记有一定的模式，是一种争夺宗教或哲学信徒的武器、道德生活的指南、知识可靠性的证明、知识分子身份的构建手段。[1] 波菲利在行文中对普罗提诺极其尊敬，极力表明自己是他最信任的弟子，如是真的，我们也只能依赖这一份最为详细的信息来源。然而，文中记录了好几件普罗提诺运用神力的事件，还有某些时间点互相矛盾，降低了该文描述的可信度。特别是波菲利成为普罗提诺学生之前的事迹都是可疑的。下面我们将只采信在现代人看来比较可靠的事实。本节希望能对《生平》的主要内容进行归纳，主要关注可能对普罗提诺文本和写作造成影响的因素。

普罗提诺 8 岁开始上学接受教育，直到 28 岁时他感到一股学习哲学的冲动，才开始了自己的哲学生涯。起先，别人推荐他到亚历山大里亚那些最有名气的老师那里去，然而他"常常从他们的讲座脱身，感到非常的压抑和悲哀"，直到有朋友推荐他去向亚历山大里亚的柏拉图主义者阿莫尼乌（Ammonius）学习，他才满意地说："这就是我所寻找的人。"（VP. 3）

根据《生平》里引用的朗基努斯（Longinus）的说法，阿莫尼乌是柏拉图主义者，住在亚历山大里亚，只教授学生而没有写过任何著作。他的学生包括厄仁纽乌斯（Erennius）、奥利金（Origen）和普罗提诺，他们互相认识。从基督教会历史学家尤西比乌（Eusebius）所写的传记看，阿莫尼乌不止教了三位学生，但他最有名的两位学生，除了普罗提诺就是这里提到的奥利金，基督教历史上有名的亚历山大里亚学派的教父哲学家。[2] 关于厄仁纽

---

[1] A. P. Urbano, *The Philosophical Life: Biography and the Crafting of Intellectual Identity in Late Antiquity*, Washington, D.C.: Catholic University of America Press, 2013, pp.1-31.

[2] A. P. Urbano, *The Philosophical Life: Biography and the Crafting of Intellectual Identity in Late Antiquity*, pp.150ff.

乌斯，没有其他资料记录过他。但是大多数现代学者认为这里提到的奥利金是一位柏拉图主义者，不是基督教徒哲学家的奥利金，因为许多时间点对不上号。①朗基努斯说他曾跟阿莫尼乌和奥利金学习过很长一段时间，但朗基努斯与普罗提诺在哲学上有根本的分歧。与普罗提诺敌对的奥林匹乌斯（Olympius）曾跟他短暂学习过。现代学者施罗德（Schroeder）通过文献追溯发现，现有关于阿莫尼乌的所有叙述都来自波菲利，至于是否确有其人，他对普罗提诺有何重大影响，这都是可疑的。何况普罗提诺也从未提及这个人。重塑阿莫尼乌的哲学的尝试也被大多数学者认为是不可能的。②

39岁时，普罗提诺已经跟从阿莫尼乌学习了十一年，因为"获得了完全的哲学训练"，所以他想到东方去了解盛行于波斯和印度的哲学学说。他趁着高迪安（Gordian）皇帝准备进军波斯的时候参加了军队并继而参加了远征，但是皇帝在美索不达米亚被杀，他只好艰难地逃回到了安提俄克（Antioch）。

这段经历也颇为可疑，《九章集》中毫无这段按理说是苦难而深刻的经历的印迹，也无证据表明普罗提诺对东方文化了解的程度有多深。因为，对埃及的宗教和对波斯等东方神秘文化的好奇心的记载也见于拉尔修撰写的柏拉图的生平③，而且两者都因为战争而未能成行。柏拉图也曾与僭主保持密切联系，并给予治国建议；他的学生有各种职业的人，还有女学员。因此这些事迹也可能只是波菲利为了把普罗提诺比作柏拉图而稍作修饰，或者说这些事迹更能满足当时人们对于异国风情的东方智慧的向往和对哲

---

① A. H. Armstrong, *Plotinus*, Vol.1, Cambridge, MA: Loeb Classical Library, 1968, p.10.
② F. M. Schroeder, "Ammonius Saccas", in Haase ed., *Aufstieg und Niedergang der Römischen Welt*, Berlin and New York: De Gruyter, 1987, S. 493-527.
③ 第欧根尼·拉尔修：《名哲言行录》（希汉对照本），徐开来、溥林译，广西师范大学出版社2010年版，第275页。

学家的普遍想象。

40岁时，普罗提诺才来到罗马开始授课讲学。因为他跟厄仁纽乌斯、奥利金协定过三人不许泄露阿莫尼乌在课堂上向他们传授过的任何学说，因此最初虽然也讲课，但对阿莫尼乌的学说守口如瓶。当他的两位同学相继打破协定之后，普罗提诺也开始在课堂上讲授阿莫尼乌的学说，但是之后整整十年都没有写过任何东西。

43岁时，普罗提诺的学院的首席助手阿美留斯（Amelius）来到他身边，跟随他直到他去世前一年，共二十四年。据阿美留斯的说法，普罗提诺鼓励学生问问题，所以课堂上有许多琐碎的闲谈，常常缺少秩序。（VP. 3）综合《生平》的记载，阿美留斯来自西意大利的伊特鲁利亚（Etruria），即现在的托斯卡纳（Tuscany），他之前在斯多葛主义者吕西马库斯（Lysimachus）的学校获得哲学训练，与普罗提诺持大部分相同的观点，只是文风迂回繁复。他在普罗提诺课堂上所做的百卷笔记和其他著作没有幸存传世，只是某些观点保留在尤西比乌等基督教著作的引用中。

大概在49岁时，普罗提诺在阿美留斯的促使下开始写作文章，几乎所有文章的主题都是在学院的课堂上被提出来讨论的。而后普罗提诺为了更详细回答这些问题而写作文章。在波菲利跟随普罗提诺之后，他写文章的起因也多是如此。所以《九章集》的文章写作并没有一个总的计划和框架，它可以说是一部"答学生问"的教案汇编。但这些论文并非作为教科书分发给各位学生，获得论文是一件"困难而且隐秘的事情"，因为"经过最仔细的甄别的人才能获得抄本"。（VP. 4）

在普罗提诺大概59岁时[①]，30岁的波菲利来到罗马并拜入他

[①] 波菲利说这时阿美留斯已经跟随普罗提诺十八年，那么普罗提诺这时应该是61岁，然而根据这一年是伽里恩努斯（Gallienus）皇帝在位第十年，据此纪年普罗提诺这时确是59岁。这种年代偏差应该是古罗马皇帝在位时间计算方法不同于一般纪年所致。

门下。波菲利把自己和阿美留斯描述成普罗提诺两大弟子,而且普罗提诺还亲自委托他编辑其著作。此时普罗提诺已经写了21篇论文,波菲利将之称为早期著作,认为其力量稍显薄弱。两人同在罗马的六年间,普罗提诺又写了24篇论文,波菲利将之称为全盛期的著作,认为除了较短的几篇外都达到了极致的完美。之后波菲利去了西西里度假,普罗提诺去世前又寄给他九篇论文,波菲利称之为衰病期的著作,认为其力量已经衰退,并越来越明显。波菲利在编辑合集的时候为了凑篇数把很多篇论文拆散,因此实际数量大概只有不到50篇。① (VP. 6) 因为普罗提诺学院的讲座是开放的,所以他的弟子包括各种类型的人,有医生、评论家和诗人、雄辩家、官员等,此外还有许多元老院议员都来参加他的讲座,他身边还有极力献身哲学的妇女。② 这里普罗提诺似乎在遵从柏拉图在《国家篇》第五卷的教导,即认为男人和女人都能平等地接受哲学教育。(VP. 7-9) 此外他的屋子里还有许多达官贵人临终前托付给他监护的孩子。据说,伽里恩努斯(Gallienus)皇帝和他的妻子莎萝妮娜(Salonina)都是他的崇拜者,普罗提诺曾建议他们复兴在坎帕尼亚的一座哲学家之城,还要命名其为"柏拉图城"并以柏拉图的律法管理这座城市,虽然最后受朝臣阻止而没有成功。③ (VP. 13)

66岁时,罗马暴发瘟疫,他感染上了白喉病,他喉咙说不出话、视力模糊、手脚溃烂。④ 他为了避免给朋友带来麻烦就到了坎

---

① 详见下面关于论文编辑的部分。
② 据统计,学院成员很多来自元老院阶层,与大部分地中海世界有联系,但基本都是东方出身(泛希腊文化),因此他们有浓厚的希腊哲学兴趣并围绕普罗提诺形成一个特殊结社。参见 John M. Rist, *Plotinus: The Road to Reality*, pp. 6-7.
③ 这也是孤证,没有其他历史记录,基本不可信;即使有此事,事情是如何失败的,学者间也有争论。参见 H. J. Blumenthal, "Plotinus in the Light of Twenty Years' Scholarship, 1951-1971", in Haase ed., *Aufstieg und Niedergang der Römischen Welt*, Vol. II, Berlin and New York: De Gruyter, 1987, S. 531.
④ 据普罗提诺的病症,有学者认为他是患了麻风病。参见 A. H. Armstrong, *Plotinus*, Vol.1, Cambridge, MA: Loeb Classical Library, 1968, p. 5.

帕尼亚（Campania）一位已经去世的老朋友的乡下别墅居住。他有个住在附近做医生的学生名为欧斯多袭斯（Eustochius），这名学生去看他的时候病情已经无可挽回。临终时，他说"我已经等了你很久"，而他最后的遗言是"努力将在我们之中的神带向那在万物之中的神！"。（VP. 2）

波菲利既然不在现场，那么他的记载只能是转述的遗言，所以这句话是否真实和恰当都成问题，我们不能把它纳入普罗提诺的哲学文本。有学者指出这句话可能源自《蒂迈欧篇》或者亚里士多德的著作。[①] 波菲利特意描述了这个细节：普罗提诺死的时候，在他躺着的床底下爬过一条蛇，溜进墙上的一个洞口消失。（VP. 2, 7）按说当时在场的唯一的学生在悲伤中不可能留意这种细节。似乎波菲利又在发挥他的想象力给普罗提诺安插最后的神迹的描述，要么比喻普罗提诺的灵魂变成了蛇，要么是比喻灵魂被蛇化身的神灵带走了。也可能他学柏拉图描述苏格拉底之死，故意留下一句谜语一样的话，故作高深。总之，我们必须区分波菲利本人的这种神秘主义倾向和普罗提诺本人思想的特质。

三十三年后，68岁的波菲利编辑完成了普罗提诺的论文全集《九章集》并为他写了传记，这时距离波菲利的生命终点还有两年。虽然普罗提诺的著作犹如天书，但是波菲利在这三十多年间发扬光大了他的思想："就像赫尔墨斯（Hermes）的锁链来到了人间。"[②] 由于他多才多艺并且富有口才，他把普罗提诺的哲学的方方面面都解释得非常清楚和明白。然而他把这一切荣誉都归于普罗提诺及其学说，因此他在公众中赢得的极高名声也一起归于普罗提诺，乃至百年之后，普罗提诺及其学说得以成就欧纳庇乌斯在本节开头所描写的盛况。

[①] H. J. Blumenthal, "Plotinus in the Light of Twenty Years' Scholarship, 1951-1971", in Haase ed., *Aufstieg und Niedergang der Römischen Welt*, Vol. II, S. 532, n.11.

[②] W. C. F. Wright tran., *Philostratus and Eunapius: The Lives of the Sophists*, pp. 359-361.

普罗提诺是个什么样的人呢？普罗提诺并不是一个只顾埋首书斋的人，他弟子众多，交游广阔，在罗马的公众中享有崇高的地位。波菲利和阿美留斯会一生追随他的学说，恐怕普罗提诺的人格魅力发挥了相当重要的作用。波菲利说他是"高贵而和善，非常温和而有魅力的人"（VP. 23）。他对待任何有求于他的人都很有雅量，他讲课的时候很引人注目，"他微微出汗，他身上发出仁慈的光芒，而在回答问题的时候，他向提问者清楚展现了自己的仁慈和理智的活力"（VP. 12）。他可以连续三天回答波菲利的同一个问题而毫不厌烦。（VP. 13）他耐心照顾家中寄养儿童的起居并无误地保管他们未来的财产，并说"只要这些年轻人还未从事哲学，他们的财产和收入就必须安全地保存并且不让他们触碰"。"在罗马的二十六年间，他充当过许多纠纷的仲裁人，但是他从来没有民事上的敌人。"（VP. 9）

他被描述成一个敏感、羞于肉体但是很有自制力的人，总之是一个节欲和苦修的人。他八岁时还缠着保姆要喝奶，但是一被人指出这样做让别人感到困扰，他就感到害羞而不再这么做了。因为羞于居住在肉体中，除了不谈自己的血缘之外，他还拒绝为自己留下肖像，他回答弟子的理由是："我们必须背负着自然把我们封入其中的这个映像（εἴδωλον），难道还不足够吗？你请求我在身后留下的是这个映像的映像（εἴδωλου εἴδωλον, image of image），只不过保存更久一些罢了，难道还真是什么值得一看的东西？"（VP. 1）这句话的依据是柏拉图《国家篇》（598B）中三张床的比喻。里面说人造的事物是对真正的事物的"型"的模仿，而艺术家的作品是对这个模仿物的模仿，在价值上，一物不如一物。为了不显露肉体，他远离公共澡堂，只在家中接受固定按摩师的按摩治疗，但按摩师死了之后他也就停止了治疗。他不吃肉，饮食不规律，通过节食（时常连一片面包都没有）和持续沉思来减少睡眠，为的是不放松自己对于理智的关注。所以他经常受到肠胃疾病的折磨，但他却不接受灌肠治疗，他说这不适合老年人。他还常常拿一位元老院成员作为所有有志于实践哲学者的榜样：这个人"抛弃所有产业，解散所有仆役，并辞去他的官阶"，四处游荡，隔天才吃一顿，但是这样的苦行反而治好了四肢的严重痛风病。（VP. 1, 7, 8）

他还被描述成一位拥有神秘力量、超凡的人。一个曾短暂成为阿莫尼乌弟子的人——亚历山大里亚的奥林匹乌斯——出于妒忌，试图利用魔法给普罗提诺来一个"降星袭击"，结果普罗提诺的灵魂力量非常强大，不仅察觉并做出反应，而且能够把对他的攻击投掷回给想伤害他的人。此事很可能发生于普罗提诺在亚历山大里亚求学时，波菲利很可能是听了别人的转述后加进了神秘学或魔法的情节。（VP. 10, 参见 15, 22）一位埃及的祭司在罗马的一间伊希斯（Isis）[①]庙宇中召唤出了普罗提诺的守护灵并让其显现，出来的是一位神祇，要比普通人的守护灵高级。根据英译者阿姆斯特朗的分析，波菲利把这件事与他到罗马之前普罗提诺所写的一篇文章联系起来，那么这件事应该是波菲利道听途说的而已，而且那篇文章与守护灵本身无关。[②]

普罗提诺还具有非凡的洞察力。他曾一眼就认出偷了项链的家中奴仆；他经常预言与他同住的孩子的未来并且很准；他察觉到波菲利的自杀念头，主动去波菲利家里，告诉他这个念头不是理性的决定，而是疾病带来的忧郁，劝他外出度假。（VP. 11）

普罗提诺又被说成是远离罗马社会多神宗教的人。曾经，阿美留斯沉迷于新月时的祭灵会，他邀请普罗提诺一起去，普罗提诺却说："它们应该来找我，而不是我去找它们。"[③]（VP. 10）

[①] 伊希斯是埃及象征母性和掌管生育的女神，在古代地中海世界有广泛的信众。

[②] A. H. Armstrong, *Plotinus*, Vol. 1, London: Heinemann, 1966, p. 32, n.1.

[③] 阿姆斯特朗注释说，新月下祭的都是灵，而普罗提诺有神作为守护灵，自然比他们高一级，所以应该灵来拜见他。笔者认为这应该是根据波菲利的解释发挥的。这些类似具有"怪力乱神"的思想在普罗提诺的著作中并无体现。

他对神秘学保持宽容的态度。波菲利曾在柏拉图献祭会上读了一首充满了神秘学说和隐秘语言的诗，众人觉得他太疯狂了，而普罗提诺则点评道："这一次，你将自己同时展现为诗人、哲学家和神圣之秘的解释者。"最神奇的还是，波菲利和他在一起的时候，他曾经四次实现灵魂"在不可言说的现实中而非仅仅在潜能中"与神合一的目标，而且波菲利声称自己也曾有过一次同样的经历。（VP. 23）

作为"生平"的最后一部分，波菲利还引用了阿美留斯求来的阿波罗的神谕，描述普罗提诺灵魂在死后升上天堂与柏拉图和毕达哥拉斯一起获得永恒生命的过程。（VP. 23）这说明在新柏拉图主义者眼中这三位哲学家拥有最高的地位，并且认为他们的学说具有亲缘性。

他在哲学的道路上却从不让步，也不温和，并且是一位坚定的柏拉图主义者。他研究了占星术家的方法，当他发现他们所断言的结果并不可靠时，他毫不犹豫地撰写《论星辰是否动因》的文章攻击他们的主张。有位雄辩家读了一篇为柏拉图的《会饮篇》中的阿尔希庇亚辩护的文章，观点很激烈，普罗提诺几次想要起身离开。他过后就让波菲利写驳论文章并对同一班听众宣读。看到弟子精彩的表现，他非常高兴并大加赞许。当时有诺斯替宗教信徒断言"柏拉图还未抵达可理知的现实的深度"，他就在讲座上进行反击，并写了名为"反诺斯替"的论文。诺斯替是推崇"秘密知识"的宗教思潮，2世纪在地中海世界广为流行，早期基督教曾有教派受其影响，后来被教父思想家谴责为异端。但这个事件很难说是基督教的诺斯替主义或者说普罗提诺与基督教有过思想交锋。普罗提诺还让波菲利和阿美留斯写文章反驳持伪琐罗亚斯德教义的宗教信徒，因为他们也诋毁柏拉图的哲学。（VP. 15, 16）

我们发现波菲利对一些神秘的事件津津乐道，而且还讲述了许多从现代人的常识看根本不可能的事情（如近乎完全绝食，未卜先知，召唤神灵等），在最后还附上了长长的描述普罗提诺灵魂在天界获得永生的所谓神谕。波菲利本人是一位富有学识的学者，对哲学颇有研究，在世时享有名声，这倒不假。[①] 如果考虑到波菲利是个长于迎合大众的演讲家，这些描述都可以理解为对《九章集》的"推销广告"，旨在把普罗提诺塑造成一位神通者，从而更容易获得更多崇拜者。阿姆斯特朗转述说，20 世纪 60 年代以前，有许多学者争论普罗提诺本人是否是魔法的实践者；他则认为一方面普罗提诺强烈反对诺斯替派使用魔法（II. 9. 14），但是另一方面，当时的人们普遍相信魔法，普罗提诺也不例外。[②] 我们认为对普罗提诺的思想的解读应该根据他的作品本身，而作品中并不推崇这类超自然的奇迹。《生平》中的这些神秘描述，特别是迷狂次数的记载，给每个初读普罗提诺的人造成了他是一位神秘主义者的印象。然而波菲利与普罗提诺应该被分开看待而不能统统混入"新柏拉图主义"的大箩筐。

值得注意的是，"新柏拉图主义"大概是 18—19 世纪中期德国历史学家发明的概念，用于指称最后一段柏拉图主义的发展史。当时的新柏拉图主义者并不认为自己是"新"的，他们认为自己属于**柏拉图主义传统**（甚至亚里士多德也是其中之一）。[③] 这个学派虽无严密组织，但有松散的师承关系和教学传统，例如教授和阅读柏拉图对话的顺序。[④]

[①] 波菲利生平及著作介绍参见 A. H. Armstrong, *The Cambridge History of Later Greek and Early Medieval Philosophy*, pp. 283-287。

[②] A. H. Armstrong, *The Cambridge History of Later Greek and Early Medieval Philosophy*, pp. 207-209。

[③] 参见 R. T. Wallis and Lloyd P. Gerson, *Neoplatonism*, Indianapolis: Hackett, 1995, p. vii。

[④] 详细讨论参见 John M. Dillon and Lloyd P. Gerson, *Neoplatonic Philosophy: Introductory Readings*, Indianapolis: Hackett Pub. Co., 2004, pp. xiii-xxii。

第二节 《九章集》的来源及编撰

如前所述，普罗提诺为回答在课堂讨论上提出来的问题而写论文，基本上每篇论文都是一篇对学生问题的答复。在十六年间他并没有一个完整的写作计划，但是作为一个从晚年才开始写作的哲学家，他有一套连贯完整的哲学思想，他所写的文章都是这套思想对不同问题的回答和在某一方面的呈现。

普罗提诺的文章论证严密，内涵深刻，然而他的作品无论是内在的思想还是外在的写作形式都有令人难以接近的因素。波菲利是这么描述他的写作过程的："他会在脑海中形成一个连贯的思想，从起始到终结；既然他的思想已经秩序井然地在他脑海里，那么，当他写下来的时候，就非常流畅，犹如正在从一本书上誊写东西。"（VP. 8）他能够记住一连串思想，并保持住，而且如果别人中途打断他，和他进行长时间谈话，他也能对答如流，之后再继续他的写作，丝毫不受影响。

普罗提诺使用希腊语讲课和写作，在学院的课堂上，他展现了恰当的语言掌控能力，但在某些词语上经常犯错。因为他的视力不好以致阅读困难，普罗提诺在写完任何东西之后，总是不能忍受再看它第二遍，甚至再通读一遍对他也是太沉重的负担。写作时，他串写字母，不考虑字形也不考虑准确地划分音节，他根本就不注意拼写，波菲利的解释是：他唯一关心的只是思想。（VP. 8）他写完之后，作品一般都交由阿美留斯进行仔细的校对并重新誊抄然后才在小圈子里流通。即使如此，同时代的学者朗基努斯仍然以为是抄写员的错误太多以致看不懂他的论文，波菲利的辩解则是，朗基努斯不理解"普罗提诺表达自己的惯用手法"。（VP. 20）

普罗提诺对待自己作品的态度是认真而非随意的。有一次波菲利连续三天问了他同一个问题，有人感到不耐烦想让普罗提诺直接写文章总结，普罗提诺却说："但是，当波菲利有问题，而我们又不能够解决他的疑惑，那么显然，我们也不能够说出任何值得放进论文里面的东西。"（VP. 13）在写作方面，他总是简明扼要，使用的词语较少，而传达的思想理念则非常丰富。他表达自己的想法总是采用一种全神贯注的、充满灵感的语调。（VP. 14）

普罗提诺的思想按说直接得益于阿莫尼乌，但是普罗提诺将自己视为柏拉图和苏格拉底思想的继承者而不是阿莫尼乌学说的继承者。例如，虽然普罗提诺不为自己举办庆生宴，但是在柏拉图和苏格拉底生日的时候，他却会招待朋友、献上祭品，还要让有能力的朋友当众念祝祷词。他对柏拉图哲学的解释也得到了柏拉图学园派的重视，学园主持人厄欧布鲁斯（Eubulus）从雅典给他写信，并寄给他一些论述柏拉图哲学问题的文章，普罗提诺也写信给予了回应。朗基努斯在评述当时的哲学家的文章中认为，普罗提诺"比任何在他之前的人都要更清楚地阐释了毕达哥拉斯和柏拉图的哲学的原理"。（VP. 20）

普罗提诺跟阿莫尼乌学习了十一年，和另外两个同学互相约定不透露阿莫尼乌讲解的学说，似乎阿莫尼乌的课堂是秘密的。朗基努斯也说自己曾长期是阿莫尼乌和奥利金的学生，但是他却认为理念在神圣理智之外，与普罗提诺所持观点针锋相对。而理念学说是柏拉图形而上学中非常重要的核心理论，如果同样是从阿莫尼乌那里学来的，两者为何差别如此之大呢？波菲利之前曾跟随朗基努斯学习，来到罗马后，起初是不同意普罗提诺关于理念的看法的，还写文章反驳。普罗提诺让阿美留斯写信答复，两人交锋三次，波菲利才开始思想上的转变并追随普罗提诺。普罗提诺看了朗基努斯的文章《论本原》（Περὶ ἀρχῶν）和《爱古者》（Φιλαρχαίου）之后，评价说，"朗基努斯是一位学者，但肯定不是一位哲学家"。然而，当奥利金来到普罗提诺的课堂时，他却说奥利金知道他所要讲的东西，所以他感到羞愧而匆匆结束了课堂。（VP. 14）如果普罗提诺不是谦逊的话，那就有几种可能：（1）奥利金与普罗提诺所持观点一致，都是阿莫尼乌传授的学说，而阿莫尼乌和奥利金都没有将该学说传授给朗基努斯；（2）普罗提诺与奥利金观点不同，前者讲的内容偏离了老师的教导。对于第二种可能，可能阿莫尼乌在传授学生的时候是有选择性地给予某些优秀学生以柏拉图哲学的不传之秘，或者可能普罗提诺有了新的创见。因为《生平》对此语焉不详，而且奥利金（如果不是基督徒的奥利金的话）和阿莫尼乌的著作已不可寻，这里留下一个谜团。不过，波菲利的记载更让我们倾向于相信第二种可能性，即普罗提诺在思想上较阿莫尼乌有了创新。波菲利说普罗提诺"叙述着他自己对问题真正的想法，而不是自古流传下来的传统意见"（VP. 14）。

据波菲利记载，普罗提诺拥有几何学、算术、力学、光学和音乐等方面的完整知识；他的作品充满了"未显露的斯多葛和逍遥学派的学说，特别集中在亚里士多德的《形而上学》"。（VP. 14）在学院的课堂上，他经常让人读评述文章，作者可能包括：学园派和毕达哥拉斯学派的塞维卢斯（Severus），科容尼乌斯（Cronius），努美纽斯（Numenius），盖乌斯（Gaius），阿提库斯（Atticus）；逍遥学派的作者阿斯帕希乌斯（Aspasius），亚历山大（Alexander），阿德拉斯托斯（Adrastus）；此外还有其他在世的作者。但是"他不仅仅直接讲出书中的内容，而是在他的思考中带有很明显的个人线索，并且带出阿莫尼乌的思想运用于正在探讨的问题"（VP. 14）。

当时有人声称普罗提诺盗用了努美纽斯的思想，阿美留斯就仔细收集并记住了努美纽斯的思想，写了名为《论普罗提诺学说和努美纽斯学说的差异》的书予以反驳。（VP. 16）波菲利则引用了朗基努斯用以答复普罗提诺观点的一本书的前言为普罗提诺思想的原创性作辩护:"在所有同时代人之中,普罗提诺和阿美留斯在解决大量问题上表现杰出,并且有一种特别的原创性思维方式,绝不是剽窃努美纽斯甚或把他的观点放在他们体系的首要位置,而是有意识地提出了柏拉图和毕达哥拉斯的观点。"(VP. 21)因此,普罗提诺在综合前人广泛的哲学成就的基础上又富有自己的创见,然而其原创性也交织在丰富庞杂的哲学传统之中。

  普罗提诺在生前就把作品集的编辑工作委托给了波菲利,甚至当波菲利不在罗马的时候,普罗提诺还会将论文寄给他。论文写就的时候都没有标题,获得论文的人各自给每一篇加上了标题。波菲利说,现在看到的这些论文的标题是人们最习惯使用的。**所以各篇标题不代表普罗提诺的思想**。波菲利说他当时手头没有普罗提诺所写的第一篇论文《论美》,因而收集齐全普罗提诺论文需要一番功夫和时间,特别是普罗提诺的早期论文。因为当时这些论文的抄本散落在各人手中,所以有朋友或者其他弟子(如阿美留斯)为普罗提诺编辑选集也是不足为奇的。据说普罗提诺临终时陪伴在身边的欧斯多裘斯就曾编辑过,证据是 IV. 4. 29 就曾提及。然而这个版本早已失传,大部分学者的意见是它曾有过,但它对古代哲学传统未造成影响,因此并不重要。另外,还有学者推断普罗提诺的口头教导在某些古代著作中流传下来。[①] 所有可能的文本都收录在《普罗提诺全集》(*Plotini Opera*)第三卷的附录。[②] 所以我们可以合理猜测,当时对普罗提诺所写的每篇论文波菲利都有记录,但是不一定有抄本在手,他是通过收集各人手上的抄本并加以对比和校订后才确定最终加入《九章集》中的版本。

  波菲利将手中的五十四篇论文按主题分类,分成六组,一组

[①] H. J. Blumenthal, "Plotinus in the Light of Twenty Years' Scholarship, 1951-1971", in Haase ed., *Aufstieg und Niedergang der Römischen Welt*, Vol. II, S. 535-536.

[②] P. Henry and H. Schwyzer, *Plotini Opera III*, Enneads VI, Paris: Desclée de Brouwer, 1973. 关于编辑的事情,参见《生平》第5段和26段。

九篇（所以叫"九章集"）。按照他认为的从简单到困难的顺序排列：前三组为一卷，分别关于道德、自然哲学、物质性宇宙；第四和第五组为一卷，分别关于灵魂和理智；第六组单独为一卷，主要关于"超越理智者"，即"太一"。这种顺序安排很容易让人想起普罗提诺所说的灵魂上升到太一所经历的不同层次，然而波菲利本人并没有明确这么说。波菲利在《生平》中几乎没有对普罗提诺的哲学思想具体内容做任何的评价。从《九章集》目录就可以看出，许多同属一篇的论文被拆成相同题目的几篇，因为波菲利喜欢六和九两个数字，认为它们的搭配是完美的。例如，现代学者普遍认为他把一篇长文拆成了四篇文章（II. 9, III. 8, V. 8, V. 3）。① 《九章集》最后的校订、标点符号、改正用词错误的工作也是波菲利独立完成的。他还为每篇论文写了"篇首语"，并按照朋友的请求在艰难晦涩的地方加上注释。不幸的是，这两种材料如今都丢失了。② 所幸的是，因为波菲利的努力，1700 年后的我们仍能读到完整的普罗提诺的作品全集。

第三节　学术传统与解释范式的转换

一、文本传承

普罗提诺的文本是出名的艰深晦涩。他同时代的柏拉图主义学者朗基努斯就曾抱怨过他书写潦草、文句不合常法。（VP. 19-20）对于其行文风格，自己的文字就艰深晦涩的黑格尔评论说，全书不是一个有联系的整体，因而"把全书研究一番，是一件很厌

---

① A. H. Armstrong, *Plotinus*, Vol. 2, London: Heinemann, 1988, p. 220.
② 在 P. Henry and H. Schwyzer, *Plotini Opera I-III*, Paris: Desclée de Brouwer, 1951-1973, Preface, pp. xxvii –xxviii 有疑似 IV. 4 的一部分卷首语残存。参见 A. H. Armstrong, *Plotinus*, Vol. 1, London: Heinemann, 1966, p. 87。

烦的事",不久又再抱怨一次:"有些主要的思想常常是翻来覆去地说个不停……读他的著作是有一点令人不耐烦的……说来说去总是不断地回到同一的根本观念",并两次说叙说他的哲学是非常困难的。① 英译者阿姆斯特朗评价说,每一个阅读《九章集》的人都会发现"普罗提诺以自己的方式书写的希腊文……十分非传统和非常规"②。这也造成普罗提诺研究的一个非常独具特色的情况:对他的翻译和深入研究总是要触及最原始的古文字学层面。在回顾近代研究现状之前,我们有必要简单介绍一下《九章集》的几个标志性版本。

公元 300 年左右,希腊文的《九章集》首次由波菲利编辑成书,其中包含了已知的普罗提诺所有亲手写的文章。它曾随着普罗提诺学说的声名鹊起而在整个罗马帝国广泛流传,其中一些手抄本流传至今,而随后有一些章节还被翻译成拉丁文。由于语言的障碍、文本本身艰深难读,它慢慢只被少数顶尖学者所阅读和吸收。其中最有名的拉丁译者是基督徒维克多努斯(Marius Victorinus)。通过他的译本,《九章集》得以在意大利米兰传播,并影响了安布罗斯(St. Ambrose)和奥古斯丁(St. Augustine)等人。奥古斯丁通过阅读它的拉丁文译本并以此思想为契机而接受了基督教信仰③,可以说"这次阅读改变了奥古斯丁的一生"④。它在阿拉伯世界的命运则颇为不同,这部作品以不同的名字被人熟知和引用,作者名字却无人知晓;它的 IV—VI 部分被冠以"亚

---

① 黑格尔:《哲学史讲演录》第三卷,贺麟、王太庆译,商务印书馆 1996 年版,第 180—181 页。
② A. H. Armstrong, *Plotinus*, London: Heinemann, 1966, p.xxix.
③ 可参见拙作《跨文化视野中的奥古斯丁:拉丁教父的新柏拉图主义源流》,浙江大学出版社 2014 年版。
④ Dominic J. O'Meara, *Plotinus: An Introduction to the Enneads*, Oxford: Oxford University Press, 1993, p.113.

里士多德的神学"[1]的名义被阿尔法拉比（Al-Farabi）和阿维森那（Avicenna）等哲学家所使用。[2]

1492年首次出版的费其诺（Marsilio Ficino）拉丁文全译本是一部标志性的著作，它在西方又一次复兴了普罗提诺的学说，在随后400年间一直被当作阅读普罗提诺一手文献的最主要译本。费其诺第一次根据文章内在逻辑给各篇文章分段并标注段落编号，这一成果沿用至今。他的译文以直译为主，而且由于拉丁文和希腊文的近亲关系，很能为后世学者作语法分析提供借鉴；他之前翻译过柏拉图拉丁文全集，有深厚的柏拉图哲学功底，在译文旁边的注解也有很高的参考价值。他的译本至今仍被《九章集》编辑者、译者和注疏者所看重。拉丁文中没有冠词，所以他翻译"太一"和"至善"为"unum"（一）和"bonum"（善）（不加大写）。直到1580年希腊文的《九章集》才首次印刷出版，之前希腊文版本都保存在不同的抄卷里。[3] 克罗伊策（Creuzer，1835）以近代学术规范重新校订和整理了费其诺的版本，以希腊语-拉丁语对照并附加注解的形式出版。[4]

柏拉图全集的第一个英译者托马斯·泰勒（Thomas Taylor）应该也是英语世界第一个比较全面的《九章集》译者。他翻译过一些新柏拉图主义的著作，包括独立出版的《九章集》的选集。他的译文基于克罗伊策版本（1835）。[5]

1917—1930年，斯蒂芬·麦肯纳（Stephen MacKenna）从

---

[1] 收录于 P. Henry and H. Schwyzer, *Plotini Opera*, [editio maior], 第二卷附录，有详细的文本出处对照和英译。
[2] Dominic J. O'Meara, *Plotinus: An Introduction to the Enneads*, p.114.
[3] 即巴锡尔版本（Basileae），该书附上了费其诺的翻译和注释。这也是黑格尔所用版本。
[4] 克罗伊策是黑格尔的同事，他和 G. H. Moser 一起完成修订。该本使用甚广。
[5] 笔者所能找到的1895年译本是后来修订再版的。克罗伊策逝世于1835年11月，可以说是他最后的译作之一。但他没有能翻译完全集。他也是亚里士多德全集第一个英译者。

希腊文翻译了第一个英译本全集。他早期是一位理想主义的小说作家，后来放弃成功的记者生涯，为这个译本几乎投注了一生的精力。他认为翻译普罗提诺的著作是"值得一生"的工作，而实践过程的艰辛困苦则真的耗尽了他最后的生命：他完成译本四年后因病去世，享年 62 岁。[①] 他的译文基于福尔克曼的版本（Volkmann，1883），也参考了克罗伊策（1835）的费其诺译文。之后陆续经过 B. S. 佩奇（Page）、约翰·狄龙（John M. Dillon）等学者的修订和注释，这个译本成为迄今为止流传最广、最容易获得的英译本。其译文生动，很多地方近于意译：他并不认为自己是在从事学术研究，更像是在完成自己的一件艺术作品。它虽然不失为研究者提供一个可选择的翻译视角，但它本身更适合作为一本希腊文学翻译的典范，为愿意亲近普罗提诺的普通读者提供阅读上的快乐。麦肯纳的全译本的面世重新引起人们特别是普通大众对普罗提诺的兴趣，加上它版权已过，也是现在市面上书店比较流通的版本。

在学术界的文本编辑上有奠基性意义的成果莫过于亨利和施维泽（P. Henry，H. R. Schwyzer，简称"H-S"）的考订版《普罗提诺全集》（*Plotini Opera*）（1951—1973）。有学者评价它"无疑是继波菲利出版《九章集》以来对普罗提诺学术研究最重要的贡献"[②]。正是从它开始，普罗提诺研究才有了坚实可靠的第一手文献依据，并且逐渐进入严肃的古典哲学学术研究主流领域。并不是说在它之前学界就没有一手文献可参考，而是它提供了一个标准化的框架。这个版本综合了前人的优秀成果，例如注释常提及的下面几个版本：克罗伊策（Creuzer，1835），基尔希霍夫（Kirchhoff，1856），穆勒（Müller，1878—1880），福尔克曼

[①] S. Mackenna and J. M. Dillon, *The Enneads*, London: Penguin, 1991, p. xxiv.
[②] H. J. Blumenthal, "Plotinus in the Light of Twenty Years' Scholarship, 1951-1971", in Haase ed., *Aufstieg und Niedergang der Römischen Welt*, Vol. II, S. 529.

（Volkmann，1883—1884），布雷耶（Bréhier，1924—1938）。这个版本是16开大本所以被称为"大版"（Major），简称H-S[1]。[①]之后在牛津古典文献系列（Oxford Classical Texts）出的精简版（1964—1983），因为是32开小本而被称为"小版"（Minor），简称H-S[2]。

H-S[1]按照波菲利的编辑顺序排列各篇文章，每篇文章标有行号，分段则遵从费其诺。现在翻译、引用《九章集》通行的标准码都是遵从H-S[1]。例如"V. 1. 2. 3"表示"第5个九章.第1篇.第2段.第3行"。H-S[2]加入了H-S[1]出版以来各国学者提出的而又被编者认可的修改意见，少了每页手稿依据、文本出处，精简了手稿标注和编辑者的原文辨读[②]，取消了一些附录。H-S[2]开头有一个列表指出了各处修改。H-S[2]并没有替代H-S[1]，研究者仍然可以根据自己对希腊文原文的理解选择不同的原文辨读，因此，这种对原文的考订、注释依然在继续。只是因为H-S依照传统的考订编辑方式已经包括了几乎所有手稿的各种差别，并严格审定了正文以使其句读规范、语法正确、语句可读，以后的学者就基本在这个框架中做些小的修正。英译者阿姆斯特朗评价说："作为一位翻译者……在最困难和争议的篇章，我发现H-S的文本比他们前人的版本都要更容易理解并且给出了更好的含义（sense）。"[③]

H-S的问世还衍生了几种重要的工具书。在《普罗提诺全集》第三册的末尾附有《九章集》中普罗提诺引用前人著作的详细索引，《九章集》被古代哲学家引用的详细索引。这两者都具体到每一行，是对普罗提诺思想的历史源流和后续影响进行研究的重要

[①] 它也是"希腊文献大全"数据库TLG（Thesaurus Linguae Graecae）电子文本的底本。
[②] 编纂学上的"辨读"（Reading），指对不同手稿有差异的词句的选择，对注音符号和词语拼写的推断和修改，甚或认为已有手稿都有笔误而应该选择另一个词，总之是在希腊原文层面的修订和增补。
[③] A. H. Armstrong, *Plotinus*, London: Heinemann, 1966, p. xxx.

参考工具。由于《九章集》的烦琐反复，学者们常常感到一部完整的统计词典对于研究是必需的。斯利曼（J. H. Sleeman）和波莱（G. Pollet）的《普罗提诺词典》（*Lexicon Plotinianum*，1980）是非常重要的研究普罗提诺用词的参考书。它就像是把 H-S 打散再重新按单词表排列原文，可说是 H-S 的"影子"。它经过两代学人，从 1946 年开始到 1980 年出版（斯利曼 1963 年去世），包含了 H-S[1-2] 的编辑成果。它统计了每个词在《九章集》中的位置，对意义和用法进行了分类并给出基本意义，标注古代作家引文，指明词典内的交叉引用；重要的哲学术语更有精心的词语搭配分析、词性变化对比等。雷迪斯（Radice）和邦巴奇尼奥（Bombacigno）[①] 运用软件对 H-S 电子版进行分析统计，编辑出版了可在电脑上运行检索的《九章集》词典软件和配套的印刷版的语词出处词典。这些词典与考订本一起构成普罗提诺研究一手文献的坚实地基。

早在 H-S 问世之前，多国的普罗提诺研究学者就开始了《九章集》的本国语言翻译工作。这是一种阶段性、基础性的"母语"学术研究策略，因为新译本将成为本国母语在普罗提诺研究方面的第二层基石，而对各篇章的注疏和重要概念的集释则是第三层次的。在 H-S 之前，法国学者布雷耶翻译了六卷本的法语版全集，包括他整理的希腊文原文，以希-法对照的形式出版。他的版本是 H-S 出版前学界主要参考的考订本，现今仍有很高的学术参考价值。接着意大利学者奇伦托（Cilento，1947—1949）翻译了意大利语全集并加了注疏。德语全集则由哈德（Harder，1930—1937）翻译，博伊特勒（Beutler）和泰莱（Theiler）校正，最终以希-德对照形式出版（1956—1970），这个版本以作品的写作时间顺序排列各篇文章。这是独立于 H-S 的另一个考订本，两者常

[①] R. Radice and R. Bombacigno eds., *Plotinus*, Milano: Biblia, 2004.

被学者对照选用。哈德等人的版本据说读起来更顺，而 H-S 则更保守和贴近原文。[1]

阿姆斯特朗（A. H. Armstrong）的《九章集》全集英译本（1966—1988）的面世则是英语世界普罗提诺研究的又一个里程碑。他本人是当代最杰出的普罗提诺研究专家之一，发表过大量关于普罗提诺的文章和专著，还参与了考订版的编辑。他的译文是公认的贴近原文的直译，其准确性和学术价值都受到学术界普遍的赞誉，并成为以后英语世界引用《九章集》的最重要的译文来源。该译本采用 H-S² 为底本，遵循洛布丛书（Loeb）一贯的 32 开、左边原文右边译文对照的方式[2]，并在原文标注与 H-S¹ 的差异以及选取的原文辨读来源。最新版本的所有七册（1988）全面更新至 1983 年的 H-S²。译文的注释以引文出处补注为主，时有交叉引用和译者自己的理解。由于长年从事前沿研究，他在一些重要篇章的翻译能够体现当时学界最新的研究成果，所以一些译词在具体文章中根据语境有所变化，看似意译，实则是有学理依据。他的译本的另一个重要效果是跟 H-S 一样，用相对统一的译词系统为英语世界的普罗提诺学术研究塑造了统一的文本框架。[3] 在阿姆斯特朗之后还有一些选译本和注疏本，体现了新的学术进展，例如格尔森和狄龙的《新柏拉图主义：入门读本》[4]。

---

[1] H. J. Blumenthal, "Plotinus in the Light of Twenty Years' Scholarship, 1951-1971", in Haase ed., *Aufstieg und Niedergang der Römischen Welt*, Vol. II, S. 533.

[2] 因为版式变化，阿姆斯特朗的希腊文标注行号根据 H-S¹。例如编码标注 5-10，实际印刷中间可能隔了六七行。H-S¹⁻² 都是三卷本，阿姆斯特朗的译本是七卷本，VI. 1-5 和 VI. 6-9 被拆成两卷。该书在美国由哈佛大学出版社出版，在英国由海尼曼出版社（Heinemann）出版。

[3] 本节的文献回顾以英语世界的研究为主。需要指出的是，普罗提诺在法语和德语世界受到的重视要大于英语世界，而且相关研究的传统更悠久。

[4] John M. Dillon and Lloyd P. Gerson, *Neoplatonic Philosophy: Introductory Readings*, Indianapolis: Hackett Pub. Co., 2004.

二、解释范式

在学术史综述上，布卢门撒尔（Blumenthal）[①]及科里根（Corrigan）、奥克雷利（O'Cleirigh）[②]的两篇文章对1950—1986年连续的普罗提诺研究热点问题进行了文献分析和概括[③]，有很高的参考价值。迪富尔（Dufour）收集整理了1950—2000年的世界范围内普罗提诺研究一手和二手文献完整的书单并附有主题、关键词索引；根据他的统计，这五十年间国外学界关于普罗提诺的二手文献就有1500多篇。[④]

《剑桥普罗提诺指南》收集了多位著名专家撰写的针对初学者的介绍性文章，勾画出普罗提诺哲学的大体轮廓。这些文章并不是各个主题的研究综述，而是一些介绍性的总结，不免带有撰写者本人的学术倾向。为了降低难度，文章中有意略去了一些学界争议的问题，但给出进一步阅读的文献。[⑤]读者可以配合各篇文章的脚注，利用附录的书单一窥当时比较重要的研究成果。格尔森发表过一篇简短的期刊文章《当今的普罗提诺研究》，对这个领域的研究情况和成果有高度概括。[⑥]

下文主要以英语学界对普罗提诺太一学说的解释为线索进行

[①] H. J. Blumenthal, "Plotinus in the Light of Twenty Years' Scholarship, 1951-1971", in Haase ed., *Aufstieg und Niedergang der Römischen Welt*, Vol. II, S. 528-570.

[②] K. Corrigan and P. O'Cleirigh, "The Course of Plotinian Scholarship from 1971 to 1986", in Haase ed., *Aufstieg und Niedergang der Römischen Welt*, Vol. II, S. 571-623.

[③] 这两篇文章包括普罗提诺同时代哲学家的历史研究都收录在 *Aufstieg und Niedergang der Römischen Welt*, Vol. II（Haase et al, 1981）。据Blumenthal 的介绍，1950年之前的普罗提诺研究可以参见 H. R. Schwyzer, Plotinos, *Realencycolopadie der Classischen Altertums-wissenschaft XXI*. 1, 1951, S. 471-592.

[④] R. Dufour, *Plotinus: A Bibliography, 1950-2000*, Leiden: Brill, 2002.

[⑤] Lloyd P. Gerson, *The Cambridge Companion to Plotinus*, New York: Cambridge University Press, 1996, p. 2.

[⑥] Lloyd P. Gerson, "The Study of Plotinus Today", *American Catholic Philosophical Quarterly*, Vol. 71, No. 3, pp. 293-300.

回顾。根据笔者的阅读，由于 H-S 的里程碑式的意义（大概以 1970 年为界），我们可以大致将学界的研究划分为 H-S 出版前和 H-S 出版后两个时期。

（一）综合性研究：普罗提诺的定位

20 世纪初，西方学界开始兴起研究新柏拉图主义，对普罗提诺的兴趣和印象都集中在他的"神秘主义神学"，将其与基督教教父神学相比较，有些学者还讨论了普罗提诺哲学对奥古斯丁神学的影响。

直到 20 世纪 40 年代，晚期希腊哲学主要由古典学学者涉足，而当时牛津大学的希腊讲座教授多兹（E. R. Dodds）对新柏拉图主义的研究兴趣被认为是另类的、不合适的。[①]

英奇（Inge）教长的著作应属 20 世纪初期最重要的英语普罗提诺研究专著，但是在那个时代，普罗提诺还未进入英语学术界严肃研究的视野。[②] 罗素撰写《西方哲学史》中的普罗提诺部分主要就是参考他的研究。[③] 英奇称普罗提诺哲学核心为"神圣本原的三位一体（the Trinity of divine principles）——绝对者，精神和灵魂（the absolute, spirit, and soul）"，他又称太一是"世界的创造者"，理智世界是"真善美所在的王国"，而把灵魂比作被放逐的"智慧"。他把自己研究普罗提诺的专著归于宗教哲学而不是形而上学。他几乎归纳叙述了通达太一的否定辩证法与太一的所有专有名称，只是常混淆宗教与哲学概念，还有一些在现在看来毫无根据的比附。泰勒（A. E. Taylor）认为他不熟悉柏拉图、亚里士

[①] Lloyd P. Gerson, "The Study of Plotinus Today", *American Catholic Philosophical Quarterly*, Vol. 71, No. 3, pp. 293-300.

[②] W. R. Inge, *The Philosophy of Plotinus*, Vol.1-2, London: Longmans, Green and Co., 1929.

[③] 罗素：《西方哲学史》，何兆武、李约瑟译，商务印书馆 2009 年版，第 360 页。

多德哲学,对一些关键术语的把握是错误的,例如错用当代人的理解解释希腊人的"灵魂"和"时间"概念。泰勒认为普罗提诺主要是一位"形而上学家",并不直接与宗教相关,因而他批评英奇太专注于宗教和神秘主义角度。① 又例如,几乎同时期的沃斯顿(Waston)称太一是后两者的"圣父"(divine Father)。他认为普罗提诺的太一就是神。从宗教哲学对比的角度,沃斯顿认为普罗提诺没能区分神学和信仰,在普罗提诺的哲学中与神相通的办法是如此神秘,以致只有少数人能实现,达不到基督教信仰的平等普世主义的高度,同时这也是奥古斯丁在新柏拉图主义中发现的巨大的缺点。②

法国学者阿尔努(Arnou)的《在普罗提诺哲学中的向上帝的欲望》影响了许多人对太一在何种角度上可被称为神的看法。③ 阿尔努反对普罗提诺是泛神论者的观点同为阿姆斯特朗(Armstrong)④ 和卡茨(Katz)⑤ 接受。后来也不乏学者认为普罗提诺的哲学也是一种理性神学,并且主要从宗教的角度考察普罗提诺的思想。⑥

阿姆斯特朗被誉为20世纪英语世界最杰出的普罗提诺专家。阿姆斯特朗认为普罗提诺承认客观现实的存在及其秩序,它们都可为人类理性所认识,因而普罗提诺并非一个反理性者。他反对

---

① A. E. Taylor, "Review: The Philosophy of Plotinus. By William Ralph Inge", *Mind*, Vol. 28, No.110, pp. 238-245.

② J. Watson, "The Philosophy of Plotinus", *The Philosophical Review*, Vol. 37, No. 5, 1928, pp. 482-500.

③ R. Arnou, *Le désir de Dieu dans la Philosophie de Plotin*, Paris: Alcan, 1921.

④ A. H. Armstrong, *The Architecture of the Intelligible Universe in the Philosophy of Plotinus: An Analytical and Historical Study*, Cambridge: Cambridge University Press, 1940, p. 42.

⑤ Joseph Katz, *Plotinus' Search for the Good*, New York: King's Crown Press, 1950, p. 26, n. 38.

⑥ 转引自 H. J. Blumenthal, "Plotinus in the Light of Twenty Years' Scholarship, 1951-1971", in Haase ed., *Aufstieg und Niedergang der Römischen Welt*, Vol. II, S. 549。

英奇称呼太一为"绝对者",因为普罗提诺的实在论结构是多层次的,太一只是这个复杂系统的第一本原,是形而上学和宗教上的第一原因。但是,普罗提诺的哲学系统本身有内在不一致性。只在提到 VI. 8 谈论太一意志的独特风格时,阿姆斯特朗才审慎地称呼普罗提诺的太一为"神";他声称,从灵性生活的角度看,作为个体灵魂所向往的超越者,太一也可以被视为神。[1] 阿姆斯特朗在其著名的《剑桥晚期希腊和早期中世纪哲学史》中主要把太一放在与思的世界的关系中作考察。他确实说过"普罗提诺的哲学也是一种宗教"[2]。但是,这不是他对整个普罗提诺哲学的评价。他完整的意思是,如果从与太一这个"神"合一的角度看,那么就是如此,而且他认为这只是普罗提诺哲学的一小部分。他指出普罗提诺没有提到任何礼仪,因为普罗提诺认为柏拉图的整个哲学就是向神祈祷的方式,而哲学思考不过是解决智识问题的手段。[3] 在早期文章中,阿姆斯特朗认为普罗提诺体系中的"诸神"是宇宙秩序的组成部分,都服从确定的律法,人对它们的祈祷和牺牲是无用的。[4] 总之,阿姆斯特朗认为,如果把太一当作最高的"神",并且灵魂有一个爱神和与神合一的冲动,那么普罗提诺的哲学就是与基督教和伊斯兰教一样的有神论宗教。他认为这种神秘主义确实影响了之后的这两个宗教。[5] 但他也承认普罗提诺的哲学与基督教有很多重要的不同点,例如缺乏"神爱众人""罪""恩

---

[1] A. H. Armstrong, *The Architecture of the Intelligible Universe in the Philosophy of Plotinus: An Analytical and Historical Study*, Cambridge: Cambridge University Press, 1940.

[2] A. H. Armstrong, *The Cambridge History of Later Greek and Early Medieval Philosophy*, p. 259.

[3] 以上参见 A. H. Armstrong, *The Cambridge History of Later Greek and Early Medieval Philosophy*, pp. 259-260。

[4] A. H. Armstrong, "The Gods in Plato, Plotinus, Epicurus", *The Classical Quarterly*, Vol. 32, No. 3/4, 1938, pp. 190-196.

[5] 里斯特(Rist)也同意这个观点,参见 John M. Rist, "Plotinus and Christian Philosophy", in Lloyd P. Gerson ed., *The Cambridge Companion to Plotinus*, p. 390。

典""救赎"等概念。① 起初阿姆斯特朗认为太一既然包含了之后的万物,那么它也有某种理思、意志等类似于人的东西,所以太一是一个人格化的神。后来他对普罗提诺的"神"和个人的关系的看法受别的作者影响而有了很大转变。他认为,如果我们严格遵从神是无限的、不可谓述、不能为人所认识,那么神就"超出我们思想的边缘……我们不能够说神是一个人",普罗提诺描述与他相遇的拟人化的语言不过是尝试"重建一堆杂多的不合适的图像碎片"。② 这个转变体现在他翻译的《九章集》最后一篇前面所写的前言中,他说灵魂到达上升的终点并与太一合一的体验是属于那些"完全接受了柏拉图哲学化的宗教(Platonic philosophical religion)的基础要点并准备要过这种哲学生活的人"③。

笔者认为,阿姆斯特朗观点转移的关键在于如何定义"宗教"。如果一个古代哲学体系包含"神""灵魂"和"认识神"就是宗教的话,那么我们也可以正确地说柏拉图的哲学是宗教。柏拉图甚至在《菲德罗篇》(244B-245C)谈到与神合一的"迷狂",这些要素在普罗提诺那里不多也不少。"迷狂"和"神秘的合一"只是普罗提诺哲学中的一小部分,哪怕是所谓最重要的部分。何况"迷狂"是神秘的宗教体验还是比喻性的哲学术语仍有讨论余地。对"合一"的认识也必须基于对他的形而上学体系的正确理解,而不是宗教经验。阿姆斯特朗承认这一点。④

卡茨认为普罗提诺的多层"现实"(reality)实则也是多层的"价值"(value),因为他看到"一"在哲学史上并不总是等同于

---

① A. H. Armstrong, *The Cambridge History of Later Greek and Early Medieval Philosophy*, p. 263.
② A. H. Armstrong, "Form, Individual and Person in Plotinus", *Dionysius*, Vol. 1, 1977, pp. 49-68.
③ A. H. Armstrong, *Plotinus,* Vol. 7, London: Heinemann, 1988, p. 300.
④ A. H. Armstrong, *The Cambridge History of Later Greek and Early Medieval Philosophy*, p. 259.

"善"。通过考察超然的"一"在整个希腊哲学史的发展,他认为"普罗提诺所完成的正是前苏格拉底哲学家所开启的:整个宇宙都从属于太一"。他认为普罗提诺的所谓"神秘主义"实则是运用理性主义对在理智领域中的体验的描述的结果。他与法国学者阿尔努意见相反,并认为普罗提诺哲学中没有神或上帝,没有超哲学的启示等,太一也不应该被称为"上帝"(God)。正如卡茨察觉到的,当时有一股在普罗提诺的太一中寻找基督教上帝影子的潮流。[1]例如,某个东西方伦理、宗教丛书总序中概括老子、庄子、伊斯兰教、柏拉图和普罗提诺、伪狄奥尼修,基督教神秘主义代表人物、画家,但丁等的宗教共同点为:"神圣的本性:神是太一（God is the One）,自我持存的实在（self-subsisting reality）,认识他自己,在其自身爱和欣喜。自然和有限的精神都是某种从属的存在（Being）,或者仅仅是神圣者,太一的表现物。人回顾到神的道路上的三个台阶在基督教和非基督教的教导中本质上是相同的:伦理阶段,知识和爱的阶段,引导向灵魂与神的神秘合一。"[2]基于神秘主义的共同视野,新柏拉图主义与印度思想的比较也长期引起了人们进行东西方哲学对话的兴趣。[3]我们不否认在东西方宗教中可能有某些最根本层面上的共同点,但无疑这种对最高存在者的范畴观也给中早期普罗提诺研究设定了先入之见甚至偏见,可能夸大了不同体系间的相似性而忽略特殊性,更可能混淆了先后顺序。以奥古斯丁为例,他的基督教柏拉图主义与新柏拉图主义确实在某些哲学方面有相似性,这是因为他确实受过普罗提诺很大的影响。这是一股寻求东西方宗教精神汇通的潮流,普罗提诺在其中得到彰显,但也被总体的热情做了灵性化的简单处理。

---

[1] 以上参见 Joseph Katz, *Plotinus' Search for the Good*, pp.14, 26, 88, cf. n.37-38。
[2] 转引自 A. H. Armstrong, *Plotinus*, London: Allen and Unwin, 1953, p. 7。
[3] A. H. Armstrong, "Plotinus and India", *The Classical Quarterly*, Vol. 30, No.1, pp. 22-28; R. B. Harris, *Neoplatonism and Indian Thought*, NY: State University of New York Press, 1981.

法国学者布雷耶认为普罗提诺努力融合传统的柏拉图主义理性主义和神秘主义,而神秘的知识只是我们渴望理性的出发点。因为所有思想的前提就是对统一性的信念,太一是思的本原的基础。他认为太一学说就是将理性主义从对主体的关注转向对客体的关注的标志。① 同为法国学者的阿多(Hadot)写于1963年的《普罗提诺或视域的单纯性》是面向一般读者的短小精悍的经典作品,他使用优美的笔触解读普罗提诺,把他的哲学和人生放在时空背景下分析而不单就某个概念进行分析。他把太一放在关于人类自我的内在生存结构的视域中考察,认为个人寻求的真正自我就在我们之中,因为太一就在我们之中,因此"合一"就是转向自我和对自我深层次的认识。②

德克(Deck)的《自然、凝思和太一》尝试勾勒出普罗提诺哲学中的重要概念。该书主要研究III. 8,VI. 4-5,并致力回答:自然如能够凝思,凝思又如何创造?他对太一的研究乃是集中于文本收集,力图用分类、对比、辨析的方法归纳出太一的特点。他认为太一有一种超然的"思",并且这个思一直延续到之后的事物。但是太一的"思"的证据只出现在 V. 4. 2,所以他的结论只是一家之言。③

H-S 完全出版之后,普罗提诺研究领域有了一个"爆发期"。总结性的著作、会议文集、纪念论文集、对比研究合集等也频繁出版。④ 新领域、新观点层出不穷,综合这些新成果将是一个复杂

---

① Emile Bréhier, *The Philosophy of Plotinus*, Chicago: University of Chicago Press, 1958.
② P. Hadot, *Plotinus or the Simplicity of Vision*, Chicago: University of Chicago Press, 1993.
③ J. N. Deck, *Nature, Contemplation, and the One: A Study in the Philosophy of Plotinus*, Toronto: University of Toronto Press, 1967.
④ K. Corrigan and P. O'Cleirigh, "The Course of Plotinian Scholarship from 1971 to 1986", in Haase ed., *Aufstieg und Niedergang der Römischen Welt*, Vol. II, S. 574-575. 阿姆斯特朗的重要论文收录在下面两个论文集中:A. H. Armstrong, *Plotinian and Christian Studies*, London: Variorum Reprints, 1979; H. J. Blumenthal et al., *Neoplatonism and Early Christian Thought: Essays in Honour of A. H. Armstrong*, London: Variorum Publications, 1981。

而艰巨的工作，所以横向的新的综述性的著作不多，而纵向的概念挖掘和对比性研究增多。

里斯特（Rist）的专著《普罗提诺：通往现实的道路》通过重新检验文本对许多问题进行了评估和讨论，是本领域经典的研究著作。他质疑英奇教长为太一找到的各种名称，通过逐一分析引文、译本及语境，他反驳了太一是"美"的说法，因为普罗提诺并没有明确的断言，而且在理论上善包含美、高于美。[1] 当然这也是一个富有争议性的问题，例如亚历山德拉基斯（Alexandrakis）肯定了太一就是"美的美"，绝对的美，并且整个普罗提诺体系本性上是美学的，在伦理学和本体论也有美学的维度。[2] 我们结合后续研究看到，里斯特的这种问题意识和文本解读方式代表一种研究范式的转变。将普罗提诺"神学化"的研究的倾向在中后期逐渐被新一代学者弃置，对其宗教哲学方面的考察转而更合理地从他对基督教哲学的影响入手。里斯特批评说将普罗提诺的三个本体与父母、与人的各种性质进行类比的做法导致了一种拟人化的倾向，从而太一既是"超人化"又是"半人化"。[3] 在后期文章中，里斯特分析说，太一的流溢并非历史的过程，三本体及物质世界的出现并没有一个时间上的起点，所以在普罗提诺那里并没有从无到有的时间上的创世活动。[4] 他澄清了普罗提诺哲学和基督教神学在一些术语上看似一样，实则思想内容不同的地方。

沃利斯（Wallis）的《新柏拉图主义》是英语世界研究作为连

---

[1] 以上参见 John M. Rist, *Plotinus: The Road to Reality*, Cambridge: Cambridge University Press, 1967。

[2] A. Alexandrakis, "Plotinus' Aesthetic Approach to the One", *Philosophia: Yearbook of the Research Center for Greek Philosophy at the Academy of Athens*, Vol. 27-28, 1998, pp. 224-235.

[3] John M. Rist, *Eros and Psyche: Studies in Plato, Plotinus, and Origen*, Toronto: University of Toronto Press, 1964, pp.86-87.

[4] John M. Rist, "Plotinus and Christian Philosophy", in Lloyd P. Gerson ed., *The Cambridge Companion to Plotinus*, New York: Cambridge University Press, 1996.

续体的新柏拉图主义的开山之作之一[①]，至今仍是"最具全面性和可靠性的介绍性著作"[②]。由于主题所限，他对普罗提诺的讨论仍旧是观点归纳为主，太一也只是互相联系的"三本体"中的首位。该书的特点是尽可能从多个文本归纳出与太一有关的命题。他把普罗提诺放在整个新柏拉图主义潮流中进行定位，从而更有哲学史的厚度。

施罗德的《形式和转变：普罗提诺哲学研究》从普罗提诺如何理解柏拉图的理形论入手，探讨普罗提诺如何进行哲学思维。他选取了五个议题——"形""光""静""词""爱"，以一种综合的、有别于条分缕析的学院派方式作介绍。他论述太一的角度更注重解释与太一同在对于人的"自我"、对于人的生活有什么深刻意义。[③]

奥马拉（O'Meara）的介绍性著作《普罗提诺：〈九章集〉入门》以思路清晰连贯著称，并且非常重视对文本的哲学意义的解释。他从身体和灵魂谈起，"从下而上"直至太一，而后又介绍了太一如何产生万物，以及它与恶和美的关系。书后按主题分类的书单对继续深入研究非常有用。他归纳出了太一的理论必然性乃是遵循"简单者在先原则"，他还指出"谓述太一"是不可能的而"谈论关于太一的事情"则是可能的这个重要区别。[④]

格尔森教授（Lloyd Gerson）的专著《普罗提诺》是 20 世纪 90 年代至今英语世界最重要的普罗提诺研究综述性著作。该书广泛吸收了前人的研究成果，论题涉及普罗提诺哲学几乎所有重要的方面。书中大量学术性注解和文献引用尤其令人印象深刻。但

[①] R. T. Wallis, *Neoplatonism*, London: Duckworth, 1972.
[②] R. T. Wallis and Lloyd. P. Gerson, *Neoplatonism*, Indianapolis: Hackett, 1995.
[③] F. M. Schroeder, *Form and Transformation: A Study in the Philosophy of Plotinus*, Montreal: McGill-Queen's University Press, 1992.
[④] Dominic J. O'Meara, *Plotinus: An Introduction to the Enneads*, Oxford: Oxford University Press, 1993.

是他认为美学、神秘主义是非哲学的，所以不予讨论。实际上书中还缺少非常重要的专门的哲学史来源分析。不过这也符合该书所属的"哲学家论证"系列丛书的要求。面对普罗提诺思想的复杂性，格尔森选取了阿奎那"哲学大全"那样分门别类的形式，按不同哲学门类来处理普罗提诺相同的概念，对太一也是采取分析性的方法。[①]21世纪以来，有不少针对普罗提诺的专著出版。克拉克（Stephen Clark）的专著更像是他过去研究的综合。他选取的角度几乎可以说是与格尔森的分析论证式相反，因为他要解决的是"我们"当下阅读普罗提诺的意义何在——他将《九章集》当作灵性修炼手册，一种活在当下的生活方式的指引，而太一就是"爱"，一旦融入太一就与世界和解，进入了冥想的精神世界的最高状态。[②]埃米尔松的同名著作面向初学者，比较全面而平易地介绍了普罗提诺的哲学体系。在太一方面，他详细介绍了普罗提诺提出在理智本原之上的太一的理由和论证，实际上总结了关于太一的三个难题：柏拉图的太一就是至善吗（普罗提诺对柏拉图的解释是否有正确的原文依据）？太一如何是超越"存在"（being）和思想的（所以太一不存在吗）？太一本身是否有思想、行动、潜能、意志和自由？[③]但限于该书的读者定位，他并未作更多深入的文本分析。

（二）历史性研究：太一学说的来源

学界很早就注意到《巴门尼德篇》中第一个推论与太一学说传统的密切关系。对普罗提诺的"太一"进行哲学史溯源最重要的文章当属多兹的《柏拉图的〈巴门尼德篇〉和新柏拉图主义的

[①] Lloyd P. Gerson, *Plotinus*, New York: Routledge, 1994.
[②] Stephen R. L. Clark, *Plotinus: Myth, Metaphor, and Philosophical Practice*, Chicago: University of Chicago Press, 2016.
[③] Eyjólfur Kjalar Emilsson, *Plotinus*, NY: Routledge, 2017.

"一"的起源》。多兹明确指出《巴门尼德篇》中第一个"一"和普罗提诺的"太一"在文本层面上一一对应。他发掘了辛普利丘（Simplicius）的《物理学注》（A 7. 230. 34 及以下）中转述的新毕达哥拉斯学派的摩德拉图（Moderatus）的"一"，并认为普罗提诺太一学说与摩德拉图有密切的渊源关系。[①] 多兹一直是新柏拉图主义及其历史联系研究方面的领军人物。里斯特肯定了多兹的假设，论证了摩德拉图是第一位用新毕达哥拉斯方法解释《巴门尼德篇》中的两个"一"并直接影响了普罗提诺的哲学家。[②]

随后许多作者遵循这个思路挖掘了更多关于超然太一的历史文本。克雷默（Kramer）认为柏拉图主义传统有两条主线：一是把 nous 作为最高本原，从赛诺克拉底（Xenocrates）传到亚里士多德再到中期柏拉图主义；二是认为有一个在 nous 之上的最高本原，代表人物是斯彪西波（Speusippus）。梅尔兰（Merlan）则认为太一学说的来源还要更加杂多，而且相似性没那么高。但他们的研究都表明了：普罗提诺的思想根本上来说都是希腊的；这点为大多数研究者所接受。[③] 斯塔马泰洛（Stamatellos）更是把这段历史追溯到前苏格拉底哲学家。[④]

至于为什么普罗提诺要在柏拉图传统中彰显太一，学界众说纷纭。奥邦克（Aubenque）认为所谓的太一"超越本质（οὐσία）"里的 οὐσία 乃是针对亚里士多德的 οὐσία，因为它未穷尽 ὄν（是/存在）的含义，遗漏了超越个体事物之上的永恒的

[①] E. R. Dodds, "The Parmenides of Plato and the Origin of the Neoplatonic 'One'", *The Classical Quarterly*, Vol. 22, No. 3/4, 1928, pp. 129-142.

[②] John M. Rist, "The Neoplatonic One and Plato's Parmenides", *Transactions and Proceedings of the American Philological Association*, Vol. 93, pp. 389-401.

[③] 上述两位学者观点转引自 H. J. Blumenthal, "Plotinus in the Light of Twenty Years' Scholarship, 1951-1971", in Haase ed., *Aufstieg und Niedergang der Römischen Welt*, Vol. II, S. 546。

[④] Giannis Stamatellos, *Plotinus and the Presocratics: A Philosophical Study of Presocratic Influences in Plotinus' Enneads*, Albany: State University of New York Press, 2007.

"实是"（ὄντα）；而"是的是并非是"，这个"非是"就是太一。有学者指出普罗提诺所注解的柏拉图只是一些碎片，例如政治哲学方面就完全缺失。多兹指出普罗提诺倾向于在结论最后引用柏拉图以增强论证的权威性。施维泽表明了普罗提诺通常从柏拉图的著作中摘录关于太一的片段但完全不顾所摘录文本的原来语境，并且一些现在被认为是伪作的对话、书信也被他当作真品而看重。① 因此，普罗提诺究竟是否忠实地解释了柏拉图，他是披着柏拉图主义的外衣在讲述自己的理论，还是他系统化地整合了柏拉图思想的片段呢？至少，我们从波菲利为他写的《生平》可以看到，他并非（也不愿意）是一个专业的文本注释者，但不仅他的自我认同是柏拉图主义的，而且其思想内核都是柏拉图传统的延续。

1956 年，在法国召开了一次最著名的《九章集》编辑者、译者和学者参与的会议，后来出版了同名论文集《普罗提诺学说的来源》。② 当时确定的《九章集》主要文本来源包括柏拉图、亚里士多德及其注释者阿弗萝蒂西亚的亚历山大（Alexander of Aphrodisia）、阿尔比努斯（Albinus）等人。关于他们和普罗提诺思想的关系也是后来哲学史讨论的热点问题。当时大部分与会学者比较倾向于认为《九章集》中的思想是有发展过程的。③ 例如，多兹认为普罗提诺关于灵魂由于自身的 *tolma*（鲁莽妄为）而堕落的学说受到毕达哥拉斯学派的影响，而诺斯替教派也是用了 *tolma* 的学说论证灵魂堕落是其自身的罪（II. 9），由于双方的论争，普

---

① 以上学者观点转引自 H. J. Blumenthal, "Plotinus in the Light of Twenty Years' Scholarship, 1951-1971", in Haase ed., *Aufstieg und Niedergang der Römischen Welt*, Vol. II, S. 540-550。

② E. R. Dodds et al. eds., *Les sources de Plotin: dix exposés et discussions par Vandoeuvres-Genève, 21-29 août 1957*, in Genève, 1960.

③ 引自 H. J. Blumenthal, "Plotinus in the Light of Twenty Years' Scholarship, 1951-1971", in Haase ed., *Aufstieg und Niedergang der Römischen Welt*, Vol. II, S. 543。

罗提诺在后期放弃了这个学说（IV. 3）。[①] 这种看法在 20 世纪中后期都是很有影响力的，例如麦克米伦出版社的《哲学百科》"普罗提诺"词条作者梅尔兰（Philip Merlan）非常强调他思想的三个阶段性，认为随着他生活的变化，他的本体论有所差别，这一点在波菲利的《生平》中也提到过。[②] 但是，多兹关于普罗提诺受诺斯替教影响的推断有一个致命的错误，他弄错了 II. 9 的写作时间顺序，其实 IV. 3 在 II. 9 之前。并且有学者指出，如果按 Theiler 版本的原文辨读，IV. 3 中关于灵魂的思想与之前的 V. 1 思想是一致的。[③] 阿姆斯特朗一贯认为《九章集》中的思想并没有太大变化，并肯定后来大部分学者都没有真正发现他思想有大变化的证据。[④] 穿越学者的纷争地带，我们可以总结认为普罗提诺的太一学说肯定不只是依据柏拉图本人的著作，倒不如说是一个长久发展的传统的一部分。而这个传统包含了核心柏拉图主义以及与之互动"进化"的其他希腊哲学和宗教思想。

　　普罗提诺的太一学说的原创性似乎在这种历史溯源中被削弱了，然而也有学者提出不同的看法。梅杰（Meijer）同意太一学说具有发展的历史，又进一步指出普罗提诺在 VI. 9 第一次提出一个超越"一"和"善"的"超级实体"。他认为普罗提诺在太一学说传统上有重大革新。他在仔细研究了多兹和克雷默的证据之后，认为太一作为一个超然本体的学说在摩德拉图之前就有，这只不过是一个宽泛的用毕达哥拉斯主义解释柏拉图的传统，没有

[①] E. R. Dodds, *Pagan and Christian in an Age of Anxiety: Some Aspects of Religious Experience from Marcus Aurelius to Constantine*, London: Cambridge University Press, 1965, pp. 24-26.

[②] Paul Edwards, *The Encyclopedia of Philosophy*, New York: Macmillan, 1967.

[③] 详细讨论参见 Lloyd P. Gerson, *Plotinus*, p. 288, n. 10。

[④] A. H. Armstrong, *The Architecture of the Intelligible Universe in the Philosophy of Plotinus: An Analytical and Historical Study*, p.14; A. H. Armstrong, *Plotinus*, Vol.1, London: Heinemann, 1988, p. vii.

任何强的证据证明普罗提诺直接从这些人那里获得太一学说，而且只有普罗提诺的太一才真正超越理智达到绝对的统一。① 奥萨格（Ousager）也提出类似的看法，认为柏拉图的多篇对话文本里就指出了绝对的最高本体并区分了善和善的形，而普罗提诺配合"不写之教"正确地解释了太一和至善都指同一个最高者。他认为普罗提诺揭示的柏拉图的太一作为"至善"（价值层面），它是具有相对性的，但是作为"太一"（统一性的本原），它是绝对的。②但上述研究毕竟只是少数，因为要说普罗提诺具体创新在哪里，就要把之前整个希腊哲学都翻一遍加以对比。

总体而言，20世纪前期的英美学界除了多兹和阿姆斯特朗，很少有人对普罗提诺在解释柏拉图文本的道路上走多远做专门的研究，如果有的话，也是处于被边缘化的境地。直到20世纪中后期随着"古代晚期"在历史学、宗教史、古代哲学史领域的兴起，才逐渐有学者将之作为严肃的课题，检讨"新柏拉图主义"之"新"的实际内涵。芬德利（Findlay）的系列著作在德国图宾根学派之外突出地做了柏拉图的"未成文学说"的独立研究，他认为柏拉图主义一直就有三本体的传统，"普罗提诺主义"的太一本原论与终末论在柏拉图那里有丰富的来源。他的研究兴趣之一还在于揭示"理性神秘主义"的柏拉图主义历史，他还曾被学生称为"普罗提诺再世"。③ 扬特（Yount，2014）在芬德利指出的方向上更加仔细地为普罗提诺的太一、至善、理智、灵魂等重要思想找出柏拉图的文本依据，并声称普罗提诺对柏拉图的阐释具有哲学

---

① P. A. Meijer, *Plotinus on the Good or the One (Enneads VI, 9): An Analytical Commentary*, Amsterdam: J. C. Gieben, 1992, pp. 6-12.

② Asger Ousager, "Plotinus on the Relationality of Plato's Good", *Ancient Philosophy*, Vol. 28, No.1, 2008.

③ J. N. Findlay, *Ascent to the Absolute*, NY: Humanities Press, 1970; *Plato: The Written and Unwritten Doctrines*, NY: Humanities Press, 1974; *Plato and Platonism: An Introduction*, NY: Times Books, 1976.

史上的优先性。随着欧洲学界搜集的文本证据的完善与研究的深入，这一条阐释进路在英美学界日益受到重视。

无论如何，学者们都同意《九章集》中有丰富的对前人学说的运用和批评，但普罗提诺的引用和思考问题的方式则是独特的。

（三）理论性研究：太一本性的谜题

1. 太一是什么？太一的本性是无限/无限定（infinite）是最为学界广泛接受的命题。阿姆斯特朗认为"普罗提诺是（至少在西方）第一位尝试严肃处理关于'神圣的无限者'（the Divine Infinite）的哲学家"[1]。"无限"又分为神圣者的无限和最底层的物质的无限，但读者在阅读具体文本时却不会搞混，因为两者对万物的作用是截然不同的。

里斯特（1967）的专著围绕主要概念进行针对性的问题讨论而非一般性的介绍，总结了一些至今仍有争议的问题，其讨论贴近文本因而很有见地。他提出关于太一自身有三个最重要的问题："它是否存在？如是，如何存在？太一是无限的吗？"他的答案是，太一以一种无限定的方式存在，这不过是对比其他事物都有限定的存在而言。随后他讨论了太一是否自知，太一是否为美本身等由文本带来的矛盾问题。[2] 这三个问题是典型的用"存在—本质"范畴对一个对象作二分法，等同于问：太一存在吗？如果是，那么它的本质是什么？在这个逻辑上，存在先于本质。格尔森在其专著中也是以这种思路处理太一：开篇先确定太一是万物的本原，然后分析第一本原的存在证明；第二章把所有关于太一的叙述称为"属性"。第一章中他证明的起点是设定太一的本质

---

[1] A. H. Armstrong, "Plotinus's Doctrine of the Infinite and Christian Thought", *The Downside Review*, Vol. 73, No. 231, 1954, pp. 47-58.

[2] John M. Rist, *Plotinus: The Road to Reality*, Cambridge: Cambridge University Press, 1967.

为"无性质的单纯者"(unqualified simplicity),他的"无性质"实则就是里斯特的"无限定",而第二章的"属性"他说是太一在万物中的作用,从而并不真正属于太一。所以他只能推论出,太一的"单纯"必然使得"存在"和"本质"在其自身合一,而在其他万物这两者都是分开的。[1] 但格尔森二分法有一个内在矛盾。既然本质是单纯者("一"),为什么在其产物的作用中却是"多"呢?对比之下,里斯特基于哲学史解释维度的分析要更精妙一些,而这也是格尔森所缺乏的。罗斯(D. L. Ross)专门撰文《托马斯化的普罗提诺:对格尔森教授的批评》批评了格尔森的专著有把普罗提诺的哲学硬塞进 13 世纪经院哲学体系框架的企图。他重申太一是无限的/无限定的(*apeiron*)是一个普罗提诺的基本命题,而格尔森把这么多属性归之于太一并辩护说这是概念上的区分而已,这不过是误解了"无限的"含义。[2]

2. 太一是否有自身的活动?这也是讨论最多的问题之一。问题源自 V. 4. 2. 12-19(写作顺序第 10 篇)对太一有自身的思想的描述,而在别的篇章中没有这么肯定的语言。随着类似文本被发掘,学界分歧愈加剧烈。这又分化出两个维度:太一是否有自我的思想?如何理解《九章集》中对这个问题两种截然不同的描述?对前一个维度的困难在于,如果太一思考,那么它就不是绝对单纯的,又回到亚里士多德的老路上去,而这又是普罗提诺所批评的。

对于前一个维度,学界不断发现在后期文章中太一不乏"超越的思""对自我的注意""单纯的实现/动作"的说法,因此太一可能是有某种单纯的、没有对象的动作。[3] 普罗提诺除了在 V. 4

---

[1] Lloyd P. Gerson, *Plotinus*, New York: Routledge, 1994.
[2] Donald L. Ross, "Thomizing Plotinus: A Critique of Professor Gerson", *Phronesis: A Journal of Ancient Philosophy*, Vol. 41, No. 2, 1996, pp. 197-204.
[3] John Bussanich, "Plotinus's Metaphysics of the One", in L. P. Gerson ed., *The Cambridge Companion to Plotinus*, pp. 39-65.

没有说明外，其他地方随后都强调太一的单纯性和不思。然而这些是普罗提诺的"否定神学"再一次展现，还是一种间接肯定，至今仍然没有定论。这个维度又引申出太一的"创造"是有意还是无意的讨论，如果有意，那么太一是否对其造物有某种"爱"？直到克雷默收集所有相关文本证明太一对于造物是无意的①，这个观点逐渐受到多数学者支持②。

后一个维度的困难在于这是普罗提诺早期思想，还是一贯思想？阿姆斯特朗早就注意到这个段落是其他学者证明普罗提诺思想经历重大变化的一个重要文本依据，而他本人是坚定的反对者。他认为普罗提诺开始写作时已经处于人生最后阶段，思想成熟，这种文本的矛盾性只是太一学说过往历史造成的复杂性的体现，我们必须尝试融会理解其中的差异性。③ 后来又发现了 V.6.2, VI.8.16.31, V.1.7.6, V.1.6.16-19 等类似地方，但这些地方可以通过不同的原文辨读而与其他地方保持一致。关于后两个地方，虽然语境不同但核心问题是一样的，为此各国的编者和译者不仅意见分歧而且时有反复。这涉及太一如何产生理智的学说：（1）太一转动自身（最符合语法、最多学者支持）；（2）理智转动自身朝向太一（最符合语境、与其他篇章保持一致）。④ H-S 两位编辑者从一开始支持"太一不动"，到后来反过来支持"太一转向

---

① 更准确地说，"有意""无意"的区分不适于太一。

② 相关学术史参见 H. J. Blumenthal, "Plotinus in the Light of Twenty Years' Scholarship, 1951-1971", in Haase ed., *Aufstieg und Niedergang der Römischen Welt*, Vol. II, S. 552-553。阿姆斯特朗一方面支持太一对其造物没有兴趣，另一方面又认为人能够与太一神秘合一，这就是太一的"恩典"。这与他坚持的"宗教的角度"是一致的。但这个问题在后期并没有引起太多关注。

③ A. H. Armstrong, *The Architecture of the Intelligible Universe in the Philosophy of Plotinus: An Analytical and Historical Study*, p. 24.

④ 也有学者提出折中解释认为这里是故意保留为模糊的。Kevin Corrigan, "Plotinus, 'Enneads' 5, 4 [7], 2 and Related Passages: A New Interpretation of the Status of the Intelligible Object", *Hermes*, Vol.114, No. 2, 1986, pp. 195-203.

自身而生理智"。① 阿姆斯特朗也跟从 H-S 的版本翻译出了"太一保持永远地转向自身"（V. 1. 6. 18）。但在 V. 1. 7. 6，他一方面接受 H-S 的文字结果，另一方面则在学理上认同另一方，所以只是直译，保持原文的模棱两可："由于它的转向它，它看见，而这个看见就是理智。"这个问题一直伴随着 H-S 带来的文本分析热潮，从 20 世纪 60 年代开始引起了学界长久的讨论。V. 4 因为文本明确，学界基本同意：这篇文章中太一是思的对象（νοητόν），有某种思的活动和"共感"。但也有学者认为这里指的仍然是理智。② 阿姆斯特朗不得不承认这属于早期普罗提诺太一语言，而后期避免使用。③ 这就是承认普罗提诺最核心的太一学说是有一个发展的过程的。梅杰通过分析 VI. 9（时间顺序上是第九篇）及其之前的太一学说得出最主要的结论也承认普罗提诺的太一学说是有发展阶段的。他详细注疏了 VI. 9 "论至善或者太一"，得出最主要的结论就是：包含"统一性"的最高本原、真正的太一是普罗提诺在 VI. 9 的新发现。④

这个问题并不是可有可无，因为普罗提诺在各篇论文中呈现出思想的整体性究竟有多大，这关系到各篇论文对同一个问题的论述究竟可不可以互相印证。这就存在两个文本诠释的极端可能性：（1）每篇论文都是独立的，普罗提诺在写一篇论文的时候都是一次新的思考，每一个概念都高度依赖所在论文的语境，所以

---

① Kevin Corrigan and P. O'Cleirigh, "The Course of Plotinian Scholarship from 1971 to 1986", in Haase ed., *Aufstieg und Niedergang der Römischen Welt*, Vol. II, S. 590-591.

② Kevin Corrigan, "Plotinus, 'Enneads' 5, 4 [7], 2 and Related Passages: A New Interpretation of the Status of the Intelligible Object", *Hermes*, Vol.114, No. 2, 1986, p. 195.

③ A. H. Armstrong, *Plotinus 5. Enneads V 1-9*, Cambridge, Mass: Harvard University Press, 1984, p.138.

④ 至于思想的变化是因为普罗提诺后来公开了其老师阿莫尼乌的学说造成的，还是经过自己思考重新发明的不同于其老师教导的，或者说他的学说根本没变，这属于另一个思想史研究上的争论。可参见 P. A. Meijer, *Plotinus on the Good or the One (Ennead VI, 9): An Analytical Commentary*, pp. 6-19。

即使是同一个概念也只能在一篇论文中得到解释而不能引用其他论文加以辅证;(2)普罗提诺的整个思想在写作时已经非常成熟、没有时间上的变化,所以每篇论文都是在同一个思想体系中针对不同问题呈现出来的不同的演绎,我们要做的就是通过综合各篇论文尽量还原他的某个思想的原貌。当然,在实际的研究中,学者选择的立场都是处于两个极端中间,只是看每个人会偏向哪一边。在近年来的著作中,这种发展的观点常常被忽略,人们通常把《九章集》当作一个整体来使用,而较少强调发展带来的差异。

3. 第三个一直以来最富争议的主题当然是普罗提诺的"神秘主义"——与太一合一——如何解释。"合一",既可以是指个人的神秘体验,又似乎可以推论出太一有一种恩典(从而是宗教性的),又可能只是另一个"否定神学"的例子(比喻而已);有人说这是代表希腊哲学与东方宗教汇合产生的新转型,也有人说这只是希腊哲学的传统延续;也有人认为这与理智一起构成对人类内在意识和认识基础结构的微妙分析。总之,"普罗提诺思想的各股线索(肯定和否定的,形而上学的、个人的和神秘的)似乎全都在朝向太一的上升道路中汇合"[1]。"合一"似乎是普罗提诺所有哲学的最终指向,但又似乎完全超出了哲学的范围而属于不可知、不可言的部分。阿姆斯特朗把这部分归为普罗提诺建立在形而上学之上的"宗教",也就是间接承认这超出了哲学的边界。格尔森也从阿姆斯特朗的角度出发"建构"普罗提诺的宗教哲学,他也意识到宗教需要的社会性和"中保"要素在普罗提诺那里的缺失,他只好假设说,"如果普罗提诺建立一个教会的话"会如何如何。他甚至在专著中明确表示不谈普罗提诺的"神秘主义",不管它对后世的影响有多大,因为这不属于普罗提诺的哲学范围。[2]

---

[1] Kevin Corrigan and P. O'Cleirigh, "The Course of Plotinian Scholarship from 1971 to 1986", in Haase ed., *Aufstieg und Niedergang der Römischen Welt*, Vol. II, S. 593.

[2] Lloyd P. Gerson, *Plotinus*, p. 203, n. 2, pp. 218-219.

在这个问题上，谷特勒（Gurtler）的专著《普罗提诺：一的体验》做了全面性的考察，认为关于"一"的描述语言的模糊性正是普罗提诺思想统一性的体现。"一"非单纯为本体论的或仅仅关于思的（心理学的），万物既是思又是"是"，这是对希腊哲学传统反思的结果。这个统一性的层级结构直至最后在太一那里合一。换句话说，普罗提诺各方面思想能够统一的最终源头就是太一，这就是合一的真正哲学含义。[1] 何宝申从总结普罗提诺对后世的影响和神秘主义研究的现代学术进路为基础，认为《九章集》就是普罗提诺神秘主义教导和灵性指引的文本，以此探讨教导神秘主义的方法和为何与合一关联。[2]

4. 此外"至善"的太一与作为"恶"的物质的关系则是另一个久有争议的论题。相关问题有：如果说太一是一切的本原，那么质料是否也是其产物？善的本原是否也包含了恶？或者在普罗提诺形而上学体系中实则有两个对立的本原？[3] 相关讨论主要关注"恶"而非太一方面。[4]

从前面的研究概况中，我们看到在普罗提诺词典出来之前研究者主要的研究范式是在《九章集》各篇论文中收集普罗提诺对某个概念的看法。因为，对普罗提诺的某个思想做断言常使人如临深渊，研究者不知道在《九章集》迷宫般的希腊文中是否还隐藏着这个思想的另一面，或者某一处可能推翻这个结论的言语。研究的最困难之处是如何从繁多的文本中获得普罗提诺对某个关

---

[1] Gary M. Gurtler, *Plotinus: The Experience of Unity*, New York: P. Lang, 1988.
[2] Pao-Shen Ho, *Plotinus' Mystical Teaching of Henosis: An Interpretation in the Light of the Metaphysics of the One*, Peter Lang, 2015.
[3] Kevin Corrigan and P. O'Cleirigh, "The Course of Plotinian Scholarship from 1971 to 1986", in Haase ed., *Aufstieg und Niedergang der Römischen Welt*, Vol. II, S. 576-577.
[4] 这方面的综述可参见张映伟：《普罗提诺论恶：〈九章集〉一卷八章解释》，华东师范大学出版社2006年版，第71—77页。

键词用法的统计，从而从多篇论文中统计和还原出他的某个学说的思想变迁和相对统一的思想。因为普罗提诺研究必须以其文本为依据，并且是以多篇文本为依据。词典的编撰极大提高了我们分析词汇的效率，它成为现代普罗提诺研究必不可少的参考工具，从而我们能够在文本统计基础上更深入和安全地讨论其思想。文本解读的关键是还原普罗提诺的语境和理清概念间的联系，目标是理解他如何回答具体的哲学问题。问题包括希腊传统的哲学问题以及普罗提诺面对的新的哲学挑战（主要来自于其他学派的学说和学生受当时社会状况影响而提出的问题）。

从上面的回顾我们发现，学界的争议起因和解决问题的途径都是"文本"，就如梅尔兰所说的，"普罗提诺哲学的古文字学的角度的重要性比［研究者］第一眼看到它时所以为的程度大得多"[①]。

既然我们在文本编辑和翻译方面都已经有了坚实的基础，近二三十年来国际学界出现的新的并且是承接前一个阶段的研究范式是"文本注疏"，或者对同一个问题进行选段汇编式注疏。在这两个基础上，我们能够还原和评价普罗提诺对某个具体问题的看法，我们能借助词典聚焦他对某个问题的所有论述，又能聚焦具体的篇章和段落所汇集的过往学者各个层面的研究和阐释的成果。布萨尼奇（Bussanich）声称，学者们大都认为对《九章集》的详尽的文本注疏是现今普罗提诺研究领域的一个重要空白，并且对于关键的形而上学问题的分析也要基于其上，否则就容易如已有的大多数的该主题的研究那样流于宽泛和疏漏。[②] 这个工作

---

① P. Merlan, *Monopsychism, Mysticism, Metaconsciousness*, Hague: M. Nijhoff, 1963, p. 77. 转引自 John Bussanich, *The One and Its Relation to Intellect in Plotinus: A Commentary on Selected Texts*, New York: E.J. Brill, 1988, p. 2。

② John Bussanich, *The One and Its Relation to Intellect in Plotinus: A Commentary on Selected Texts*, p. 2.

的热潮延续至今。著名的普罗提诺研究专家阿多正在布雷耶考订本的基础上组织人手翻译一个新的《九章集》法语译本 *Plotin Traité*（1988— ），每篇独立成书，包括详细注释，这些成果已经逐渐出版。① 遥相呼应的是，英语世界出版了由约翰·狄龙和安德鲁·史密斯（Andrew Smith）联合主编的《普罗提诺〈九章集〉哲学注疏》系列（*The Enneads of Plotinus with Philosophical Commentaries*，2012— ）。他们邀请了使用英语写作的各国专家学者承担每一篇著作的翻译、介绍和注疏，正在持续出版中。② 另外值得一提的还有现代希腊学者支拉瓦奇（Pilavachi，2014）以一人之力对全集所做的注疏，第一卷的英译本已经出版。就单本注疏而言，比较有代表性的成果包括阿特金森（Atkinson）对 V. 1 的出色译注以及重要概念讨论③，布萨尼奇通过选注重要篇章对太一和理智的关系的研究④，还有梅杰对 VI. 9《论至善》的译注⑤。

格尔森对于整个领域的研究曾有一个形象的对比，"今天的普罗提诺研究的程度相当于二十年前的斯多亚研究，相当于五十年前的亚里士多德研究"⑥。按这个节奏来说，更多关注普罗提诺某个哲学概念的著作以及更广泛的理论评价将会逐步出现。例如，论

---

① 笔者 2010 年在多伦多大学图书馆看到已经出版了十多本。阿多于 2010 年去世。2016 年笔者有幸在杭州遇见来访的法国哲学家吕克·布里松（Luc Brisson）教授，他告诉笔者这一计划已经在他的主持下完成了。

② 截至 2016 年已经出版了十册左右，进展可见：http://www.parmenides.com/publications/publications-plotinus.html。

③ Michael Atkinson, *Plotinus: Ennead V. 1, on the Three Principal Hypostases: A Commentary with Translation*, New York: Oxford University Press, 1983.

④ John Bussanich, *The One and Its Relation to Intellect in Plotinus: A Commentary on Selected Texts*, New York: E. J. Brill, 1988.

⑤ P. A. Meijer, *Plotinus on the Good or the One (Enneads VI, 9): An Analytical Commentary*, Amsterdam: J. C. Gieben, 1992.

⑥ Lloyd P. Gerson, "The Study of Plotinus Today", *American Catholic Philosophical Quarterly*, Vol. 71, No. 3, 1997, pp. 293-300.

普罗提诺的"感官觉知""自我性、自由、政治""自我""时间性与感觉世界""理智""自我决断""数""灵魂"等。① 新近出版的注疏主要是以普罗提诺的重要哲学部分或者概念为切入点，例如对 II.1 的宇宙论注疏②，对 I.4 的"幸福"概念的注疏③。

最后笔者将简要介绍一下国内在普罗提诺太一理论研究方面的情况。中国学界发表的普罗提诺（包括把他放入新柏拉图主义范畴考察）的研究著作相对不多，在现有的中文西方古代哲学研究中也属于少数。在已有研究中，有的文章仍然以北大哲学系编译的《西方哲学原著选读》为一手文献来源，以罗素、黑格尔的哲学史为参考。

国内学界对普罗提诺的研究很大一部分都包含在对西方美学、文学历史的研究之中。因为不止在中国而且在西方普罗提诺作品中最著名的、被阅读最多的一篇论文可能就是《论美》（I.6）。④ 朱光潜先生在 1960 年翻译出版了这篇文章，可被视为中国普罗提诺研究的里程碑。⑤ 石敏敏教授从阿姆斯特朗英译本翻译并出版了

---

① Eyjólfur Kjalar Emilsson, *Plotinus on Sense-Perception: A Philosophical Study*, New York: Cambridge University Press, 1988; Asger Ousager, *Plotinus on Selfhood, Freedom and Politics*, Aarhus: Aarhus University Press, 2004; P. Remes, *Plotinus on Self: The Philosophy of the 'We'*, Cambridge: Cambridge University Press, 2007; D. Majumdar, *Plotinus on the Appearance of Time and the World of Sense: A Pantomime*, Aldershot: Ashgate, 2007; Eyjólfur Kjalar Emilsson, *Plotinus on Intellect*, Oxford: Oxford University Press, 2007; Erik Eliasson, *The Notion of That Which Depends on Us in Plotinus and Its Background*, Leiden-Boston: Brill, 2008; Svetla Slaveva-Griffin, *Plotinus on Number*, Oxford: Oxford University Press, 2009; J. Yhap, *Plotinus on the Soul: A Study in the Metaphysics of Knowledge*, London: Susquehanna University Press, 2003; D. Caluori, *Plotinus on the Soul*, Cambridge: Cambridge University Press, 2015.

② James Wilberding, *Plotinus' Cosmology: A Study of Ennead II. 1 (40): Text, Translation, and Commentary*, Oxford: Oxford University Press, 2006.

③ Kieran McGroarty, *Plotinus on Eudaimonia: A Commentary on Ennead I.4*, Oxford: Oxford University Press, 2006.

④ 参见 A. H. Armstrong, *Plotinus*, Vol.1, London: Heinemann, 1966, p.231, 即 I.6 英译本前言。

⑤ 朱光潜：《朱光潜全集》第六卷，安徽教育出版社 1990 年版，第 407—421 页。

第一部《九章集》中文全译本。[①]

中文第一本普罗提诺研究专著是赵敦华教授在台湾出版的"世界哲学家丛书"之《柏罗丁》。该书介绍普罗提诺的哲学全貌，辨析了"本体"概念并对普罗提诺哲学中重要的概念、论题进行了提炼和概括。后续许多研究都受惠于该书的论题划分和中文术语系统。近十年来普罗提诺研究著作有了可喜的数量增长。复旦大学寇爱林的博士毕业论文（2005）侧重于宗教思想史和神学维度的研究。该文重点叙述普罗提诺的灵魂下降与上升的思想，以神秘主义宗教及其影响为归结。[②] 有数本专著是在博士毕业论文基础上修改出版的，包括北京大学哲学系毕业的张映伟的《普罗提诺论恶：〈九章集〉一卷八章解释》（2006年出版），浙江大学哲学系毕业的石敏敏的《古代晚期西方哲学的人论》（2007年出版），浙江大学哲学系毕业的刘玉鹏的《自净其心：普罗提诺灵魂学说研究》（2008年出版），北京师范大学哲学系毕业的王强的《普罗提诺终末论思想研究》（2014年出版）。石敏敏教授还有一本专著《普罗提诺的"是"的形而上学》（2005年出版），这本书以"是"作为切入点，探讨普罗提诺三本体与"是"的关系，重点阐释善、恶、自由意志等宗教伦理观念与"是"的关系。她得出的结论是：普罗提诺有两个舞台，"前台"（太一、理智、灵魂、自然、人等）并不是最重要的，隐藏的"后台"才是他真正的指向，这个不可言说的后台就是"是"，"因此，《九章集》可以归结为两个主题：'是'和'是'的影像，永恒和时间"[③]。截至2016年，国内期刊的研究论文有20篇左右，内容包括研究普罗提诺的美学、辩证法，从宗教角度看灵魂向神回归，普罗提诺对柏拉图

[①] 普罗提诺：《九章集》，石敏敏译，中国社会科学出版社2009年版。
[②] 寇爱林：《心向上帝的旅程》，复旦大学2005年博士学位论文。
[③] 石敏敏：《普罗提诺的"是"的形而上学》，上海人民出版社2005年版，第266页。

的诠释，普罗提诺的神秘主义等。庞希云认为普罗提诺用太一取代了柏拉图的"理式"，具有主观性、唯一性及统一性。他推论说，太一成了"虚位以待"的上帝，三一本体论也成了三位一体学说的阶梯，从而为基督教神学搭建了一条"便捷的天梯"。[①]《希腊哲学史》第四卷对普罗提诺有一个较为全面的介绍，将他的思想体系概括为"一元多层"，并对太一从其如何得出、本身的超越性和对万物的创造性三个方面进行了阐释。[②]

总的来说，我们的研究刚刚起步。在研究的形式上全文译本、综述性专著、单个概念、篇章注疏等都齐全，但是仍存在一些问题。首先，最大的问题是对 H-S 及词典的直接运用不多，在古文字学层面上所涉及的研究较少，这就造成对普罗提诺术语的理解和对比仍然不清晰，从而造成基础性的中文译词都未能有系统的辨析和统一。其次，我们看到普罗提诺研究是一个各国学者良性互动的学术领域，许多研究者能够参考多国语言的著作[③]，而我们的研究仍然严重依赖英语著作，缺乏对其他语种著作的译介和研究。最后，我们还缺少以跨文化的视角做普罗提诺与中国传统哲学和宗教思想的对比性研究。除却这些尚待开拓的研究领域，我们也有自己的语言和文化优势。所谓旁观者清，笔者相信我们完全有能力以跨文化研究者的视野更好地把握普罗提诺哲学，并最终参与到世界性对话中去。

[①] 庞希云：《普罗提诺"太一"说：古希腊文论神化的阶梯》，《上海师范大学学报（哲学社会科学版）》2005 年第 6 期。

[②] 汪子嵩等：《希腊哲学史》第四卷上，人民出版社 2010 年版。

[③] 除了希腊语、拉丁语（H-S 版本的工作语言），其他重要语种包括德语、法语、西班牙语和意大利语。

第四节　附论：关于"太一"的译名

希腊文 τὸ ἕν 的 τὸ 是中性定冠词，特指某个或某类已经谈论过的，或者特殊的事物，表示"这个""那个"，相当于但不等于英语的"the"；ἕν 是"一"，就是希腊人用于计数的"一、二、三……"的"一"（而表示"单个、独自"有单独的 μόνον 这个词）。所以合起来，它表示"那个一"，在普罗提诺语境中特指"真正的、本然的一"而不是某个特殊的一，或者计数上的一。而且这个"一"也就是柏拉图在《巴门尼德篇》中第一个推论的"不与'是'结合的一"，真正的、本然的"一"，这就是它最根本的哲学含义。因此，τὸ ἕν（太一）根本不是一个专名，它只是普罗提诺哲学中最高实体的一个代号。称其为"一"并不是指它在数量或者质量上是"一"，或者说其本性根本上与"一"无关，只是因为"一"暗含的某种单纯性、不可分性、非杂多性可以更好地与太一之外的杂多的万物区分开来，在比喻的意义上能够表达这种关系结构，因此勉强用"一"来指称这个最高者。（参见 VI. 9. 5. 30-46）本书后面还会继续谈论"太一"的名实关系。

费其诺的拉丁文译本把"太一"翻译为不特别标识的中性名词"unum"，因为拉丁文中没有冠词，读者也就无法仅从字面区别所有的"一"，与希腊文一样，只能靠语境区别，从而拉丁文的读者大概不会将"一"当作专名。泰勒（Thomas Taylor）大概是第一位把希腊文"τὸ ἕν"翻译为英语"*the one*"的人（他在出版物中用斜体字标明他想强调的词和句，斜体不专为"*the one*"标识）。他在书的最后附加了翻译过程中一些注解，常引征柏拉图和其他新柏拉图主义者的著作，对太一的文本依据颇有见地，因此他应该知道这个词在柏拉图主义哲学中的特殊地位。麦肯纳把"太一"翻译为"the One"，用大写第一个字母来突出标识（然而，其他无论什么概念，只要他觉得重要，都用这种方法标识）。以后的英译者也都约定俗成地采用麦肯纳的大写的方法来称呼太一。然而我们要注意的是，太一的名称在希腊文中并没有任何特殊标识，至于同一个 ἕν 在哪个地方是指太一哪个地方不是，哪个代词应该翻译成"太一""那一个""（数字）一"都要依靠译者根据上下文的语境推断。通过这种翻译方式，我们才得以用最轻易的方式在文本中确认他在谈论的主体，可以说不同的翻译也极大影响了我们对普罗提诺的不同理解，特别是将"太一"这个名称固定下来并给予某种特殊的地位。也许通过文本统计，我们可以发现普罗提诺可能对"太一"（τὸ ἕν）这个名称有特殊的偏好[①]，但是他并不把它当作唯一的专名，至少"至善"和它具有同样的哲学史和理论地位。下文会继续贴近文本进行解释。

作为普罗提诺著作的第一位中译者，朱光潜在其《西方美学史》（1963 年初版）中介绍普罗提诺的哲学使用了"太一"这个译词，并根据法文全文和部分俄文翻译了《论美》一文作为附录。[②] 朱光潜先生的这篇译文可能就是第一篇完整的普罗提诺著作中文翻译，但其中并未出现"太一"，因为那里的最高者称为"善"。鉴于他的研究主要参考《论美》，并未参考其他中文文献，他应该就是"太一"这个译词的发明者。"太一"从此变成一个约定俗成的译词。至于朱光潜先生初创这个译法的原初考虑，我们也已经无法考证。

虽然我们不知道"太一"这种译法的背后理由，但有一点是肯定的：英文 One 的大写并无任何哲学或者文本意义，仅仅是强调它与一般的"一"的区别，如果把"太"理解为"大"，从而

[①] John Herbert Sleeman and Gilbert Pollet, *Lexicon Plotinianum*, Leiden: Brill, 1980, pp. 1, 322.

[②] 朱光潜：《朱光潜全集》第六卷，安徽教育出版社 1990 年版，第 136—141、407—421 页。

认为"太一"对应英文的"大写的一",这是不必要的。在希腊文中真正起区别作用的是冠词"τò",英文对应"the"。然而这个组合也不是专名,例如当它表示某个事物的"一"(例如 VI. 9. 1. 9),就不是指太一本身,这只能通过语境区别。笔者建议,我们应该这么理解中译词"太一":"太一"的译名如果是取自《庄子·天下篇》对老子哲学的概括"主之以太一",或者主宰天地的"东皇太一",或者《太一生水》中生产万物的最高本原"太一",则"太一"这个译名是对太一在普罗提诺的形而上学体系中最高地位的恰当理解。同理,我们把"τò ἀγαθός"翻译为"至善",也是取自"止于至善"(《大学》)。虽然粗浅地看,"太一"望文生义可以理解为"最大的一","至善"可以理解为"最高的善",但我们下文的分析将会表明:普罗提诺一直强调"太一不是一""至善不是善"。所以,笔者再次提醒读者,中译词的"至"和"太"只是修饰词,仅表示特指而无"最高级"的含义。因为原文的冠词"τò"仅表示"那个一""那个善"或者纯粹的"一""善"本身,在术语的源流上特指柏拉图《国家篇》中超越性的"善",而非"某个善的事物"。

第二章　普罗提诺形而上学的基石

在研究太一之前，我们必须给它一个恰当的定位。人们一提到普罗提诺，往往会想到他的哲学体系主要围绕"三本体"（three hypostases）——太一、理智和灵魂。然而，hypostasis（ὑπόστασις）[①]是不是普罗提诺的特殊哲学术语，他在何种意义上称呼这三个最高实体为"本体"，这是一个重要的问题，在西方学界曾引起长时间的争论。近年来中文学界也对这个问题多有讨论。[②] 这不仅仅是一个译词的问题，它还关涉到普罗提诺如何看待这三者在其哲学体系中的定位。Hypostasis 并非普罗提诺的专门术语，称呼三者为 hypostases 乃是他的学生以及近现代学者的用法，比较合适的叫法是称呼它们为"本原"（ἀρχή，principle），太一就是第一本原。

"三本体论"的成见由来已久，以致格尔森教授在其重要专著《普罗提诺》中需要开篇明义地加以澄清："对普罗提诺形而上学的总体叙述，典型的说法是认为他的系统包含三个'hypostases'，太一（τὸ ἕν），理思（νοῦς）和灵魂（ψυχή）。而这种划分是误

[①]　在弄清楚 hypostasis 的含义之前，我们暂时用拉丁字母转写的方式表述它，或者用中文学界常用的"本体"，相对的 substance 暂时翻译为"实体"。

[②]　有学者指出这个问题是关于 hypostasis 如何翻译的问题，介绍了学者间的争议，但也认为普罗提诺把太一提升为最高的"是"或本体。（汪子嵩等：《希腊哲学史》第四卷下，第 1150、1175 页）

导性的。"① 他的理由有二：（1）虽然只有这三者是在思的世界（intelligible world）中，但它们也在"我们"和自然之中；（2）hypostases 并不是"为诸第一实体保留的一个专门的术语"。意即这三者不能简单划分为超然的三个实体，它们与其他事物的关系是复杂的。在 V.1.10.5-6 中，这三个被称为"本原"（ἀρχὰς）。"在我们之中"指在真正的自我（个人灵魂）之中，外在于感觉世界之外的诸事物。（V.1.10.7-8）他通过文本统计指出，普罗提诺也用它们来谈论智慧、物质、爱、数字、关系、时间、运动等其他事物。也就是说，hypostases 不是专指这三者，这只是个普通的常用词，更多例证见《普罗提诺词典》（Sleeman et al., 1980）。里面认为其含义等同于 LSJ《希英词典》归纳的解释，并不把 hypostasis 当作特殊术语对待。

普罗提诺使用 hypostasis 在大多数篇章仅仅表示"外在于思想的存在"（extra-mental existence）或者"存在者"（existents）。格尔森认为，当某个反对柏拉图主义的哲学家说某事物是什么，那么普罗提诺为了反击就会说这个事物实际上是另外一个不同的 hypostasis。格尔森解释"三本体"的误解乃是源于波菲利及其他普罗提诺的学生为各篇文章起的标题，如 V.1"论三个第一本体"和 V.3"论思的本体及其超越者"。② 在 V.1 的正文中并没有"三本体"的说法。普罗提诺确实把三者放在最高的位置，他说："我们已经确定了我们必须相信如下［的学说］：'超越是者的'是'太一'（ἔστι τὸ ἐπέκεινα ὄντος τὸ ἕν），我们的讨论试着在表明这些事情的可能限度内描述它，接下来是'是者'（τὸ ὄν）和理思，第三个的是灵魂的本性。"（V.1.10.1-4）普罗提诺把它们合称为"三个本性"（ταῖς φύσεσι ταῖς τρισίν）。（V.1.8.28）

---

① Lloyd P. Gerson, *Plotinus*, p. 3.
② Lloyd P. Gerson, *Plotinus*, p. 3, n. 2.

也就是说，hypostasis 是一个带有修辞意味的词，一个有相对性的词，而不是有固定含义的专有名词。普罗提诺形而上学体系主要围绕太一、理思、灵魂三者展开，这点早就为研究者所认知，阅读过《九章集》V.1，II.9 和其他重要篇章的人都会认同这一点。然而认为"本体"（hypostasis）是这三者的专门术语并将 hypostasis 提高到普罗提诺专属的新范畴的高度则是一种现代学者的解读。格尔森归纳的观点被后来大多数学者所接受。[1] 特别是大多数学者也已经不把 hypostasis 列为特殊术语，而把三者改称"本原"（principle）。[2] 有的作者接受这个观点，但出于习惯，仍称 hypostasis，只是根据语境加以注明"real existence"。[3] 当然，也有学者仍然称呼这三个层次为"三个本体"。[4]

格尔森不是第一个指出这个误解的人，之前已经有多个学者撰文讨论。格尔森的论证、实例主要是转述奥斯豪特（Oosthout）并综合另外两位学者多利（Dörrie）和保利（Paoli）的成果，他只不过是澄清这一问题的最新代表人物。[5] 多利早在1955年就撰文指出，推动 hypostasis 成为一个专门术语的人是波菲利而不是普罗提诺。阿特金森同意多利的看法，也认为 hypostasis 不是

---

[1] P. Remes, *Plotinus on Self: The Philosophy of the "We"*, Cambridge: Cambridge University Press, 2007, p.43; P. Remes et al., *Self in Ancient Philosophy; Ancient Philosophy of the Self*, London: Springer, 2008, p.24, n.4.

[2] 例如 Eyjólfur Kjalar Emilsson, *Plotinus on Intellect*, Oxford: Oxford University Press, 2007; Kevin Corrigan, "'Solitary' Mysticism in Plotinus, Proclus, Gregory of Nyssa, and Pseudo-Dionysius", *The Journal of Religion*, Vol.76, No.1, 1996, pp.28-42。

[3] 例如 D. Majumdar, *Plotinus on the Appearance of Time and the World of Sense: A Pantomime*, Aldershot: Ashgate, 2007, p.3, n.3; Corrigan K, *Reading Plotinus: A Practical Introduction to Neoplatonism*, West Lafayette, Indiana: Purdue University Press, 2005; S. Ahbel-Rappe, *Reading Neoplatonism: Non-Discursive Thinking in the Texts of Plotinus, Proclus, and Damascius*, New York: Cambridge University Press, 2000。

[4] 例如 Giannis Stamatellos, *Plotinus and the Presocratics: A Philosophical Study of Presocratic Influences in Plotinus' Enneads*, Albany: State University of New York Press, 2007; Asger Ousager, *Plotinus on Selfhood, Freedom and Politics*, Aarhus: Aarhus University Press, 2004。

[5] Lloyd P. Gerson, *Plotinus*, p.3, n.2.

一个专门的术语，所以他自己也避免使用这个词描述"太一"等三者。[①] 德克发现整个《九章集》只有 VI. 8. 15. 28 称呼太一为"hypostasis"，他指出 hypostasis 不适用于太一，并认为是波菲利审定的 V. 1 的标题使得人们误会 hypostasis 是专门术语。[②] 安东（Anton）反对德克的结论，他总结了三者的共性，并认为符合这些共性的都可以称为 hypostasis，因此太一也是 hypostasis。[③] 笔者认为他颠倒了因果。而且，他没注意到，他在讨论学界如何看待 hypostasis 的数量的时候，其实就已经是在讨论后世学者的看法而不是普罗提诺的看法。奥斯豪特指出 hypostasis 乃是现代学者的术语，而不是在《九章集》中就具有特别地位，普罗提诺本人并不用它指涉一套固定的实体以构成自己的形而上学系统。[④]

下面，我们将在阐释了 hypostasis 本身的含义后重点讨论太一是否适合称为 hypostasis。

第一节 "本体"（ὑπόστασις）是什么？[⑤]

为了辨析这个词的含义、翻译以及用法，我们要区分几个层面的问题：hypostasis 是什么意思？该如何翻译成中文？hypostasis 是否为三者的特定术语？hypostasis 是否等同于"本原"

---

① 转引自 Michael Atkinson, *Plotinus: Ennead V. 1, on the Three Principal Hypostases: A Commentary with Translation*, New York: Oxford University Press, 1983, pp. 55-56。

② John N. Deck, *Nature, Contemplation, and the One: A Study in the Philosophy of Plotinus*, Toronto: University of Toronto Press, 1967, p. 9, n. 5.

③ John P. Anton, "Some Logical Aspects of the Concept of 'Hypostasis' in Plotinus", *The Review of Metaphysics*, Vol. 31, No. 2, 1977, pp. 258-271.

④ Henri Oosthout, *Modes of Knowledge and the Transcendental: An Introduction to Plotinus Ennead 5.3*, Amsterdam: John Benjamins, 1991, pp. 17-19.

⑤ 本小节的主要观点以《普罗提诺有"本体论"吗？——兼论 Hypostasis 的哲学含义》为题发表在《云南大学学报（社会科学版）》2014 年第 2 期。

(ἀρχή，英译 principle)？ hypostasis 是否包含"原理"、"原则"（如果把 principle 翻译为"原则"的话）的意思？在哲学层面上最根本的问题是：太一、理思、灵魂这三者究竟是在什么意义上可以归为一类，即它们是什么，是本原，还是本体？

一、hypostasis 释义

LSJ《希英词典》如是解释这个词：1. 作为一个动作，它表示"站在……下面，支撑"，亚里士多德已经使用过这个动词，"象……前脚只能用来支撑躯体"（《论动物部分》659a24）；也表示"持续"，"埋伏"等。2. 作为一个事物，I. （1）指液体中的沉淀物（亚里士多德在《气象学》382b14，382b14 也用过）；（2）脓液，云气等的堆积体；（3）某种果冻或浓汤；（4）比喻时间的"经过的长度"（多出现在文学作品中——引者）；（5）生成（coming into existence），源出（origin）（根据例句，应该是指"诞生，产生"——引者）；II. （1）一座寺庙/城墙的底座或者底部结构；（2）比喻演说、诗歌的基础，主题，论证；（3）计划，目的；（4）士兵的自信，勇气，决心，坚定性；希望，对希望的事物的自信；（5）承诺；（6）支撑物；IV. 作为一个修辞形象，表示一个想法的充分表达或者解释；V. 等同于 ὑπόστημα 一词，主要表示"瓶底的沉淀物"；VI. （1）财富，财产，生活物资（substance）；（2）复数表示契约，记录财产所有权的文件。①

以上是该词在非哲学类著作中的意义，可见这个词在生活中广泛使用，是个日常词汇。动词的意思基本是"在下面向上支撑"或"从上往下沉淀"；名词的基本意思是"下层的东西""在下面支撑的东西""沉积下来的东西"，引申为在底下作为基础的东

---

① Henry George Liddell et al., *A Greek-English Lexicon*, Oxford: Clarendon Press, 1996, p.1895. 分类序号为引者标注。

西，比喻义的用法有点像中文的"底气"。

词典编纂者给出的第 III 类解释主要来自哲学著作，表示[①]：(1) **实体性的本性／事物**，实体（substantial nature，substance），例句是"树木难以砍伐，因为它们的树脂质的**本性**（hypostasis）"，"泥土的本性"（Theophrastus，对照 5.164，对照 6.7.4）；(2) **实体**（substance），**真实的存在**（actual existence），**现实**（reality），(a) 与"虚假的东西"（semblance）**相反的[现实]**，例句是"财富有虚假，而现实没有（φαντασίαν μὲν ἔχειν πλούτου, ὑ. δὲ μή）"[②]（Artemidorus Daldianus, 3.14）；(b) **实质性的、现实的**（substantial, actual），例句："总之，发生在气中的现象有些是外表性的，有些则是实质性的（τὰ δὲ καθ' ὑπόστασιν）"（亚里士多德，《论宇宙》395a30）；(c) **实体**（substances），"所以，'ὑποστάσεις'就是出现在镜子中的映像的实体（substances）"（Placita 4.142，参见 3.6, 7.135, 9.91）；(d) **[可以被拥有的] 实体性的存在**（have substantial existence）；(e) **一个分离的存在物**（a separate existence），**与变化的事物相对的 [不变的东西]**，例句："诸多实在的事物和诸多变化的事物（ὑποστάσεις τε καὶ μεταβολαί）"[③]（Marcus Antoninus Imperator, 9.1，参见 10.5）；(f) 短语"从现实的角度"中的"现实"；(g) 与实体性（οὐσίαν）并列的**实存性**，一个例句是"思考关于自身的实存性和实体性（κατ' ἰδίαν ὑπόστασιν καὶ οὐσίαν νοεῖται）"[④]（Sextus Empiricus, *Adversus mathematicos*, 9.338）。LSJ 的编撰包括了《九章集》，但是这里没有引用其中任何例子。也许他们认为里面的 hypostasis 的意义已经包含在所列解释中，并没有把它

---

① 黑体为笔者所加，文中 hypostasis 已经根据例句需要替换成不同的合适的译词。
② 亦可译为"金银财宝有造假"。
③ 这个对比很形象，就如日常用法指那些不动的基体，而上面有些流动的东西，这里可以译为"不动的东西和变动的东西"。
④ 笔者从希腊语译出。这里的上下文是将 hypostasis 和 ousia 与"人、马、植物、船"等名称相对比，所以 hypostasis 指这些名词所指称的现实的事物。

在《九章集》里的意义当作特例。

总的来说，哲学意义上的 hypostasis 是日常用法的引申和抽象，从"沉积物、支撑物"的"坚固、实在性、不变性"，引申为"有实体性的东西"，或者"实体性"。在词典的例子中，这种"实在性"的东西更多的是指"现实中切实的、从根本上起作用的东西"，都不是特殊术语（而且亚里士多德也在这个意义上使用），也未形成一个哲学讨论的核心问题。它在英语中似乎对应的就是 substance，但是英语的 substance 的理解和翻译也存在争议，所以我们不能直接把 hypostasis 解释为 substance。我们只能通过词典的例句和归纳总结出两者不同的地方，其一是 hypostasis 常用来与虚假的、表面的、变动的东西相比较，例如镜子、大气现象、变化的事物的例句。其二，再综合它的日常用法，我们发现 hypostasis 总是暗含一种与由它而来的"表面现象"相对比的意思。这种相对性可以引申出 hypostasis 要独立于"表面现象"，但"表面现象"却不是独立的存在，它需要 hypostasis 的支撑。例如，无论是作为动词还是名词的"支撑（物）"都对应被支撑的它的表面的东西；沉积物对应的是上层的液体/气体，对比之下，沉积物更加实在、有实体性；承诺和坚定的品格，也是暗示一个人相对于外在表现的内在的思想；财产和财产证明，更是比喻一种支撑生存、生活的实在保障。因此，我们发现它的使用语境与 οὐσία[①] 不同的地方在于它具有相对性，用于在一种对比的语境中指示某个表面事物最底下、最根本、最实在起作用的事物。

英语 substance 和其词源拉丁语 *substantia* 在构词上完全对应 hypostasis，仅就这个层面看，这两个是合适的译词。它们同为"在……下"（sub- / ὑπο-）的介词前缀 +"站立"（-stan- / -στα-）的

[①] 如果按亚里士多德的解释"to ti en einai"（是其所是/所以是的是）来理解 οὐσία 的话，οὐσία 没有一种对比的语境，而是就"这个"说这个，言说的是事物本身的所是。

动词词根组成动词，再变化词尾作为抽象名词（-tia / -ce / -σις）。而 ουσία 在构词上对应的是英语的"beingness"，拉丁语 *essentia*（英语借用为 essence，中译"本质"）。然而在语义上，英语的 substance 反而常用来翻译 ουσία。为何有这个历史演变不在本书讨论范围之内，总之，中译词无法做到既兼顾希腊文构词又兼顾英译词的语义，我们必须摆脱英译词的影响。我们要寻找希腊哲学家是怎么用这个词的，最好还是统计其著作中出现的实例。

二、普罗提诺的 hypostasis

那么普罗提诺是否将 hypostasis 作为自己独特的哲学术语，而将之区别于前人呢？早期的研究者确实是如此看待 hypostasis 在普罗提诺形而上学中的地位的。彼得斯（Peters）的总结很有代表性，他解释 hypostasis 为："站在……下面（standing under），因此也是，本体（substance）"；真正的是者（real being），常用于与表象（appearance）相对。他解释说，在柏拉图的系统中，*eide*（型相）都是 *hypostases*（本体），因为它们才"真正是真正的是"（they are really real，*ontos on*），只不过柏拉图没用这个词。他把这个词的最初出现追溯到新毕达哥拉斯主义对柏拉图的数字化解释，即辛普利丘（《物理学注》230-231）转述的摩德拉图的说法，他认为这个词是个"融合物"（syncretism），包括曲解了的《巴门尼德篇》的一，《蒂迈欧篇》的创世神和亚里士多德的心灵（nous）的混合体，柏拉图的世界灵魂。这三者是"三个存在的最高本原"（three supreme *archai* of being），先是出现在柏拉图主义者阿尔比努斯（Albinus）和努美纽斯（Numenius）的著作中，而后普罗提诺才把他们整合到一起，并被普罗克洛（Proclus）用辩证法推演出来。① 我们不难看出，他遵从的解释正是一般认为的新柏拉图主义的"三本体说"。但是他也敏锐地察觉出 hypostasis 传达出来的与表象的相对性。在多兹的文章中，他称呼这三者为第一、第二、第三 hypostasis。多兹的这篇文章影响很大，显然彼得斯是受多兹文章的影响。②

然而，据查摩德拉图的原文，他并没有用 hypostasis③；查看彼得斯指出的普罗克洛《神学旨要》(Elements of Theology) 第 20 节以及其他章节，只在命题的小标题中发现 hypostasis，用于泛指思的世界的诸多本体。也就是说，彼得斯只是采用了当时普罗提诺研究界一般的看法，即 hypostasis 是普罗提诺的专门术语。查看他所给出的文本，古代作者们都倾向于把这三者称为"本原"(ἀρχή)，例如把太一称为"万物的本原"。④

实际上，hypostasis 在《九章集》中的用法和意义与在其他哲学著作一样，并不专指所谓的第一、第二、第三本体。它被用来指某种不仅在思想中而且在现实中真实存在的、持存的、可以与其他东西（特别是其源头、本原）区分开来而具有独立性的东西。

奥斯豪特详细分析了 hypostasis 所指的事物的类别，他的例子包括："光作为一个 hypostasis 与其媒介是区分开的"(IV. 5. 6. 4)，还有真正的幸福 (I. 4. 11. 10)，甚至心理活动（推理、感

---

① F. E. Peters, *Greek Philosophical Terms: A Historical Lexicon*, New York: New York University Press, 1967, pp. 92-93.

② E. R. Dodds, "The Parmenides of Plato and the Origin of the Neoplatonic 'One' ", *The Classical Quarterly*, Vol. 22, No. 3/4, 1928, pp. 129-142.

③ 梅杰在脚注中引用了该段希腊文（参见 P. A. Meijer, *Plotinus on the Good or the One [Enneads VI, 9]: An Analytical Commentary*, 1992, p. 7），笔者又查了上下文，也没有发现该词。(Simplicius et al., *In Aristotelis physicorum libros quatuor priores [-posteriores] commentaria*, Berolini: G. Reimeri, 1882）

④ Proclus et al., *Proclus' Elements of Theology*, Frome, Somerset: Prometheus Trust, 1994, p. 13.

觉）和植物的生命都可以被普罗提诺称为 hypostasis。① 阿特金森给出了另一个含义：在 III. 5. 2. 23, 35，hypcstasis 等同于 οὐσία。② 经笔者查证，该处讲述理思世界中的灵魂是"某个本体（τινα ὑπόστασιν，a separate reality）和没有物质部分的实体（οὐσίαν，a substance）"③（III. 5. 2. 23）。普罗提诺在这里是为了强调与物质世界对比起来，灵魂作为 οὐσία（真正的是其所是）才是更高级的本体。灵魂对其创造者的爱的活动"为其做出了自身的实存性（ὑπόστασιν）和'是'（οὐσίαν）"（III. 5. 2. 35）（阿姆斯特朗把两者合译为"a real substance"）。

某物需要具备某些条件才能够是 hypostasis：普罗提诺在另一个地方指出，作为实体性的事物（substantial realities）必须不同于它们所源自的东西（V. 3. 12. 17 及以下）。也即是说，一个有实存性（hypostasis）的事物自身能够分离、区别于其本原（但仍要依赖本原，并非可以完全独立）而存在，参见 IV. 7. 8. 26，V. 4. 1. 37，2. 34-36，V. 6. 3. 11，V. 9. 5. 46。④ 在 V. 1. 3 中，灵魂的 hypostasis 来自于理智（15），灵魂又派出自己的生命产生另一个 hypostasis（10）。事物拥有实存性的必要条件："不能够是单纯的东西，也不能够拥有实存性。"（V. 6. 3. 14）例如一个复合体，如果它的所有组成部分都只是彼此没联系的杂多，那么它就不能够是"一个"，因此它也就不能够拥有实存性，推论下去，那些部分也不能够有实存性。奥萨格引述其他作者认为 hypostasis 字面

---

① Henri Oosthout, *Modes of Knowledge and the Transcendental: An Introduction to Plotinus Ennead 5.3*, Amsterdam: J Benjamins, 1991, pp. 17-19.
② 沃尔特（Wolter）的论证，转引自 Michael Atkinson, *Plotinus: Ennead V. 1, on the Three Principal Hypostases: A Commentary with Translation*, New York: Oxford University Press, 1983, pp. 55-56。
③ 此处所引英译来自阿姆斯特朗。可以看出他灵活翻译 hypostasis 而不把它当特定术语。
④ 转引自 Michael Atkinson, *Plotinus: Ennead V. 1, on the Three Principal Hypostases: A Commentary with Translation*, p. 56。

意义就是"**一个沉积物**"，最开始用于斯多亚哲学，经过其他古代哲学家的著作才被普罗提诺运用。① 因此 hypostasis 表示从更高者"沉淀"下来的存在层次。在这个意义上，太一就不能够被称为 hypostasis。

综合以上学者的意见和所列举的文本案例，可以看出普罗提诺在使用 hypostasis 时确实包含一种它者的相对性。但是对照实例我们看到相对性的另一面：hypostasis 既表示脱离本原的相对独立性，又表示它不仅是本原的"表面事物"。阿特金森甚至归纳普罗提诺关于"本体"的教条为"每一个本体都是为其前者所限定从而获得其自身的可分离的存在"②。因此某物的 hypostasis 的"独立性"既表示与本原的脱离，又表示它的实存是"真实"的，反对认为该物是虚假的、表面的意见。作为在底下实在起作用的东西，它直接为其表面的事物负责；那么它可能有本原，但是它起作用要独立于其本原，否则本原既为它负责又为它表面的事物负责，它又怎么能算是在底下真正起作用的东西呢？总之，hypostasis 非但不表示"源头"或者"本原"，反而体现出了它与"源头"的张力，它强调的是本体自身的**独立性**。

总之，hypostasis 作为具有相对性的多义名词，使得我们必须根据上下文确定（1）它是与什么表面的事物对比的**本体**，或者（2）它是指脱离本原而有自身某种独立性的**实存者/本体**，还是（3）指"使自身实存"（不及物动词）或者"支撑"、"使某物实存起来"（及物动词）等**动作的抽象名词**。

普罗提诺自己并没有所谓"本体"（hypostases）的学说。他用 hypostasis 指出在某个事物背后真正起作用的"本体"，与他认

---

① Asger Ousager, *Plotinus on Selfhood, Freedom and Politics*, Aarhus: Aarhus University Press, 2004, p. 88, n. 125.

② Michael Atkinson, *Plotinus: Ennead V. 1, on the Three Principal Hypostases: A Commentary with Translation*, p. 110, cf. p. 65.

为的某种虚假、表面或非实是的东西作对比。例如前面提到的镜子中的影像与影像来源的真正本体，"表面化"与"实质性"的对比。笔者认为，我们必须把《九章集》中的 hypostases 正常化，恢复到它在我们之前提到的通常用法上来：hypostasis 强调一种相对性的独立性，既有从更高本原沉淀下来的实存性，这种实存性又表现在它是在表面事物底下实在起作用的东西。如果现代研究者约定俗成用第一、第二、第三 hypostases 来称呼太一、理思和灵魂，那当然没问题，因为它们确实都具有实存性。如果理解"本"为"返本归真"以与"假象"作对比，而"体"为"真正的实体"，那么"**本体**"确实是一个很好的翻译①。但是在具体语境中的翻译应该兼顾词典指出的多义性，例如当它作为事物本身拥有的抽象的"实体性的存在"，我们把它翻译为"**实存性**"，对应的同源动词我们翻译为"**实存**"，而在对比语境中我们有时翻译为"**实体**"。

在上面研究的基础上，我们再看一个典型的案例 VI. 6. 10. 27-39。②

> 就好像有人谈论善的事物：他说的要么是出于它们自身而有的善，要么谈论附加于它们身上的善（συμβεβηκὸς）。如果他谈论的是诸前者（τὰ πρῶτα），他就是在谈论最初的本体（ὑπόστασιν τὴν πρώτην, priman sbustantiam, the first real existence）。但如果［他谈论］附加于事物之上的善，那么必然有一个善的本性（δεῖ εἶναι φύσιν ἀγαθοῦ），从而其他事物才能有附加的善；［这总共有三种可能：］要么已经起作用的［善的］原因（τὸ αἴτιον τὸ πεποιηκὸς）在另一个［事

---

① 同时也因为这个译词已经被中文学者广泛接受。
② "［］"内的译文为笔者补足的部分。

物］之中并且必然存在（[δεῖ] εἶναι），要么［善的原因］自身就是善本身，要么在其自身固有本性之中产生了善（τὸ ἀγαθὸν）。以同样的方式，如果有人谈论关于事物之中的数字[①]，例如"十"，那么他在谈论的，要么是因为自身而实存的（ὑφεστῶσαν, exists as itself）"十"，要么如果他是在谈论附加上了"十"的事物，他就会被迫假设自身因自身而存在的"十"，并且它除了是"十"什么也不是。那么，必然地，如果有人说事物是"十"，那么这些事物要么必然是"十"本身，要么必然是另一个先于它们的"十"，它不是别的什么而是自身就是这个"十"。（Ⅵ. 6. 10. 27-45）

结合语境，这里的 συμβεβηκὸς，英译 incidental，拉丁文 accidens，只是指加于某个主体的属性，可以是偶然的，也可以是必然的，只不过作为附加的属性而不是本质，例如白是雪的必然属性，但却不是雪的本质。"诸前者" τὰ πρῶτα 并不是特指柏拉图理念世界的众多"第一者"、在形而上学顺序上最先的存在，而只是指这句话之前谈论的两种情况的事物。因此，这里的 hypostasis 也并不是指"三本体"之一，而是指这里谈论的善的例子中的第一个"本体"（"出于自身而有的善"）。这还不是特指作为"至善"的太一，仅仅泛泛地谈论"最初"的善的来源。如果善只是附加的，那么善的原因必然在另一个事物那里而不在附加的事物这里。这段话区分了两种事物，独立自存的"十"/"善"和附加了"十"/"善"的属性的事物，在这种对比关系中，前者可以被称为"本体"，因为它具有更多的"实存性"。"实存"（ὑφεστῶσαν）是 hypostasis 的同源动词，这里与上文的论善的例

[①] 这里的"τῶν ὄντων ἀριθμόν"英译为"a number in the real beings"是不恰当的，τῶν ὄντων 仅仅指一般的事物，这里没有任何语境突然由讲一个人计算一般感觉事物的数目转换到谈论理念世界的数目。

子中的文本结构一样，对应第一种情况的 hypostasis。hypostasis 可用于谈论"十"等情况，这可以佐证 hypostasis 只是个在对比语境中使用的词语，而不必专属于所谓"三个原初本体"。

1. hypostasis 是动词 ὑφίστημι 的抽象名词形式。上文的对比结构很好地指出，"最初的本体"（ὑπόστασιν τὴν πρώτην）的对应的动词就是"因为自身而存在的"（ὑφεστῶσαν），两者意义一样，都是表示所谓述的主体在其他相关事物之外独立自存。文中例子的"善""十"都可以谓述其他事物，可以是其他事物的属性，例如"那里有十个人，他们都是善人"，而普罗提诺要用 hypostasis 强调的是，必然有"善"和"十"的本性独立于并先于这十个人之外，而他们的"善"和"十"来自于"善"和"十"的本性。

2. hypostasis 必然有一个对比的语境，而 hypostasis 是用来指出柏拉图主义所强调的与感觉世界分离的实是／理念。这也是我们归纳的 hypostasis 表示"表面现象"之下实际起作用的本体的意思。在这段话的前面，普罗提诺论证数的本性必然是分离于感觉世界而且是外在于人的。论证简述如下：如果我们不计数，那么就不会知道数量；而只有知道了数才能进行计数的动作；那么，就只有数存在，计数的人才能够去认识数。反过来，如果数不存在，那么认识数的本性和计算数量都将是荒谬的。文中他又以善为例子，指出既然我们承认有善的事物，那么事物的善的原因只有三种逻辑可能。我们假设 A 是善的事物，B 是善的本性、善自身：那么（1）B>A（B 的实存性比 A 强），B 给予 A 善的属性，从而 A 分有了 B，所以也是善的；（2）B=A（B 的实存性等同于 A），那么 A 肯定就是善自身；（3）A>B（A 的实存性比 B 强），善只是 A 的本质必然附带的属性，A 的本性中必然地有善，善是它必然的属性。在（1）中，A 的善是附加的属性；在（2）和（3）中，善是出于自身而有的。我们注意到这里乃是在三种穷尽的可能的假设语境中，所以所谓的善的本体也不是就指作为"至善"的太一，只是在推论的语境下这么使用。（当然我们知道普罗提诺实际上认为善本身就是作为"至善"的太一。）

3. hypostasis 反映的乃是一种柏拉图主义的普遍思维框架。普罗提诺的结论是："总之，[我们必须接受这个结论：]任何事物[A]，不管它是什么，只要它[A]谓述其他事物[B]，那么，（1）它[A]从另一个事物[C]进入了那个事物[B]，或者（2）它[A]是那个事物[B]本身的实现（ἐνέργειά）。"（Ⅵ. 6. 10. 40-42）外在于感觉世界才有真的"实是"，感觉世界的事物之所以"是 X"乃是分有了"X"实是本身。但他并不否认感觉世界"是 X"的事物存在，只不过在"是"和"真"的等级上没有 X 更高。更高的意思是，X 本身不需要依靠"是 X 的事物"，而"是 X 的事物"反过来其"是 X"要依靠 X。既然感觉世界的事物存在，更高的实是的世界也存在（但有更高的存在等级），那么，hypostasis 也并不是区分"存在"与"不存在"的标志，只是表示"依靠自身而是其所是"，强调一种独立性、实存性。就如前面我们看到的镜子的影像与本体本身的区别的例子，影像当然也有某种程度的存在，它不是"无"或"不存在"，但它的存在必须依靠本体，本体的存在则不依靠影像，所以那个本体更应该被称为 hypostasis。

三、太一是 hypostasis 还是本原？

对于我们关注的"太一"来说，一个作为专门哲学术语的 hypostasis 其实也是充满问题的，我们不能轻易断言太一是一个"本体"。[①] 在后面的章节我们会看到，太一实际上不能够是任何

---

① 这个问题的提出转引自 Michael Atkinson, *Plotinus: Ennead V. 1, on the Three Principal Hypostases: A Commentary with Translation*, p. 56。

东西，所以无论说它是或者不是 hypostasis 都只是一种比喻性的说法，都不能表述它的本性。(1) 普罗提诺确曾称太一为"**第一本体**"（πρώτη ὑπόστασις）(VI. 8. 15. 28)，**这是整个《九章集》唯一一处称太一为"本体"**。(2) 而且普罗提诺又说，太一作为"至善"，"对它自身的选择和意志必然要被包括在至善的实存性之中"（ἐν δὲ τῇ τοῦ ἀγαθοῦ ὑποστάσει）(VI. 8. 13. 43)。因此，至善拥有某种属于自己的实存性。可见实存性/本体实际上是随着所属的事物而有不同的内涵的。(3) 然而同一篇文章中，普罗提诺又称太一为"**在本体之前者**"（τὸ οὖν πρὸ ὑποστάσεως），并反问："[它]如何能够从它者或者从自身而实存（ὑπέστη）？"（VI. 8. 10. 37）ὑπέστη 是 hypostasis 的同源动词，这里根据语境可以翻译为"沉淀"。因为太一是第一者，它不可能从"先在者"沉淀下来以获得自身的本体性。这么看，太一不能是"本体"也不能拥有"本体/实存性"，也没有相应的"实存"的动作，相反它超越本体/实存，是本体/实存的原因。如果我们考虑到 hypostasis 的本意"沉淀物"，那么太一肯定不是一个"沉淀物"，因为它是第一者，它能够从"哪里"沉淀下来呢？因此，这里的"本体"表达的是某事物从更高本原"沉淀下来"，是相对于源头的沉淀物。(4) 更甚者，例如灵魂同时拥有 hypostasis 和 οὐσία（III. 5. 2. 35），但是太一却没有 οὐσία 而只有某种 hypostasis，"实存（ὑπόστασις, existence）是它的某种活动/实现（οἷον ἐνέργεια）"（VI. 8. 7. 45-46）。这里的 hypostasis 只是同源动词的名词形式，表示实存的活动。同样一个 hypostasis 与太一的关系翻来覆去，互相矛盾，我们可以认为这是对太一的一种"否定式谈论方法"，或者类似于某种"否定神学"。因此太一的 hypostasis 更确切地说是用类比的方法（οἷον）指其自身的"动作"，用以表明太一有某种实存性而非虚无。因为太一的与众不同，把它和理思、灵魂等统统称为"本体"更容易造成误解。如果说太一、理思和灵魂都是"本体"的话，那么还会容易让人误会"本体"是它们独有的共性。V. 2. 1 整段清楚讲述太一—理智—灵魂的逐渐生成，在前者不受生产动作影响也不受产物的影响，在后者是在前者的映像。实际上，三者等级有别，生产者比被生产者要优越，这也是为什么普罗提诺的这个形而上学结构常被人称为"等级系统"（hierarchy）。（参见 III. 8. 9. 44）

普罗提诺自己同时称呼太一、理思和灵魂时用的是"φύσις"[①]（本性，nature）（V. 1. 8. 27），或者特指它们某一个自身时常用的也是"本性"[②]；在强调它们与其之后的事物的关系时，用的是"本原"[③]。这两个也都不是普罗提诺为三者保留的专门的术语。无论用哪一个术语，都不是把它们归于某一个特定范畴，也不是概括它们所具有的共同的本质。这两个称呼都是希腊哲学中的常用语，从哲学史的角度看，普罗提诺把它们放在传统的哲学框架中进行讨论，只是侧重的角度不同。格尔森建议我们称呼三者为"本原"，这样更有助于我们理解普罗提诺的哲学。他的理由有三：（1）它们是普罗提诺解释问题的起点，从而提供了一个概念框架；（2）它们是普罗提诺哲学的范式（paradigm）的本原，就如柏拉图的哲学范式核心是理念（form）；（3）它们是起实际作用的原因，它们都是某种结果的原因、本原。[④] 笔者基本同意他的意见，但最重要的原因还不是出于研究者重构理论的方便，最重要的是普罗提诺本人也是自觉站在传统的"本原论"上看待这三者的，

[①] 通过软件统计同源词，φύσις 共出现 804 次，ἀρχή 有 379 次（可能有的时候仅作"开始、开端"等一般意义使用），ὑπόστασις 共有 120 次。（R. Radice and R. Bombacigno eds., *Plotinus*, Milano: Biblia, 2004）Hypostasis 的出现频率并不高。

[②] 例如 III. 5. 1. 45，更多例证参见 Michael Atkinson, *Plotinus: Ennead V. 1, on the Three Principal Hypostases: A Commentary with Translation*, p. 56。

[③] 例如在思的世界中，不多也不少只有"三个本原"（II. 9. 1. 14），更多例证参见 Lloyd P. Gerson, *Plotinus*, p. 3。

[④] Lloyd P. Gerson, *Plotinus*, pp. 3-4.

即回答万物（包括伦理、知识论、宇宙论等所有哲学范畴内讨论的事物）的本原是什么的问题。

对于现代研究者而言，如果把"三本体论"看作是普罗提诺的哲学框架，我们就会将他从哲学史的发展中孤立出来。hypostases 不是亚里士多德的问题，更加不属于柏拉图所关注的问题。如果 hypostases 是普罗提诺哲学的核心，那么他究竟是想回答哪一个哲学问题呢？如果说太一是 hypostasis，那么我们要问，关于太一的学说到底是属于哪个哲学门类的学说呢？而我们说的"本体论/是论"指的是"ontology"，即关于"是/存在"的学问（例如亚里士多德提出了研究"关于是的是"），那么普罗提诺的"本体论/是论"应该是关于感觉世界和理念世界中两种"是"的学说（因为普罗提诺认为柏拉图的理念就等同于真正的"是"）。hypostasis 显然不是"是"。我们用"本体论"翻译"ontology"，用"本体"翻译"hypostasis"，但并不能把两者混淆进而认为普罗提诺关于 hypostasis 的学说就是普罗提诺的"本体论/是论"。除非我们用"本体论"指任何我们认为的古代哲学家的"本体"学说，例如我们定义"本体"在亚里士多德为 οὐσία，在柏拉图为 εἶδος，在普罗提诺则为 ὑπόστασις，然后为之建构一套哲学史的解释体系。（这当然是有价值的工作。）我们也不能否认 hypostases 这个术语在普罗提诺这里受到了比其他之前的哲学家更多的重视。但对于普罗提诺哲学本身，它并不是一个在体系中占据核心地位的哲学观念。

不可否认的是，当他用 hypostasis 来表达理智和灵魂与太一的相对独立的实存性时，他确实又为这个词注入了新的哲学意义，并且为基督教的三位一体阐释提供了可能的思想资源。尼西亚会议已经出现使用 hypostasis 表达有区别的位格。《迦克墩信经》（Chalcedonian Creed）里确认圣父、圣子在神性上是"同体"（ὁμοούσιον），在人性上与人类"同体"（ὁμοούσιον），耶稣是一个"位格"、一个"实质"(μίαν ὑπὸστασιν)。卡帕多西亚教父们（Cappadocian Fathers）奠定了"三位一体"(Three *Hypostases* in one *Ousia*) 的教义。① 通过这些神学建构，hypostasis 成为"三一论"的一个核心概念。所以关于它的哲学/神学问题就应该被称为"三位格论"了。新柏拉图主义哲学与基督教神学或许共享了 hypostasis 这个概念，但却在两个不同的阐释系统中理解它。可能后世的基督教阐释者出于这个因缘而采用 hypostasis 反过来解释普罗提诺，从而留下了这个"三本体"的解释惯例。习惯的改变是非常缓慢而困难的。

多兹认为晚期希腊时期基督教与希腊哲学在灵智方面的最大冲突是："一场关于本原（ἀρχή）的争论，或者更加具体的，是关于加之于本原之上的'统一性'的准确本性是什么。"② 也就是说，只有本原搞清楚了，其他随之而来的问题才会得到澄清。阿瑟顿（Atherton）同意多兹的观点。他还将关于本原统一性的讨论一直延伸到康德、谢林和黑格尔等德国近代哲学家，从而延展了本原论的历史。③ 笔者同意多兹的看法并认为："本原问题"一直贯穿希腊哲学史始终，而普罗提诺就是对这个问题进行回答的集大成者——他的答案就是"太一"。④

---

① Lloyd P. Gerson, *The Cambridge History of Philosophy in Late Antiquity*, Cambridge [u.a.]: Cambridge University Press, 2010, p.491.

② E. R. Dodds, *Pagan and Christian in an Age of Anxiety: Some Aspects of Religious Experience from Marcus Aurelius to Constantine*, London: Cambridge University Press, 1965, p.116.

③ J. Patrick Atherton, "The Neoplatonic 'One' and the Trinitarian 'APXH': The Conflict over the Unity of the Principle and Its Relation to the 'Identity' of the Absolute in Schelling and Hegel", in Harris ed., *The Significance of Neoplatonism*, State University of New York Press, 1976, pp.173-185.

④ 诚如赵敦华教授所言："什么是世界的本原？可以说是早期希腊哲学家共同面临的问题。"并且普罗提诺认为"一"比"是"更适合作为最高本原。(赵敦华：《柏罗丁》，台湾东大图书股份有限公司1998年版，第24、27页）

第二节 "本原"（ἀρχή）是什么？

一、principle 释义

希腊语名词"ἀρχή"，主要意义为"开端、开始、起源、基础、第一者"。① 英文译词"principle"的拉丁文词源 *princeps*（对应中性名词 *principium*）也是这个意思，并且同样可以引申指"主宰者、皇帝、管理者、创始人"。ἀρχή 的拉丁语对应译词就是 principium。princeps 有相关衍生词，在拉丁语中很好对应希腊语 ἀρχή，例如 principium（中性名词）、principatus（阳性名词），princeps（形容词）；而这个词又是从"第一、最先"——primus（表示"在先的"的词根"pro-"的最高级的形容词）——而来。② 而希腊语的"第一者"πρῶτον 的词根也是"pro-"。因此"本原"和"第一者"在拉丁语中有亲近关系。从拉丁语而来的英语的 principle 也有罕见的"本原"意义，但如果理解为"原则、原理"则似乎是用其引申义，意义比其词源更窄，而没有能广泛地表达"源头"的含义。

例如 VI.9.3.14-16 有一段关于太一比较全面的描述（黑体字皆为引者标注）："Ἐπεὶ τοίνυν ἕν ἐστιν ὃ ζητοῦμεν, καὶ **τὴν ἀρχὴν τῶν πάντων** ἐπισκοποῦμεν, τἀγαθὸν καὶ τὸ πρῶτον"（既然我们在寻找的东西是一，我们思索的是**万物的本原**，至善和第一者……），阿姆斯特朗翻译为："Since, then, that which we seek is one and we are considering **the principle of all things**, the Good and the First"，而费其诺翻译为："nempe eum unum ist id, quod quaerimus, **principiumque omnium** et ipsum bonum atque primum"。由此可

---

① 参见 LSJ《希英词典》对应词条（Henry George Liddell et al., *A Greek-English Lexicon*）。
② 参见《拉英词典》对应词条，P. G. W. Glare, *Oxford Latin Dictionary*, Oxford: Clarendon Press, 1968, p.1459。

见这个词在拉丁语和英语中的演变关系以及历史渊源。从这种对应关系出发，ἀρχή / principle / principium 并不局限于指语言、理论层面的"原则""原理"，而是指更宽泛意义上的"本原""源头""起点"等。现代英语词典完全只有"principle"作为"原理、原则、准则、规范"的意义，日常英语已经不再使用它作为"源头"的意义（参见《柯林斯高阶英语词典》、《朗文当代英语词典》）。重视词源发展的词典则给出了"源头"的含义，例如《美国传统词典》；《韦氏大学词典》除上述之外还有一个解释：在基督教科学中指"a divine principle: God"（中译常为"神圣的原则 / 原理：神 / 上帝"），这里的"principle"肯定是想表达"源头、起点"等"实体"含义，而不是指"神所宣示的原则、律法"。

《普罗提诺词典》中归结 ἀρχή 含义为（A1）开始、起点；（A2）(a) 第一本原，原因，源头（first principle, cause, origin）等；(b) 用于理思、思的世界（νοῦς, νοητός κόσμος）等；(c) 用于灵魂；(d) 用于生命（只有一例）；(e) 涉及世界的本原；(f) 涉及物质；(g) 与动物、人类有关；(h) 与植物有关；(i) 与数有关；(j) 与属有关；(k) 在逻辑和哲学探究中；(l) 在其他语境中；(m) 复数的本原的例子；(n) 各种表达方式：主要是"从本原而来"；（B）统治、职务。[1] 因此，ἀρχή 作为一个常用的希腊语单词在《九章集》中只在特定语境中作为哲学术语，其用法与 LSJ《希英词典》统计的用法无异，主要就是表达在一个秩序、序列中排第一的东西，即"开端、开始、起始者"。作为哲学术语，它可以在"是什么的本原"的限定情况下指代太一、理思和灵魂，例如理思是思的本原，灵魂是运动的本原，而太一则是一切的本原。

在哲学文本中 ἀρχή 应作为"本原"理解。这个"本原"（ἀρχή）就是起初的希腊哲学家所寻找的"万物的本原"的"本原"，例如，

---

[1] John Herbert Sleeman and Gilbert Pollet, *Lexicon Plotinianum*, pp. 154-158.

第一位哲学家泰勒斯说：水是万物的本原（ἀρχή）。（亚里士多德《形而上学》983b20）但这个"本原"的意义更加宽泛，不限于指自然哲学家找到的物质性本原，毋宁说它代表了这种追寻世界根源的思维方式。

ἀρχή 另一个常见译词"始基"既言"开始"又言"为事物之基础"，看似解释力更强，但是"基"给人"底下"的感觉，而且物质感太强。在各种哲学史中，常被认为是自然哲学家的专门术语。笔者曾经想使用"本元"一词，因为"元"字更贴近 ἀρχή 原意："元，始也"（《说文》），都指"开头、第一"，例如"元年""状元"，而且也有衍生词"元帅""元首"。而且更具中国哲学的形而上学意义，例如"乾，元亨利贞"（《易经》），"元神"、"元气"。"本元"也指创生天地万物的元气，例如"昔在先王，将步天路，用之灵轨，寻绪本元"（[汉]张衡《灵宪》）；还指人身上的生命力和元气，例如"万物皆生土，如人得本元"（[唐]吕岩《五言》诗之十四）。而且哲学上有"一元论""二元论"，所以"本原"似乎与"本元"相通。无论如何，"本原"这个翻译已经因为前苏格拉底的哲学而广为人知并普遍接受，所以更好地串起了本书论述的本原论传统。

那么，hypostasis 就是"本原"吗？是否 hypostasis 可以翻译为 principle？英语 principle 翻译成中文是"原则"吗？实际上，英语"hypostasis"就是其原词拉丁文的转写形式，也是英语学界普遍接受的对应译词。hypostases 如果是指普罗提诺的"三本体"，则英语学界基本不把它翻译成其他词，因为有学者正是持这种主张：普罗提诺的形而上学主要关于"三个本体"（three hypostases），而且现代学者出于习惯仍称它们为"第一、第二、第三本体"（first, second, third hypostasis）。最典型的是麦肯纳的译本，里面受基督教哲学影响，认为最高的神圣者（Divine）是有层级的三位一体（a graded Triad），里面包括三个 hypostases，并解释说"用现代的宗教术语，就是'位格'（Persons）"①。这种看法随着文本研究的深入，已经被现代的研究者所抛弃。O'Brien 在其选译集中也介绍了常见的 hypostasis 的译法为：substance，actual existence，argument，person（实体、实际存在物、论证、位格）等。他本人理解为"现实的'超越性的源头'"（transcendent source of reality）。他明显参考了 LSJ《希英词典》的总结。而 person 这一译词乃是基督教哲学的历史原因造成的。②

在《九章集》一般语境中，hypostasis 包括衍生词常会被翻译成"exist"或者"real existence"，这显然是遵从一般"实存性、实存"的意义。例如阿姆斯特朗的译文："substantial existence（ὑπόστασίς τις）"（VI. 1. 6. 1），"in things where the existence（ὑπόστασίς）derives from"（VI. 1. 7. 26）。应该说这是一个翻译的传统，费其诺的拉丁文就是把 hypostasis 翻译成 *subtantia*。例如普罗提诺论证说，离开具体事物的数是因为思想才得以实存，"所以正是依靠那个思考的动作给予它们的实存性"（αὐτῇ τῇ νοήσει τήν **ὑπόστασιν** αὐτῶν παρασχομένου）（VI. 6. 8）。阿姆斯特朗的翻译为："so by that very thinking gives them their **existence**"，费其诺翻译为："*dende ipsa intelligentia illorum* **substantiam** *exhibuerit*"③。但是任何译者都不会把 hypostasis 翻译为"本原"（principle），因为这是两个不同的词，意思也完全不一样。因此，《九章集》中的 ἀρχή，英语翻译为 principle，在中文中也都应该翻译成"本原"。

二、希腊哲学的本原论传统

认为万物的本原（开端）是"一"乃是一个古老的希腊传统。

---

① Stephen MacKenna and John M. Dillon, *The Enneads*, London: Penguin, 1991, p. xxxi.
② 参见赵敦华：《柏罗丁》，台湾东大图书股份有限公司1998年版，第28—29页。
③ Marsilio Ficino et al., *Opera Omnia*, Oxonii: E Typographeo Academico, 1835, p. 1239.

据拉尔修记载，哲学始于希腊人，并且他在前言所记录的第一个希腊哲学家雅典人密塞俄斯（Musaeus）[①]就曾说过："万物始于一，又复归于一"[②]。

据说，第一位使用"本原"这个词的人是阿那克西曼德。[③] 由于亚里士多德在《形而上学》第一卷的总结，这个哲学概念才更加确定下来并广为人知。下面我们就以他的文本为主要线索梳理最初的本原论传统。他认为从自然哲学家到柏拉图都是在寻找万物的"本原"。在物质性本原的意义上，亚里士多德也称这种本原为"元素"（983b10）。阿那克西美尼认为本原是气，赫拉克利特认为是火，恩培多克勒认为是"四根"（水、气、火、土），阿那克萨戈拉说是"无限"（ἀπείρους）或者物质性的"同素体"并且"合并"和"分离"就是事物生成和消灭的变化的原因。（984a5-15）这里的"无限"意为某种非特定元素，无论哪种元素都是由它生成，总之，还是一种质料。

另外这些所谓自然哲学家也探索万物运动的本原。阿那克萨戈拉认为是理智或心灵（νοῦν τις），它也是使事物美好的原因。（984a15-25）巴门尼德则认为是爱情或者欲望。（984a25-30）恩培多克勒则认为是"爱"和"恨"，并且也是"善"和"恶"的本原，前者就是"一切善的原因，也就是善自身"。（985a5-10）留基波和德谟克利特认为物质本原是充实（原子）和虚空，而其

[①] 神话中的人物，也译为穆赛俄斯。

[②] φάναι τε ἐξ ἑνὸς τὰ πάντα γίνεσθαι καὶ εἰς ταὐτὸν ἀναλύεσθαι, all things proceed from unity and are resolved again into unity. "φάναι"原意为"出现"，"ἀναλύεσθαι"原意为"分解"，直译为"万物从一中出现，并且分解进入它"。这里的一和万物仍然是物质性的循环关系，与早期自然哲学家的思想接近。拉尔修著作的希腊文、英文主要依据 Leob 版，中文参考了徐开来教授译本，某些关键术语笔者根据希腊文做了修订。（第欧根尼·拉尔修：《名哲言行录》（希汉对照本），徐开来、溥林译，广西师范大学出版社 2010 版，第 5 页）

[③] 辛普利丘：《物理学注》150. 23。Simplicius et al., *In Aristotelis physicorum libros quatuor priores [-posteriores] commentaria*, Berolini: G. Reimeri, 1882.

他现象的本原则是"差别"。（985b 5-23）

毕达哥拉斯认为数学上的本原也就是一切的本原，数目都出于"一"，而其他万物则出于"数"。（985b 23-20）"无限"和"一"就是它们所谓述的事物的实体。（987a 20）"一"作为一切的本原也有不同的理解。巴门尼德是探讨"原理的一"（τὸν λόγον ἑνὸς）并说存在（τὸ ὄν）就是"一"①，有的人探讨的是质料的一，有人说一是神。（986b 10 及以下）

从上面的分析我们看到，"本原"可以是指物质性的原因，可以是运动的原因，可以是伦理（善、恶）的原因；"本原"可以身兼一切原因，例如毕达哥拉斯学派的"数"本原；"本原"可以是一个或者多个"是者"，也可以是"非是者"的"虚空"。上述的本原肯定都不是指某堆火，某几个原子，或某个确定的具体的东西，而都是抽象的事物的"所是"。"虚空"其实也是"是者"，非特指某两个原子之间的空间，而是泛指一切原子间的间隙。虚空并不是"不存在"，因为他们认为"存在比非存在并不更多存在，因为物体并不比虚空更多存在"（985b 10-11）。

接下去，亚里士多德讲到柏拉图学派。柏拉图一生都赞同赫拉克利特，认为可感事物是流变的，没有关于它们的知识。苏格拉底致力于寻找伦理中的普遍定义。柏拉图也跟随着寻找非感觉事物的定义，也就是"理念"②，并且感觉事物分有理念所以才"是"（εἶναι）③。（987a 31 及以下）理念和感觉事物中间是"数"。

---

① 或者"一就是'是者'"，从罗斯译本则为"一个事物必然存在，那就是'存在者'，没有其他"。W. D. Ross, *The Works of Aristotle*, Oxford: Oxford University Press, 1908. 下文提到的罗斯译本都指此本。

② 即 εἶδος，这里从中译本，暂称"理念"。

③ 通常译为"存在"。但这里的语境中，感觉事物和非感觉事物是两个独立的领域，都存在，只不过前者没有确定的知识，而后者有；在认识的角度上，感觉事物依靠理念来认识，故此应该译为"是"。参考 988a 10，理念是事物是什么的原因，这也佐证了这里的"是"不能译为"存在"。

感觉世界中的万物的质料本原是"大"和"小"两个理念，而实体的本原则是"一"（οὐσίαν τὸ ἕν）。（987b 20-21）各种数目都分有一，"大"和"小"也参与构成数目。（987b 22）因为数是在理念之下、感觉事物之上，既然理念分有一（"一"是其本原），那么数也很合理地分有一和理念（理念是其本原）。亚里士多德又总结说，"一当然是实体而不述说其他的存在"（τὸ μέντοι γε ἓν οὐσίαν εἶναι, καὶ μὴ ἕτερόν γέ τι ὂν λέγεσθαι ἕν）①。（987b 22-23）所以，柏拉图也把数当作其他事物的实体的原因。（387b 25）。罗斯的英译本把这里的 οὐσία 翻译为 reality（实在、现实），不翻译为专门的哲学术语"本体／本质／实体"（substance）。② 如果说数是**实体的原因**，那么数就在实体之上，就有了两个层次的区别，而前文所言毕达哥拉斯学派只是把数当作万物的**实体**，而非**实体的原因**。如果我们把"οὐσία"照样理解为"是其所是"，也就是抽象的事物的"实体／本体"，而把加了冠词的"一"（τὸ ἕν）理解为"一自身"而译为"太一"③，那么 987b 20-25 这句话就变成"是其所是／实体的本原是太一"，几乎就是普罗提诺的太一与理思的关系的学说。普罗提诺认为理思的本性就是"在是的意义上的'是者'和真正的'是其所是／实体／本体'（τὸ ὂν ὄντως καὶ τὴν ἀληθῆ οὐσίαν）"（V. 9. 3.4），而理思／实是者的本原就是"一"／太一（V. 4. 2. 7-9）。H-S 也认为 V. 4. 2.7 的太一学说的依据就是亚里士多德此处的文本。④

---

① 参照罗斯英译本和希腊原文，这句话也可以译为"他所说的与毕达哥拉斯学派一样，一是实体并且不是一个谓述其他事物的一"。但前文 987a 20 说"一"和"无限"谓述其他事物，这就前后不一致。兴许是因为这涉及毕达哥拉斯学派的不同学说，或者是区分了实体与非实体的两种"一"和"无限"。
② 因为苗力田先生的译本将 οὐσία 翻译为"本体"，所以本节在必要处标注多种翻译。
③ 如前所述，"太一"只是一个加冠词的"一"，与之前我们讲的巴门尼德等人的"一"本原是一样的用词，仅表示"一"自身。
④ P. Henry and H. Schwyzer, *Plotini Opera III*, Paris: Desclée ce Brouwer, 1973, p.440.

普罗提诺的太一本原论在亚里士多德转述的柏拉图的学说中就有了文本依据。当然，我们不知道普罗提诺是否看过这一段，因为接着亚里士多德又说"一是实体（οὐσία）"。这确实存在一个矛盾，一既是实体的本原，本身又是实体。除非我们说"实体"这个词是个多义词，这两句话中的"实体"实际上指不同的东西。

普罗提诺极力否认太一与"是"和"实体/是其所是"有任何关联。他说太一是"在'是其所是'/实体之上者（τὸ ἐπέκεινα οὐσίας）"，不仅是说它生产了实体/本体，而且它也不拘束于实体/本体甚至也不拘束于自身，"**它的是其所是不是它的本原，反过来，它是'是其所是/实体'的本原**"（ἀρχὴ τῆς οὐσίας）。因为太一不需要"'是'的任何东西（οὐδὲν τοῦ εἶναι）"，太一是"是"的创造者。太一甚至"不依据自身的所是（καθό ἐστι）创造那个是者（τὸ ἔστι）"。（以上见 VI. 8. 19. 14 及以下）无论如何，如果亚里士多德的转述可靠，我们会发现，设定"一"为理念的本原，而理念是感觉事物的本原，这个思想在柏拉图那里早就有了根据。

不同于毕达哥拉斯学派的一个"无限"，柏拉图提出一个"双"（的无限），它由"大"和"小"（两个理念）构成。"双"也就是所谓的"不定的二"（infinite dyad）。它也就是"无限"本身，但无限不是一个不可分的整体，而是大和小两个相反的理念构成了一个"无限"。似乎柏拉图指出的是"无限大"和"无限小"，两者构成了完整的"无限"本身，两个无限中间就是一切的数。其他不同之处还包括：柏拉图主张"一"（τὸ ἕν）和"数"在感觉事物之外独立存在；为了在原理中（ἐν τοῖς λόγοις）进行探究，也因为他使用了辩证法（διαλεκτικῆς），他引进了理念（τῶν εἰδῶν）。英译："因为他在定义领域中的诸多探索"。总之指在词和言语中（即 logos，"逻各斯"），例如在众多对话中探讨什么是智慧、美、爱等的定义。他还把"双"（δυάδα）当成不同于

"一"的实体（τὴν ἑτέραν φύσιν），因为除了诸最初者①，各种数目都可以轻易地出于"双"而生成，就如从某种"模式"出来一般。（987b25-988a35）英译："他把与一（the One）一起的另一个实体（entity）变成一个'双'"。总之，这句话意味将"双/2"变成独立于"一"的自然本性（这里用了 φύσις 而不是 οὐσία，英译应为 nature）。

亚里士多德又总结说，在柏拉图的这个体系中，（感觉）事物只有两种原因：一种是理念，它是事物是什么的原因；另一种是事物在质料方面的原因，也就是事物的载体。"**一又是形式的原因**"（τοῖς δ᾽ εἴδεσι τὸ ἕν）（988a10）。② 因此，"一"叙说理念，而理念叙说感觉事物，"大"和"小"叙说"双"，并且柏拉图又为元素的善和恶（τοῦ εὖ καὶ τοῦ κακῶς）各指派了一个原因，恩培多克勒和阿那克萨戈拉等哲学家已经做过类似的尝试。（988a10-15）这里的"善"（εὖ）还不是 ἀγαθός，虽然两者几乎同义。因为这里讲的是感觉事物好坏的原因，所以应该还不是谈作为善的原因"至善"。这里从字面无法分辨到底指派了哪两个作为善恶的原因。恩培多克勒说是爱和恨，阿那克萨戈拉说是分离和合并，它们都是矛盾对立的动作，而且都表示"统一"和"分裂"。柏拉图应该也是设定了两个类似的动作。因此，柏拉图的这个体系分两级，一级是形式因（理念），一级是物质因（元素），后者跟以前的自然哲学家的本原一样，都是感觉事物生成变化过程中不变的载体，而且它的善恶等价值原因由前者形式因负责，而本身并没有形式或者"是什么"。亚里士多德随后对上述各种本原学说进行了批评，这里先不展开。③

---

① 指"一"和"双"。
② 这里的"形式"就是柏拉图的理念、理形。
③ 我们会在下一章的分析中看到普罗提诺的太一学说受到《形而上学》这一卷的极大影响。

英译者罗斯在这一段的脚注中告诉我们，这些学说无法在柏拉图的现存著作中找到。这大概就是柏拉图的**"不写之教"**，但是亚里士多德作为柏拉图的亲传学生，把这些记录了下来。如果按一种从上往下的本体论结构来看柏拉图的这个体系：（1）最高的本性是"一"。（2）是诸多理念，它们分有"一"，因为它们的本原是"一"（988a10）。（3）还有一个位置不明的本性：无限的"双"，只知道它与"一"不同，但从它由两个理念构成看，它似乎应该是在理念之下但在数之上。（4）是数，数由理念构成，也分有"一"，现在明确"双"就是构成 1 和 2 之外的数的本原（之一）。（5）是感觉世界的万物，它们有两方面的原因：（a）感觉世界的质料（元素），质料的本原是"大"和"小"两个理念，而作为无限的"双"也是"大"和"小"构成的。"无限"与质料有某种同源关系；（b）数和理念也是感觉事物的实体／"是什么"的原因。所以在柏拉图的这个体系中，感觉世界的万物也是有多种本原的，包括之上的数和理念，而理念也是有本原的，那就是"一"。这里的"无限"与阿那克萨戈拉所说的"无限"的同质本原是同一个词"ἄπειρον"，意为"没有边界、没有尽头"。它不仅指数的无尽，还有更广义的没有任何限定和端点的意思，所以也就没有"本原／开端"。一个圆也可以在这个意义上称为"无限"。① 但在这个体系中，"无限"是有本原的"双"，它还不是完全独立的无限。遗留下来的问题是，"一"作为理念的本原，是否也是理念？不定的"双"，既然它也是由理念构成的，那么它是否也是实体／理念？这种模糊性在亚里士多德的这段文本中尚不能澄清。

在亚里士多德的转述之外，"ἀρχή"也在柏拉图对话中出现。

---

① 参考 LSJ《希英词典》相应词条：Henry George Liddell et al., *A Greek-English Lexicon*, Oxford: Clarendon Press, 1968, p. 184.

例如"灵魂自身则不断运转，一个神圣的开端（ἀρχήν）就从这里开始"①，这里的开端也是指灵魂为整个世界的起始并主宰随后的世界运转，所以灵魂也是世界运动的本原。这里也成为普罗提诺的灵魂是世界运动本原的理论的文本依据（参见 II. 2. 3. 2, IV. 4. 22. 7, V. 1. 2. 18. 24, 10. 21）。作为开端自然是在其产物之前，并且在这个意义上，不在其产物之中，因为在产物产生之前，灵魂就已经存在了。（V. 5. 9. 29-31）在《费德罗篇》中就更清楚了，灵魂是自动者，其他事物都被它推动，因此是运动的"源泉和本原"（πηγήν καὶ ἀρχή），作为本原它不从别的在先的东西而来，也不会毁灭。（245c-d）这个思想也被普罗提诺经常引用。（I. 6. 9. 41-42, III. 8. 10. 27, IV. 7. 9. 6, V. 1. 2. 9, 12. 5, VI. 2. 6. 7, VI. 9. 11. 31 等）

　　普罗提诺认为柏拉图的理念就是万物的"实是"，他对这个"一—是者—数"的结构深信不疑。例如，他说："太一（'一自身'）是是者（τὸ ὄν）的本原，而且依靠这个，是者存在 [= 是者拥有是其所是]，否则它就会被切碎；但是太一并不依靠是者；因为如果是这样，那么是者就会在获得太一（'一自身'）之前是一，就好像获得'十'的东西在获得十之前就是一个十。"（VI. 6. 9. 40-44）在这个意义上，太一是一切数的统一性的原因。柏拉图的各篇对话关于第一者的描述角度并不相同，但普罗提诺相信柏拉图也有一个一贯的形而上学体系，并且最高点只有一个唯一的最高本原。可以说，他是在做从分散的各篇对话和未成文学说的碎片还原一个统一的、系统的柏拉图学说的工作。如果普罗提诺不是根据亚里士多德转述的柏拉图的学说，那么，至少亚里士多德在这里为我们提供了"不写之教"存在的佐证。但无论是柏拉图的对话，还是这里的"不写之教"，都与普罗提诺呈现出来的

---

① 柏拉图：《蒂迈欧篇》36E。

太一学说有所差别。①

　　总之,"本原",在自然哲学家那里就是(1)他们探讨的感觉世界的万物在变化中保持不变的终极原因实体,(2)造成万物变化而自身不变的终极原因实体。前者是一种物质性的本原,后者是一种秩序性的本原。哲学家追寻的本原是"自然本性"(φύσις, nature),是自存的实体,既不是理论假设,也不是神人同形同性的神。在原因先于效果的前提下,(这些)终极原因实体都可以恰当地被称为"本原",因为它(们)就是一切因果解释的开端,并且它(们)之上再无在先的原因。只不过不同的人给出了不同的答案,得出不同的本原。他们思考的对象是万物,一切存在者,不仅包括现在我们所说的自然界的事物,而且任何在这个世界上存在的事物和人类的善恶伦理都受这些本原决定,因而他们所说的本原都具有普遍性即蕴含着"万物一体"的意义。在亚里士多德转述的柏拉图体系中,各种理念是感觉世界万物"是什么"的原因实体,元素则是感觉世界在变化中作为材料的物质实体。如果我们只是问"是什么"的原因,那么在这个因果维度上终极的原因就是理念,所以理念也在这个意义上是本原/开端。但是理念作为更加真实的存在、实体/本体,它们也还有之上的原因,那就是"一",所以"一"是这个因果维度上的终极原因,"一"是本原。从而,"一"就是一切存在者/是者的本原。

---

① 限于主旨,本文不讨论柏拉图的"不写之教",有兴趣的读者可参考德国图宾根学派的相关研究,参见先刚:《柏拉图的本原学说:基于未成文学说和对话录的研究》,生活·读书·新知三联书店 2014 年版。但可惜的是笔者在本书主体完成多年后才看到该书的出版,但也更加印证和坚定了笔者的主要观点。笔者在 2010 年提交博士论文时使用的标题是"普罗提诺的太一本原论:历史源流以及内在逻辑",当时还曾为"本原论"没有先例而感到惶恐,而今看来,不过是殊途共归。笔者为了从发生学角度理解新柏拉图主义而回溯其源流,找到了亚里士多德叙述中的柏拉图以及柏拉图自己的对话录,而图宾根学派则从历史—批判的进路重建柏拉图的阐释范式。

三、亚里士多德的本原

为什么要有本原呢？在《形而上学》里，亚里士多德发现，人们探索事物的原因总是不断地往前追溯，但是不能够"无穷倒退"，**没有最初的起点、本原，也就没有原因**。（994a20）反过来也不能"无穷前进"，事物从本原开始的生成也是有极限的。（994a22）也就是说，在亚里士多德看来，一切万物的因果之链都是有尽头的，不能是无限的。可以这么理解这个问题：我们追问"为什么"总会抵达最后不能再往前推进的终点，这也是"原因—结果"序列的开端，这个过程不能永远持续下去，否则就会导致无穷倒退。在理论上来说，无穷倒退也是理性思考应该避免的，它不仅在有限的理性思考中不可能完成，而且如果承认无穷倒退的存在，也就是承认在因果序列中没有某个本原作为基础，每一个原因都是不确定的，因为总有之前的我们未知的原因，这将使得我们永远不能确定我们得到的任何一个答案的真假；更严重的是，无穷倒退将使**我们追溯原因的这个活动本身**变得没有意义，因为我们问"为什么"的时候总是预设着有一个答案，至少是在某个程度上是有回答这个"为什么"的答案。

我们可以更进一步推论说，追问原因是因果性思维的必然要求，这是人类求知的基础，如果没有因果，一切都是随机和混沌，那么也就不存在知识。世界呈现出一定的秩序和人的思维存在着秩序的事实，就驱使我们去追问一切现象背后的原因是什么。我们存在着的本性就要求着我们进行这种探索。人的存在本身就是探索原因的原因。

亚里士多德在《形而上学》"哲学辞典"中第一个词条讲的就是"本原"，并定义说"全部本原的共同之点就是存在或生成或认识由之开始之点"。他首先归纳的是它的日常用法的含义，可以被称为"本原"的第一类事物包括：（1）运动的起点，例如路的两个端点；（2）做事情的开始着手点；（3）内在于事物之中的生成起点，例如房屋的基石；（4）外在于事物的生成的起点，例如争吵产生战争、父母产生婴儿；（5）自身的意志能够使事物运动变化的人，例如统治者[①]；（6）技术，例如建筑技术。而另一类事物则是"事物最初由之认识的东西也被称为此事物的本原，例如前提是证明的本原"，并且"一切原因都是本原"。（1012b35-1013a22）

原因有四种，虽然他没为这些原因命名，但我们可以归纳如下：（1）**物质因**。"内在于事物之中，事物由之生成的东西"，例如大理石之于雕像、元音之于音节，也是载体。（2）**形式因**。"（事物）本质/是其所是的构成方式以及包含它的种类"（ὁ λόγος τοῦ τί ἦν εἶναι καὶ τὰ τούτου γένη），诸多部分作为物质因，那么相对的形式因就是"那些好像本质/是其所是的东西"（τὰ δὲ ὡς τὸ τί ἦν εἶναι），也就是"整体、构成和形式（τὸ εἶδος）"，"例如2:1的比例和整个的数字是八度音阶的原因"。一个结构式的诸组成部分是其原因；形式因原文是"τὸ εἶδος"，也是柏拉图的理念（理形）的希腊语。早有学者研究认为柏拉图的理念论其实是"通种论"，即理念是指"种类"，并且有最大的五个种。[②] 因此可以说在亚里士多德看来，理形是形式因，是事物的本质/是其所是的原因。从例子看，这里的 λόγος 更指一种广义上的有秩序的构成，或者秩序，英文翻译成 formula，就是公式、结构式、形式。当然，定义、理性、有意义的话语都是 λόγος。我们为了简洁，可以把"是其所是"也称为"本质"。（3）**发生因**。"变化和静止由之开始之点"，但不限于物体间的直接作用，而是在"生产者—产物"意义上的前者，例如，父亲是儿子的发生因，策划者是所策划的事件发生的原因。旧称"动力因""动因"，但这

[①] 统治者发出命令，而后才有了城邦的政策和具体实行，还是强调"起始者"。
[②] 详细讨论参见王晓朝：《希腊哲学简史》第七章第二节。

容易让人误会是一物的力作用于另一物，或者指事物的运动的原因，其实它本身的含义要更抽象一些，类似于本原种类中的"由之生成但并不内在于事物的东西，运动和变化自然而然从它开始"（1013a10），例如亚里士多德举的例子就包括父母产生子女，争吵产生战争，还有城邦的首脑的意图使得城邦内的事物运动等。总之，是事物运动变化，从一个状态变成另一个状态，从一个事物变成另一个事物的原因，因此它是指引起这个变化的事物变化的原因。英语常称为"efficient cause"，"efficient"源于"effect"，即某个先行者造成的效果、结果；拉丁词根是主动态现在分词 *effeciens*，原型动词 *effeecre=ex + fecere*，也就是指一个主体"带出来，造出来，做出来"的动作。（4）**目的因**。也就是"何所为"，运动和变化都有目的，而处于中间状态的东西就是目的的手段，例如"善"就是一种目的因。（以上参见 1013a25-1013b6）

如果我们换个角度，把一个事物的原因分为"内""外"两种，则原因可以是"**固有的**"或者"**偶性的**（附加的）"。再换个角度，则原因可以分为"**潜在的**"和"**现实的**"。（以上参见 1013b29-1014a25）

因此，本原就是原因，两者要结合起来理解，原因有多少种类，本原就有多少种类。参考上一小节的本原论历史，作为原因的本原也可以纳入上述分类分析，只不过本原是各种抽象的原因的**实体**。

我们必须分清楚两种层面的原因。一种是个体与个体事物之间的因果关系。如果因果关系普遍存在于可感觉的万物之中，那么一物既可以为另一物的原因，也可以是另一物的结果，我们称这种关系为"直接的因果关系"。在另外一种因果关系中，则是普遍者对个体，或者普遍者对普遍者的因果关系，例如我们现在说重力是苹果往下掉的原因，健康是散步的原因，前面泰勒斯所说的"水"是万物的本原。对于柏拉图主义者而言，"美"是万物之为美的原因，那么"美"不是物体，但却是"美的感觉事物**是**美的"的原因，那么我们也可以称"美"为原因，而且在逻辑顺序上，而不是在时间顺序上，居于美的事物之前。"美"本身和"美的事物"是截然不同的两类存在。粗略地说，"美"是超越时空的存在，而"美的事物"则是时空中的存在，是两个层面的存在，但是前者可以为后者的原因。那么我们可以更加恰当地把高于感觉事物的普遍性的原因称之为"本原"。因此，我们知道"本原"这个词在哲学里已经不是时间或者空间里的某个作为开始的物体，而是不同于这个感觉世界任何事物的普遍的原因。那么，前面的自然哲学家包括柏拉图所说的本原、原因肯定都不是个体的、物体性的事物，也都不是感觉世界的任何一个事物，甚至不是一类事物，而是我们所说的第二种的普遍的、抽象的原因。亚里士多德的形而上学的原因也不会是指某个物体性的、个体的事物。

那么，亚里士多德自己理想的本原又是什么呢？他在《形而上学》第二卷说哲学是"真知识"，而"真"是离不开原因的。"一个东西能按其自身而赋予其他事物以相似性，那么它就是各种东西中自身最高的，例如火是热的，因为它是其他东西热的原因。使后来的事物成为真的原因就是最高一级的真。① **这样看来，永恒事物（τῶν ἀεὶ ὄντων）的本原就必然永远是最真的本原**②。因为它们并非一时的真，没有东西是它们本质/是其所是的（τί ἐστι τοῦ εἶναι）原因，而它们是其他东西的是或存在的原因，从而每一事物就其是或存在（ἔχει τοῦ εἶναι）而言，即是就真理而言。"（993b20-30）因此，亚里士多德的哲学的最高本原，就是"真"和"是"的本原。

亚里士多德理想的本原就是其他事物是其所是的原因，或者

---

① 普罗提诺解释第一者和第二者的关系时，使用的也是火与热的比喻（V. 4. 2. 30-35）。跟亚里士多德一样，他也认为之前者要比之后者高一级。

② 黑体为引者所加。

说是"形式因"。原因本身是什么,其造成的结果也与原因本身相似,在这个意义上,本原要比其产物更高级。这里的"永恒的事物"(ἀεὶ τὰ ὄντα,或译"诸多永恒是者"),非常类似柏拉图对理念的描述。它们指理论知识(相对于实践知识)的真,也就是万物的真正的原因,也就是令万物之所以是其所是的原因。它们在"是"(τοῦ εἶναι)方面的"是什么"(τί ἐστι,或译"本质/是其所是")却没有原因,它们是其他事物(只能是指"感觉事物")在"是"的方面是什么的原因,在"真"的方面也是如此。理论知识的"是"就等于"真",在两者的角度上越是更高的本原,其"是"和"真"的程度就越高。这里又暗示了一个"实是"的本原,按理说应该也是高于"是/真"的。正如"是"本身是"其他事物是"的本原(开端),所以在"是"方面它之上没有原因,否则它就不是开端/本原。并且"如若原初的东西,永恒和最自足的东西,在最初并不作为善而拥有自足和自存,那就是件怪事了"(1091b17-19)。

亚里士多德在第六卷(E)提出他的"第一哲学",这是思辨的科学,研究的对象是"永恒、不动和可分离的东西"(1026a10),"它思辨作为存在的存在(作为是的是)、是什么以及存在的东西(是者)的属性"(1026a30)。在第十二卷(Λ),亚里士多德提出,在某种意义上可以说本原只有三种:形式、缺乏和质料。(1070b20)实体是最初的,并且有永恒不运动的实体,但它本身本质是实现的而不是潜能的,它就是最初的原因,也是万物运动的原因。(1071b5 及以下)在什么是最初的问题上,他还提出一条标准:"实体中单纯而实现的存在者在先"(1072a34)。在考虑运动的角度上,他提出有且只有一个"不动的动者",它是第一者,所以也没有质料。(1074a35)它也是万物运动的目的因,是必然的、美好的本原。(1072b5-15)上述的最初者、本原自身也是至善,它的思想对象也是至善,它永恒的思想自身，它思想的实现/活动就是它的生命，而它就是这个实现本身，所以它是一个有生命的是者，所以生命和永恒的持存（ὑπάρχει）都属于它，所以它是神。（1072b 15-30）对于希腊人来说人是可朽的、会死的，而神是不朽的、永生的，既然它拥有永恒生命，那么它就是神。其中 ὑπάρχει 是动词，词源就是 ὑπο + ἀρχή，直译"来自于本原""本原于"，或者"开始""作为……的本原"，但作为及物动词，罗斯英语译为"拥有"。不定式"ὑπάρχειν"在亚里士多德的逻辑上指主体属性的持存性（例如1025a 14）。① 所以本原的原因作用并不是暂时的，只要这个事物保持是其所是，那么本原就持续地是令其存在/是其所是的原因。

这个"神"永恒思想自身（而人的思则是时间性的），因为思想就是对思想的思想，它思想的就是知识，既然它没有质料，思和被思的东西就是同一的。（1074b 35-1075a 10）在第十二卷最后，亚里士多德总结，上述这些看似是不同的本原，但它实则是一个统摄一切的本原。（1076a 5）因此，我们对比亚里士多德的四因说和两种看待原因的角度可以发现，这个最高的本原是万物的**目的因**（至善），也是万物的**发生因**（不动之动者）和万物的**形式因**（它的所思是"作为是的是"），这个本原是完全**现实**的（而非潜在的），它是万物**固有**的（因为它与万物不可分离）。它除了不是**物质因**，它自身已经统摄了一切的原因，是一切原因的原因，因而是万物第一本原。所以亚里士多德在第一本原这里也与之前的哲学家一样有两种极端，物质受形式支配，但却不是由第一本原产生，而是独立于第一本原的万物的载体。

我们在这里详细介绍亚里士多德的第一本原，乃是因为它与普罗提诺的第一者太一有很多的相似性，只有辨别清楚两者，

---

① 参见 Henry George Liddell et al., *A Greek-English Lexicon,* Oxford: Clarendon Press, 1996, pp. 1853-1854。

才能更加清楚地看清普罗提诺太一学说的特点。而且普罗提诺对《形而上学》有充分的了解和特别的关注。（VP. 14）亚里士多德提出的永恒思想自身的第一者就是理智／努斯／理思（νοῦς）（1074b 15），但这在普罗提诺的体系中只是第二本原。这种综合各种方面的本原的第一者在亚里士多德这里已经有了理论的依据，可以说是普罗提诺太一学说的原型，而且是最大的原型，因为柏拉图自己并没有如此清楚地建构自己的第一者和最高的本原。

第三节 "努斯"（νοῦς）是什么？

一、νοῦς，Intellect，思

νοῦς 在中文中没有完全对应的术语，一般音译成"努斯"，或者意译成"心""心灵"等。学界一般把普罗提诺的 νοῦς 译为"理智"，似乎是与英译保持一致。《九章集》的英译将 νοῦς 翻译为 Intellect，实则是从费其诺的拉丁文传统衍生而来的。拉丁文动词 *intellego* 表示"懂得、思考、领会、理解"等意思，其衍生名词 *intellegentia*（也写作 *intelligentia*），表示名词性的"理解""理智（能力）"，所以也指"知识""概念"等抽象事物。它的动词还有主动和被动的动名词形式，非常适合翻译 νοῦς。英语由于有了这个传统和习惯，英语用对应的名词、形容词 intellect，intelligible 来翻译，但是没有对应的动词，所以用 to think 来翻译。中文对应英文译为"可理知的""可理智的"，名词化对应翻译为"可理知者""可理智者"。其实为了与英文翻译保持对应，反而令单独的译词与希腊文的原意离得更远。不同文化中的译者应该就普罗提诺哲学的内在考虑选择自己文化视野中合适的译词。这也不仅仅是译词的问题，而且关系到如何理解和阐释普罗提诺哲学思想的问题，在此基础上才能更好地理解为何普罗提诺要提出

超越 νοῦς 之上的本原。从约定俗成的角度看，我们也当然可以使用"努斯"或者"理智"，本书很多地方也根据语境采用不同译法。笔者认为普罗提诺的 νοῦς（不考虑整个希腊哲学史的案例）可以翻译为"理思"。本节还将以文本为基础剖析理思的内在结构，回答理思"是什么"的问题。

对于 νοῦς 如何翻译，英译者阿姆斯特朗在一次重要的普罗提诺国际学术会议上回答克里恩托（Cliento，意大利语《九章集》全集译者）说，这个问题他没有解决的方法，甚至不确定是否能够解决。"我们用的每一个翻译古代概念的词都有一个很长的现代历史，并因此每一个词都在某个时候获得了使它变得不合适的联系"。他评价几个可选词说，"Geist"所包含的广度倒是相近；英格（Inge）的译词"spirit"（意大利语译本用同源的 spirito）太有基督教意味；"Intellectual Principle"在麦肯纳独有的语言中也许合适；"Intelligence"太人性化和散文化；"mind"和"Intellect"则难以翻译诸如"νοῦς νοεῖ""νοητόν"，特别是"νόησις"。[①] 他最后举的例子中的几个词都是 νοῦς 的同源词，词形上有一致性，而用 mind 和 Intellect 则无法有同样的效果，最大的困难是它们没有同词源的动名词。在之后的译作中，他还是选择了 Intellect，从而上述例子变成：Intellect thinks，the intelligible，thinking/thought。中文可粗译为"理智思考""可理知者""思考/思想"，形式上也失去了希腊语同源动名词连用的效果，而且"理智"与"思考"、"智"与"知"很难从形式上看出其实是同源的，而这种词的结构在普罗提诺的哲学语言中有重要作用。在英语世界中这个方案随着译本的成功而被广泛接受，但仍不乏异议者，例如梅杰认为意义更为宽泛的 mind 更合适。确实，mind 及中文对应的"心灵"能够代

---

① E. R. Dodds, "Les sources de Plotin: dix exposés et discussions par Vandoeuvres-Genève, 21-29 août 1957", 1960, pp. 424-425.

表"思的主体",但却面临同样的问题:只有静态的主体而失去动态的含义,翻译衍生词失去直观性,而且容易误导人们以为这是主观的内在思维。① 布萨尼奇为了保持译词连贯性,也为了区分"推理的理性(discursive)"和"直觉性的理性(intuitive)",而采用"intellection"和"to intelligize"翻译"νόησις"和"νοεῖν"。② 这个方案为了在词形上对应,有种不惜生造新词,或者至少是"旧词新意"的意味。综合上述译者的思考,我们发现 νοῦς 的翻译不仅要求在内涵上寻找词意相近的译词,而且保持相关译词的词形一致也是重要的考虑。

笔者认为应该用"思"及相关词汇来翻译"νοῦς"等衍生词汇;为了强调 νοῦς 的超越性,笔者用了中国哲学中的"理"来配对,称其为"理思"。③ "理"也是中国哲学中表达"形而上学"中的普遍规律的概念,例如朱熹所说的"即物穷理","所谓致知在格物者,言欲致吾之知,在即物而穷其理也。盖人心之灵莫不有知,而天下之物莫不有理,惟于理有未穷,故其知有不尽也"。(朱熹《补〈大学〉格物致知传》)。那么对应上文阿姆斯特朗提出的难题可有如下翻译:"理思思考"(名词+动词),"被思者/可思者"(被动态动名词),"思想/思"(动作的抽象名词)。这个译法的好处是既使得词形一致又能与中国哲学产生联系和对比,坏处是生造了"理思"一词,短时间为不易被接受。

在普罗提诺的哲学中 νοῦς 内在分为"思考"的动作和"被思考"的对象两部分,被思考者就是柏拉图的"εἶδος / ἰδέα"(英译 form / idea,中译"理念、型相、相"),也被称为"τὰ ὄντα"(the

---

① P. A. Meijer, *Plotinus on the Good or the One (Enneads VI, 9): An Analytical Commentary*, p.3, n.1.

② John Bussanich, *The One and Its Relation to Intellect in Plotinus: A Commentary on Selected Texts*, p.6.

③ 在本书初稿完成后,笔者才读到《希腊哲学史》第四卷中提出的译词"纯思",有异曲同工之妙。

beings / Beings，是者 / 实是者），每个被思考者又都具有"思"和自身"被思的"两部分。所以 νοῦς 的思考都是有对象的，对象都是真正的是者，也就是真正的互相联结为一体的知识本原。它的"思"不是日常的、简单的、宽泛的"思考活动"，而是高层次的理性思维。并且对于普罗提诺来说，一个思想必然有思想的对象，不存在纯粹思考而没有对象的动作。汉语已经有"理性、原理、理论、理解、理想、理智"这些被人们广泛接受的抽象的词汇，它们的"理"的部分都表示一种较高层次的思考的意味。因此，单单用"思"则太宽泛，需加"理"予以特殊标识，就如英文用首字母大写的方式标识"Intellect"不同于一般的"intellect"的效果。理思，乃明理之思，而非一般的"胡思乱想"。"νοῦς"描述的这种思考不以感官所得为思考对象而以万物实是为思考对象。

综上所述，本书选用**理思**一词翻译"νοῦς"，相应的，为了加强它与内部构成的思的对象在词形上的一致性，本书将用**"理形"**翻译"εἶδος / ἰδέα"（form / idea）。但是根据语境也会兼顾用传统的"理智""理念""型相"等译词。

二、思想的内在结构

V. 9. 6-8 对于理思是什么有一个简要总结，试述如下。

（1）理思就是所有实是 / 所有是者（τὰ ὄντα）。它在内部拥有它们，但不是在空间、地点意义上的内部拥有，而是理思自身保持为一，与它们同在，它们构成了理思本身。在理思那里，所有实是 / 是者都是一起的，它们并不是彼此分离的。这些作为整体的是者就是知识。

（2）每个是者就是一个思想。灵魂也拥有理思之中的知识（ἐπιστήμας）[①]，并且每一门知识有不同的功用，灵魂使用起它们来

[①] 指系统性的知识，等同于《形而上学》A 卷第 1—2 段人类认识的最高阶段。如果不是特别指哲学的话，我们可以称之为"科学知识"。

并不会搞乱。灵魂想起每一个思想（νόημα）的时候，这个思想就从潜在变成了现实，这个思想依然清楚地知道其他留在理思中的思想，因为它们每一个都包含了其他所有思想，它们曾经是一体的。

（3）从而理思既是所有是者在一起的整体，又不单单为一个整体，因为每一个都是一个特殊的潜能/力量（δύναμις）。理思包含所有理形，就如一个属包含其下所有种，就如一个整体包含它所有的部分一样。

（4）理思就如一颗种子拥有诸多潜能（δυνάμεις），大树的所有部分这时候都没有差别地在一颗种子里面，它们所有的展开（οἱ λόγοι）就如在一个中间点一样。①

（5）理思之中的思的对象/思想/被思者（νοητόν）是真知识，它们是灵魂中感觉知识的原型，但它们并不关涉任何感觉对象。

（6）这些思的对象本身也是思的主体，它们也有自己思的动作（νοοῦσι）。总之，它们就如理思一样，都有自己的思（τὸ νοητόν）和被思者（ἡ νόησις），因为理思（ὁ νοῦς）就在它们之中。

（7）理思就是所有这些被思者，与它们一起，并且一直是实现的状态而不是潜在地拥有它们，也不是从外面获得它们，不需要生成任何一个，也不需要有一个展开的过程，而是永恒地拥有所有的思想。所以，不是说它想到一个神，然后产生了一个神，也不是说它想到运动，所以产生了运动，而是任何可能的东西都已经在它里面实现了，不需要一个产生的过程。

（8）这些被思者就是柏拉图的理形/理念（τὰ εἴδη/ἡ ἰδέα），它们都是独立存在于感觉世界之外的。它们就是理思的所思的"所是

---

① 也就是"逻各斯"，英译"rational forming principles"（理性构成原理），这里的"principles"应该译为"原则、原理"而不是我们前面讲的"本原"。从普罗提诺一贯的用法看，logos 是比理思低级的展开，就如同话语是思想的表达、展开一样，思想是没有时间性的在心灵中的一个整体理念，但是用语言表达或要通过前后顺序在时间中展开。

者"（ἡ νοερὰ οὐσία）。也并不是说思想的动作产生了它们或者其中任何一个，因为它们先独立存在，所以思想才能够思想它们。

（9）根据（3）和（4），我们可以很容易理解，每一个理形就是理思，每一个理形/是者都是一个实现/动作/活动（ἐνέργεια）。对于这个充满动作的"活的"理思世界，普罗提诺很喜欢用"生命"（ζῷον）来形容它（V. 9. 9. 5, VI. 7. 30 及以下），并且是"生命的沸腾"（VI. 7. 12. 24）。

（10）总之，是者、是者的活动/实现、理思三者是同一的本性。"理思和是者（τὸ ὄν）是一个自然本性（φύσις）"（VI. 9. 8. 15）。也就是说，被思者、思的动作和理思三者都是一个自然本性的不同表达。三者只是概念上有分别，为的是方便我们认识（VI. 9. 9. 1 及以下，参见 V. 6. 5）。

如果我们记得理思乃是高级的思维的本原，类比人的思考就不难理解上面关于理思和所有是者的关系。例如，I. 4. 10. 5-10 说道，人的理思活动是一种映像，所以必然有在它之前的思的本原。因为人的思就如镜子反射的映像，即使镜子不在了，永恒的理思作为实体也依然存在。对于普罗提诺来说，当然是先有思的本原然后才有人的理思活动，而不是倒过来。我们可以这么理解：人的思维包含所有思想到的互相联系的概念，随着思维进展而从一个概念跳跃到另一个概念，但是这些概念只在思维之中，并没有占用任何空间（暂且不考虑大脑和思维的关系，仅就思维现象本身而言）。单个概念自然有它本身的内涵和外延，就此而言它们是彼此有独立性的。但是真正的科学知识是一个概念与概念之间紧密联系为一体的体系，概念之间是不分离的。以几何知识为例，从最简单的几条公理出发可以推论出整个体系，也就是说，从真命题的每一个部分都可以推出所有的公理和所有的结论，从而每一个概念也都蕴含着全体的知识。我们从《生平》（VP. 14）可以知道普罗提诺对于数学、几何学、力学、光学也是有深入研究的，以此为例子是合适的。

与亚里士多德一样，普罗提诺认为一个思想必然有一个思的动作，不存在没有思维动作的思想，也不存在没有思想对象的纯粹思维的动作。按这个思路，我们可以设想对于普罗提诺来说，一本外在于思的客观的书并不是思想也不是知识的载体，而只有当某个思维思考书上的内容时，思想的动作有了思想的对象，思想的对象有了思想的动作，这个时候才有了真正的思，才有了知识。只要一本书上的东西没有思想的动作去触及它，那么它不过是一些纸张和墨迹，没有任何知识可言。

了解理思并非无关宏旨，因为在普罗提诺之前，它常常被认为是最高的本原。普罗提诺并不认为他的理思学说是新的。他叙述的口吻总是认为自己遵从的是古代确定的学说，这个学说由柏拉图最正确地表述出来，普罗提诺自己不过是再进行哲学化的解释而已。他认为理思就是《蒂迈欧篇》中的创世神（Demiurge，音译"帝穆革"，意译"工匠"）——"这个世界的万物的创造者"[①]（V. 9. 5. 20），他思的对象必然存在于这个宇宙形成之前。

三、思的本原即知识大全

普罗提诺认为其他哲学家对理思的下述表述也是正确的："'思'和'是'是相同的"（"思维与存在是同一的"）[②]，"关于非物质的东西的知识与其对象是相同的"[③]，"我发现自己作为诸是者中的一员"[④]，"回忆"[⑤]。（V. 9. 5. 29-33）无论如何，上述类比可以

---

① 柏拉图：《蒂迈欧篇》2C3-4。
② 巴门尼德：《残篇》B3。这句名言的出处正是普罗提诺的《九章集》。
③ 亚里士多德：《论灵魂》Γ4. 490a3-4, 7. 431a1-2。那里谈的是个体灵魂认识个体事物。而在《形而上学》1075a3-5 中，没有物质（质料）的东西的思和所思的对象是同一的。
④ 赫拉克利特：《残篇》B101。
⑤ 柏拉图：《斐多篇》72E5-6。"学习实际上是一种回忆"，这是柏拉图著名的学习就是回忆的学说，谈的是个体灵魂的回忆。

提供一种佐证，即普罗提诺的理思观念乃是从最日常的人的思考、思维活动中抽象而来，仍然保持着与原始本义的联系。我们不能把理思物体化、人格化或者神化。从理思的内在结构（思和是者）我们已经可以推论出它不是一个绝对单纯者，而是一个内在杂多的东西。这就为超然的绝对单纯的"太一"作了理论上的铺垫。

虽然他的引文是为自己的思想服务，常常忽视了该引文的原始语境，但却绝非无意义的堆砌。其中最值得注意的是第一句，"'思'和'是'是相同的"。其中"νοεῖν"（思）和"εἶναι"（是）两者都是动词不定式形式，也就是说"思 A"和"A 是"两者是一样的事情。

在理思之中，"被思者"和"是者"也是相同的，只不过两个动词的形式不一样。这提醒我们"是"在最根本的用法和理解上是"动词"，"是者"乃是动词的名词化，也仍然是在动词的基础上。结合上面对于理思的分析就更容易理解，在理思之中的事物的是的动作与其被思的动作是一样的。如果把理思理解为个人的思维，那么就可以有下述推论：例如说"雪是白的"，"是白的"乃是因为思想的活动才产生了"x 是白的"这个判断，所以"是"只存在于思维之中，而现实中的雪在思维作判断之前是不是白的仍然是未知的。

似乎普罗提诺是一个唯心主义者，实则不是这种情况。因为普罗提诺认为理思乃是独立于、先于任何个人和感觉世界而独立存在的，理思是个人思的本原，要高于和先于个人的思。第二句引文"关于非物质的东西和知识与其对象是相同的"，乃是表明思中的对象是不包含任何物质的"实是"，思考一个东西就是与之同一，思的主体、动作和客体同一，从而才能真正拥有这个被思者。例如，"正义"的真知识就是"正义"这个实是本身，它就是理思世界中的一个理形。第三句引文表明诸实是之间是互相联系的，它们组成一个整体。从而，灵魂也是理形中的一员，它内在包含一切理形，因此拥有一切的知识，但是个体灵魂下降到这个世界与物质复合成人，从而这些知识变成潜在状态，必须通过自身的理思去回忆这些诞生前就有的知识。

理思中的"是"是超时间的、永恒的、不变的，既没有生成，也没有毁灭，是"本然的是者"（ὄντως ὄντα）。（参见 V. 1. 4. 20 及以下）感觉事物分有它们，也就是说，它们的基底的本性（τῆς ὑποκειμένης φύσεως）——物质——从别的地方接受了它们的形状。材料/物质通过技艺接受一个映像，然后有了最后成品的形状，例如一张木头做的床，而真正的床的理形是那个没有质料的、永恒与自身同一的实是。（V. 9. 5. 37-42）他借用了柏拉图《国家篇》（586C-598C）的"床喻"。在这种意义上，"εἶδος / ἰδέα"就是指形式、构成方式，就如一张床的设计图所表达的床的理念是思想的结果，也是超越根据它而制造出的各张具体的床，更加完美而且超越时间。柏拉图在《巴门尼德篇》（132B）中就指出，也许每一个理形就是一个思的事物（νόημα），并以实是者（ὄντος）为对象，被思为一（τὸ νοούμενον ἓν εἶναι），永远是其自身（ἀεὶ ὂν τὸ αὐτὸ）。只不过那里还处于推论之中，未能肯定。普罗提诺肯定了柏拉图的"理念论/型相实在论"具有"思"的维度，只不过他把这个理论变成确定的体系。

在哲学意义上，普罗提诺肯定了真正的知识本身可以有各种门类、各种研究对象，这些对象就是永恒为真的理形、纯粹的形式，感觉世界中分有了某个理形的事物全部都受该理形的秩序的约束。这个大全的知识体系的一个特点就是，各个理形、各个门类的学科知识都有内在的逻辑一致性、不矛盾性、完备性，它包含了一切知识。所以说它之中有"一切"、"所有是者"，或"万物"，这些在希腊文中都是一样的词"τὰ πάντα"。同时知识并不是"死的"，而是"活的"，这不是说它会增长或者有变化，而是因为它可以被思考。无论是整体还是内部个别的理形都有思和被思两部分，因此，通达它的途径也同样是思，只有思考可以通达知识，除此之外别无捷径。既然它永恒一致，无论谁抵达理思的境界，他所得到的知识对象都是一致的，因此普罗提诺的这个理思应该说是客观的知识，外在于具体个人的凭空想象，又内在于每个个人的真正灵魂（自我）之中。

有学者认为思与其对象的统一克服了古代怀疑主义，因为这里没有主客之分，就不存在中间认识环节的分裂。卡茨认为普罗提诺不谈怀疑主义，也不认为怀疑主义构成任何挑战，因为有柏拉图的权威性和自己对更高本原的亲证。[①] 布雷耶提醒我们，一方面这些理形以必然律联结为一体，是普罗提诺理性的建构，另一方面没有任何知识不包含灵性的生命，所以这些不是全然无生命的客观知识对象，而是"主观灵性的看法"（subjective spiritual attitudes）。[②] 多兹赞成"亲证"是理思存在的证据，反过来说理思构造的体系也影响了"亲证"（体验）。[③] 罗伊德（Lloyd）定义理思的思维方式为"非命题性思维"（non-propositional thought），因为它与亚里士多德提出的三段论推理方式不同，不是从前提到结论的推理，而是一种"共感"（consciousness），一种立刻把握相关知识的直观认识能力。所以我们对理思中个别理形的认识只不过是我们"推理思维"（discursive thought）的结果，还不是真正的理思。[④]

就如柏拉图所说的，学习就是回忆，对于普罗提诺也是如此，因为获得真知识的能力是潜在于每个人的灵魂里面的。在形而上学中，理思就是思的本原，它的唯一性、普遍性保证了每个个体

[①] Joseph Katz, *Plotinus' Search for the Good*, p.14.

[②] Emile Bréhier, *The Philosophy of Plotinus*, Chicago: University of Chicago Press, 1958, p.148.

[③] E. R. Dodds, "Tradition and Personal Achievement in the Philosophy of Plotinus", *The Journal of Roman Studies*, Vol.50, Parts 1 and 2, 1960, p.7.

[④] A. C. Lloyd, "Non-Propositional Thought in Plotinus", *Phronesis*, Vol.31, No.3, 1986, pp.258-265.

思的可能性；而且我们每一个人的理性思考就是一个更高、更真的思的本原必然存在的证明，万物成形、有秩序也是这个宇宙接受了理思而来的秩序（形式）的证明。(V. 9. 3) 灵魂既然能够思，就必然有在它之前的思的本原。（参见 V. 1. 11）个人灵魂在理思世界停留就是一种最幸福的生活。(IV. 8. 1-5) 在这个理思身上，我们可以明显看出亚里士多德的第一本原"永恒思自身的、有生命的神"的痕迹，也看到柏拉图《蒂迈欧篇》创世神的痕迹。

然而普罗提诺又说，所有"是"或"思"的事物都是复合的（例如 V. 9. 3. 9-10，参见 V. 6. 5, V. 1. 4. 30），因此终极的统一性必然在理思之外，这就为太一的存在留下了余地。总之，我们论及普罗提诺的理思时，不得不认真考虑"思"与"是"的复杂关系。

第四节 本原—映像的探究结构

《希腊哲学术语历史词典》的作者彼得斯高度评价"本原"作为一个表达因果性（causality）的哲学术语在哲学思维替代神话思维的历史上的关键地位时说："泰勒斯（或者是阿那克西曼德）在寻找一个起点而不是通常的神话中的父，他们选择了一个术语——（在日常用法中已经非常普遍的）本原（ἀρχή）——去表达一个新的概念。老的本原的意义继续被使用，但是一个崭新的维度已经被加入到语言中去。"[①] 从此，现象的解释不再是由诸神"负责"，而是诉诸人的理性所能掌握的因果推理。而且，我们看到希腊哲学家所思考的都是普遍的、万物的原因，不是某个或某类事物的原因。

亚里士多德澄清说最初的哲学家都认为万物的本原是质料性

---

① F. E. Peters, *Greek Philosophical Terms: A Historical Lexicon*, p. x.

的,"一切存在着的东西都由它而存在,最初由它生成,在最终消灭时又回归于它"(《形而上学》983b 10-15)。因此,虽然这个本原是同一个本性,但它是承受变化的基体或者载体,也就是质料性的原因。直到"数"本原提出,才有了非质料性的"一"的本原。因为"一"就是数的"本原",因此也是万物的本原。巴门尼德也说"一"是本原,但显然不同于毕达哥拉斯,他说的是"是"(与"非是"相对)意义上的"一"。亚里士多德转述的柏拉图更是把"一"本原提高到"是"和"数"之上,又比毕达哥拉斯和巴门尼德更进一步。亚里士多德本人更是进一步统合前人提出的各种原因,力求以一个最高本原作为所有原因序列的源头。在这段历史回顾上,这个框架的统一性和解释力越来越强,到了亚里士多德这里更是达到了高度的统一。他的最高本原——思的本原——已经是"至善",既是万物生成变化的原因,又是本身永恒不动,它既可以用来解释自然哲学家寻求的运动变化的原因,又带有伦理上的善的维度,它的所思还是知识论/理论层面的"作为是的是"。

思的本原我们也可以形象地比喻为"天地万物的心灵"。就好像万物遵从的客观真理和规律都装在一个思考者的心中,因此它已经拥有了一切真知识,所以它不需要思考别的,只思考心中的这些知识。思考者因此也就与这些知识同一。每一个通过思维而接触到真理的心灵,必定分有了这个心灵的映像,所以其实是这个心灵的一分子。因为一切真知识(理念/是者)都是相通的,虽然是多,实则是一体的。然而普罗提诺对这个思的本原仍然不满意,因为它不是"一"。

总之,普罗提诺继承的本原论贯穿整个古典希腊哲学的历史,来源庞杂、众说纷纭,但都在一个"本原—映像(万物)"的形而上学框架中。

第三章　新柏拉图主义的本体论

从本体论的角度看，理思之中的事物和感觉世界中的事物，整个形而上学系统从物质乃至太一，对于普罗提诺来说都是"存在的"，而不是个体思维的幻想或者虚假的东西。因为一切可以被认识和叙说的事物都必然是"是者"，因此"存在/是者"成为他整个形而上学系统中的事物的最大共有基础。因为"思"的维度的加入，新柏拉图主义的本体论就变得层次更加复杂，万物、一切存在者有不同的"存在等级"或者"是的等级"。

这里要澄清为何我们总把"存在"与"是"合在一起说明。格尔森跟从里斯特把"太一是否存在（exist）"作为针对太一的首要问题[①]，其实是时代错误地套用了基督教的上帝论。里斯特本人在提出这个最常见的问题后就澄清这种提问方式是错用了分析框架，因为柏拉图主义的理念世界与感觉世界都"存在"，但是彼此有"是"的等级差别。笔者也认为，普罗提诺并不像后来的经院哲学家阿奎那那样严格区分"存在"（existence）与"本质"（essence）——简单地说是"有没有"与"是什么"的区别——因为它们共用一个希腊语 εἶναι，从而这两个含义是合在一起、纠缠不清的。例如一个事物一旦"是什么"，不管是"独角兽"还

---

① Lloyd P. Gerson, *Plotinus*, pp.2-11; John M. Rist, *Plotinus: The Road to Reality*, pp.21, 37.

是"石头",那么它也必定以某种方式存在。只要万物被认为是存在,那么它们的本原也必定存在,就好像只要承认因果关系,那么一旦有结果就必然有原因。

"是"的多义性如何理解、中文如何翻译,这是一个复杂的话题,本书不打算就此展开讨论。① 笔者支持根据语境选择"存在"或"是"来翻译希腊文的 εἶναι。因为它不仅是一个在哲学中被使用的词汇,而且是一个日常用语中最常用的词汇,希望用一个汉语译词代表它丰富的含义的尝试如果有可能的话,那也是极其困难的。就理思由理形和知识构成而言,我们采用"是者"更加合适一些。因为说在思之中的是"真正的存在者"而感觉世界的事物是"一般存在者"于我们理解普罗提诺的思的世界并没有任何助益,这会让现代人觉得普罗提诺是个极端的唯心主义者,居然会认为思想的东西才是真正存在的,难道我想象的一块石头比手上的石头还要真实存在吗?在上一章分析理思结构的基础上,我们通过探讨关于普罗提诺的"是"的相关词语的用法和意义,尝试重构普罗提诺新柏拉图主义的本体论。

与 νοῦς 密切相关的词有:"οὐσία""ὄν""εἶναι""ὄντως",都是希腊语"是"的衍生词,分析了它们的含义也就对新柏拉图主义的本体论有了层次之分。关于"是/是者"的种类,普罗提诺在长文 VI. 1-3 中有详细而晦涩的讨论,间杂对亚里士多德范畴论的批评。本章虽然对该文有引用和研究,但并不打算对该文作详细注疏。我们主要以词源、文本为基础确定它们各自表述的哲学内涵。②

---

① 这个问题引起的国内长久的争论可参见宋继杰编:《BEING 与西方哲学传统》,河北大学出版社 2002 年版。
② 王路教授通过分析亚里士多德的文本及相关研究,提出一种翻译方案,笔者颇受启发。他的翻译方案如下,τὸ ὄν:是(是者);οὐσία:所是(所是者);τὸ τί ἦν εἶναι:是其所是;τί ἐστι:所是者。(王路:《"是"、"所是"、"是其所是"、"所是者"——关于亚里士多德〈形而上学〉中几个术语的翻译》,《哲学译丛》2000 年第 2 期)而具体到普罗提诺的文本,则前面两个译词并不完全合适。对 εἶναι 的文本统计和历史请参见王晓朝:《跨文化视野下的希腊形上学反思》,人民出版社 2014 年版。

第一节　εἶναι 和 ὄν：万物的双重结构

εἶναι 是希腊语系动词"是"的现在时不定式形式，可以说是最纯粹的"是"这个动词的原型；ὄν 是"是"的现在时中性分词。希腊语的"是"还有未来时不定式和分词，所以严格说来 εἶναι 也还是带有现在时的时态。笼统地看其语法功能，不定式是名词性的，可以用在某个动词之后作为该动词的补充，作为补语；分词则是形容词性的，可以修饰名词、形容词（所以有阳性、阴性和中性之分），一般连同其后的名词/形容词一起谓述句中主语。几乎任何词、动词短语加上"τό"这个中性冠词就变成了一个抽象的中性名词（概念）。τὸ εἶναι 表示就"是"或"存在"这个**动作**本身而言，不考虑任何时态、人称等其他影响；τὸ ὄν 也表示"是"这个动作，从其一般语法功能区分，它更侧重表示其"是什么"的**内容**，即起连接主语和谓语的作用。例如"苏格拉底是白的"，属于"S 是 P"的句子形式，那么 τὸ εἶναι 指纯粹的句中的"是"，如果说"S 的 τὸ εἶναι"，那么就是指 S 所拥有的"是"这个动作，这时的 τὸ εἶναι 受到 S 的限制和修饰，例如"苏格拉底是"；而 τὸ ὄν 则指句中的"是 P"，例如"是白的"。τὸ ὄν 有三种含义，必须区别对待。如果说"S 的 τὸ ὄν"，那么就是指 S 所拥有的（A）"是 P_1"，"是 P_2"，……（特别是复数形式），即 S 拥有谓述它的诸多属性，例如，"（苏格拉底）是白的、是雅典人、是柏拉图的老师"。或者（B）"是 P"，即 S 的定义，例如"人是理性的动物"。它由形容词性的分词转换而来，加上冠词时又可以作名词，所以它又可以指（C）表示"那个是 P 的东西"，简称"是者"。例如英语的"the beautiful"表示"那些美丽的东西"，把修饰该事物的形容词变成指代该事物的名词，这与 τὸ ὄν 指代事物几乎是一样的语言现象。英语中也有 being 作代词的，只是不多见，例如"human beings"指人类，当然不是指"人类的实是""人类的是"，或者"人类的存在（者）"，这时"being"指活的东西，有生命的东西。在这种情况下，τὸ ὄν 表示"这个 / 那个东西""事物""东西"，复数形式可以泛指"万物""一切事物"，也可以用于特指某一类"是者"。

中文中的"万物"给人感觉还是指感觉世界中看得见、摸得着的物质性的事物，至少是这个世界上有的。概念、思想、事物间的关系、时间、地点、语言、正义、美、数字，这些我们很少会归到"万物"中去，但对于希腊人来说，这些能用"是"叙述的东西都是"是者"，因而也包括在普罗提诺论述的"万物"之中。

第三种情况的 τὸ ὄν 并非"S 是 P"中的"是"，而是指一切"是 P 的 S"，如果"P"没有特别的内涵，则指"一切**存在**的事物"，也就是"万物"。因此，"是者"都可以作"存在者"理解，因为这时的"是"并未附带任何内涵，仅仅表示这个事物具备实存性，即它总是某种东西，因而它总是存在的。我们要根据语境区分 τὸ ὄν 的三种情况并选择不同译词。

只有在代词的用法上，我们能够对"是者"的种类和数目进行研究（参见 VI. 1. 1）。作为"是的东西"并不专指感觉世界中的事物而是泛指一切能够被"是"谓述的东西，因此也包括思想中的事物和理思中的理形。在语言文字层面上来说，一切成文的词所指代的东西都是"是者"。为了澄清这种"是"就是一切的情况，亚里士多德对是者的种类分了十范畴，其中最重要的是 οὐσία，其他范畴的是者都谓述它，而它不谓述其他是者。普罗提诺在 VI. 1. 1 中对这种范畴法最不满意的是亚里士多德没有区分理思世界的"实是者"和感觉世界的"是者"，特别是两个层面的 οὐσία。"是"的**用法**与其**意义**是两个不同纬度的概念（王晓朝，2010），本书赞同王晓朝教授（2009）语境化翻译"是"的意见。

笔者为了更好论述普罗提诺的本体论，有时将 τὸ εἶναι 根据语境翻译为"**是**"或"**存在**"，加引号强调其名词性。τὸ ἔστι（动词"是"的第三人称现在时陈述式单数形式，加上 τὸ 变成名词），表示某一个事物具体的"是"，等同于 τὸ ὄν 的 A 或 B 用法，所以翻译为"**所是**"。τὸ ὄν 就更复杂一些，需要视语境而翻译。因为 τὸ ὄν 也可以仅仅指 ὄν 本身而不是 ὄν 所指代的东西。再加上柏拉图主义哲学认为理形才是事物的"实是"，而感觉世界中的事物的"是"不过是对"实是"的分有，所以 τὸ ὄν 也常用于指理形，即理思世界中的"实是"。但无论如何，我们发现理形是有内容的，例如"正义""美"等，这就与我们归纳的"是 P"的强调重点是符合的。笔者翻译 τὸ ὄν（A）为"**所是**"，"S 的 τὸ ὄν"则为"**S 的所是**"；如果仅就"ὄν"本身而言，则为（B）"**所是者**"；理思世界中某个理形则为（C）"**实是/实是者**"；作为代名词，无论感觉世界还是理思世界都可以称为（C）"**是者**"（特别是两个世界的事物作对比的时候，用以强调它们的共性）。复数 τὰ ὄντα 则视需要强调数量与否，加上"诸/诸多"，变成"**诸所是**"，"**诸所是者**"，"**诸实是/诸实是者/诸是者**"；如果指感觉世界，或者泛指文中指代的事物，则为（C）"**那些事物**"，或"**那些是 P 的事物**"；复数的 τὰ ὄντα 如果没有特指，则为（C）"**万物**"，"**一切事物**"。总之，中文并没有对应如此丰富语法功能的单一词汇，现代汉语中的"是"也不能够达到一一对应的翻译效果，必须添加虚词根据语境尽量翻译出来该词在该处的意义，并兼顾词形表达。

《普罗提诺词典》编纂者总结 εἶναι 有如下用法：（1）与分词连用的"迂说法"（periphrastic）①，有时可省略；（2）ἔστω

---

① 即与分词连用，或者与"δεῖ"组成固定搭配表示"必然是……"等。

的特例①；(3) 与所有格形式的词连用，表示"拥有、所有"（possession），也可表示某物的习惯、特征等，常与不加冠词的短语连用；(4) 与介词连用，例如 ἐχ（出自），ἀπό（来自），ἐν（在……之中）等；(5) 与副词连用；(6) 单数形式，有时表示"这是可能的……"；(7) 与与格（dative）连用指示事物的本质②；(8) 作系动词，有部分表存在（existential）或者作系动词；(9) εἶναι（是），τὸ εἶναι（"是"），to exist（存在）；(10) τὸ ὄν（是者），ὄν（所是），οὐχ ὄν 非是者等各种分词形式（这一类是最多的——笔者）；(11) μὴ ὄν（非是者），μὴ ὄντα（诸非是者）。③

这里的分类法明显参考了 LSJ《希英词典》的分类去整理实例，对普罗提诺 εἶναι 的用法提供典型案例的快速索引，但却对具体的哲学含义未能提供详细解读。例如用法（9）εἶναι 作为实义性动词（substantial verb），LSJ 中的解释就是"exist（存在）"：对于人是"生存"，对于物则是"持存"，对于钱则是"在手"，柏拉图那里常用来表示真实不变世界的"实是"以和生成变化的世界作对比，对于环境、事件则是"发生"；特别的是，常用在句子开头和复数的阳性名词和阴性名词一起表示"有……"；ἔστι 和与非人称非限定词一起表示"可能……"等。④

普罗提诺总是强调，所有"是"对于太一、至善都是不适用的，都必须从它身上拿走。(参见 VI. 7. 38. 1 及以下, VI. 8. 8. 14, VI. 9. 8. 42) 那么，没有了"是"的太一，也就不与任何东西联系（VI. 8. 8. 13），它如何能够被人所认识？其实这里的"否定辩

---

① ἔστω 是"是"的现在时命令式第三人称单数形式，普罗提诺将其复数形式写为"ἔστωσαν"，而常规写法为"ὄντων"。在论证中使用，表示"让我们假定……"。

② 例如 VI. 2. 5. 21，ἀλλὰ τὸ λίθῳ εἶναι，讲石头的"是"不是"是"本身，而是作为一个石头的"是"。

③ John Herbert Sleeman and Gilbert Pollet, *Lexicon Plotinianum*, p. 303.

④ Henry George Liddell et al., *A Greek-English Lexicon,* Oxford: Clarendon Press, 1996, pp. 487-489.

证法",乃是基于知道了"是"是什么,然后我们才能了解不是"是"的太一。所以,下面我们重点分析在哲学意义上普罗提诺的"是"是什么,也就是本体论。

简单来说,新柏拉图主义本体论有两个世界之分,(1)一个是理思世界(理念世界、理智世界),(2)一个是感觉世界。每个世界中的事物都具有双重结构,包括(a)带着内容的"所是"和(b)纯粹的动作的"是"。思的世界的每一个事物都有真正的"所是"(1a)和"是"(1b),而感觉世界的事物是通过分有/模仿思的世界的事物才有"所是"(2a)和"是"(2b)。

普罗提诺在 VI.3.6-7 讨论感觉世界中的"是"时对比了上述两者。他说,对于感觉世界的某个确定的实体(οὐσία),它的"所是"(τὸ «ἔστι»)和"是"(τὸ «εἶναι»)不能够用眼睛看到。(参见 V.1.5.10,事物有价值的是看不见的部分)例如火和水,都是感觉世界中的实体(οὐσία),它们之所以是实体,不是因为它们可以被看到,也不是因为它们拥有物质或者形状(εἶδος)①,也不是因为它们是物质和形状的复合体,而是因为它们的"是"(εἶναι)。什么是它们的"是"呢?普罗提诺举例说,"[它们的]质是,[它们的]量是"(ἀλλὰ καὶ τὸ τοσὸν ἔστι, καὶ τὸ ποιὸν ἔστιν)(VI.3.6.7)。因此这里的 ἔστι 指附加于 οὐσία 之上的所有范畴的"所是",例如"火是热的"中的"是热的"表达"质"的范畴,"水是多的"的"是多的"表达"量"的范畴。因此"所是"(τὸ «ἔστι»)是**带有内容的"是"**,而"是"(τὸ «εἶναι»)则是事物所具有的**"是"这个动作**。例如,对于火,因为它是火,亦即它拥有火的完全的本质和活动,然后它具有的具体内容是"热的""发光的"等。对于普罗提诺来说,只有理思世界才有真正的"是",这里谈的是感觉世界的事物的"是"。所以他提醒我们这里的说

---

① 与"理形"是同一个词,但这里表示感觉世界的"形状""形式"。

法是比喻的而不是精确的。

我们选择以 VI. 3. 6. 11-32 这个代表性的文本进行分析[①]：

> 然而，之于火和土和类似的东西（τῶν τοιούτων）的这个"所是"（τὸ «ἔστι»）是什么，这些东西的"所是"（τοῦ «ἔστι»）和之于另外一些东西的["所是"]的区别是什么？[回答如下：]一个意味着**那个"单纯地是和单纯地所是"[的"是者"]**（τὸ ἁπλῶς εἶναι καὶ ἁπλῶς ὄν），另一个意味着**"是白的"[的"是者"]**（τὸ λευκὸν εἶναι）。

τὸ ἁπλῶς εἶναι καὶ ἁπλῶς ὄν，整个词组是在冠词 τὸ 控制之下的一个完整的名词词组，指的是与火和土等感觉世界的事物相对的理思世界的事物，也就是说，理思世界的"是"和"所是"、动作和内容是一体的、一个本性的。ἁπλῶς（单纯地）是副词，即这里的两个"是"都按动词理解，虽然形式是动名词形式，意谓它们是理思世界里面单纯的动作，而感觉世界的是则是合成的、不单纯的。从下文看，这里应该是指代"白"这个实是/理形。

τὸ λευκὸν εἶναι，直译为"那个'是白的'的'是'"，这个词组的主词是"是（εἶναι）"这个动作，"白的"起限定作用。从下文（VI. 3. 6. 31）看，应该是指"X 是白的"的"是"的动作的抽象集合名词，可用英文表达为"the-to-be-white-ness"，从语言层面看是指"是白的"的这个谓述，实指事物的"是白性"，即感觉世界中一切白的东西都有"是白的"的"是"的动作和"白"的属性。感觉世界中的事物也都模仿理思世界中的理形，都分有"是"和"所是"的双重结构，在下文我们还会看到这个结构。

[①] 读者可以先看完整的引文，再看逐个部分的注释。黑体表示整个词组在希腊文中是作为一个整体对待。

这是什么意思呢？**那个被加上了"白"的"是"**（τὸ εἶναι τὸ προσκείμενον τῷ λεθκῷ）等同于**那个没有加上["白"]的"是"**吗？不。一个是**第一性的是者**（τὸ πρώτως ὄν），一个是**通过分有[前者而是]第二性的[是者]**（τὸ κατὰ μετάληψιν καὶ δεθτέρως）。

作为理思世界和感觉世界对比的 τὸ ὄν 乃是代名词，所以翻译为"是者"，并非指某个东西的"所是"，而是拥有这个"所是"的那个东西。这里指拥有白属性的东西。"分有"原意是"在……之后而来"。辛普利丘在《范畴篇注》5.115.30-31 中有"他说，白的东西是通过分有实是者才是白的"。

因为，**附加的"白"造成"是者－白"**（τὸ ὄν λευκόν），而**加到"白"上面的"是者"**（τὸ ὄν τῷ «λευκόν» προστεθέν）造成**"白－是者"**（<τὸ> λευκὸν ὄν），因此在这两种情况中，一个是**被加到是者的"白"**（τῷ μὲν ὄντι συμβεβηκὸς τὸ λευκόν），另一个是**被加到"白"上的是者**（τῷ δὲ λευκῷ συμβεβηκὸς τὸ ὄν）。

"白-是者"如果不译成短语形式，则可译为"'是者'是白的"和"白是'是者'"两个句子，意为"那个东西是白色的"和"真正的'白'本身是一个'实是者'"。H-S 从克罗伊策版本改第二句话原文为"<τὸ> λευκὸν ὄν"，依据是下文同样的对比句式有"τὸ"。这是错误的。因为在这里既可以看作短语，也可以解释为省略了"是"的两句话（就如下文"苏格拉底是白的"，在希腊文中"是"通常可以被省略）。但是，如果补上"τὸ"，第二句话就变成"白的东西是'是者'"，与第一句话很难看出实质差别，所以笔者相信普罗提诺在这里是有意不加冠词。不补上"τὸ",则"λευκὸν"表示"白"本身,就如柏拉图常讲的"美"本身一样。这也可以很好表达普罗提诺认为的理思世界中的理形其思和所思是同一的思想,可直译为"白-是",因为对于白的理形,它的"是"和"所是"也是同一的。然而无论哪一种读法,这个词组的主词都是"ὄν"(是者),感觉世界的"白的事物"(τὸ ὄν λευκόν)的主词则是"λευκόν"(白的)。为了凸显这种对比,笔者将"τὸ ὄν λευκόν"译为"是者-白",而"τὸ λευκὸν ὄν"译为"白-是者",前一个的"白"是附加到是者上的,而后一个是指"白"这个理形,"白"是它具体的内容,从而**这个**实是者得以区别于"美"、"正义"等别的"实是者",它本质上是一个理思世界中的"是者"。

两种情况是根据前一句的分析,前一个短语指"白的事物",后一个指"白的实是者",因为两个词组的主语,一个是"τὸ λευκόν",一个是"τὸ ὄν"。

而我们的讨论并不是下面这种意思:就好像有人会说**"苏格拉底是白的"**(τὸν Σωκράτη λευκόν)和**"白的[事物]是苏格拉底"**(τὸ λευκὸν Σωκράτη)[这样的区别]。

希腊文通过在词语前加 τὸ 标识出句子的主语,不加 τὸ 的则为谓语,这两句中的"是"都被省略。第二句意译为"那个白色的人/东西是苏格拉底","白色的人/东西"的能指范围比专名"苏格拉底"要广,所以说"苏格拉底"被它包含。但是这种省略了"是"的句子形式上就是词组短语,与前面的"是者-白"(τὸ ὄν λευκόν)和"白-是者"(<τὸ> λευκὸν ὄν)形式一致。所以普罗提诺在这里也玩了文字游戏。为了表达这种"短语式的句子",必要时笔者仍用"是者-白"和"白-是者"的译法。这里的

"有的人"指亚里士多德。相同的例子见《形而上学》1007a35-1007b15。

> 因为在这两个情况中，苏格拉底是同一个苏格拉底，但似乎"白"是不同的；因为在句子"白的［事物］是苏格拉底"中，苏格拉底是被包含在"白的［事物］"之中，而在"苏格拉底是白的"中"白"只是纯粹地、单独地被附加于［苏格拉底］。而在我们讨论的情况中，**"是者－白"**（τὸ ὂν λευκὸν）只是附加地拥有"白"，而**"白－是者"**（τὸ λευκὸν ὄν）则内在包含了"所是"（τὸ ὄν）。

如前面的注，这里对比的两者"是者-白"和"白-是者"可以意译为"是白的事物"和"白的实是者"。

> 总的来说，白的事物（τὸ λευκὸν）拥有"是"（τὸ εἶναι），因为它围绕实是者并且在实是之中（περὶ τὸ ὂν καὶ ἐν ὄντι）。

这里的 περὶ τὸ ὂν 和 ἐν ὄντι 乃是用了引申义，即表示"前者围绕和依靠后者"，而不是常用的时空中的位置关系。否则"白/白的事物"如何能够既围绕"是者"又在"是者"中呢？而且前一个"τὸ ὂν"加了冠词，特指白的理形/实是，后一个"ὄντι"没有加冠词，泛指"实是"本身。英译为直译，但英语本身的这些方位词就有相似的引申义。普罗提诺说"由它者引起生成变化的东西要么在造它的事物之中，或者在造它的事物的创造者之中"。因此，在生成的顺序上，最底层的万物都是在它们之前/之先的万物之中，最终一切万物、感觉世界、理思世界都在第一本原之中。（V. 5. 9. 1-10，参见 V. 1. 8. 1-10，"一切围绕一切之王"）因此"在……"也表示"依靠、根据……"，就如说"产物在生产者"，意为"产物依靠生产者而存在"。LSJ《希英词典》总结的"ἐν"也有"依靠……"(depend on...)之意，它举的例子是柏拉图《普罗泰戈拉》354E，ἐν τούτῳ εἰσὶν πᾶσαι αἱ ἀποδείξεις（"任何解释都与此相关"）。因为普罗提诺这里谈的是两个世界的事物，感觉世界的事物当然不"在"（空间意义上的）理思世界之中。

所以，白的事物从那个[实是者]而来"其是"（τὸ εἶναι）；反过来，"实是者"从自身而来"其所是"（τὸ ὂν παρ'αὑτοῦ τὸ ὂν），从"白"而来"其白"（παρὰ τοῦ λευκοῦ τὸ λευκόν），因为不是它在白的事物之中，而是白的事物在它之中。但是，既然**这个在感觉世界的是者**（τοῦτο τὸ ὂν τὸ ἐν τῷ αἰσθητῷ）不是从自身而来"所是"（ὄν），也就是说，它从**那个本然的是者**（τοῦ ὄντως οντος）而来才拥有"其所是"（τὸ ὄν），从那个本然的白而来才有[它的]"是白的"（τὸ λευκὸν εἶναι），那么，同样从那个[实是者]而来，白的事物通过分有**那个拥有"是"的实是者**（τοῦ ἐκεῖ οντος ἔχοντος τὸ εἶναι）也才拥有了["是"]。

"其是"指白的事物从白的理形分有了"白"所以才是"白的"，而且也是从"白"这个实是者分有了"是"。为了表示特定的所属关系，所以译为"其是"。

"其白"指白的理形的"是"和"白"都来自自身而不是通过分有其他东西而来，以此与感觉世界的白的东西形成对比。

"是白的"（τὸ λευκὸν εἶναι）同上文的同形词。这个词组的主词是"是（εἶναι）"，但加了"白的"限定这个"是"的动作，意译为"'是白的'的'是'"。

让我们再回顾整个引文。普罗提诺问，对于火、土等诸如此类的东西它们的"所是"（τὸ ἔστι）是什么？这些"所是"与其他不同类的东西的"所是"有什么区别？前一个问题是在问感觉世界中的事物的"所是"，后一个问题从之后的分析看，实则区分了感觉世界事物的所是和理思世界的实是。接下去每一句话中都分两部分，分别说明感觉世界和思的世界两个世界的事物的差异。思的世界的事物有单纯的"是"的动作（εἶναι）也有单纯的所是（ὄν），虽然有同为"是"的内在结构之分，但都达到了是者最高的单纯性，并非两个复合、附加的东西。就好像"是白的事物"那样（τὸ λευκὸν εἶναι），白只是其属性（VI. 3. 6. 11），感觉世界的事物的一切"是"都只是自身的附加属性。因此，问题的答案分两部分，后者是回答感觉事物的所是，前者是回答与之不同的实是。从对实是的描述中，我们可以看出 εἶναι 和 ὄν 有区别，所以两者要提出来并列。在整个句子的对比结构中，εἶναι 对应 εἶναι，ὄν 对应 λευκὸν，因此 εἶναι 表示纯粹的"是"的动作，ὄν 表示抽象的有内容的"所是"。

普罗提诺进一步解释，感觉事物的"是"是那个加上了"白的"的"是"（τὸ εἶναι），它与思的世界的没有附加"白"的"是"（τὸ εἶναι）是不同的。思的世界的事物是第一性的"是者"（τὸ ὄν），感觉世界的事物是通过分有思的世界的事物而来的、第二性的"是者"。因此两者在"是"的等级上有差别。在这两句的对比中，εἶναι 乃是纯粹的"是"的动作，而指代事物的时候则用 τὸ ὄν，因为它指加上了内容（"白"）的"是者"。我们把第一性和第二性的是者补充完整，它们分别指"白的实是者"（λευκὸν ὄν）和"是白的事物"（τὸ ὄν λευκόν），前者指"白"本身这个"实是/理形"，在它之中"是"的动作和"是"的内容（白）为同一本性，后者指感觉世界中一切是白的东西，乃是分有了"白"的实是所以才是白的。普罗提诺又用了一个对比结构说明两者的差别：感觉世界的事物加上了"白的"从而变成白的，这个"白的"是附加的属性，不是内在于本质的。而加到"白"本身上面的"实是"（τὸ ὄν）则产生了"白-是"（λευκὸν ὄν），这是指理思世界的"白"本身，"白"是其固有的本质。（VI. 3. 6.14-16）前者我们称为"是者-白"，后者为"白-是者"，两者都为"白"和"是"的复合，看似一样，但彼此差别很大，一个是事物有了白的属性，一个是有了白的内容的实是者（"白"和"是"合起来也就是"白的理形"）。就好比，一个人可以有白的肤色，也可以有黑的肤色，因此颜色对于人来说是附加的属性，而对于"白"这个理形本身来说，它就是纯粹的真正的"白"本身，而且它也有是其所是，它的本质就是单纯的"白"本身，它的"是"与"白"合二为一，彼此不分。

因为"是者-白"和"白-是者"在语言形式上相近，为了防止误解，普罗提诺又举例说明它们的差别绝不是另一组形式相近的句子（A）"苏格拉底是白的"和（B）"白的事物是苏格拉底"的差别。他分析说，这两句中"苏格拉底"是一样的，但（A）的"白的"仅仅是附加于苏格拉底的属性，而（B）的"白的事物"则包含了苏格拉底。因为这两个句子都是讲述感觉世界中的事物，但我们讨论的则是感觉世界和思的世界的对比。"是者-白"（感觉世界中一切白的事物）的"白"只是是者的附加属性，而"白-是者"（理思世界中白的"实是者"，或译"白-是"）中"白"和"是"两者也是合在一起（συνειλημμένον），但却是彼此内在包含的。

因为"白-是者"实则为"白"的理形，其中同时包含了"白"和"是"，除此之外再无其他成分。"白"本身除了"是白"，还能是什么呢？因此，普罗提诺做了一个粗略的总结：感觉世界的白的事物拥有"是"的动作（τὸ εἶναι），它可以是白的，但并不真正拥有"所是"（例如"白"本身），相反，它是依靠拥有真正的"所是"的实是（περὶ τὸ ὄν καὶ ἐν ὄντι）才有了自身的"所是"（例如白的属性）；实际上，白的事物拥有的"是"的动作也是从实是而来。这就是说,感觉世界事物的"是什么",不是自身固有的,而是因为有一个逻辑在先的"是"的本原赋予了其形式因所以才"是什么"。反过来,实是者自身就包含了"其所是"(τὸ ὄν),例如白的理形自身就有"白"的本质,不是因为感觉世界有白色的东西,所以才有"白"这个东西。(VI. 3. 24-28)

最后,普罗提诺理清了两个世界的事物的"是"和"所是"的关系。感觉世界中的白的事物也有"所是(白)"和"是"的双重结构,但这两者都是从思的世界的"白"的实是而来。我们称感觉的事物为"**是**者",因为它确实有"**是**白的"(τὸ λευκὸν εἶναι)的属性,然而它这个"是"和"白的"(= τὸ λευκὸν = τὸ ὄν,它的"所是")乃是来自本然的"**是**者"(τοῦ ὄντως ὄντος)。"本然的是者"就是指实是者,因为只有实是者本身才拥有真正的"是"。因此,感觉事物的一切"是"的动作(τὸ εἶναι)的本原也是理思的"实是"。(以上参见 VI. 3. 6. 28-32)

值得我们注意的是,在感觉世界,白的事物的"白"仅仅是其属性之一,它的"是白的"中的**这个**"是"和"白"来自于"实是的白",并不因此得出它的**所有**"是"都来自于这个实是的白,也就是说,白的事物本身的存在并不来自于白的实是,仅仅是其附加的某个"是"来自于它。普罗提诺用"白"这个例子为的是说明普遍的情况,一切感觉世界中的事物的属性乃至其本质,都是分有理思世界的实是才得以拥有,因此感觉事物的这些属性甚至本质对比起来都不是真正的"是",都是流变的、变化的。打一个不恰当的比喻,我们先要知道什么是"白",然后才能判断个体事物是不是白的。

对于普罗提诺,不管感觉世界如何生成变化,时间流逝,"白"本身必然是亘古不变的,客观地在起作用的,而任何是白的的事物,也必定以之为本原才获得"是白的"。就好像这个世界在某个时刻失去了一切白的事物，感觉世界中白色的东西不存在了，但"白"并未被消灭，"白"本身依然存在。这也是柏拉图主义的特点之一：理形在感觉世界的个体事物之前。

总之，在理思世界中作为思的内容的 ὄν 和思的动作的 εἶναι 也通过分有而在感觉世界的事物身上呈现，无论哪个世界的是者（作为代词的 ὄν），都兼具"是"和"所是"的双重结构。只不过理思世界中的实是的所是都是单纯的，例如白的理形就是纯粹的"白"，而感觉世界中"白"只是事物的属性，因此就只有"白的东西"，而没有纯粹的"白"这个理形本身。而在"是"的动作的层面上，理思世界的实是的"是"的动作与感觉世界的是者的"是"的动作是不同的，前者是后者的原型，后者模仿/分有前者才有了"是"的动作。

这种两个世界和各自双重结构的区分是重要的，否则我们就无法理解为什么同样在文本中出现的"是"普罗提诺会说它们有完全不同的含义。例如在 VI. 2. 5. 18-27 中，普罗提诺说，灵魂的"是"（εἶναι）与石头的"是"（εἶναι）是不同的，然后有一段艰深晦涩的分析。就其各自的"所是"，我们当然知道"灵魂"不同于"石头"，但是它们各自"是"的动作也不同，如果跟随英语翻译为"存在"（exists），就容易忽略"是"的丰富内涵。或者，我们应该将其理解为它们的存在方式不一样，不过这也会误解说灵魂的 οὐσία（本质/是其所是）包含了其自身的"存在"（参见 VI. 2. 25 及以下），从而灵魂就成了一个自存的东西，那么它就不需要本原，那么它当然也就不需要太一、理思等更高的东西赋予其"存在"了。我们剖析了两个世界万物的双重结构，我们发现它们内在都是"多"，那么作为一个又一个的是者，它们的"一"是什么？这就涉及我们接下来要讨论的 οὐσία。

第二节　οὐσία：形而上的本质

跟从柏拉图《国家篇》，普罗提诺告诉我们：太一超越了 οὐσία，不是 οὐσία。（例如 V. 1. 8. 9）如果我们约定俗成地采用"实体""本体""本质"等译词①，我们就会翻译成"太一超越实体""不是实体"，那么就会传达一种"太一不存在、不真实"的意思，而这与普罗提诺的哲学不符。②

从《普罗提诺词典》中我们发现 οὐσία 使用范围甚广，可搭配的词也很多。斯利曼将其翻译为"essence"（本质），并归纳了四种主要用法：（1）关于本质的，关于一般的诸多事物的本质；（2）关于最高的本质（essence）、是者（ὄν）、理思（νοῦς）、理形（εἶδος）等；（3）与灵魂联系在一起（从例子看，是指"大全灵魂"、灵魂本原——笔者）；（4）否定 οὐσία 是尺度，有时是对第一者（太一）而言。③因此 οὐσία 并不特指本体论等级中的某一种，相反，只要符合这个术语的含义的，都可以称为 οὐσία。有学者根据亚里士多德的学说，将 οὐσία 译为"**本质**""**本体**""**实体**"。④但我们知道亚里士多德的哲学与柏拉图的哲学在这个问题上有巨大分歧，这个术语是否能够照搬已有翻译仍值得讨论。⑤为免先入之见，我们暂且用原文 οὐσία 讨论而不翻译。

---

① 笔者在下文分析指出，"实体"或"本体"对于非太一的事物是一个好的翻译，所以建议根据语境使用。
② 参见本书第五章对太一的实存性的分析。
③ John Herbert Sleeman and Gilbert Pollet, *Lexicon Plotinianum*, pp.774-783.
④ 三个译词的代表学者分别为：陈康、汪子嵩、苗力田。参见汪子嵩：《亚里士多德关于本体的学说》，人民出版社 1997 年版；亚里士多德：《亚里士多德全集》，苗力田译，中国人民大学出版社 1992 年版；汪子嵩、王大庆编：《陈康：论希腊哲学》，商务印书馆 1990 年版。
⑤ 这个问题可参见汪子嵩：《亚里士多德关于本体的学说》，人民出版社 1997 年版，特别是第一章和第二章。

不管中文为何将英文的 essence 翻译为"本质",至少英文的这个译词就其词源来说很好对应了 οὐσία,使得它与"是"产生对应的联系。英语的 essence 是借用拉丁语的 *essentia*,也就是按希腊语构词法,把对应的 *esse*(是)加 nt 变成现在时主动态分词再加上 *ia* 变成阴性抽象名词,所以是一种语法形式的对应转换,没有添加任何的解释。而英语沿用 *essentia*,变成 essence 只不过去掉了阴性词性而代之抽象词尾 -ce,并将之变成一个专门的术语。按拉丁语的这种转写法看,它由两部分构成:动词的"是"和表示抽象名词的后缀。如果遵从英文的构词法,从 to be 出发则对应的应该是"beingness"。在现代中文中,常用"……性"把一个具象词/字变成抽象的词语,所以我们可以对照把它译成"**是性**"。同样,这都是按词形转换构成的词,只是翻译了词的部分,而对于整体及其在文本中的实义没有解释。按亚里士多德的解释,它等同于 τὸ τί ἦν εἶναι,中文对应译为"**是其所是**"。① 按照我们前面对 εἶναι 动词性的分析,这个词组直译应该为"其所曾是的是"(包括引号,以作为一个名词)。按照 LSJ《希英词典》对"是"的解释,因为这里有两个"是",所以用过去时并没有包含过去的含义,只是为了区别,那么可以译为"其所是的是"。

如果说 τὸ τί ἦν εἶναι 是个偏正结构的词,那么核心应该是最后的"是"(εἶναι),而"是其所是"更像一个动宾短语。最大的问题是,这个译词可以对应词典归纳的(1)但不能对应其他情况作为一个独立的名词使用,因为里面的"其"是个代词,在其他(2)(3)(4)中会出现无物可代的情况。如果英文和拉丁文中的 essence 只是一种纯粹的字形对应,那么在新的语言中为何能够被理解呢?因为它长久以来在各种哲学文本中反复出现,在大的语

---

① 王路:《"是"、"所是"、"是其所是"、"所是者"——关于亚里士多德〈形而上学〉中几个术语的翻译》,《哲学译丛》2000 年第 2 期。

境下面它被赋予了某种相对确定的含义。所以我们要从一些代表性的文本还原出普罗提诺的语境，从而寻找它的含义。

1. οὐσία 作为一个普通的名词是指一切"是者"中的某一类范畴，不特指理思时，它也可以指感觉世界中的事物。例如，在 VI. 3.3 及以后的很长篇章，普罗提诺讨论了什么是感觉世界的 οὐσία。这种区分是柏拉图主义者，或者说普罗提诺的 οὐσία 的特点，因而他的 οὐσία 不同于亚里士多德的定义。普罗提诺对亚里士多德的十范畴最大的不满是这个系统没有区分在先的理思世界和在后的感觉世界，显得像是这两个世界有十个共同分享的范畴，因此普罗提诺认为感觉世界的 οὐσία 作为一个范畴所指的东西肯定不同于感觉世界的 οὐσία。（参见 VI. 1. 15 及以下）

2. οὐσία 是其他"所是者"的统一体——因而就是"实体""本体"，或者命题中的"主词"。他说，"总的来说我们不可能说出 οὐσία 是什么（τί ἐστιν），即使有人给出它的'固有属性'（ἴδιόν）[①]，它也尚未拥有'其所是者'（τὸ τί ἐστι）[②]，下述定义也一样没有符合所有情况：'那个接受所有对立的、在数上都是同一的（ἓν καὶ ταὐτὸν）东西'"。（VI. 1. 2. 15-19）这个定义出自亚里士多德《范畴篇》4a 10-11，中译本为"在数目上保持单一，在性质上可以有相反的性质"。从后面举的例子看，具体某个人是实体，因为他能够有时这样、有时那样，虽然在自身中经历变化但数目始终是一。亚里士多德的 οὐσία 是一切范畴、一切存在的中心。[③]

这个定义，虽不符合普罗提诺心目中理想的定义，却也指出 οὐσία 的主要特征，即它是对立属性的接受者、主体，具有统一性。这个定义的最大问题，依然是没有区分在先的实是和在后的

[①] H-S 增补，某些手稿没有。
[②] 也就是还未能获得 οὐσία 的本质是什么。
[③] 参见汪子嵩：《亚里士多德关于本体的学说》，第 30—31 页。

感觉世界的事物。然而，普罗提诺接受 οὐσία 作为所是者的统一体的特征，他说："所有被说'是'（εἶναι）的是者都从 οὐσία 而来。"（VI.1.3.7-8）① 而诸多的 οὐσία 则以另一种方式从别的东西而来。这就是所有 οὐσία 最共同的特征。

3. 普罗提诺不接受亚里士多德的第一实体和第二实体的区分，理由仍是不同意将两个世界的事物归入同一个范畴。有学者指出，普罗提诺早在阿奎那之前就发现了柏拉图的灵魂实体和亚里士多德的与身体结合的灵魂形式这两种学说的不可调和，并尝试统合两者。② 也就是说，普罗提诺并非完全否定亚里士多德，哪怕在某些最基础的观点上是柏拉图主义的对立面，他也努力尝试加以吸收。

在 V.1.3 最后有一段乃是普罗提诺对亚里士多德《范畴篇》中的 οὐσία 理论的转述，从某种程度上可以看出普罗提诺同意对方的程度。确切地说，有学者指出普罗提诺的转述是基于 2 世纪的某个柏拉图主义者与亚里士多德学派关于范畴论的论争的文献，部分收录在辛普利丘的《范畴篇注》，现收于 H-S 第三卷。③《范畴篇》中说："实体，在最严格、最原始、最根本的意义上说，是既不述说一个主体（ἣ μήτε καθ' ὑποκειμένου τινὸς），也不存在一个主体之中（μήτε ἐν ὑποκειμένῳ τινί ἐστιν），如'个别的人'、'个别的马'。……第二实体，是指作为属而包含第一实体的东西……如'人'、'动物'（τὸ ζῷον）。"（3b10-20）"第一实体之所以被认为比其他事物更是实体，就在于第一实体是支撑其他一切事物的载体，其他事物或被用来表达它们，或存在于它们中。"

---

① εἶναι，"是"依然作动词理解，英译为"exist"。
② Kevin Corrigan, "The Irreducible Opposition Between the Platonic and Aristotelian Conceptions of Soul and Body in Some Ancient and Mediaeval Thinkers", *Laval Theologique et Philosophique*, Vol. 41, 1985, pp. 391-401.
③ A. H. Armstrong, *Plotinus*, Vol. 6, London: Heinemann, 1988, pp. 6-7.

(5.2b14-15)第二实体可以谓述其他事物（但也不在事物之中），而第一实体不可以谓述其他事物。（5.3a7）普罗提诺则是这么论述 οὐσία 的（VI. 1.3.12-24）：

> 什么是这个事物的"什么（τί）"，"[这里的]这个（τόδε）"，"基底（ὑποκείμενον）"，"不被放置于其他事物之中（就如在基底之中）、不是其他事物的其所是（ὅ ἐστιν ἄλλου ὄν）"，比如身体的品质之一的"白"和属于 οὐσία 的"量"，某一个属于"运动"的"时间"和属于"被运动者"的"运动"？但是，第二性的 οὐσία 却谓述另一个事物。现在这里的"谓述另一个事物"[的 οὐσία 却]以完全不同的方式谓述某个其他事物，就如内在的属（γένος），内在的部分，并且是那个事物的"什么"；但是"白"谓述其他事物，因为它在其他事物之中。但是有人会说这些都是 οὐσία 不同于其他[范畴]所固有的属性，因此有人把它们集合于一体，并称它们为 οὐσία，但是他这就不是在谈论一个范畴，也没有弄清楚 οὐσία 的意义和本性。

着重点为引者所加，表明这个事物就是下文的那个事物，指某一个个体。黑体部分是一个整体内容，表明里面的短语其实都是属于"这个事物"的。普罗提诺理解第二性的 οὐσία 是第一性的 οὐσία 的三部分中的"什么"部分。也就是说，个体的实体（οὐσία）被普遍的实体（οὐσία）谓述，例如"苏格拉底是白的"，苏格拉底被"白的"谓述，而"白"本身又是一个实体（οὐσία）。"白的"也就是苏格拉底的"什么"，即关于苏格拉底的具体内容。"白"不止谓述苏格拉底，而且谓述一切是白的东西（"是白者"）。因此，"苏格拉底"和"白"是两类不同的实体（οὐσία），不可以混为一谈。

ὑποκείμενον 原意是"被放置在下面的东西",在亚里士多德《范畴篇》中被翻译为"主体(subject)",英语 sub + ject 来自拉丁文 *sub-jacere*,与 ὑποκείμενον 同意同构。鉴于这里不是讨论逻辑,也没有近代哲学的"主客之分",仍译为"基底",即"在底下承载他物的东西"。

关于 ὅ ἐστιν ἄλλου ὄν,普罗提诺这里是在谈论亚里士多德《形而上学》1017b 23-25 定义的 οὐσία 的两种含义:(1)"终极载体"(τό θ' ὑποκείμενον ἔσχατον,终极的基底),它不再叙述其他事物;(2)是某一个"这个"(ὅ ἂν τόδε τι ὄν),它是可分离的,类似于每一个事物的外形和形式(ἡ μορφὴ καὶ τὸ εἶδος)。按亚里士多德的定义,作为四因之一的 οὐσία 就是 τὸ τί ἦν εἶναι(《形而上学》983a 27-28),那么它的概念上的必要条件就包括三部分:τὸ、τί 和 εἶναι(包括 ἦν)。中译"所以是的是",为的是回答事物为什么是如此如此的样子。①

关于"属于 οὐσία 的'量'",这里的不加冠词的 οὐσία 是泛指在十范畴的层面上的第一范畴,例如"质"和"量"的范畴都是属于 οὐσία 的,都是 οὐσία 范畴的某个"所是"。"时间",参考亚里士多德《范畴篇》1a 25-30,**某一点心灵中的知识**、**某一个**身体中的"白",都是存在于基底(主体)中但不可以用来叙说一个基底(主体)的。"第二性的 οὐσία 谓述"的译词"谓述"对应的是希腊原文中的介词 κατά(从……下,下至……,向……),根据《范畴篇》加上"谓述"。

关于"'白'谓述其他事物,因为它在其他事物之中",是批评《范畴篇》2a 30。亚里士多德说"白"依存身体,并被用来表述身体这个主体,这里的"白"是"名称",而白的定义不能被用来表述身体。那么这个"白"不是实体,因为它在其他主体之

---

① 另参见中译本该处的注。

中。而在《范畴篇》1a25-30，亚里士多德又说，"白"（包括其他所有颜色）在于身体这一主体中，但并不能述说一个主体。那么作为某个特殊的"白"和作为第二实体的"白"（普罗提诺理解）就是不一致的，如何能够归入一个范畴呢？

普罗提诺是熟知亚里士多德 οὐσία 的学说的，并且深受影响。在这里普罗提诺似乎敏感地提出了《范畴篇》和《形而上学》中第一、第二 οὐσία 定义的矛盾。[①] 但主要的矛盾还是普罗提诺认为理思世界才有真正的第一性的 οὐσία，它们不能和感觉世界的事物混为一谈，具体的、特殊的感觉事物肯定不是第一 οὐσία。结合上一节我们对 VI.3.6 的分析，普罗提诺的立场就更清楚了：感觉世界的 οὐσία 并不是内在于个体事物之中，而是从理思世界的 οὐσία 分有而来。

4. 无论是理思世界还是感觉世界的 οὐσία 和"是"（εἶναι）都是被思者（νοητόν），只能通过思而被掌握，而不能通过任何感觉器官获得。（VI.6.13.32）在上一小节对 VI.3.6 的讨论中，我们最开始就明确了一个感觉事物有"是"是它作为一个 οὐσία 的必要条件，而且任何事物的 οὐσία 都不能够被看到，哪怕火、土等事物的 οὐσία 也不是通过看或者它的外形而被掌握的。而感觉事物的"是"又是通过分有理思世界的实是而获得，所以理思世界的理形更适合被称为 οὐσία。

5. οὐσία 的等级也分为三等，越往上越是切实的、合适的、更有力量的，这个等级的衡量标准就是"是"的程度，而伴随"是"的程度的上升，"一"（统一性）的程度也跟着上升。最底下的是"在非诸是者之中（ἐν τοῖς μὴ οὖσι）没有切实的'是'（τὸ μᾶλλον εἶναι）"，往上是每一个感觉事物的 οὐσία，最上面是理思世界中

[①] 这里不展开讨论亚里士多德的本体学说的发展变化。可参见汪子嵩：《亚里士多德关于本体的学说》，第 21—31 页。

的诸被思者，也就是在诸实是者中（ἐν τοῖς οὖσι）有更切实和更有力量的 οὐσία。而在感觉世界和理思世界的 οὐσία 又比其他范畴（γένεσιν）有更多的"所是"（τὸ ὂν μᾶλλον）。（VI. 6. 6. 13. 28 及以下）理智世界中的实是比感觉世界中的事物更适合被称为 οὐσία，也有更多的统一性。

6. 理思世界中的每一个实是者，其完整的整体就是一个完整的 οὐσία。既然理思中的事物是统一性最高的是者（最高的统一性是"一"的本原，即太一，它不是"是者"），它们中任何一个的"是"的动作（=思）和"所是"（=所思）都是同一个本性，那么反过来任何一个是者也只包含这两个本质上不区分的部分而没有其他部分。还是以石头和灵魂对比，前者是无生命的下界之物，而后者是理思世界的一个理形的范例，它们两者的"是"（εἶναι）是不同的，这个差异包括：

（1）灵魂有单纯的"是"及"所是"，而石头只有附加的"是"。对于石头来说它的"是"（τὸ εἶναι）不是单纯没有附加任何东西的"是"（τὸ εἶναι），而是"'是石头'的'是'"（τὸ λίθῳ εἶναι）[①]；而对灵魂来说，属于灵魂的"是"（τὸ εἶναι）本身拥有"'是灵魂'的'是'"和纯粹的不附带其他东西的"是"。（VI. 2. 5. 20-23）其实，一切感觉世界中的事物的"是"都是实是的"影子"（6. 7. 13），即它们的"是"非"实是"，只是分有了"实是"而已。

（2）灵魂的 οὐσία 完全包含了它的"是"和"所是"。灵魂作为一个"是者"（τὸ ὄν）不是像"一个人是白的"（因为有了"是"，所以这个人是"是者"）那样的"是者"，而是"像一个单独的 οὐσία（τις οὐσία μόνον），也就是说，它并不从它的 οὐσία 外面拥有任何东西"（5. 24-26）。因此，它从自身的 οὐσία 获得的东

[①] 据《普罗提诺词典》，这里是指示石头的本质。John Herbert Sleeman and Gilbert Pollet, *Lexicon Plotinianum*, p. 303.

西，使得自身同时成为"因其'是'（τὸ εἶναι）而是的东西，并且因其'是如此这般'（τὸ τοιόνδε εἶναι）而是的东西"（6.2），简而言之，它的 οὐσία 包含"是"的动作和"所是"的内容及其相关的一切。οὐσία 必然包含了灵魂的整体。如果灵魂从外部获得 οὐσία，那么 οὐσία 就只是它的一部分，就不能成为其 οὐσία。（6.3-5）

（3）οὐσία 就是理形的"是"和"所是"的统一本性。就如前面说过，一个理形的"是"和"所是"是"一"但呈现为"双"或"多"。作为理形的灵魂也是如此，其"是"也等同于其一切所是（6.8），其基底（τὸ ὑποκείμενον）是一，它在其 οὐσία 中拥有其"生命"，"生命"与"是"（的动作）是同一的（ἓν τὸ εἶναι καὶ τὴν ζωήν）（6.9），因为"凝思其自身"这个"动作"所以它才是"多"（θεωρεῖν ἐπιχειροῦν ἑαυτὸ πολλά）。（6.16-17）

至此，我们发现适合于一个理形的，也适合于整个理思，它们并不是整体和部分的关系，一个理形就是整个理思，它们是"一而全、全而一"的关系。（参见 V. 3.5）理思"虽然能够是一切（εἶναι πάντα δυνάμενον），但却好像不能够承载其自身的'所是'（τὸ ὄν）为'一'（ἕν）"，如若它能够做到，那么它就不会思，它就变成"那个"（太一）了。（6.17-20）因为这样就没有"是"的动作和"所是"的内容之分了，没有了动作，自然也就没有思的动作。反过来，太一自然也就不像理思那样会思考。但是太一的"思"与"不思"仍是一个复杂的问题。

总之，理思世界的 οὐσία 具有更高的统一性，它是"是"和"所是"的基底，但也因此不是完全的"一"。

7. 最后、最高的 οὐσία 特指理思。它等同于被思者的集合，即所有理形。又因为它们是一个互相联系、互相包含的完整整体，所以理思作为整体就是**所有、一切**是者的大全集合，它就是绝对的 οὐσία。"从太一生出来的 οὐσία 是理形（εἴδους）……不是某个理形而是所有的理形，没有其他的理形在它（ἡ οὐσία）之外，[因此]太一必然是没有理形的。"（V.5.6.1-5）这个被生出来的 οὐσία 就是第一个 οὐσία，也就是理思。所以理思本身包含一切实是/理形。普罗提诺明确说："'理思'（νοῦς）和'被思者'（τὸ νοητὸν）和'所是者'（τὸ ὄν）和'第一是者'（πρῶτον ὄν）是一，因此第一理思也拥有诸实是（τὰ ὄντα），更确切地说，它等同于诸实是。"（V.3.5.26-29）并且"如果理思和被思者是同一的……被思者就是第一 οὐσία（οὐσία ἡ πρώτη）"（V.3.5.33-36）。既然思和被思、是和所是在理思中得以统一，因此理思就是第一 οὐσία。

8. 但是 οὐσία 作为统一的本性，它与"是"（动作）和"所是"（动作的对象）还是有概念和角度上的区别的。

> 在它的思（τῷ νοεῖν）[①] 之中是动作和运动（ἡ ἐνέργεια [②] καὶ ἡ κίνησις），在其"思自身"[③] 之中，则是 οὐσία 和所是（τὸ ὄν）：因为，是[的同时]（ὤν）[④]，它思其自身为"是者"（ὄντα）[⑤] 和好像压于其上的"所是者"（ὄν）。[⑥] 因为它的朝向

---

① "思"的动作的不定式，强调这个思的动作。
② 与"潜能"相对时则译为"实现"。
③ 这个"动宾结构"的名词短语包括动作和对象，所以与前面单纯的思的动作不同。
④ "是"的现在时阳性分词主格形式，修饰主语，表示"正在进行'是'这个动作"，对于理思来说"是"和"思"是它同一的动作。为了强调它是动作，所以不加引号。
⑤ "是"的现在时阳性分词宾格形式，这里当作名词作为动词"思"的间接宾语。这里的"是者"与上面的阳性分词的"是"一致，乃是强调其动作性，可意译为"正在发出是这个动作的东西"，中文的"是"缺少这些变化，很难用简单的译词表达这些语法变化所带来的微妙差别。英译为"existing, it thinks itself as existent"，很好地表达出这种动作性和上下对应关系，而且与下文的 being 也区别开了。
⑥ 从上下文看，这里两个阳性分词可以看作拟人化的修辞，但不是将其人化或神化。阳性分词只是强调其动作性，用以区别名词性的中性分词"ὄν"，从而区分了动作和内容两个部分。这可以看作普罗提诺用词灵活的一个案例。

自身的动作并不是 **οὐσία**①，［这个动作］所朝向和所由出的乃是"所是者"：因为被看的乃是"所是者"（τὸ ὄν），而不是"看"［这个动作］；但是"看"也拥有"是"（τὸ εἶναι），因为它所由出的和所朝向的，乃是"所是者"（τὸ ὄν）。（Ⅵ.2. 8.12-15）

所以，理思的 οὐσία 严格说来不是其思的内容——"所是者"（τὸ ὄν），也不是其思／是的动作，乃是两者的统一体。但是，这三者又相互包含，同为一个本性。"动作、所是者和所思者是一。理思、思和被思者都是一。"（参见 Ⅴ.3.5.43-45）从这里我们也看出理思作为一个本性内部的杂多性，如何因为其"思"、"是"的动作而令自身为"一-多"（ἕν πολλά，英译"one-many"，中文意译"一个多者"）。

9. 可以肯定的是，严格说来太一是没有 οὐσία 的，也不能是 οὐσία，因为 οὐσία 必然是某个东西，这会给太一加上限制，使它变成"一个事物"，从而它就不能是所有事物的本原。如果太一有理形，那么这个理形就在 οὐσία 之外，所以 οὐσία 就不是所有理形的集合。

接下去还有一条线索，告诉我们 οὐσία 作为普通名词有什么特点，那就是 οὐσία 必定是某个东西。"如果它［太一］没有理形，它就不是 οὐσία；因为 τὴν οὐσίαν② 必定是确定的某个东西（τόδε γάρ τι）"（Ⅴ.5.6.5-8）。

总结前文所有关于"思"和"是"的讨论，我们看到的是一个分层向上的是者的"等级体系"，随着"是"的程度上升，"一"的程度在上升，"真实"的程度也在上升，οὐσία 所拥有的上

---

① 黑体为引者所加。同见 Ⅴ.3.12.4-6。
② 加上冠词，表示限定 οὐσία 为主语，并非作为谓语或者泛泛地讲。

述三种程度也在上升。οὐσία 就是指感觉世界和理思世界每一个"是者"的"是"和"所是"的统一体，在理思那里有最终统一的 οὐσία。如果说"理思"是一切"是者"的本原、源泉、统一体，那么 οὐσία 就是表达这种"是"的统一的术语。所以在一切属性的统一体的意义上，我们确实可以将其翻译为"实体""本体"。

具体来说，οὐσία 指"某个是什么的东西"，表示"这个东西完全的、所有的所是"，是一个"是的统一体"。例如，感觉世界某个火焰是 οὐσία，而说它是一个 οὐσία 表明它有一种本体论的结构：拥有普遍的"火"的一切属性（就"是什么"的内容），如"是发光的""是发热的"，同时又拥有个体性的存在，即"这个"，而不是"另一个"，如"在这里"而不是"在那里"，它能够"是起来"，即存在而不是不存在。因此，**οὐσία 必然表达了一种由多到一的复合结构，不是单纯的"一"**。

基于上述理由，笔者认为，为了体现 οὐσία 与"是"构成的本体论结构，普罗提诺的 οὐσία 也可以译为"**元是**"，意为"本原的是"，"首要的、第一的是"，最重要的是体现了它与"是"的密切联系，并用"元"这个中国哲学的概念表达出它不同于一般的"是"的首要性。"元"有"首、第一；本、根本"之意，隐含与其后的事物的对比，例如"一元论""元音""元素"中的"元"。理思是一切"是者"的"元是"自不用说，若我们说石头的"元是"和灵魂的"元是"是不同的，然后接着谈它们各自的"是"和"所是"是不同的，也可以保留其词形一致性。作为偏正结构的名词，它也符合本小节最开始划分的 οὐσία 的四种用法。然而，即使是笔者也觉得这个译词在现代中文里显得陌生而飘忽不定，不如"本体"一词来得直观。核心哲学译词的确定本来就是随着语言流变而不断进展的系统工程，我们不可能一劳永逸地解决所有问题，在此笔者只是提出一种新的可能，希望能起到抛砖引玉之作用。

从我们对 VI.3.6，VI.1.3 等选段的文本分析中可以看到，普罗提诺的哲学思想深受他所在传统的语言结构和哲学史的影响，例如他在谈论"元是"时对亚里士多德哲学文本的熟练运用以及讨论"是"的相关问题时玩弄的文字游戏。在语言层面上，普罗提诺本体论结构通过"是"的各种变形具有了统一性和层次性。而在思想层面，我们看到普罗提诺把感觉世界和理思世界纳入一个统一的本体论框架之中，既把亚里士多德的 οὐσία 概念纳入了柏拉图主义哲学的体系之中，又把它与柏拉图的理形论有机地结合在一起。

第三节　ὄντως：本然状态

ὄντως，是希腊语中的"是"的分词衍生作副词，一般英语翻译为 truly、really，也有特地翻译成 beingly 的，一般认为其含义就是"真正的"。[①] 然而，它经常与表"真"的副词 ἀληθῶς 一起出现（如柏拉图《智者篇》263D），让人怀疑其与"真"还是有细微差别的。它也与"真"的各种衍生词一起出现（如 I.4.3.34，III.5.7.50 等）。因此，普罗提诺的 ὄντως 与"真"还是有区别的。翻译为"真正的"就要让人询问"假的是什么"，但是它并没有反义词。而"真"有反义词"假"。

例如 III.5.7.50 及以下是一个关于"思"和"是"、"真"和"假"相互联系和对比的例子。普罗提诺首先对比真正的理思和虚

[①] 布萨尼奇译为 "essential"（本质上），实则也是出于词形对应的考虑，也就是把拉丁语的 "esse" 对应希腊语的构词法作了变化。John Bussanich, *The One and Its Relation to Intellect in Plotinus: A Commentary on Selected Texts*, p. 7.

假的理思，这与我们前面归纳的理思的结构一致。他说，灵魂的本性与真的诸善（τὰ ἀγαθὰ τὰ ἀληθῆ）联系在一起，而诸恶并非灵魂的产物，而是灵魂的被动的影响，它们犹如虚假的（ψευδῆ）思想而没有在其下面支撑的实体（τὰς ὑπ'αὐτὰ οὐσίας）；而本然的真正的诸思想（τὰ ἀληθῆ ὄντως）是永恒的和有限定的（确定的），有思的行动也有思的对象，而且有"其是"（τὸ εἶναι），并且不仅单单在整体中是这样，在每一个思想之中也都有本然的被思者（τὸ νοητὸν ὄντως）和理思（τὸν νοῦν）。然后普罗提诺又拿"下界"的感觉世界中的我们的思想作对比。他说，我们每一个人之中的思和被思者并不是同一的，它们也不是整体和单纯的，如果是，我们就会爱单纯的事物，比如一个单纯的三角形，它的三个角的和等同于两个直角。

所以，真的反面是假的，假的就是看起来像真的，但在这层表面现象之下并没有真正的实体支撑。而理思世界和感觉世界的对比则是"ὄντως"与"非ὄντως"的对比，两者都有实体（在柏拉图主义者普罗提诺看来，感觉世界并非假的或者不存在），但在"是"的层面上理思世界是感觉世界的本原，感觉世界的"是"是对理思世界的"是"的模仿和分有。

笔者认为，ὄντως 作为副词，这里可以直译为"作为'是'地""在'是'的层面上""在'是'的程度上"，意译为"就其自身所是而言""就其本性而言"**在本体论上**；为了简便，译为**"实是地"**，修饰名词时，相应地可以译为**"本然的"**或**"实然地"**，取其"本来如此""本当如此""本性"之意。

需要注意的是，ὄντως 并非理思世界专属，也非专门修饰作为本原的事物，乃是在一个语境中做对比而使用。综合《九章集》出现的118个实例，它修饰的名词包括：一、实是、善、恶、本原、理智、知识、智慧；在动词方面，最常与"是"的各种衍生词搭配。[①] 例如，在 IV. 7. 6. 15，ὄντως ἕν 指的是一个圆圈的中心点，而这个中心是比喻接受来自各方感觉的"一者"——个体灵魂——以强调它是非身体性的、没有部分的，对比身体各个感觉部分，灵魂才是人的本然的中心点，或者说，比起肉体，灵魂才是本体论上的统一者。由此可见，"ὄντως ἕν"并非专指绝对单纯的太一。只有对比其后的万物，第一者才是本然的"一"。

第四节　思维与存在

本章初步总结了普罗提诺的本体论（ontology，存在论、是论）的等级体系。在感觉世界中，一切事物都是多个"是"的集合体，或者说是诸多范畴在本体（οὐσία）上的集合，因此，普罗提诺说它们是"一和多"[②]。而在理思世界中，一切事物都是实是者，它们都是单纯的是者：每一个都是一个"是"而非多个"是"的集合体，例如白这个实是就是"白"而不是其他，美本身就是"美"而没有其他所是。而且所有实是者形成一个整体，彼此包含，这个整体就是一个真正的本体／元是（οὐσία），也就是理思本身。这就是第二本原，但它还不能够是第一本原，因为它是"一–多"，不是绝对的"一"，因而需要有比它更高等级的本原作为**本然的"一"**。在"多"上必然有"一"，这也构成了普罗提诺提出太一（作为统一性的本原）的最重要的内在逻辑之一。

思的本原的"多"表现在两个方面：（1）它的内部表现为多个实是者，例如，它包含"白"和"美"等，这就构成它的诸多部分。（2）每一个实是者，或者更广泛地说，每一个"是者"都

[①] John Herbert Sleeman and Gilbert Pollet, *Lexicon Plotinianum*, pp. 744-745.
[②] 参见 V. 1. 8. 24-28 及本书第五章第二节的分析。

由两部分构成："是"和"所是"。例如白本身（白的理形）这个实是者，它总**是**某个东西，它就是"**白**"，因而白这个实是者就有了"是"这个动作和"白"这个内容。但这两者在一个实是者之中不能截然分开、独立存在，因为白这个实是者的"**是**"乃是"**是白**"的"**是**"，它不是"是美"的"是"，或者说，白乃是作为白而存在，而不是作为美而存在。打个不恰当的比喻，最微小的思维也必定有两个部分构成：思维以及思维的对象，即"是"以及"是什么"。没有"没有思维对象的思维"。在个人思维之上，还有一个客观的思维集合——理智本原/理思/努斯，它包含一切"是"和"是什么"，永恒不变，不以个人意志而转移。

而感觉世界中的事物（是者）则可以分开，例如个体的人，可以是白的也可以是黑的（虽然在某个确定的人身上不能同时是）。而且每一个个体的人也可以从存在变成不存在，从不存在变成存在。感觉事物的本质或者属性的"是"都在时间中流变。它们的"是"来自理思世界的"实是"，因而在是的等级上、在本体论上是低一级的。

普罗提诺称这个实是者的统一体为"理思"（νοῦς），又加入了"思"的维度，因为他赞成巴门尼德的"'思'和'是'是同一的"。因此，每一个实是者也都是"思"和"被思"，这等同于"是"和"所是"。思和是只是看待同一个本原的角度不同。[①]"理思"的维度为我们指出了通达一切实是的道路，因为人真正的自我（灵魂）中包含了理思，我们能够并且也只能通过思而通达一切"是"。而这一切实是，就是一切我们可能认识的真正的知识。作为思的本原，它在逻辑上先于每个个体的思，是我们之所以能够思的原因。

---

① 普罗提诺关于理思的学说还要更加复杂，例如与柏拉图提出的六大范畴的关系，与数的关系，作为"生命"的意义等。（参见 VI. 2. 7, V. 3. 10 等）本书不展开详细论述，相关问题可以参见 Kjalar Emilsson 的《普罗提诺论理思》（2007）。

如果我们非要用近现代的对立范畴"思维"与"存在"来叙说普罗提诺的本体论，那么我们可以说他认为思维与存在是统一的。虽然接近哲学史上所说的柏拉图的"客观唯心主义"，但却不是贬义的"唯心主义"。首先，他承认这个感觉的世界受到统一的客观规律的支配，不以人的意志为转移。其次，他并不否认物质的存在，但他认为在决定事物是什么的问题上，事物的客观形式（理念）更具有决定性，而且这些形式只能由比感性感觉更高的理性思维认识。再次，与现代科学不同的是，他要回答一个古代哲学认识论的问题——"同类相知"——为什么这些规律和形式可以为人的理性思维所认识呢？因为规律和形式本身就是这个大宇宙背后的思维（本原心灵），而人是这个大心灵的一个分有者（个体心灵），它们是同类。最后，在这个大的本体论框架下，本原心灵（理智/理思）就是一切"存在者"的本体、根源，它就是存在本身，它包括人的思维的存在，在学理上它是在先的，那么我们还可以进一步问："存在"（元是/本体）又从何而来？或者说，在有思维与存在的区分之前又是什么？那么我们就来到了普罗提诺指出的"超越一切存在/是"的"太一"的门口。

由理思和"是"出发，通过对它们的否定，我们才得以在某种程度上认识它之上的太一。（1）作为一种"思"的活动，从亚里士多德的"潜在—现实"的角度看，它必然是"现实的"，而它的本原也必定是"潜在"或"力量"。我们在第五章会看到，太一因此是"（理思世界的）万物的**潜能/力量**"。（2）理思已经包含一切实是，因而在它之上的太一，就不能够再"是"，否则就包含在理思里面，因而太一**不是**内在于它的原因。（3）从前面我们看到，每一个"是者"都有一个"所是"和"是"，都起一种限定和边界的作用，例如"白"的实是与"美"的实是由于各自的所是而有差别。那么，太一不是一个是者，在超越的意义上而不是缺乏的意义上，太一**不是**，它的"所是"也必然是"无限"，也就是没有限定和边界。既然太一没有这两种"是"，那么太一也就没有元是（οὐσία）。（4）同样从亚里士多德的原因学说出发，理思是一种活动，那么活动就需要有不同于自身的目的，从而理思不能够是第一本原，它必然有在之前的**目的因**，这就是作为至善的太一。（5）既然理思不是第一者，那么太一作为第一者就是它的**发生因**。总而言之，理思从所有原因的角度出发，它都需要之前的本原。我们将在第五章和第六章详细分析普罗提诺如何论述太一的这些角色、固有的本性和在万物中的作用。但在此之前，我们必须理清这里遗漏了的**"物质因"**与思和作为第一本原的太一的关系，并且我们也必须理清集这些原因于一身的本原应该符合哪些条件。因为普罗提诺的太一学说不仅仅是我们这里总结的纯粹的逻辑推理，更重要的是，我们必须理清这个学说的哲学史背景。

第四章　太一本原论的历史源流

普罗提诺认为自己只是柏拉图的阐释者，也是希腊哲学传统的继承者，对于自己的三个本原及其秩序，他有如下的自白：

> 所以我们的这些观点并不是近来才有或是新的，倒不如说很久以前就有人阐发，只是不清楚明白。我们在这里讲的是对它们［已有观点］的解释，依据的是柏拉图自己所写的文本，［为的是说明：］这些是古代的观点。（V. 1. 8. 11-15）

这种自谦的说法难免带有那个时代学者共同的习气，就如阿特金森所说，是为了证明他的学术正统性，同时证明自己的学说与柏拉图及柏拉图尊敬的哲学家的学说有一定程度的一致性。[1] 斯塔马泰洛也认为普罗提诺提到前苏格拉底哲学家的意图是为了通过他们的权威性给他的形而上学诸本原的合法性作辩护。[2]

然而，普罗提诺并非堆砌观点，他熟悉前人的学说的实质内容，并能够批判地使用这些材料。他认为柏拉图之前的哲学

---

[1] Michael Atkinson, *Plotinus: Ennead V. 1, on the Three Principal Hypostases: A Commentary with Translation*, New York: Oxford University Press, 1983, p.185.

[2] Giannis Stamatellos, *Plotinus and the Presocratics: A Philosophical Study of Presocratic Influences in Plotinus' Enneads*, Albany: State University of New York Press, 2007, p.27.

家，包括亚里士多德，都是把理思当作第一者、第一本原，但他们也或多或少能够把握第一本原的某些方面，只有柏拉图提出了超越理思的真正的第一本原，那就是太一。在哲学问题上，前人的"理思"（理智/心灵）占据的就是现在的太一的地位。亚里士多德在《形而上学》中首先提到的是前苏格拉底哲学家提出的（在他看来是）物质性的本原，而"心灵"等则是万物有秩序的本原，或者说是事物运动变化的原因（发生因）。普罗提诺也作了这种区分，他并不提其他哲学家的物质性的本原，所以理思（心灵）和太一在他看来要高于自然哲学家提出的"万物的本原"（如果我们把物理解为感觉世界中的物体性的事物），更确切地说是"一切是者的本原"。普罗提诺或者他认为的柏拉图超越前人之处，乃是遵循了一个原则：本原要高于其后者，所以本原不能与其后者混同在一起。理思既然是"一切是者"，它等同于"是"，所以"一切是者的本原"也必然要超越理思而不能就是理思。

有学者根据同时代的人的文献论证普罗提诺的太一理论的来源，却忽略了《生平》中波菲利已经特意对此进行澄清，而且这种对比研究只是后人的建构式的"还原"，并不代表普罗提诺自己的看法。[①] 许多学者批评普罗提诺经常根据自己的记忆引用前人，要么引用错误，要么不考虑原文语境。然而，最重要的是普罗提诺本人是如何看待自己的学说和前人的关系的，还有他认为自己的太一学说等同于其他哲学家中的哪个学说，在形而上学体系中是什么地位。下面主要以 V.1 中普罗提诺明确提到的哲学家的学说为依据，对照该哲学家的原文进行分析，以澄清在普罗提诺本

[①] 关于《九章集》引用前人文献的研究情况介绍，特别是普罗提诺对柏拉图的解读，参见 Mria Luisa Gatti, "Plotinus: The Platonic Tradition and the Foundation of Neoplatonism", in L. P. Gerson ed., *The Cambridge Companion to Plotinus*, pp.10-37。

人看来他的太一学说的历史源流和在哲学问题上的定位。①

第一节 前苏格拉底哲学家的开创

斯塔马泰洛将普罗提诺提到的前苏格拉底哲学家分为两大类：第一类认为本原是"一"，其中又分为（a）认为"在自身为一"的，包括泰勒斯、阿那克西美尼、赫拉克利特和伊奥尼亚学派的一元论者，（b）认为"多中的一"的，包括巴门尼德和伊利亚学派；第二类认为本原是"多"，（a）认为"数量是确定的"，有恩培多克勒和毕达哥拉斯学派，（b）认为"数量是无限的"，有阿那克萨戈拉、德谟克利特和早期的原子论者。② 在直接提到前苏格拉底哲学家的"一"的篇章中，普罗提诺都认为他们的"一"是"万物的第一者和独一无二的创生性的本原"。也就是说，普罗提诺认为他们的"一"至少在哲学体系的定位上接近于自己的"太一"，而不是局限于以本原的数量为依据，也不是认同他们的物质性本原的具体内容，更不是以"一"的具体内涵为依据。上述的哲学家的共性是提出了在自己的哲学体系中最高的本原，它是其他一切的开端、根源。

---

① 普罗提诺所引学说的具体出处见下面 V.1 中的脚注。笔者所引的前苏格拉底哲学家学说希腊文出自第尔斯（Diels）所辑《残篇》和希腊语文献大全数据库（TLG），英文译文参考弗里曼译本（Kathleen Freeman and Hermann Diel, "Ancilla to the Pre-Socratic Philosophers: A Complete Translation of the Fragment in Diels," *Fragmente der Vorsokratiker*, Cambridge: Harvard University Press, 1948）。本节《九章集》翻译参考了 A. H. Armstrong, *Plotinus*, London: Heinemann, 1988; Michael Atkinson, *Plotinus: Ennead V. 1, on the Three Principal Hypostases: A Commentary with Translation*, New York: Oxford University Press, 1983; John M. Dillon and Lloyd P. Gerson, *Neoplatonic Philosophy: Introductory Readings*, Indianapolis: Hackett Pub. Co., 2004 等译本。引用他们对文本的注不再标明页码。上面所提到的文本所有中译文都出自笔者。

② Giannis Stamatellos, *Plotinus and the Presocratics: A Philosophical Study of Presocratic Influences in Plotinus' Enneads*, p. 27.

然而，普罗提诺并不是一个折中主义者，即他不是毫无原则地将这些学说拼凑起来或者试图包容所有矛盾，毋宁说他是对这段哲学史进行分析、批判和借鉴，规避前人的错误而吸收他们的优点，所依据的是自己的哲学反思而不是某个权威的断言。首先在文字上表露出来的是，普罗提诺认为这些自然哲学家所提及的"本原"与太一在形而上学体系中的地位同等，而他们的尝试都有这样那样的错误，只有柏拉图才真正完整地提出了三本原的学说，并且明确提出了最高本原。"普罗提诺总是引用前苏格拉底哲学家（包括毕达哥拉斯）为他在柏拉图那里找到的学说提供补充性的确证。他并不认为他们是与柏拉图同等水平的传统权威，并常常认为他们是错的……混乱的或者不清楚的。"① 也就是说，他对哲学史持一种发展的观点，只不过他认为前人的哲学在柏拉图那里到达了顶峰，但这绝不意味着哲学活动的停止，也不意味着他真的认为哲学剩下的工作就是为柏拉图做注脚。②

一、巴门尼德

巴门尼德首先触及这个学说，他混同了"所是"（ὄν）和"理思"（νοῦν），也就是说，他并不把"所是"（τὸ ὄν）放在感性事物中，他说，"因为'思'与'是'是相同的东西"（τὸ γὰρ αὐτὸ νοεῖν ἐστί τε καὶ εἶναι）③。他说这个［后者］"不动"④，但他又把"思"附加于它，除去了所有物体性的运

---

① A. H. Armstrong, *Plotinus*, Vol. 5, London: Heinemann, 1988, p. 42, n. 1.
② 参考《生平》14，波菲利说普罗提诺"叙述着他自己对问题真正的想法，而不是自古流传下来的传统意见"，普罗提诺评价当时的另一位柏拉图主义者朗基努斯为"是学者而不是哲学家"。
③ 巴门尼德：《残篇》B 3。
④ 巴门尼德：《残篇》B 8. 26。

动，[20][1]因此它["是"]能保持它所是（ὡσαύτως，as it is），把它比作一个"球状的东西"[2]。因为它包含了"万物"（πάντα），而且因为"思"不在其外，而在其中。在他的著作中，他称其为"一"（ἕν）[3]；但是人们发现这个"一"其实是多的（πολλὰ），他为此受到批评[4]。（V. 1. 8. 15-24）

巴门尼德著名的"是与思是同一的"[5]的出处就是普罗提诺的转述。文中的 τὸ ὄν 和 εἶναι，νοῦν 和 νοεῖν，分别对应地从名词性分词变换成动词性分词，在其他引用的地方也都是动词性分词（I. 4. 10. 6, III. 8. 8. 8, V. 9. 5. 29-30, VI. 7. 41. 13），可见这是固定搭配，并且普罗提诺清楚地区分了思和是的动作和其对象。

巴门尼德提出通往"真"只剩下"是"（ἔστιν）的道路，"不是"的道路是走不通的，接着他描述了"是"所具有的特征：（1）它没有生成和毁灭，没有开始和结束，所以也就没有运动；（2）它没有过去所是，也没有将来所是，它就是现在，连续地、整个地在一起，是"一"；（3）它既然没有生成变化，也就没有源头，当然更不是从"不是"（ἐκ μὴ ἐόντος）而来（因为"不是者是"是不可说也不可思的），所以它不是从无（τοῦ μηδενὸς）中来；（4）它要么必然"是"，要么就没有（οὐχί）（因为，无物从无中来）；（5）必然性就是其界限，约束着它，"是"必然有界限；（6）既然有边界，它又在每一个方面都是完整的，那么它就像一个圆（因

---

[1] "[]"内的数字为标准码行数。
[2] 巴门尼德：《残篇》B 8. 43。
[3] 巴门尼德：《残篇》B 8. 6。
[4] 参见柏拉图：《智者篇》245A 5-B 1。
[5] 也有学者辨读为 ἔστιν，译为 "that which it is possible to think is identical with that which can Be"（"能够思想的东西"等同于"能够是的东西"）。参见 Kathleen Freeman and Hermann Diels, "Ancilla to the Pre-Socratic Philosophers: A Complete Translation of the Fragment in Diels", *Fragmente der Vorsokratiker*, p. 42, n. 2。

为圆上每一点到中心的距离都不多也不少,并且是一个整体);(7)它无所缺,如果它有缺那就会是缺少一切,所以它包含一切;(8)"思与'是'同一"(ταὐτὸν δ' ἐστι νοεῖν),没有不带"是"的思;(9)只有"是"是,其他事物都只是名称,因为他们生成、毁灭,"是和非是"(εἶναί τε καὶ οὐχί),不停变化;(10)上述谈论"是"的理论(λόγον,Logos)都是关于"真"。①

在《残篇》中,巴门尼德一直把"ἔστι"("是"的第三人称单数)当作专门术语使用,这造成了理解的困难,以至于翻译成"存在"还是"是"一直存在争议。②感觉世界的万物并不是"非存在",也不从"非存在"而生成,它们的"存在"毋庸置疑,巴门尼德还论及天空、月亮、大地、银河、胚胎、性别等,只是万物不断流变,没有不变的"是"因而空有名称。③并不是说万物是"假",只是在 Logos 的层面上它们名不符实,只有通过"是"才能抵达"真"。以"是"比作道路而言,说它是"一"并非指它是某个能动的实体,而是"原理的一"(τὸν λόγον ἑνὸς)④。对于感觉世界的万物,巴门尼德设定了火和土(对应的原因则为"热"和"冷")两个物质性的本原,前者归入"是者"后者归入"不是者"。⑤而万物运动的本原,他认为是"爱"。⑥要说"是"是本原,则它是与思有关的本原,是理论(Logos)的本原,是万物"是什么"的本原,类似于亚里士多德的形式因。"是"是在理论(Logos)的层面上的"一",这是为了说明关于"真"的理论乃是不变动的(所以也不是万物的发生因)、整体的;说它像圆并

---

① 巴门尼德:《残篇》B 8。
② 参见王路:《"是"与"真":形而上学的基石》,人民出版社 2003 年版,第 90—130 页。
③ 参见巴门尼德:《残篇》B 9-19。
④ 亚里士多德:《形而上学》986b 20。
⑤ 亚里士多德:《形而上学》987a 2。
⑥ 亚里士多德:《形而上学》984a 25-30。

包含万物，并不是说感觉世界万物的集合在空间上是圆的，而是说它无形体、空间的约束，只有理论上的必然性的约束。它与思同一，并且不与感觉世界的万物有任何接触。

亚里士多德批评他的"是"在原理上是一，而在感觉上是多①，似乎在于这种浑然不分的"是"对于杂多的感觉世界的万物解释力不够。柏拉图在《智者篇》中借"客人"之口也批评这个"是"实则是多：（1）既然有冷与热的本原，它们都是真的，那么"真"就至少包含了这两者，也就是"二"；（2）如果某个"是者"既是"一"又是"真"，那就有"两个"名字；（3）如果它类似圆，那么它就有中心和圆周这样的部分之分，即使承认它是整体，但仍不是"一本身"；（4）"是者"是一个有部分的整体，而"一"自身没有整体与部分之分，那么"是者"一定不同于真正的"一"，只是拥有"一"的性质；（5）如果"是者"是"整体"本身，那么它就比自身要少（少了"部分"），那么它就不是自身，它就不是"是"；（6）总之，一切事物包括"是者"都比"一"多，因为它们都有自身的本性。② 这两者可能就是普罗提诺提到的批评者，他们的焦点确实都集中在"是"并不是真正的"一"。但是《残篇》与他们两人的复述有些差异。如果《残篇》说"是"只是道路，如果我们理解道路只是通往终点的手段，那么似乎在"是"的尽头还有"真"。

柏拉图说，对于"是者"的理解，当时有两派，一派认为只有感觉事物是，是者就是物体性的事物；另一派坚持真的是者是非物体性的可思的形式，这就是真，然而他们同时也承认物体性的事物，并口头上把他们分成细碎，称其为生成的过程而不是"是者"。③ 巴门尼德当属于后一派。如果我们认为话语（logos）

---

① 亚里士多德：《形而上学》987a3。
② 柏拉图：《智者篇》243B-246A。
③ 柏拉图：《智者篇》246A-C。

是他用以称感觉世界万物的所是,即万物具体是什么名称(但万物总在变动,所以名称不是恒真的),而"是"作为这些话语在理论上的本原(也就是真的 Logos),那么我们就不必苛求巴门尼德的"是"要直接为一个具体的感觉事物的所是负责,因为它属于另一个思的世界。按柏拉图的理解,巴门尼德的"是"实则为思的本原。

二、阿那克萨戈拉

阿那克萨戈拉(Anaxagoras)说:"理思(νοῦν)是纯粹而未混杂的"①,他这是把第一者(τὸ πρῶτον)设定为单纯(ἁπλοῦν),而把"一"(τὸ ἕν)看作分离的(χωριστὸν),只是因为他所处年代久远而没有说得更加详细。(V. 1. 9. 1-3)

在万物的构成上,阿那克萨戈拉认为万物由最细小的物质性本原构成,总体不分。万物在体积上和数量上都是"无限的",其中气和以太是最细小的、数量最多的(这两者也是"无限"),在万物中占统治地位。②亚里士多德称这种构成元素为"同素体",并称他的万物本原是"无限",理思则是万物运动的本原。③

在万物之外,他还认为有一个理思(νοῦς),不同于万物,也不与任何事物混杂,它是无限并且是自我统治的(αὐτοκρατές),最精微,懂得一切,并有最大的力量。④这意味着理思独立于感觉世界的万物,所以它也就是在"无限"之外的另一个本原。问

---

① 阿那克萨戈拉:《残篇》B 12。参见亚里士多德:《形而上学》A 8. 989a 30 及以下,《论灵魂》A 2. 405a 13。
② 阿那克萨戈拉:《残篇》B 1,据说是他唯一一本著作最开头的话。
③ 亚里士多德:《形而上学》984a 14-15, 15-25。
④ 阿那克萨戈拉:《残篇》B 12。

题在于，它既然与万物没有任何接触，它如何能够影响万物呢？似乎理思只直接影响有灵魂（ψυχὴν ἔχει）的事物。[①] 但万物作为一体，其旋转从最细小的元素开始，是由理思统治的。所以理思是万物运动的本原，但不是第一个运动的事物。理思洞悉并安排一切变化、事物的任何阶段，但自身永远是［其所是］（ὃς ἀεί ἐστι）、没有变化。[②] 这可以理解为理思赋予了万物的运动的秩序，所以他使用了"统治"一词，就如一个国王发号施令，整个国家随着他的安排而运作，但他本人并不需要直接参与。万物是混杂在一起并未真正分离的[③]，分离乃是由理思引起的"内部分离"。我们可以认为，这是指在物质元素循环往复的运动中一物不同于另一物，它们时而聚合为 A 和不同的 B，时而都消散，再在另一个时候聚合为 C。有了秩序才有了分辨它们的可能，若无秩序则万物都只是混沌不分，所以说理思安排并知晓万物的过去、现在和将来所是。

阿那克萨戈拉设立了一个"万物本原的分离原则"，明确将理思分离于万物之外，所以理思也不是任何物体性的事物。他并没有说理思的内在结构，只说它独自依靠自身而是（μόνος αὐτὸς ἐπ' ἑωυτοῦ ἐστιν），或者说，是**自存的**，没有明确说它是"一"。亚里士多德也复述阿那克萨戈拉说，万物都混杂为一体，唯有理思独立其外、纯而不混。他认为阿那克萨戈拉有两个本原，理思几乎就要被说成是"一"（τὸ ἕν），即单纯而未混杂者，另一个是"其他"——混杂的万物，是在限定之前的"无限"、无形式者。最后亚里士多德评价他的本原思想既不正确也不清楚，但是比起

---

① 阿那克萨戈拉：《残篇》B 12.14。弗里曼翻译为"一切有生命的事物"。（Kathleen Freeman and Hermann Diels, "Ancilla to the Pre-Socratic Philosophers: A Complete Translation of the Fragment in Diels", *Fragmente der Vorsokratiker*, p. 84）

② 阿那克萨戈拉：《残篇》B 12-B 13。

③ 阿那克萨戈拉：《残篇》B 5-8, 12。

前人有进步①，这些都与普罗提诺的看法接近。这么看，普罗提诺说他的理思是第一者乃是指分离的本原而非指感觉世界万物的第一个事物，不是时间上的开端，更非指作为基础构成元素的物质；说理思是"一"指的是完全的分离、独一、依靠自身而是。

三、赫拉克利特

> 另外，赫拉克利特知道"太一"是永恒的（ἀίδιον），并且可思的（νοητόν），因为物体性的诸事物（σώματα）在永远（ἀεὶ）②生成（γίγνεται）并且是"在流变之中"的东西（ῥέοντα）。③（V. 1. 9. 4-5）

亚里士多德把赫拉克利特的"火"列为物质性的本原。④赫拉克利特也说："这个宇宙（κόσμον τόνδε），对于所有［事物］都是相同的，不是任何一个神或者人所创造，但它永远过去是、现在是、将会是永恒活着的火（ἦν ἀεὶ καὶ ἔστιν καὶ ἔσται πῦρ ἀείζωον），有尺度地燃亮，有尺度地熄灭。"⑤κόσμον（cosmos）在这里不能仅翻译成"秩序"，就如弗里曼（Freeman）翻译成"这个有秩序的宇宙"（this ordered universe）⑥。这个火作为物质性的本原，可以转变成海、土地，这种前后的转换保持的是同一个尺度（也就是不

---

① 亚里士多德：《形而上学》989b 15-21。
② ἀίδιον 意谓"无限，无时间性，无始无终"；ἀεὶ 常与各种特定时间搭配使用，表示"一直，总是，永远"，也常与"生成"等表示变化的动词连用。
③ 赫拉克利特：《残篇》A1，载于第欧根尼的《名哲言行录》IX.8。参见亚里士多德：《形而上学》A6. 987a 33-4. M 4. 1078b 14-15,《论天》Γ 1. 298b 29-33。
④ 亚里士多德：《形而上学》984a 6。
⑤ 赫拉克利特：《残篇》B 30。
⑥ Kathleen Freeman and Hermann Diels, "Ancilla to the Pre-Socratic Philosophers: A Complete Translation of the Fragment in Diels", *Fragmente der Vorsokratiker*, p. 26.

增、不减），遵从的是同一个"理"（τὸν αὐτὸν λόγον）。①*Logos*，我们可以翻译为"**理**"或"**道**"。但这个"火"也包含了能动的因素，它本身就是变动的，而不是亚里士多德所谓的被动的物质，因为"闪电（＝火）控制万物"，"火，已经降临在它们之上，将审判和抓住（惩罚）万物"。② 这种拟人化的表述不是说"火"有意志、如神话中的神，赫拉克利特并不信希腊人所崇拜的神，并不认为有神能够对世界有任何影响③，而是指它自身的变化是万物变化的真正原因：火变成万物，万物又变成火，这是个聚合、分离的过程，它们不断交替犹如货币和商品间的交换④；它的变化就是元素间的循环，从火到土、土到水、水到气、气到火。⑤ 万物都是在这个秩序之中，人无论知觉与否都作为其中一员受这整个宇宙变化秩序的控制，这个秩序是客观存在的，所以哪怕在人看来是杂乱无序的一堆垃圾也是这个宇宙秩序控制下的事物。⑥ 这么看，只是因为"火"具有动的本性所以被选为四种元素循环的开端、本原。赫拉克利特因此肯定这个世界永恒存在，没有开端，只是永恒在变化而已，作为本原的火也不是它的时间的开端或者创造者，即使"理"也不是。

因此，普罗提诺这里提到的"太一"是指在"火"之上、为"火"转变提供尺度的"理"（*Logos*）。这个理，就是万物生成所依据的，也就是"火"在各元素间转换所遵从的，也就是超越并控制"火"的宇宙的律法、秩序。弗里曼提醒我们这个 Logos 既指可思的宇宙的律法，也指赫拉克利特对它进行表述的话语。⑦ 笔

---

① 赫拉克利特:《残篇》B 31。
② 赫拉克利特:《残篇》B 64, 66。
③ 赫拉克利特:《残篇》B 128, 132。
④ 赫拉克利特:《残篇》B 90, 参见 B 10。
⑤ 赫拉克利特:《残篇》B 76, 参见 B 36。
⑥ 赫拉克利特:《残篇》B 75, B 124。
⑦ Kathleen Freeman and Hermann Diels, "Ancilla to the Pre-Socratic Philosophers: A Complete Translation of the Fragment in Diels", *Fragmente der Vorsockratiker*, p. 24, n.1.

者认为在所有残篇中，*logos* 并非总是指最高本原，有时是其日常意义"话语"、"论述"（如 B1 中赫拉克利特所说的话），有时是某个事物自身的秩序或者关于 logos 的能力（B115）。所以赫拉克利特没有给最高本原冠以唯一的专名，有时他称其为"一"，或者比之为"宙斯"（B32）。

赫拉克利特说："一，唯一的智慧，情愿又不情愿地被称为'宙斯'这个名字。"（ἓν τὸ σοφὸν μοῦνον λέγεσθαι οὐκ ἐθέλει καὶ ἐθέλει Ζηνὸς ὄνομα）① 根据普罗提诺的理解，这里的"一"应该指"一本身"。弗里曼译为："独一是智慧者是一；它是情愿和不情愿地被宙斯这个名字称呼。"② 宙斯是最高的神，那么"一""独一""智慧"集于一身者自然也是他的最高本原，那么从赫拉克利特的其他叙述看，最高本原就是在"火"之上的"理"。所以，赫拉克利特也区分了两种本原："理"，最高的秩序的本原；"火"，永恒存在的世界的物质本原和运动本原。前者是后者活动的律法。

赫拉克利特实际上至少区分了三种层次的"思"，"理思"（νοῦς）是最高层次的，他说人不能理解"理"而用的是其他思考相关的动词。前面提到的"理"，人类不能理解（ἀσύνετος）它，因为人类的本性没有理解能力（γνώμας），而只有神的本性有。③但这不是说人没有思维的能力如同石头，因为他又说"思维能力（τὸ φρονέειν）为人所共有"，"所有人都有认识自己的能力（γινώσκειν）"。④ 只不过，人的这种思维能力没有达到理解"理"的程度，所以，"最聪明的人对于神来说都如同一只猴子，无论是

---

① 赫拉克利特：《残篇》B32。
② Kathleen Freeman and Hermann Diels, "Ancilla to the Pre-Socratic Philosophers: A Complete Translation of the Fragment in Diels", *Fragmente der Vorsokratiker*, p. 27.
③ 赫拉克利特：《残篇》B1, 2, 17, 34, 78。
④ 赫拉克利特：《残篇》B113, 116。

在智慧上,在美上,还是在任何方面上"。①哪怕是最有名望的人抓住的也只有表面现象,谎言和虚假。②博学多闻并不能够叫人拥有"理思"(νόον),即使赫西俄德(Hesiod)和毕达哥拉斯、赛诺芬这样的人都不行。③"理"作为世界和谐背后真正的原因,感觉只能得其表面现象并常得到虚假的东西。④事物的本性也是隐藏的。⑤但是赫拉克利特所说的关于"理"(Logos)的话语(也是logos)能够为最聪明的人所懂得,然后他们就能够"根据事物的本性分辨每一个事物并且解释它如何[是]"⑥。这些人是"醒着"的人,对他们来说,只有一个共同的有秩序的宇宙(cosmos),而其他人则是"睡着的",他们每个人有自己的宇宙。⑦也就是说,万物的"理"只有一个,认识它的人就是智慧的,而其他人各有各的意见,不能触及唯一的真理。因为他还说:"不是听我的[理论(logos)],而是听'理'本身(Logos),从而同意一切是'一',这是智慧的。"(οὐκ ἐμοῦ, ἀλλὰ τοῦ λόγου ἀκούσαντας ὁμολογεῖν σοφόν ἐστιν ἓν πάντα εἶναι)⑧但这里的"一切是一"应该是指"火"作为同一物质本原并且遵从同一个秩序,这是听从了"理"才能理解的结论,并且只有听从了"理"才是智慧的。达到这种层次的理解就是神圣本性所有的"理思"。他说:"如果我们说话带着理思(νόωι),我们就必须把我们的基础牢牢放在对于万物是共同的东西上,就如城市基于法律(nomos),甚至比之还要牢靠。因为所有的人类的法律都是被一个神性的[法律]所滋养。

---

① 赫拉克利特:《残篇》B 83,参见 B 79。但人又与动物不同,参见 B 82。
② 赫拉克利特:《残篇》B 28。
③ 赫拉克利特:《残篇》B 40,参见 B 56, 57, 129。原形"νόος"是"νοῦς(理思)"的异形字。
④ 赫拉克利特:《残篇》B 54,参见 B 56。
⑤ 赫拉克利特:《残篇》B 123。
⑥ 赫拉克利特:《残篇》B 1。
⑦ 赫拉克利特:《残篇》B 89。
⑧ 赫拉克利特:《残篇》B 50。

因为它尽其所愿地统治一切，满足一切并超越一切。"① 第一句话中的"ξὺν νόωι"（带着理思）和"ξυνῶι"（共同的东西）是双关语。② 这个神圣的律法就是"理"（Logos）本身，它也是理思的基础和认识对象；万物的秩序都来源于它，它又超越万物。

智慧的人与其他人的区别不在于身体等外在条件，而在于其灵魂，"灵魂有它自身的'理'（logos），这个'理'增加[理]它自身"③。原文"ψυχῆς ἐστι λόγος ἑαυτὸν αὔξων"或可译为"理是属于灵魂的，[理]增加[理]自身"。这里的"理"应该是指灵魂认识"理"本身的能力。赫拉克利特认为灵魂是四种元素之中的"气"，也参与四种元素的循环（气由水而生，归入水而死）④，因为灵魂是比较清纯的气，比一般感觉世界的事物更接近本原，所以更直接受"理"的管理。从灵魂的角度看，那些"醒着的"、最有智慧的人就是灵魂干燥的（因而是最纯粹的气），而那些"睡着的"人就如醉了的人，他们的灵魂是湿的（所以是不纯粹的）。⑤ 这种"气—水"的循环是整个大秩序的一部分，所以对于元素本身是自然而然的，甚至是快乐的，但是对于人，气（灵魂）生则人从死亡变成生，人生则气（灵魂）从死亡（水）变成生。⑥

他那句著名的话"人不能踏进同一条河流"，重点其实是"人"而不是"变化的河流"，为的是说明人具有灵魂因而不同于其他随宇宙变化而变化的事物。原句是"那些踏进同一条河流的人，曾经流过他们身上的水是不同的"，这是用来比喻紧接着的

---

① 赫拉克利特：《残篇》B114。
② Kathleen Freeman and Hermann Diels, "Ancilla to the Pre-Socratic Philosophers: A Complete Translation of the Fragment in Diels", *Fragmente der Vorsokratiker*, p. 32, n. 1.
③ 赫拉克利特：《残篇》B115。
④ 赫拉克利特：《残篇》B36，参见 B12。
⑤ 赫拉克利特：《残篇》B117, B118，参见 B136："战场上被杀害的人的灵魂比那些病死的要更纯粹"。
⑥ 赫拉克利特：《残篇》B77。

"灵魂也是从湿的东西蒸馏而来的"。[1] 这个比喻的重点不是河流，而是踏入河流的人，另一个残篇就更清楚表达主语乃是"我们"："对于相同的诸多河流，我们踏入又不踏入，我们是又不是。"[2] 考虑到灵魂是从水中生出的气，那么这里是比喻在这个变化的世界中灵魂是从中产生的相对不变的精华部分，一旦与变化不定的东西如水混淆，灵魂就又陷入晦暗。人类会经历生老病死的循环，在这点上人与其他事物一样，都是宇宙秩序的一部分，但我们与其他事物不同在于灵魂的功效，形成人的身体的火的元素却在我们身上静止，因为它们为我们劳作并服从我们。[3]

柏拉图主义者传统上只注意到赫拉克利特的"万物皆变"的观点。普罗塔克也引用这句话"不可能踏入同一条河流"[4]，并解释说，因为变化的迅速，所以人不能够碰触同一个感觉世界的事物两次，因为这些事物同时聚合又分散。他这是跟从柏拉图的理解。亚里士多德也证实了这点，他说柏拉图年轻的时候认识克拉底鲁，并熟悉了赫拉克利特的学说，从此相信赫拉克利特，也认为感觉世界的事物是流变不居的，所以没有关于它们的知识。[5] 在《克拉底鲁篇》（402A-B），柏拉图认为这是比喻"一切皆流、无物常驻"，并说因此他用河流给诸神的祖先命名。在《泰阿泰德篇》（160D），他把赫拉克利特和荷马、普罗泰戈拉并列，认为他赞成一切都是流变的，其他人从这里得出结论：感觉就是知识。对于赫拉克利特的感觉世界学说来说确实如此，但这与《残篇》所强

---

[1] 赫拉克利特：《残篇》B12。有学者认为柏拉图引用这句话说赫拉克利特支持宇宙整体在"流变"，然而实际上赫拉克利特强调的是它们在变化中的"统一性"。但他怀疑"灵魂也是从湿的……"这句话是否有上下文联系。（参见罗宾森英译：《赫拉克利特著作残篇》，楚荷译，广西师范大学出版社2007年版，第151—152页）
[2] 赫拉克利特：《残篇》B49a。
[3] 赫拉克利特：《残篇》B84-85, 88。
[4] 赫拉克利特：《残篇》B91。
[5] 亚里士多德：《形而上学》A6. 987a33-4, 1010a11-13。

调的不变的"理"的重点不符。① 相反，我们从对超越感觉世界的"理"的重视可以看出他与柏拉图的相似性。亚里士多德也说，柏拉图主义者相信理形才是真知识，其中一个论据就是赫拉克利特所说的"万物皆变"，所以知识的对象就必须是外在于感觉世界的永恒的是者。② 但他也跟从柏拉图把赫拉克利特归入赫西俄德和自然哲学家一类（而与巴门尼德等只看到"元是"的人相对比），认为他们的学说就是认为这个世界的事物总是在流变之中，只有一个作为基底的东西在所有事物的转变之中保持不变。③ 而且亚里士多德也经常批评他的陈述方式"既是又不是"会导致没有真陈述，甚至连他自己都不知道在说什么。④

上述的几位哲学家都没提到赫拉克利特有"一"和"可思"的观点，而是强调他认为对变化的世界没有任何知识。但如果赫拉克利特只注重事情流变的一面，那么普罗提诺就不应该用赫拉克利特来支持他的太一学说。而现代学者汇总的残篇却支持普罗提诺这里提到的"一"和"思"的另一方面。

四、恩培多克勒

恩培多克勒则说，"恨"分裂，而"爱"是"一"——他的这个［一］也是非物体性的（ἀσώματον）——诸元素则作为物质⑤。（V. 1. 9. 5-6）

---

① 参见罗宾森英译：《赫拉克利特著作残篇》，楚荷译，第 151—152 页。
② 亚里士多德：《形而上学》1078b 14-15。
③ 亚里士多德：《论天》298b 29-33。
④ 亚里士多德：《形而上学》1005b, 1012a 24, 34。赫拉克利特说"万物都是真的又都是假的"，1062a 32，1063b 24。
⑤ 恩培多克勒：《残篇》B 26. 5-6, B 17. 7-8。普罗提诺在其他地方引用：IV. 4. 40. 5-6, VI. 7. 14. 19-20。亚里士多德也这么说过，参见《形而上学》1001a 12-15。

我们在赫拉克利特和巴门尼德郡里都见到过类似恩培多克勒的"四根",它们都是事物的"基底",物质性的元素,它们的变化引起了感觉事物的生成和毁灭,但是它们总体不变。不同的是他们对"运动""秩序""个体事物的是"的解释采取了不同的途径和提出了不同的本原。他们都认为元素间基本的运动是"聚合"和"分离,只不过恩培多克勒采取了更具伦理或感情色彩的词汇:**"爱"和"恨"**。

"爱"和"恨"乃是在四种元素(火、水、土、气)层面起作用使其聚合和分离的力量,从而这些元素整体不动,但是内部不停地做着这两种运动的往复循环。当某些元素**被聚合**在一起,"它们就**是**出于'**杂多**'而来的单独的'**一**'"(ἒν μόνον ηὐξήθει̃ναι ἐκ πλεόνων);而相反的过程,则是"它们逐渐**发展**成是出于'一'而来的'多'"(διέφυ πλέον' ἐξ ἑνὸς εἶναι)。① 第一个过程中,分散的元素的运动是被异于它们的力量所聚拢,也就是爱,但是第二个过程中,主体已经从分离的元素变成聚拢为一个整体的"一"的个体感觉事物,它自身生成、发展带来了分离而不是被外在力量撕裂。这个主体的转换也体现在第一个过程中的"多"是复数,而第二个过程的"多"则是单数。这种转换是因为在元素层面是它们的聚拢和分离,但在感觉事物的层面则是一个个体事物从"是"到"不是","从这些元素而来的是'过去是和将来是的万物'",例如众多的男人和女人,鸟兽虫鱼。② 因而他在元素与感觉事物的转换关系上用"是"描述,而"生成"与"毁灭"乃是在感觉事物的层面上而言。例如,杂多的元素聚合成一个人,则这堆元素的聚合体是"一个人",而不再是分散的杂多的元素,所以"聚合"的运动——"爱"——也造成了"人的是";而这个

---

① 恩培多克勒:《残篇》B 17.10-11。
② 恩培多克勒:《残篇》B 21。

人衰老，死去，则是自身的发展的结果，并非有外力拉扯，但这种分离又生成另外一些事物。这些元素的运动受到"爱"和"恨"两者的影响，从而在分散的元素中潜藏着互相聚拢的"爱"，在"一"的事物中也潜藏着导致自身分离的"恨"，所以这些元素所成的事物没有稳定的生命，都是可朽的。[1] 所以说，从感觉事物层面看，元素的"爱"和"恨"都同时生成一些事物，又毁灭一些事物，这就是万物双向生成和双向毁灭的过程。[2]

所有元素各有特性、职能，它们自身不生不灭，永远在时间中运动。所以没有生出它们的来源，它们也不是从虚无中出现，也不会归于虚无而毁灭，因为它们身上没有任何虚无。所以它们独自存在，一时它们变成这个，一时它们变成那个，永无止休。[3] 但是元素为什么在**这时**成为这个，在**那时**成为那个，而不是相反？这就需要一个秩序的本原，要不然元素的运动就是完全的出于偶然。恩培多克勒认为这个时间中的秩序是定好的，所有元素的运动都在"命运"之中（ἐν μέρει αἴσης）。[4]

因为元素的聚合产生个体和生命，分离又带来死亡[5]，所以"爱"又被赋予了类似"善"的含义，并被称为"欢乐"和"爱神"[6]。因为这是元素层面的力量，不能用感觉获知，所以恩培多克勒又说，她进入人的身上又离去，却没有人能够察觉她，但是可以通过人的"理思"看清楚（τὴν σὺ νόωι δέρκευ），并且他的话语（logos）也揭示出了关于她的真理。[7]

亚里士多德指出，恩培多克勒的"爱"是一种比喻的说法，

---

[1] 恩培多克勒：《残篇》B 26。
[2] 恩培多克勒：《残篇》B 17.12。
[3] 恩培多克勒：《残篇》B 17.35-44，参见 B 7，B 62。
[4] 恩培多克勒：《残篇》B 26。
[5] 恩培多克勒：《残篇》B 20。
[6] 恩培多克勒：《残篇》B 17.33-34，参见 B 22。
[7] 恩培多克勒：《残篇》B 17.30-35。

通过解释事物因为爱才成其为一，为的是回答"一"是什么。因为恩培多克勒的"爱"和"恨"在事物中是同时存在的，如果万物都合而不分则没有能够区分开的个别事物。如果万物都分而不合也就没有任何作为"一"的事物。问题是：除了元素不生不灭之外，万物都是可生可灭的，那么元素（四根）的本原与万物的本原就应该是不同的。然而，如果两个本原存在一种协作关系，那么谁要为这个负责呢？[①] 这里的"爱是一"，是恩培多克勒作为自然哲学家用以回答感觉事物为何变化运动的本原，而且也是为何一物从元素中生成，成其为一，并是其所是的原因。

普罗提诺同意恩培多克勒的说法，相信事物（包括人）之间都有一种本性的爱，所以才能够互相吸引，"这个世界中的万物的'爱'和'恨'才是真正的魔法"（IV. 4. 40. 5-6）。但是，普罗提诺区分了这个世界的爱和理思的爱，恩培多克勒的"爱"只是这个世界的爱，但却是在元素所构成的感觉世界之上的运动的本原。他说："理思之中的理形之间的划分并不是混合物中的［分离］，而是如此地合成一，这就是一切的'爱'，但不是在这个世界的万物中的爱；因为在这个世界的是一个映像，因为它是分离的万物间的爱；但'真爱'是'一切是一'并且永不分离。而恩培多克勒说，在我们的这个世界的天空之内的东西都是分离的。"（VI. 7. 14. 19-23）所以"爱"在不区分两个世界的普遍的意义上就是指使得分离的各个事物自身以及全体成为一的"统一性"。在感觉世界中分离的力量更大一些，所以"统一"只在一个一个的个体事物上表现得更强，这就是为什么称这个被第三本原所包围的世界为"一和多"；但是在理智世界中统一性则进一步增强，虽然有个体理形之分别，但整体是紧密的"一"，所以这个世界

---

① 亚里士多德：《形而上学》1000b-1001a15。参见恩培多克勒《残篇》B 26，似乎是"命运"为此负责，但是它与"爱和恨"的关系如何则语焉不详。

是"一-多";由此推论,前面两个世界的"统一性"的本原、原因不会在这两个世界之中,而必须是之上的另一个绝对的"一",也就是绝对的"一"本身。

但是太一不可能是"爱",因为它本身之内并没有任何分离的东西被其统一起来,而且它也没有对立的"恨"。真正的"爱"是理思世界中那种"统一"的状态。所以普罗提诺引用恩培多克勒的话也只是为了说明"一"在万物中的效果是"统一",并且万物个体的统一性以及万物作为一个整体的统一性的原因不在万物之中,而在之上的本原。同时他也承认在个体事物之下,还有物质元素。

五、毕达哥拉斯学派

> 所以,在古人之中,那些最贴近毕达哥拉斯及其追随者,还有斐瑞居德斯(Pherecydes)的学说的①,他们都持有关于这个"自然本性"(τὴν φύσιν)的论述。但是,他们之中的某些人在自己的著作中充分论述了这个观点,而有些则没有在著作中这么做而是在未写就的讨论中阐明这个观点②,或者将它完全放在一边。(V. 1. 9. 27 及以下)

这里的"这个本性"是指最高本原,在批评了亚里士多德的第一本原是多(因为它思自身)之后,普罗提诺提到这个学派。

---

① 参考第欧根尼·拉尔修:《名哲言行录》(希汉对照本),徐开来、溥林译,第62—66页。

② 可能指柏拉图的"未成文的教导",最明显的证据见亚里士多德《物理学》209b 11-17,并且亚里士多德本人常常把一些不见诸文本的观点归于柏拉图。(John M. Dillon and Lloyd P. Gerson, *Neoplatonic Philosophy: Introductory Readings*, p.81)"未成文学说"更详细的研究和学术史争论可参见先刚:《柏拉图的本原学说:基于未成文学说和对话录的研究》,第 412—423 页。

斐瑞居德斯，传说他是毕达哥拉斯的老师，是"第一个就自然和神进行书面讨论的人"，并且说"宙斯、时间和大地都是永恒的，大地（Χθονίη）之所以被称作 Γῆ，是因为宙斯把土地（γῆν）当作奖品（γέρας）赏给了她"。① 他的残篇几乎都是借用神话中的诸神进行讨论，传说他跟泰勒斯一样，认为水是第一本原，并称其为"混沌"（Chaos）。② 这似乎说明第一位的神是"无限"，无可名状的，说他是水，不过是为了比喻其为一切的源头。③ 据说，他还说过下面的话：宙斯创造了爱神，他通过合成相反者而造成秩序（cosmos）并为她带来了和谐和爱，万物也因此得到了类似的统一性。④ 这似乎在比喻宙斯创造了秩序，但他只是第二位的神；爱神是直接为感觉世界的万物带来和谐和"统一性"的原因。他又在评价荷马的著作时说，在这个世界之下则是"地狱"（Tartarean part），由风神的女儿们看守，宙斯把不守法的神投入其中。⑤ 这似乎是比喻没有律法和秩序的物质世界。

因此，我们在斐瑞居德斯的神话讨论中似乎可以发现一个类似三本原的等级体系，第一者是无可名状的混沌，第二者是带来秩序的宙斯，第三者是爱神，之后是感觉世界，最后是危险的、需要严加管束的物质世界。据说他的学生称"二"（τὴν δυάδα, the dyad）是"胆大妄为"（τόλμαν, boldness），"冲动"（ὁρμὴν, impulse）和"意见"（δόξαν, opinion），因为它既包含真，又包含假。⑥ 普罗提诺在 V.1 开头谈到灵魂之所以忘记本原而堕落就是因为其自身的"胆大妄为"（τόλμα）。（V.1.1.4）普罗提诺似

---

① 第欧根尼·拉尔修：《名哲言行录》（希汉对照本），余开来、溥林译，第 123—125 页。
② 斐瑞居德斯：《残篇》B 1a。
③ 斐瑞居德斯：《残篇》B 7。
④ 斐瑞居德斯：《残篇》B 3。
⑤ 斐瑞居德斯：《残篇》B 4。
⑥ 斐瑞居德斯：《残篇》B 14。

乎在很多地方都采用了这个毕达哥拉斯学派的术语，并且它在解释从太一到其他事物的生成关系中占有重要地位。① 这可以看出普罗提诺在理论上与毕达哥拉斯学派的亲近。然而亚里士多德认为在类似的问题上柏拉图就一直与毕达哥拉斯学派的理论保持一致。据说柏拉图也提出过"不定的二"作为与"一"相对的生成感觉事物的另一个本原。②

关于毕达哥拉斯及其追随者我们没有他们所写的确定的东西。③ 根据亚里士多德我们可以大致知道，他们提出一对"相反者"是这个世界的事物的本原（τἀναντία ἀρχαὶ τῶν ὄντων），从它们而来又有确定数量和所是的相反者，据亚里士多德理解似乎这些元素都是物质性的，因为他们说"这些东西寓于实体（τὴν οὐσίαν）之中，组成、塑造着实体"。他们的诸多本原不是从感觉世界中抽取来的，他们的数学对象是属于没有运动的诸事物（除了关于星象的那些数学），但亚里士多德仍肯定他们这些学说所关注的仍然是所有自然物（φύσεως πάντα），因为他们用数学的本原来解释天空的生成、部分、现象和活动等。

无论如何，亚里士多德又发现这些本原更恰当地说仍然是关于更高层的"诸是者"而不是关于自然。因为他们的相反者包括"无限和有限""奇数和偶数"，这些无法解释运动、轻重等自然物的属性，而且他们也不提土、火等元素。④ 他们还用数定义一些伦理上的概念。⑤ 他们认为美和至善都不在开始的事物（例如"种

---

① 参见 A. H. Armstrong, *Plotinus*, Vol. 5, Cambridge, Mass: Harvard University Press, 1984, p. 10, n. 1。
② 亚里士多德：《形而上学》987a29 及以下。
③ 他们的数本原学说及最高的"一"，参见本书第二章第二节。Kathleen Freeman and Hermann Diels, "Ancilla to the Pre-Socratic Philosophers: A Complete Translation of the Fragment in Diels", *Fragmente der Vorsokratiker*, Cambridge: Harvard University Press, 1948, p. 20.
④ 亚里士多德：《形而上学》989b 28-990a 30。
⑤ 亚里士多德：《形而上学》1078b 20。

子"），而在事物的完成形态（例如"大树"）；而亚里士多德批评他们说事物的完成形态才是开始的事物。① 但这跟先有鸡还是先有蛋的问题一样，不过是各执一端而已。据比，亚里士多德把斐瑞居德斯和恩培多克勒、阿那克萨戈拉归为同一类人，说他们把"变化"作为世界的统治者，"把最高的善当作最初的生成者"。② 总之对于谈论感觉事物的毕达哥拉斯学派，显得他们总是要用数来解释一切感觉事物，但具体的理论则晦涩不清。关于这个问题亚里士多德解释说他们在万物之中都找到数字的属性，例如天空、音乐之中有比例，并且他们坚持数字与事物不分离，这点是亚里士多德赞赏的。③ 在亚里士多德笔下，他们认为感觉事物都是由不分离的数所构成，类似于自然哲学家的元素，只不过他们给予每种元素以数字的名字。④

亚里士多德所谈论的斐瑞居德斯和毕达哥拉斯学派崇尚的是"变化"，最高本原是"二"或者"相反者"，而且是感觉世界的物质性本原。毕达哥拉斯学派的"数"应该有两种，一种是上面讲的在感觉世界事物上的数，另一种则是超然的数本原。很可能毕达哥拉斯学派内部有至少两大不同的学说。

如果他们认为的"实体"是非物质性的，不同于这个世界的个体事物（如亚里士多德的个体性的"实体"），那么他们的学说类似于柏拉图的理念论，即一般的诸多理念是由最高的几个相反者相互结合而来的。因为他们所持的学说中的"数本原"是实体性的"有限"和"无限"两者，不是任何事物或者元素的属性，因而是高于物质世界的。⑤ 证据依然来自亚里士多德，因为他说柏

---

① 亚里士多德：《形而上学》1072b 30 及以下。
② 亚里士多德：《形而上学》1091b 10。
③ 亚里士多德：《形而上学》1090a 20-30。
④ 亚里士多德：《形而上学》1080b 1, 15。
⑤ 亚里士多德：《形而上学》987a 13-27。

拉图的"分有"（μέθεξιν）实质上就是毕达哥拉斯学派的"模仿"（μιμήσει），因为他们说诸万物（τὰ ὄντα）模仿数字而是／存在。①他还说有些人认为数独立于感觉事物而存在并且也不同于理形。②关于"一"，亚里士多德还提到与他所理解的斐瑞居德斯相反的另一类人，"在那些认为不动实体存在的人们中，有人说一自身就是善自身，不过他们认为善的实质就是单一"③。这更像指柏拉图和谈论超越的数本原的毕达哥拉斯学派。④

更贴近普罗提诺说法的证据来自公元1世纪的博学家亚历山大。他写过一本《哲学家的师承》，里面记载了宝贵的毕达哥拉斯学派学说记录，后来被第欧根尼·拉尔修摘录到了《名哲言行录》，其中最初的部分如下：

> 万物的本原是一（μονάδα）。从一产出二（δυάδα），二是从属于一的不定的质料（ἀόριστος ὕλην），一则是原因。从完满的一与不定的二中产生出各种数目；从数产生出点；从点产生出线；从线产生出面；从面产生出体；从体产生出感觉所及的一切形体，产生出四种元素：水、火、土、气。这四种元素以各种不同的方式互相转化，于是创造出有生命的、精神的、球形的世界，以地为中心，地也是球形的，在地面上住着人。还有"对地"，在我们这里是下面的，在"对地"上就是上面。⑤

---

① 亚里士多德：《形而上学》987b10。
② 亚里士多德：《形而上学》1080b5-15。
③ 亚里士多德：《形而上学》1091b15-16。
④ 关于两种毕达哥拉斯学派，参见汪子嵩等：《希腊哲学史》第一卷，人民出版社1997年版，第307页。
⑤ 转引自北京大学哲学系外国哲学史教研室编译：《西方哲学原著选读》上，商务印书馆2004年版，第20页。

虽然术语不同，这里的"一"更明显是指"单纯为一体的一"，即"单子""单位""单一"。而结合"不定的二"看，亚里士多德论述的柏拉图主义"未成文学说"与毕达哥拉斯学派的学说其实是高度一致的，所谓"一"和"无限"两个本原，就是"单一"与"不定的二"，只不过所用词语稍有不同。① 点线面以及元素的产生就像是柏拉图《蒂迈欧篇》论运数学如何产生了元素以及几何的宇宙（参见31-32, 55-57等）。这里表达了一种从最初本原到元素再到整个感觉世界的大全生成秩序，如果我们接着看上述引文之后的内容，就会发现这套理论把自然界与人伦的万事万物都包括在其中了。这里的规律是从最单纯者生成杂多者，从抽象者产生出具体者，从普遍者产生出个体。

那么，非常可能的是，其实毕达哥拉斯学派的两大学说看似矛盾，实则是连贯为一体的；毕达哥拉斯学派这套以数字为本原的学说被柏拉图吸收到自己学说中，而且所谓柏拉图未成文学说与写下来的对话录是互为表里的一套学说。

第二节 柏拉图主义传统的建构

一、柏拉图

这就是柏拉图所说的三重者［三个本原］②："万物都围绕万物之王"（πάντα περὶ τὸν παντων βασιλέα）——他说的［万物］就是我们之前所说的［理智和灵魂］（πρῶτα）——"诸第二者围绕着第二者，诸第三者围绕着第三者"。但是

---

① 参见本书第二章第二节第二小节。
② 下面括号内都是引用柏拉图的第二封信，312E1-4，真实性存疑。

他还说了，有一个"原因之父"①，[5]"理思"（νοῦς）就是所说的"原因"②：因为理思就是他的创世神（δημιουργὸς, craftsman），柏拉图认为它在"混合碗"之中制造了灵魂。③ 既然理思是[那个]"原因"，他所说的"父"就是至善（τἀγαθόν），那个超越理思和超越"元是"者（ἐπέκεινα οὐσίας）④。柏拉图常常称"实是者"（τὸ ὄν）和理思为"理形"（ἰδέαν）。⑤ 因此柏拉图知道理思从至善而来，灵魂从理思而来。（V.1.8.1-10）

普罗提诺认为自己的太一学说在柏拉图那里就已经有了，但是因为存在未成文的学说，还有柏拉图的作品有时候言说不明，所以他需要加以阐明。其中一个重要的文本依据是第二封信（虽然现代学者大多质疑该信是假的），特别是312E1-4，柏拉图说他是在说关于**"一切之王"**的谜语，因为它本质上是不可言说的。据统计，《九章集》中详细引这句话的有：I.8.2.28-30，VI.7.42.3-6，42.9-10，III.5.8.8，其他引用地方有：III.9.7.3，V.5.3.3，VI.4.11.9，VI.5.4.21，4-24，42.15-20，VI.8.9.18-23。所以这是普罗提诺非常相信的学说。而且太一、理思和灵魂三者的顺序的解释很接近信的作者的原意。⑥ 柏拉图在信中解释说，个体灵魂希望明白这些本原的本性，但灵魂错向其同层次的事物中寻找，当然找不到。他大部分的研究都献给了这个问题，但他至今

---

① 源自柏拉图的第六封信，323D2-5。
② 见柏拉图：《斐多篇》97C1-2，引用阿那克萨戈拉：《残篇》B12。
③ 源自《蒂迈欧篇》34B及以下和41D4-5。
④ 柏拉图：《国家篇》509B8-10。
⑤ 例如《国家篇》507B5-7，597B4。
⑥ Michael Atkinson, *Plotinus: Ennead V. 1, on the Three Principal Hypostases: A Commentary with Translation*, New York: Oxford University Press, 1983, p.188.

未遇见一个发现这个真理的人。① 如他所说，这三者是一个谜语，那么谜面应该在他的对话中有所提及，至少也应该为我们留下线索。考虑到这三者是他思考的主要内容，这个"不写之教"也很可能通过其弟子传下来。② 下面我们就柏拉图的原文查找他关于最高本原的线索。

这句话的 "τὰ τριττὰ"（三重者，三个层次、组合）、"τὰ πάντα"（一切，万物，所有，前面所有提到的）、"πρῶτα"（诸多第一者，之前所说的东西）指代不清，根据括号中标注的中文的各种组合，可以有多个解释。即使回到柏拉图的原文，也仍然有很大的解释余地，因为柏拉图在那里就说了，**这是一个谜题**，是比喻性的说法而不是直接的陈述。况且普罗提诺这里的引用是对该处的阐释。阿姆斯特朗翻译为："**万物／所有事物／所有上述的东西**（all things）是三重的，'围绕万物之王'——他指的是第一等／前面的**诸实体**（realities）——并且'第二者围绕第二者，第三者围绕第三者'。"（黑体为笔者所加）这其实是直译，即使读译文，也可以有上面指出的希腊语的多种理解，只是没有把第二者和第三者的复数翻译出来。根据格尔森的译本，普罗提诺在这里解释柏拉图的是**三个本原**（不会像阿姆斯特朗的译本那样让人误会万物是三重的），第一者为太一，第二者为理智，第三者为灵魂；后两者的内部都是杂多的。③ 笔者认为，理解的突破口在"诸第一者"（πρῶτα），这里用的是复数，不可能是指单数的"万物之王"（太一），而是指"万物"，在柏拉图原文中没有这个词，并且"πρῶτα"也可以指"前面的东西"，因此它应该指代的是上文所指的灵魂和理智（这两者也

---

① 参见柏拉图的第二封信，312E4-313B。
② "不写之教"与《蒂迈欧篇》中分有学说不同，这个唯一的证言来自亚里士多德《物理学》209b11-17。详见本书第二章第二节。
③ John M. Dillon and Lloyd P. Gerson, *Neoplatonic Philosophy: Introductory Readings*, p.78.

就是紧接着下文的"第二者"和"第三者")。阿特金森的注释支持我的看法,虽然他并没有讲明理由,这一句他译为"这个理由也解释了柏拉图的三个本原——'所有事物是关于所有事物的王'——他说的是诸最初者(the Primaries)"[①]。

VI. 7. 42(最后一段)解释得更清楚,"万物"是指诸实是,而理思正是在这个诸实是组成的理思世界,灵魂也在其中。格尔森指出:理形等同于实是的论述见柏拉图《国家篇》507B5-7,597B4;理形等同于理智的论述,基于普罗提诺对《蒂迈欧篇》29E 1-3,30C2-D 1,39E7-9 的解释。[②]

关于第二者和第三者的顺序,如果按照"万物围绕万物之王"的句式,下文应该是"第三者围绕第二者"(参见 V. 4. 1. 1),或者"诸第二者围绕第二者",然而文本却是"第二者围绕诸多第二者"(δεύτερον [单数] περὶ τὰ δεύτερα [复数]),那么万物又如何既围绕第一者,又围绕自身之内的杂多呢?这句话直接引用自柏拉图,而怎么分析则仁者见仁智者见智。柏拉图英译者翻译为"第二等级的东西围绕第二个本原……"将语序完全颠倒。[③] 格尔森直译,阿姆斯特朗则都翻译为单数,使人看不清两者次序。阿特金森指出,柏拉图原文的 πέρι 重音在前,的确是后者围绕前者;普罗提诺在作品中常引用第二封信,但只有这里和另一处的引用是长引用,如果普罗提诺故意这么写,那么"περί"当理解为"关于"。但是笔者认为,在紧邻的同样句式的短语间,同一个形式的介词作两种理解是非常牵强的,故这里当是注音标记错误,应该遵从柏拉图的原意。

---

① Michael Atkinson, *Plotinus: Ennead V. 1, on the Three Principal Hypostases: A Commentary with Translation*, New York: Oxford University Press, 1983, p. 188.

② John M. Dillon and Lloyd P. Gerson, *Neoplatonic Philosophy: Introductory Readings*, p. 78.

③ John M. Cooper and D. S. Hutchinson, *Plato's Complete Works*, Indianapolis, Ind.: Hackett, 1997.

总结以上矛盾和推论，笔者认为，多次重复的"万物都围绕万物之王"其实是表达了"本原—万物"的形而上学普遍结构，即一切同层次存在论的事物都有一个超越的、统治性的本原，这是本原论的一个核心原则，或者说一个教条，而不是指具体哪一个本原层次。而且，普罗提诺强调这个原则的应用总的有三层结构，除了第一层只有太一之外，第二层都有"理思-诸多实是"的"一-多"结构，第三层则是"灵魂—感觉世界万物"的"一与多"结构。我们还需要再深入普罗提诺提到的柏拉图著作中去寻找更多证据。

（一）柏拉图《国家篇》的最高本原：善还是善的理形？

首先让我们考察一下柏拉图作品中哪些事物在对比之下可以称为最高的本原。[①] 在第六封信的结尾，柏拉图提到了"原因之父"，他说："神是现在和将来的一切事物的统治者，是统治的积极原则的原因之父（τὸν θεὸν τοῦ αἰτίου）……如果我们真正实践哲学，那么我们将在凡人力所能及的范围内获得关于神的某些知识，而我们说凡人确实拥有这方面的禀赋。"[②] 只有通过哲学学习才能获得关于这个一切事物的神的知识，而且这种学习的能力是内在于人的。这似乎在暗示人的灵魂和理思。联系第二封信说的还没有人真正明白问题的答案，这里也可以解释说这位最高者不能仅仅依靠灵魂就能够被认识。

普罗提诺这里提到太一的另一个常用名称是"超越元是者"（ἐπέκεινα οὐσία）（例如 V. 1. 8. 9），这个称呼更确切的含义是"在理思之上者"，因为在《九章集》中被超越的事物不限于 οὐσία，这个短语"超越 X"中的 X 可以是 ὄντα，ὄν 等指称理思本原的东

[①] 本小节部分观点曾发表过，参见陈越骅：《柏拉图的至善之谜》，《道德与文明》2013 年第 3 期。关于柏拉图的至善学说更详细的论据和分析也可参考拙文。

[②] 柏拉图的第六封信，323D2-5。

西（但并不是说 οὐσία 等同于 ὄν 等）。这个称呼与其他名称一样，都是用"非是"的方式言说太一。

学界通常认为这个短语来自柏拉图《国家篇》VI. 509B 8-10，而且这个短语指的就是至善/善本身（τἀγαθόν）。那里，苏格拉底说，太阳不仅使得这个可见的世界可见，而且给事物生成变化的力量，但是作为这一切的源头/本原，太阳自身不生成变化。类似的：

> 同样，你会说知识的对象不仅从善那里得到（παρεῖναι）可知性，而且从善那里得到它们自己的"是"和元是（τὸ εἶναί τε καὶ τὴν οὐσίαν），但是善本身不是元是（οὐκ οὐσίας ὄντος τοῦ ἀγαθοῦ），而是超越元是（ἐπέκεινα τῆς οὐσίας），比之更加尊严、更有威力的东西。①

如果说柏拉图认为真知识就是在理思之中，那么这里乃是在说理思从善本身那里获得自己之内的思的对象和思的动作，并且自己整个的元是都是来自于善本身。但是跟太阳的比喻一样，太阳不是在这个地面的世界之内，这个至善也不在理思世界之内，而是在理思之上，是理思的本原。

然而这里有一个问题，这里的至善是不是理形（或译"善的型"），因为（1）如果它是，那么它就可以被认识/被思，那么它就又回到了知识的领域，（a）成为一个与其他理形一样的被思者，（b）只不过是比其他理形更高级一些，但这就破坏了理形间的平等关系，从而善的知识比其他知识更重要；（2）如果它不是，那

---

① 柏拉图：《国家篇》VI. 509B 8-10. 译文经过笔者修改。其中，"知识的对象"（τοῖς γιγνωσκομένοις τοίνυν）是复数；也就是说，"诸多可思者"，"可知性"（τὸ γιγνώσκεσθαι）原文是不定式动词，因此也可以理解为"知的动作"；"是"和"元是"并列（τὸ εἶναί τε καὶ τὴν οὐσίαν），说明柏拉图区分了两者，也肯定了它们和知识（包括"思"和"知"的动作）彼此关联。

么柏拉图在这里就提出了一个超越了他自己的理形论的最高本原，并且它不可以通过知识被认识。

陈康先生对此有解释，他认为"相"（等于我们说的"理形"），和事物有性质程度上的差别，而这里的"超越了存在"（即引文的 ἐπέκεινα τῆς οὐσίας）也一样，只不过说"相"在力量上、尊荣上多一些，不是分离，而是程度上的不同。这样，他似乎把这里的 τῆς οὐσίας 当作亚里士多德的 οὐσία，指"个体事物"，并且"善的相"也与事物不分离，只是程度上有所不同。因为他认为："'相'和事物的不同仅只是性质的多少，'相'结合得越多，内容越丰富，便是个别事物。"①

让我们回到"日喻"的起点再仔细检验善本身与善的型的关系。②

《国家篇》第六卷开头，苏格拉底他们开始探讨学习哲学的灵魂需要具备什么特点（正义、节制、勇敢和智慧），并指出合适的灵魂屈指可数，而且如果它出生的外在环境不适合那么也不能够成功。这些灵魂会关注永恒不变的秩序的事物，它们按照理性（κατὰ λόγον）的要求保持和谐，所以自己也尽力模仿它们。③ 这种讨论还是主要围绕城邦事务展开，所谓的哲学家的成功仍然是按"哲学王"的标准来看待。

接着，他们提到"哲学王"的培养，问："最伟大的学习是什么？"④ 苏格拉底指出，需要与上面讨论的四美德不同的"另一条更加漫长的道路"⑤。他回答说：

---

① 汪子嵩、王太庆编：《陈康：论希腊哲学》，商务印书馆1990年版，第184、186页。
② 本节关注柏拉图的最高本原，关于"日喻"具体的哲学内涵可参见范明生：《柏拉图哲学述评》，上海人民出版社1984年版，第98页。
③ 柏拉图：《国家篇》500C。似乎这里是指元素间的和谐还不是理形。
④ 柏拉图：《国家篇》504A。
⑤ 柏拉图：《国家篇》504C-D。

> 善的型是人们要学习的最伟大的东西（ἡ τοῦ ἀγαθοῦ ἰδέα μέγιστον μάθημα），因为与之相关，正义的事物以及其他的事物才变得有用和有益……我们对善的型并不具有充分的知识。如果我们不知道善的型，没有关于善的知识，那么我们即使知道其他所有知识对我们也没有什么用，就好像拥有其他一切，唯独不拥有它们的善。①

这里明确"善的理形"是人们学习的对象，它是可以学习的。后面说，如果我们不知道关于它的知识，其他知识学了也没用，这又表明前者在知识世界中占有特殊的、在先的地位，就好像其他知识的开端，如果没有这个开端，其他知识也是失去了用处。但这句话并不表示如果不知道善的知识，其他知识就学习不了，而是说即使学了它们，对学的人来说也没有"善（好处）"。就好像一位统治者，他具备一切统治的知识，唯独不知道他要为了什么目的而运用这些知识，那么即使他做得再好，对于自身而言也没有任何好处，只不过是被迫去履行义务而已。如果考虑到"善"在希腊人那里常表示"目的"，那我们可以解释善的理形就是一切知识的"目的"，由它赋予其他知识以"价值"，这就是它为什么具有超然的地位。至于对它的知识了解并不充分，是因为它是"更加漫长道路"的终点（认识的手段有困难），还是因为它本身就不能被充分认识（本性就不能为人认识），这一点还需要再往下看。

然而，接着有一个不明显的主题转换，苏格拉底转而问"什么是善"，而不再谈"善的型"。每个人都觉得善是某个东西，但却不能充分抓住它，树立起对它的信念，即使是聪明的人也未必懂得。但是，无论如何，"每个灵魂都在追求善，把善作为自己全

---

① 柏拉图：《国家篇》505A-B。译文有改动。

部行动的目标"①。所以,城邦中的人们忙忙碌碌,自以为自己的行动都是为了善,却不知道真正的善是什么。文中两次提及,知识是否是善?② 苏格拉底说,有的人回答这种知识就是善的知识,但我们知道这不过是同义反复,什么都没说出来,所以苏格拉底应该是否认这种说法的。而且通过对 509B 8-10 的分析,我们已经知道,善超越知识,所以善不是知识。

这种隐微的主题转换接着进行,这次话题从"什么是善"转到了"善的儿子"。苏格拉底说:"让我们暂时搁置一下善的本性(τί ποτ' ἐστὶ τἀγαθόν)问题……但我可以谈一谈**善的儿子**,它看上去**很像善本身**(ὃς δὲ ἔκγονός τε τοῦ ἀγαθοῦ σαίνεται)。"③(黑体为笔者所加)所以,接下去都是在谈至善之产物,它是至善生出的模仿至善自身的东西(τἀγαθὸν ἐγέννησεν ἀνάλογον ἑαυτῷ)。④

苏格拉底接着回顾了以往的理形论,对"是者"做了两个层次的区分。第一个层次,他们说过许多美的事物、好的事物,并且每一个"如此地是"(οὕτως εἶναί)。⑤ 第二个层次,也就是理形(型)的层次:

> 另外,我们又说过美本身和善本身(αὐτὸ δὴ καλὸν καὶ αὐτὸ ἀγαθόν),相对于杂多的万物,我们假定每一类杂多的东西都有一个单一的"型"或"类型"(ἰδέαν μίαν ἑκάστου),假定它是仅有的一个,而称之为每一个的"[真正的]是者"(ὃ ἔστιν)。⑥

---

① 柏拉图:《国家篇》505E- 506A。
② 柏拉图:《国家篇》505B,506B。
③ 柏拉图:《国家篇》506E-507A。
④ 柏拉图:《国家篇》508B。
⑤ 柏拉图:《国家篇》507B 1-5。
⑥ 柏拉图:《国家篇》507B 1-5。译文有修改。

第一个层次的事物是杂多的感觉事物（例如，"美"的事物可以有很多），它们可见不可思（νοεῖσθαι）；第二个层次的事物是单一的理形（例如，"美"本身只有一个），可思而不可见。在理形之中，与美的理形等并列的，确实有善的理形，它也被称为"善本身"（αὐτὸ ἀγαθόν, good itself）。然而这里还有解释的余地，因为"ἀγαθόν"并没有加冠词，也可以理解为本身"**是善的**"的善的型，在"实是"的层面是"善"的是者。而且到此仍是在"善的儿子"的讨论范围内，离苏格拉底说"不谈善是什么"的宣言很近。

第一层次的事物能够被看见，是"太阳—光—视力（眼睛）"三者的相互作用的结果，第一原因就是太阳，光是媒介，视力参与作用则是因为它与太阳的相似性。[①]苏格拉底将太阳比作善，善的儿子比作视力的关系，在谈了太阳是视力的原因之后，他紧接着说：

[1]让我们说，这个（τοῦτον）就是我所称的善的儿子，它（ὃν）是善生出了的自身的相似物（ἀνάλογον ἑαυτῷ），[2]善（αὐτὸ 指代 τἀγαθὸν）在理思领域（ἐν τῷ νοητῷ τόπῳ），与理思和诸被思者的关系（πρός τε νοῦν καὶ τὰ νοούμενα），[就如]这里的这个[太阳]在可视领域（ἐν τῷ ὁρατῷ），与视力和所见的东西的关系（πρός τε ὄψιν καὶ τὰ ὁρώμενα）。[②]

---

① 柏拉图：《国家篇》507D-508C。
② 柏拉图：《国家篇》508E，笔者自译。关于全句谈论的是"善"还是"善的儿子"，仍然可以在语法允许范围内在两者中选择。例如，Adam（1902）认为[2]部分是解释比例关系，或者"几何学上的相等"。他解读[2]开头的 ὅτιπερ αὐτὸ = ὅ τί περ αὐτὸ，那么这里的 τί 就是指代善与理智领域的事物的关系。这种解读也为大多数译者接受，这里的翻译也跟从他的解读。他解读 τοῦτο τοῦτον 说，τοῦτον 对应 αὐτὸ，τοῦτο 对应 ἑαυτῷ 是谓语，也就是说这里应该补全为 τί περ τοῦτο τοῦτον，据此可英译为 what is about this that is *this*，故中文译为"这里的这个……的关系"。这里的 ὄψις 和 νοῦς（视力和理思）及其衍生词的构词法一样，各自所代表的动作和对象的关系一样。ὄψις 既指"事物为人所见的外表"、"被看见的东西"，也指"看的能力"和"看的动作"，甚至指"看的器官（即看的主体）"。总之，它包含一切与看有关的主体、客体和动作，理思也类似包含这三者。

如果单从这个类比看,第二层次应该也存在"善—？—理思"的关系,但是这个媒介是什么,柏拉图在这里并没有告诉我们。① 如果"善的儿子"指的是"太阳",那么"视力和所见的东西"对应的是理思,那么,反过来,正如"太阳不是视力,但它作为视力的原因又能被视力本身所看见"②,善也不是理思,而是理思的原因,并且为理思所"思",但不是如理思之内的被思者那样被思。所以善也在理思之外,但是善却给了理思它的形象,所以理思能够如视力看太阳那样看到它。我们大概也可以说因为"视力从太阳接收了它自身有的力量,就像一个从流溢的宝库而来的汇聚"③,所以善也把它的力量流溢给了理思。如果根据普罗提诺在 V.1 安排的三个本原的顺序,我们完全可以对柏拉图的这段话作如此的解读,而且并不违反文本可能包含的意思(参见 V.3.7)。然而,善的理形在哪里？它在理思之中还是之外？它就是理思吗？因此,这里仍然留下了谜团。

苏格拉底接着用比喻进行说明,他说,没有了光,则事物内在有的颜色我们就看不见,但是我们看到太阳照射的东西,就能够看得清楚明白；而灵魂就如眼睛,如果它看被"真"和实是者（ἀλήθειά τε καὶ τὸ ὄν）所照亮的事物,它就能够思和知道该事物,它看起来拥有了理思（νοῦν ἔχειν）,如果看那个光线暗淡的世界（也就是生成变化的感觉世界）,它就看不清而且只能获得变动的意见,失去了理思。④ 因此他说：

> 那么你必须说,把真理（τὴν ἀλήθειαν）赋予知识对象的

---

① 早就有学者认为此处的比喻中,"善的儿子"就是"太阳",视力和看的对象就是理思和思的对象,"真"就是"光"。善的理形就是"真"和知识的源头,但是它能够被知识所把握。参见 James Adam, *The Republic of Plato*, Cambridge: University Press, 1902。
② 柏拉图：《国家篇》508B。
③ 柏拉图：《国家篇》508B。笔者自译。
④ 柏拉图：《国家篇》508D。

这个（τοῦτο）实在，使认知者拥有认识能力（τὴν δύναμιν）的这个实在，就是善的"型"（τὸ... τοῦ ἀγαθοῦ ἰδέαν εἶναι），你必须把它当作知识和迄今为止所知的一切真理的原因（αἰτίαν δ' ἐπιστήμης... καὶ ἀληθείας）。真理和知识都是美好的，但是善的"型"比它们更美好，你这样想才是对的。至于知识和真理，你绝对不能认为它们就是善，就好比我们刚才在比喻中提到光和很像太阳的视力，但绝不能认为它们就是太阳。因此，我们在这里把知识和真理比作善的相似物（ἀγαθοειδῆ）是可以的，但若将它们视为善，那就不对了。善的领地和所作所为具有更高的荣耀。①

于是，在接下来对比喻的解读中，苏格拉底又突然开始讲"善的理形（善的型）"。如果我们把它当作善本身并与上面的太阳比喻结合起来理解，那么，它就是理思的原因，而且"真"就是善和知识的媒介，犹如光之于视力和所见的事物。陈康先生认为"善"就是"善的相"（善的理形），它提供高级认识能力的主体和对象之外的知识的第三个因素："存在"。因此他认为媒介不是"真"而是"存在"（也就是"是"——笔者）。"善"是上面三者的原则；善之相是其他一切相的原则；相是认识和存在的原则。②

所以我们能够得到"善的理形—真—理思"三者的结构关系。柏拉图在这里明确把理思的内在结构分为：思的动作（认识能力）和思的对象（知识对象、知识），前者得到"真"，而后者得到"认识能力"，但这两个都是来自善的理形并非自身就有，这就是为什么前面说如果不认识善的知识，则其他知识也都没有

---

① 柏拉图：《国家篇》508D-509A，译文有改动。这里的句式与508E 谈论"善的儿子"一样，都是对比喻的真实所指的解读。
② 汪子嵩、王太庆编：《陈康：论希腊哲学》，商务印书馆1990 年版，第 181 页。

了价值。然而，问题又来了，知识和真都不是善，它们都只是善的"相似物"，那岂不是没有"善的知识"？格老孔据此推论说，苏格拉底肯定赞同"快乐不是善"，并且善比知识和美还要高级。然而接下来苏格拉底不置可否，他开始谈"善"，又不再提"善的理形"。

苏格拉底接着把这个比喻解释完整，于是进一步提出，太阳不仅使得事物可见，而且是事物生成变化的原因，所以善不仅是知识变得可思的原因，而且是知识获得其所是的原因。因为感觉世界的事物的"生成变化"（τὴν γένεσιν）对应的是实是世界的"是"（τὸ εἶναί τε καὶ τὴν οὐσίαν）。① 接下去我们就回到最开头的对"超越元是"的善的分析。这里，苏格拉底为我们留下了一个谜，我们不知道他是赞成还是反对这最后一步的升华，因为他的比喻和解读都是这么开头的——"我假定你会说（φήσεις / φάναι）……"，而且他的对话人格老孔听完这步升华后讥讽他说这太夸张了，苏格拉底回复说，这是说出自己的意见。这一步若是得到肯定，那么是没有"善的知识"，至少在知识内部没有它，而且思的能力不能够认识它，这就不是因为认识途径的困难，而是善本身的超越本性使然。

《国家篇》接下去谈的"线喻""洞喻"的内容都可以看作是"善的儿子"的"比喻—解读"的谈话方式。灵魂最高的认识能力（νόησις）有能力达到并且最后到达的是"第一本原"（τὴν τοῦ παντὸς ἀρχήν）。② 灵魂从可见上升到可思世界就如囚徒从火光照耀的洞穴走到太阳照耀的天地，这个囚徒先看水中的太阳的影像，适应了之后再看太阳。

在可思领域，善的理形是最后看到的事物，只有历经困难才

---

① 柏拉图：《国家篇》509B。
② 柏拉图：《国家篇》511B-C，参见 533D-E。

能触及。这个善的理形是在可理知的领域中控制并提供真和理思（ἀλήθειαν καὶ νοῦν）。苏格拉底解读说：

> 格老孔啊，整个图景必须与我们之前所说的结合起来。可见的世界（领域）就好比囚徒们居住的监狱，而在它之中的火焰的光就好比太阳的力量。如果你把上升的旅途和对地上事物的研究解释为灵魂向可理知世界的上升旅途，你就会抓住我所想要传达的，因为这就是你所希望听到的。它是真是假，就只有神知道了。但，我是这么看待它的：在可知的领域，善的理形是最后看到的事物，只有经历困难才能触及。一旦有人看到它，无论怎么样，他必然会得出结论：它是在任何事物中所有正确和美丽的东西的原因，它产生了在可见领域中的光和光的源头，在可理知的领域中它控制并提供真和理思，因此任何人要在私人或公共事务上行为明智，他就必须看它。①

这又回到了"日喻"的"倒数第二步"，当提到可认识的时候（因为在"日喻"中太阳总是可以用眼睛看到的），他总是说"善的理形"。而且难以认识的原因不是因为善本身，而是道路的艰辛。结合起来看，一个人可以通过辩证法，只通过推理而不通过感觉，以纯粹的思想认识善本身（αὐτὸ ὃ ἔστιν ἀγαθὸν αὐτῇ νοήσει λάβῃ），那么他就达到了可思世界的极限，就如达到了可见世界的极限一样。②这里的"αὐτὸ ὃ ἔστιν ἀγαθὸν"，仍然可以解释为"它**是**善的是者"，即"善的理形"。关于善（περὶ τοῦ ἀγαθοῦ），这个辩证法家必须能够"对善的理形（τὴν τοῦ ἀγαθοῦ

---

① 柏拉图：《国家篇》517B-C。笔者自译。
② 柏拉图：《国家篇》532A-B。

ἰδέαν）下定义（τῷ λόγῳ），并把它与其他事物区别开来"，否则"你就会说（φήσεις）他不知道真正的善本身（αὐτὸ τὸ ἀγαθὸν ... εἰδέναι τὸν οὕτως）和任何具体的善，只抓住善的摹本（εἰδώλου τινὸς）"。[1] 这里能够用 *logos* 定义的是"善的理形"，只有能够定义它，才能说是知道（εἰδέναι）善，仍然可以理解为"知道善的型"，而且这只是在谈论"关于善"，而非"善本身"。

可见，在大部分讨论中，苏格拉底都只是停留在"倒数第二步"。上述的谜依然没有解开，因为一会儿"善"可认识，一会儿又"不可认识"，而且我们也分不清，到底是"善"就等于"善的理形"，还是说两者有"原型—映像"的关系。我们必须提出这个谜并且把它留在这里，因为普罗提诺的太一学说很大程度上就是在解开这个谜。

（二）柏拉图《蒂迈欧篇》的最高本原：创世神与宇宙，创造还是生成？

说理思是"原因"，可以追溯到《斐多篇》，其中说到，苏格拉底年轻时曾同意阿那克萨戈拉所说：理思（心灵）它是万物的原因，也是万物秩序的原因，它为每个事物做了最符合它的安排。因此，要知道每一个的生成、毁灭和是其所是（ἔστι）的原因，就必须找到对于它的"是其所是（ἐστιν）"或"受动"或"主动"（三种动作状态）来说是最好的方式。有了这个理论，就能够回答事物是什么样子，并且能够解释它为什么必然是这个样子，也就是在解释什么样是对这个事物最好所以它就是如此，反之亦然。例如，大地是平的还是圆的和天体的速度是多少等宇宙的问题，就能够回答"是如此如此"，因为这样对它最好。[2] 但这种物理主

---

[1] 柏拉图：《国家篇》534C-D。
[2] 柏拉图：《斐多篇》197C-D。

义的解释很快让苏格拉底失望，因为这种自然哲学能够解释事物的运动、组合、分离是由哪些部位、元素的运动引起的，但却无法解释对于人的伦理生活来说，什么事情是最好的、什么是正义。人也拥有理思（心灵），但却无法回答这些有关人间秩序的问题。

柏拉图在《蒂迈欧篇》中讲到宇宙的创生，似乎又回到了《斐多篇》中用阿那克萨戈拉的自然哲学解释方式回答理思如何创生宇宙以及宇宙各部分如何运行，看似是对那里的讨论的扩大和细化。从"本原—产物"的角度看，他设定了两个极端，**神是永恒是而没有生成的**（τὸ ὂν ἀεί, γένεσιν δὲ οὐκ ἔχον），**这个世界是永恒生成而永不是的**（τὸ γιγνόμενον μὲν ἀεί, ὂν δὲ οὐδέποτε），因为每个人的经验都证明，它是看得见、摸得着，可感的；前者可以由理思借理性（νοήσει μετὰ λόγου = logos）把握，它永恒是其所是（ἀεὶ κατὰ ταὐτὰ ὄν），而后者是意见的对象，只能通过非理性（ἀλόγου）的感性揣测，它生成的同时又毁灭（γιγνόμενον καὶ ἀπολλύμενον），因此它永远不是（οὐδέποτε ὄν）；前者是后者的"原因"，因为万物的生成（变化）必然有原因，如果没原因，事物必然不会变化。① 这样也隐含着这个原因不能是生成变化的，否则这个原因之链就陷入无限倒退。柏拉图承认这个说法是最有智慧的人所说的，而且我们必须接受，这里似乎是指阿那克萨戈拉，因为后面讲这个神是善的，所以要让事物尽其所能地处于最好的状态，见上文对《斐多篇》的分析。

这里的"**生成**"等同于赫拉克利特的"**流变**"，并不是说一个事物从绝对虚无到有，而是指它总是从这个状态变化到另一个状态，没有确定的"是"。英译希腊语的 genesis 及其衍生词为"come to be""becoming"，但是与该词在现代英语的意义不同，

---

① 柏拉图：《蒂迈欧篇》27D-28B。

不是说某个事物过去没有而现在有了"being"。① 很巧的是 *genesis* 被古人用来翻译《圣经》第一章"创世纪",从而可能为这个词的后世理解添加了"从无到有"的意义。

这里的本体论式的双重区分很像赫拉克利特,他认为感觉世界不断流变,没有对它的真知识;而"是"和 *logos* 和理思的密切关系,我们在巴门尼德和恩培多克勒那里也已经看到;万物生成的同时又毁灭简直就是恩培多克勒的"爱恨交加"。柏拉图之后又提到了土水火风四种元素,又月了神的谱系,又掺杂了毕达哥拉斯学派用数、比例解释感觉事物的学说,所以在解释自然的时候,柏拉图研究并综合了前人的成果。

其中创造感觉世界的神,"这个世界一切的创造者和父亲(τὸν μὲν οὖν ποιητὴν καὶ πατέρα τοῦδε τοῦ παντὸς)",他称为"δημιουργὸς"(Demiurge),原意"工匠"。② 普罗提诺肯定工匠等同于理思而不是灵魂。(参见 II. 1. 1. 5,II. 3. 18. 15,V. 9. 3. 26)

在《国家篇》第十篇中有著名的"床喻"③,很好说明"工匠"的含义。按真实程度排列,床可以分为三种:神创造的床、木匠创造的床以及画家画出来的床;三者分别是"事物真实所是",前者的"映像/影子",对作为"影像"的前者的"模仿"。他说,一般的匠人不能制造床的类型(ἰδέα,form)自身④,但能根据眼睛注视到的类型制造一张张具体的庆。假设有一位万能的匠人,他能创造一切,地上的、天上的、地狱的,还有诸神,甚至包括他自身,那么他创造这个世界,犹如人拿镜子照万物,用真的事物(ὄντα που τῇ ἀληθείᾳ)创造出外表一样的影像(对比之下就是

---

① John M. Cooper and D. S. Hutchinson, *Plato's Complete Works*, Indianapolis, Ind.: Hackett, 1997, p. 1234, n. 8.
② 柏拉图:《蒂迈欧篇》28C。
③ 下述有关"床喻"的部分都来自柏拉图《国家篇》596C-598C。
④ 柏拉图:《国家篇》596B。与实是的"理形"同词,这里指单个具体事物为人的视觉所捕捉到的"外形",还不同于用理思捕捉的理形。

空有外表的"假"），这些真的事物就是他创造所根据的"类型"。这位万能的匠人创造的不是"某个类似实是者但不是的东西"（τι τοιοῦτον οἷον τὸ ὄν, ὂν δὲ οὔ），而是"实是者"（ὃ ἔστιν），也就是事物真正的"所是者"（τὸ ὄν），也就是事物真正的"类型"，等于普罗提诺所理解的"理形"。因此，他就是创造一切事物本性的神。① 每一个理形只有唯一一个，如果有两个，则它们"共同的所是"才是真正的理形。

结合以上两个出处，那么创世的"工匠"除了"造"的动作，还需要理形和材料（当然，他创造理形不用材料），因为万物的变化还需要遵循一定的模型，就如工匠造床前就想好要造"什么"（床的理形的映像），所以这个创世神内心也必须包括永恒的、完美的"理形"作为万物变化的秩序。那么这里的万物的"生成"并非指由无到有"创造"，这个创世神是亚里士多德所说的"发生因"，即引起**既有**事物变化的原因；另外，他提供了事物从无序到有序的原因，所以他包含"形式因"。"物质因"并不包含在他之内，也不是他的创造，就如一般的工匠并不生产木材一样。"ὕλη"（物质）这个词原意就是"未开垦的树林"，"灌木丛"，后来又指"砍倒的树木"，因而是"木材""柴火"，进而是"材料"，抽象为制作器具的"质料""物质"，引申又可指创造诗篇、散文的"素材"，泛指一切与"形式"对比的"材料"。② 同时，"ποιέω"（造）既可指工匠从材料创造器具，又可指作家创作诗篇、散文，抽象为给事物带来变化、原因。③ 陈康先生认为："质

---

① 柏拉图：《国家篇》597D 5。
② Henry George Liddell et al., *A Greek-English Lexicon,* Oxford: Clarendon Press, 1996, pp. 1847-1848.
③ Henry George Liddell et al., *A Greek-English Lexicon,* Oxford: Clarendon Press, 1996, pp. 1847-1848.

料（matter）概念首先是由亚里士多德引进哲学的。"[①] 如果这是正确的，那么柏拉图这里并没有自觉将元素归入"物质"概念。

让我们简述这位"工匠"具体的创世过程。

作为起点，柏拉图的第一句话是这么说的，"现在，让我们讨论出于什么原因，这位统合者统合了这里生成变化的万物"（Λέγωμεν δὴ δι' ἥντινα αἰτίαν γένεσιν καὶ τὸ πᾶν τόδε ὁ συνιστὰς συνέστησεν）[②]。最开始的时候，整个感觉世界的"胚胎"就已经在那里，只不过处于无序的运动之中。所以神的动作不是"创造"了它，而是"统一"、"结合"、"安排"（συνέστησεν）。因为他是善的，他意愿一切如其自身地善，这个（意愿）就是"最强大的生成变化和秩序的本原"（γενέσεως καὶ κόσμου μάλιστ'... ἀρχὴν κυριωτάτην）[③]。从上下文看，原文的"这个"（ταύτην）（阴性）不是指上文的"统合者"（阳性），而是指"他意愿……"整个事情。但也可以理解为，这个统合者本人就是一个实体性的本原，就如亚里士多德归纳的，发出命令就令城邦运作的统治者也可以被称为本原。

因为有序比无序好，统一比分裂好，有理思比没有理思好，但要有理思就必须有灵魂，于是"这个生成的宇宙是一个由神的旨意赋予灵魂和理智（理思——引者）的生物"（τόνδε τὸν κόσμον ζῷον ἔμψυχον ἔννουν τε τῇ ἀληθείᾳ διὰ τὴν τοῦ θεοῦ γενέσθαι πρόνοιαν）。说它是"生物"因为它包含了灵魂，有了灵魂从而有了理思，有了理思从而有了秩序，有了秩序从而它是一而不是多。于是这个宇宙包含了前面神所思的四种好（善）：有序、统一、理思、灵魂。从而生成变化都受上述四者约束。[④] 原

---

① 汪子嵩、王太庆编：《陈康：论希腊哲学》，商务印书馆1990年版，第421页，参见第186页。
② 柏拉图：《蒂迈欧篇》29D 5-E 1。笔者自译。
③ 柏拉图：《蒂迈欧篇》29E-30A。笔者自译。
④ 柏拉图：《蒂迈欧篇》31B-C。

文，其中"πρόνοιαν"英译为"providence"，可意译为"预先所思"。整个句子的主语是"这个有生命的世界"，动词是"生成变化"。① 把这个过程描述为"型相加诸混沌之上，使混沌分化出有具体形状的个别事物"。卡茨也指出，普罗提诺与基督教的首要的不同之处，就是关于这个世界是永恒生产（poiesis）和创造（creation）。② 奥古斯丁清楚柏拉图这里所说的创世活动是原因意义上的开端，而不是时间上的，并且他认为新柏拉图主义者提出世界是被创造的，但没有时间的起点，为的是避免偶然性的开端；这些都与奥古斯丁从无到有、时间性的创世观相反。③

就如我们前面说过的，工匠造物需要"类型"，因此这个可感的、包含杂多生物的世界所仿照的是最美好、最完善的理思的生物，它包含一切可思的生物（τὰ γὰρ δὴ νοητὰ ζῷα πάντα ἐκεῖνο ἐν ἑαυτῷ），柏拉图称其为完善的生物，因此这个感觉世界也是唯一模仿它而来的"生物"。等同于普罗提诺的包含一切可思者的"理思"。这个理思/实是的世界是唯一的（与上文《国家篇》中床的理形只有一个的论证一样）。"生成变化的东西必定是物体性的、可见并且可触感的"（Σωματοειδὲς δὲ δὴ καὶ ὁρατὸν ἁπτόν τε δεῖ τὸ γενόμενον εἶναι）④。元素是这个世界可感的原因，神用合适的比例 Logos（λόγος）把四种元素结合为一体，这个比例是元素之外的数。柏拉图并没有说神创造了元素，神的工作只是用比例约束它们，从而一个感觉物体有了自己的"物体性"，因此这个有秩序的宇宙成为一个包含这些元素的物体（τὸ τοῦ κόσμου σῶμα），它因为火元素而可见、因为土元素而可触，并且因为"比例"而是和谐的，因为这些元素而有爱（δι' ἀναλογίας ὁμολογῆσαν, φιλίαν

---

① 赵敦华：《柏罗丁》，台湾东大图书股份有限公司1998年版，第66页。
② Joseph Katz, *Plotinus' Search for the Good*, p.26.
③ 奥古斯丁：《上帝之城》第十卷章31，第十一卷章4。
④ 柏拉图：《蒂迈欧篇》31B 5。笔者自译。

τε ἔσχεν ἐκ τούτων）①。*Logos* 是神用来结合四种元素的，因此柏拉图把赫拉克利特的"理"降格到理思之下，跟亚里士多德一样，他也把赫拉克利特的"元素 + Logos"的理论看作是对这个感性世界的流变的解释。

这个宇宙如一个圆球，一切都是在其身内变化，其中的事物不断生成变化成另一事物，这种转化是自足的、不衰竭的，所以这个宇宙在时间上是永远的。在球的中心，神放上了灵魂并把它扩充到包围整个球体。但在起源和优越性上，灵魂要先于、优越于这个球状的物体，所以是统治者和主宰。通过复杂的混合过程，灵魂被理思创造了出来。②

柏拉图讲述完从整个宇宙天体到人的创生过程，柏拉图说，上述大部分都是理思的运作并且"这个宇宙的生成是必然性与心灵（理思——引者）一道工作的结果"③。这个神（理思）在《蒂迈欧篇》中似乎就是提到的唯一神，最高的神，也是一切的本原，但这也还有解释的余地。特别是当我们回到整个解释的第一句话，那里问的是这个神创造的原因是什么，回答是"这个神是善的"（ἀγαθὸς ἦν）④，既可以理解为这个神出于自身的善而来的希望万物也如其为善的意愿，也可以解释为这个神能够为"善"所表述，但它还不是善本身，所以在它之上还必须有一个善的本原。况且，这个神还会思，而普罗提诺不会接受一个内在为思和被思的"二"作为第一本原，因为它不是单纯的一（参见 V. 3. 11），所以普罗提诺把他列在第二位等同于自己的理思本原（V. 8. 7），但也仍然是在可接纳的文本诠释范围内，并没有与柏拉图

---

① 柏拉图：《蒂迈欧篇》30B-31C。
② 柏拉图：《蒂迈欧篇》33-34。本书不展开关于灵魂的讨论，此处可参见宋继杰：《柏拉图〈蒂迈欧篇〉35A1—B3 的翻译及其学理依据》，《哲学译丛》2001 年第 1 期。
③ 柏拉图：《蒂迈欧篇》47E。
④ 柏拉图：《蒂迈欧篇》29E 1。

的学说严重冲突。

（三）柏拉图《巴门尼德篇》的"一"是否为最高本原？

在柏拉图著作中的巴门尼德说得更准确一些，他从许多的"一"之中区分出第一位的"一"（τὸ πρῶτον ἕν, the primary One），它更加适合被称为"一"，他把第二位的"一"称为"一多"（ἓν πολλά, one many），第三位的"一"称之为"一和多"（ἓν καὶ πολλά, one and many）。① 以这种方式，他也与这三个自然本性（ταῖς φύσεσι ταῖς τρισίν）［的学说］相符合了。②（V. 1. 8. 24-28）

普罗提诺区分了巴门尼德本人和柏拉图《巴门尼德篇》中的人物，并认为后者代表了柏拉图的思想，因而是更加正确的。现在学者们基本认为"太一"这个名字、与其中的"一"相关的思想都来自这篇对话。多兹指出，在普罗提诺之前仅有一篇哲学著作对一个统一性的、超越一切杂多的本原进行论述，以及讨论一个"一的多"，那就是柏拉图的《巴门尼德篇》，特别是前两组推论。他还对《九章集》中引用《巴门尼德篇》的地方作了比较研究。③ 他的这个原创性研究后来为学界广泛采用，他也开启了以历史文本为依据研究普罗提诺的学术源流的研究路径。④ 特别是八组推论中的第一组，对应的是绝对的"太一"本身，普罗提诺认为这就是"第一位的一"；第二组对应的是"是多的一"，也就是

---

① 柏拉图：《巴门尼德篇》137C-142A，144E 5 和 155E 5。
② 普罗提诺用"自然本性"来称呼三个本原，而不是"本体"。
③ E. R. Dodds, "The Parmenides of Plato and the Origin of the Neoplatonic 'One'", *The Classical Quarterly*, Vol. 22, No. 3/4, 1928, p. 132.
④ P. A. Meijer, *Plotinus on the Good or the One (Enneads VI, 9): An Analytical Commentary*, p. 23.

"一多",这是第二位的,普罗提诺将其对应理思;第三组是"一和多",对应的是灵魂。格尔森评价说,137C-142A 被普罗提诺及其后继者看作柏拉图主义三个本原学说的基础。[①] 该篇晦涩难懂,其中第二组推论究竟是肯定的学说还是一种逻辑训练,长久以来都存在争议。

正如陈康先生所说:"如果我们不能了解这篇里的哲学(《巴门尼德篇》——引者),我们即不能了解柏拉图的、亚里士多德的整个的理论哲学以及仆罗丁(Plotinos)(普罗提诺——引者)的玄学思想。如若我们还未忘记,这三位大师远对于中世纪、近对于现代哲学的关系是如何重要……"[②] 从这个意义上,陈康先生把柏拉图、亚里士多德、普罗提诺列为古代希腊哲学的三座高峰,至少是柏拉图主义传统里的三位最杰出的人物。

陈康先生在深入研究《巴门尼德篇》之后指出,对本篇的解释大致分为两种:逻辑的和玄学的(即"形而上学的"——引者),而后一种乃是由新柏拉图派根据该篇后半部分所建立起来的"仆罗丁式的玄学系统"。他批评新柏拉图学派(这个批评当然也适用于普罗提诺)忽略了《巴门尼德篇》中对于"一"的推论前提是悬拟的,而非柏拉图自己已经确定的结论,所以在这个基础上建立的系统既不能归于柏拉图,也不是《巴门尼德篇》合适的解释。[③]

诚然,若我们就"太一"这个名称而言,普罗提诺确实仰仗该篇对话对一和多关系的分析,提炼出了重要的形而上学原则——"一的优先性"[④],并且以其"一"为最高本原的名称,但

[①] John M. Dillon and Lloyd P. Gerson, *Neoplatonic Philosophy: Introductory Readings*, p. 79.
[②] 柏拉图:《巴曼尼得斯篇》,陈康译注,商务印书馆 2009 年版,第 366 页。
[③] 柏拉图:《巴曼尼得斯篇》,陈康译注,商务印书馆 2009 年版,第 386 页。
[④] 参考 Dominic J. O'Meara, *Plotinus: An Introduction to the Enneads*, p. 44.

是，这只是太一的"面相/名称"之一，因此也只是整个地基的一部分。其学说的丰富性，绝不是两个推论所能涵盖的。我们从上面的哲学史回顾中可以看到普罗提诺的整个形而上学系统来源的复杂性，至少《国家篇》中的"至善"在他的最高本原学说的地位就不亚于这里的"太一"。就柏拉图自身思想的研究来看，普罗提诺或许忽略了该篇中的前提悬拟，并且在很多时候都忽略了现代学者普遍承认的柏拉图各篇对话中思想的差异和发展。但是他主要倚重柏拉图的后期对话，这又说明他的阅读是有选择和重点的。[①] 他并非一个现代意义上好的柏拉图专家，但是他却是一位好的柏拉图主义哲学家。要客观看待这个问题，让我们对《巴门尼德篇》第二部分八组推论的前提、过程和结论作一简单的分析。

按陈康先生的研究，《巴门尼德篇》里八组推论的前四组是基于"一是"的前提，后四组是基于"一不是"的前提。前两组中，（1）重点放在"一"，则从"一是"的前提推论得出"是"不适合于"一"。[②] 因此，任何关于"一"的"是"（包括几组对立、相反的属性）都不成立，离开了"一是……"，我们不能思考也无法言语"一"，它将是完全孤立的。（2）重点放在"是"，则"一"将是"多"，包含相同的几组对立、相反的属性。

前两组推论过程得出的命题可以归纳为下面的范畴表[③]：

1. "一" —— "多"
2. "部分" —— "整个"
3. "首端" —— "末端" —— "中间"

[①] 参考 P. Henry and H. Schwyzer, *Plotini Opera III*, Enneads VI, Paris: Desclée de Brouwer, 1973, pp. 448-457.

[②] 柏拉图：《巴门尼德篇》141A-E。该篇译文引自陈康译本，柏拉图：《巴曼尼得斯篇》，陈康译注，商务印书馆 2009 年版，第 394—410 页。

[③] 柏拉图：《巴曼尼得斯篇》，陈康译注，商务印书馆 2009 年版，第 165 页。

4. "形"："圆"——"直"
5. "在其他的里"——"在它自身里"
6. "变动"——"静止"
   "变异"——"运动"
   "旋转"——"变换地点运动"
7. "异"——"同"
8. "类似"——"不类似"
9. "等"——"不等"
   "大于"——"小于"
10. "年老些"——"年少些"——"同年龄"
11. "时间"："过去"——"现在"——"未来"
12. "是"："已是"——"正是"——"将是"
13. "名字"——"言论"——"知识"——"感觉"——"意见"

简单地说，(1) 第一组推论得出的"一"，完全超出上述对立的范畴。因为"是"不适于它，它既不是整体也不是部分，既不是圆也不是直，既没有名字，也没有关于它的言论、知识、感觉、意见等。所以这个绝对的"一"是完全孤立于其他东西的。我们只能说它是"一"，但实际上应该是"一一"，因为它不与"是"结合，这又等同于说它不是"多"而已。陈康先生分析说，它其实也不是"一"，因为它不能够有"是"，也不能够同于自身，也不能够异于自身，它毁灭了"一"自己。他还批评后人依据普罗提诺和新柏拉图学派的解释认为这里是"否定神学"，这里不是神学，因为这里连"一是一"都否定了，如果说一是神，那么岂不是要得出神否定自身的结论。① 笔者认为这个批评是恰

---

① 柏拉图：《巴曼尼得斯篇》，陈康译注，商务印书馆2009年版，第159—160页。

当的，但是普罗提诺不应该为此承担责任。因为他自己从来没有提出过所谓的"否定神学""神学"，他也不认为自己的太一学说是后世所谓的"神学"，虽然他有时称太一为神，但是几乎任何无死的事物他都称为"神"。① 这不过是希腊哲学中使用神话语言的传统罢了。陈康先生根据绝对的"一"不与"是"结合指出，这里的"是"绝不是后世的"存在"（Dasein），因为如果这个"一""不存在（Dasein）"那我们如何推论它"是一"或"不是一"，就如"善人、善事存在，我们不能由'善'的'不存在'推论它不是'善'"。(2) 与第一组推论完全相反，这个一拥有上述所有对立范畴，它既是一又是多，既有部分又是整体，既包含同又包含异，也有关于它的名字、言论、知识、感觉、意见等。②

陈康先生认为柏拉图对第二组推论是肯定的，而对第一组推论他借对话人物之口表示不相信，原因是假设不真。第三组推论中，其他事物对相反范畴的分有，是以"一"的存在为前提的，这个"一"的"存在正是以它与'是'结合为基础（第二组推论）"。那么，这里所说的"一"就不是第一组推论的"一"，那么我们有理由认为这里的是"一的理形"，但不是绝对孤立的"一"。他正确地指出了第二组推论的"是的一"（τὸ ἓν ὄν）的重点是"是"，它是一个整体，但是每一个部分都是"是的一"，所以它可以称为"一个多"。③

笔者认为，真与假乃是在"是"的层面才有效，如果第一组推论的"一"已经不在"是"的层面，那么关于它的推论如何有真假？柏拉图的态度与前面我们对《国家篇》的"最后一步推论"的分析是一致的，这是他故意设置的谜语，因为那里的"至善"也是超越了"是"的层面，并且是"真"的原因而不是"真"。

---

① 参见 John Herbert Sleeman and Gilbert Pollet, *Lexicon Plotinianum*, p.494。
② 柏拉图：《巴曼尼得斯篇》，陈康译注，商务印书馆2009年版，第159—160页。
③ 柏拉图：《巴曼尼得斯篇》，陈康译注，商务印书馆2009年版，第396、397、401页。

这种模糊的文本阐释空间，结合所谓的"不写之教"乃是普罗提诺太一学说的突破口。第二组推论也不禁让人想起普罗提诺关于"理思"的学说。普罗提诺特别用"一多"（ἕν πολλὰ）指称理思，因为理思同时既是"一"又是"多"，因此这个词组应该当作一体看待，英译"one-many"也是取这个意思。然而把它理解为偏正结构的"一个多"也是可以的，英译"one many"，因为它是分有最多的"一"的第一个"多"者。

回顾陈康先生所指的前提，无非以下两个"如果一是"[①]和"如果一不是"[②]。这两者具有完全性和矛盾性，因而包含了所有的逻辑可能性。对于"一"的逻辑分析，不出这两者的范畴。首先，如果要穷尽可能性的话，那么还可能有以下两个可能："一既是又不是"或者"一超越'是'"，但前者违反逻辑的矛盾律，后者则表示它不在矛盾律适用范围之内。我们将在下一章看到，后者是普罗提诺对"一"的结论，因为太一超越了"是"，所以也不在矛盾律的管辖范围内。其次，逻辑前提是否真实，并不妨碍之后整个逻辑推论过程的有效性。柏拉图在前提之后的推论确是有效和深刻的，只要接受了某一个前提，就必须同意之后的推论。最后，两者都得出同样的结论："['一']既完全是一切又不是一切，既表现为一切又不表现为一切。"[③]因此，作为柏拉图主义者的普罗提诺，当他论述"一"时，无论选择哪个前提，都要考虑到有效的推论并接受关于"一"的相同结论。这两组推论的另一个启示就是揭示出了起点的选择可能导致完全不同的结论，但这个初始的选择乃是在推理之外。起点之后的才是言说的扩展，推理

[①] 柏拉图:《巴门尼德篇》137C，参见柏拉图:《巴曼尼得斯篇》，陈康译注，商务印书馆 2009 年版，第 120—122 页，对 137C 和 137D 的注 171 和注 174。

[②] 柏拉图:《巴门尼德篇》160B，参见柏拉图:《巴曼尼得斯篇》，陈康译注，商务印书馆 2009 年版，第 314—315 页，对 160B 的注 394。

[③] 柏拉图:《巴门尼德篇》166C，该篇最后总结两组推论的结论。

（*logos*）将开端的"一"外显为"多"。

与《巴门尼德篇》联系紧密的《智者篇》也引用了巴门尼德的学说，其中说道："是者"好比一个圆球，从而是者是个整体，而整体就会有中心和边缘，所以是者就会有部分。[1] 文中提出的批评认为，"是"的事物（τὸ ὂν ἕν）在整体上"是一"，但有部分，而真正的"一"、"一"自身，必定是没有部分的。所以"是"不能够是"一"（τὸ ἕν，即"太一"，真正的"一"）。[2] 如果说《巴门尼德篇》中的"一"还只是推论，那么这篇就已经有了对"一"的问题的一个肯定，无论柏拉图是否提出过"一"作为最高本原，他已经有一个结论：真正的"一"必然超越"是"。那我们可以跟随普罗提诺再进一步，既然它超越是，那么它就不是理形（实是者），而是一个超越"是"的限定的"一"。陈康先生认为所有推论中的"一"就是"一之相"的简称。[3] 即使如此，两组推论得出完全相反的"一"，必定有一个是"一之相"，一个不是，这仍然是一个开放的问题。

（四）《巴门尼德篇》和《国家篇》的最高本原有联系吗？

关于它没有"言语（λόγος）或者知识（ἐπιστήμη）"[4]，它实际上也被说是（εἶναι）"超越元是"（ἐπέκεινα οὐσίας）。[5]（V. 4. 1. 9-10）

这两句分别来自柏拉图《巴门尼德篇》和《国家篇》。普罗

---

[1] 柏拉图：《智者篇》244E。
[2] 柏拉图：《智者篇》245A5-B5。
[3] 柏拉图：《巴曼尼得斯篇》，陈康译注，商务印书馆2009年版，第394页。
[4] 阿姆斯特朗翻译为"概念"（concept）。
[5] 柏拉图：《巴门尼德篇》142A3-4和《国家篇》509B9。

提诺引用这两句话用以说明作为第一本原的太一是绝对单纯的，与万物没有关系，是完全孤立的，从而我们不能够用任何是者谓述它。H-S 认为这里的引用与上下文的推理脱节，所以原文用了破折号隔开。但是两句话之间是有关联的，"超越元是"正是"没有关于它的语言或知识"的原因，即使从柏拉图原文看，这种关联也不是生搬硬套的。

在《巴门尼德篇》中，"一"本身完全是单纯的"一"，必然没有部分和整体之分，它当然也不能够有任何附加的东西，这是第一组推论的第一个命题，否则它就是如亚里士多德讲的"在定义（logos）上是多"的"多"。在 141E-142A 中，"一"本身不分有"任何时间上的是"（将来、现在、过去），否则也会是有部分的。《巴门尼德篇》的论证继而从每一个具体的"是"上升到"元是"，在这里有一个关键的转折句："任何的怎么样分有是，在这些样式的任何一个以外，还有其他样式么？"① (Ἔστιν οὖν οὐσίας ὅπως ἄν τι μετάσχοι ἄλλως ἢ κατὰ τούτων τι) 因此中译者陈康先生认为这里的 οὐσίας 等于一切具体的"是"的集合。根据上述关于时间中一切"是"的形式的论证，我们也可以看到《巴门尼德篇》认为任何一个具体的"是"（τι）都是对"元是"（οὐσία）的分有（μετάσχοι）才成其为"是"，而且"元是"具体化之后就是所有在时间中的"是"的样式（形式），除此之外别无其他成为"是"的途径。因此"一"既然不分有任何一个具体的时间中的"是"，也就不分有"元是"（οὐσίας）（οὐδαμῶς οὐσίας μετέχει），因此它也一无所是（οὐδαμῶς ἔστι）。陈康认为希腊哲学家包括柏拉图都认为"是"只能在时间中，没有超越时间的是，甚至"相"都是永远在时间里的，所以"一"不在时间里，也就

---

① 柏拉图：《巴门尼德篇》141E。译文参见柏拉图：《巴曼尼得斯篇》，陈康译注，商务印书馆 2009 年版，第 156 页。

没有"是"。①

我们再看巴门尼德残篇中的"是"与时间。里面说到,"是"(ἐστί)本身没有过去,没有未来,只有现在是。②他从头到尾用的"ἐστί"为该动词的"现在时"形式。既然这个是没有变化,它也是"永恒的",但不是没有时间性的静止的"是",而是一直为同一的现在的"是"。

所以《巴门尼德篇》中的这个"一"超越了巴门尼德本人的永恒的"现在的是"("是"本身),也超越了一切时间中的具体的是,所以它也超越了"元是"(οὐσία)。接着《巴门尼德篇》进一步指出,如果有事物"不是"(ὅ μὴ ἔστι),那么也就没有任何一个东西能够属于或者附加于这个"不是者"(μὴ ὄν)。μὴ 是对动词的否定,这里的 ἔστι 是现在时态的动词,整个短语表示一种条件、假设,所以这是泛指任何某个"不是"的事物也泛指任何时态。相对于其他事物都有"是"这个动作,这个事物"不是",它没有"是"的动作。结合上文,这个"一"就是符合这个条件的在任何时态下都"不是"的东西。③陈康先生解释说,没有任何东西能够与这个"不是者"属格和与格有关,并称其为"无",又解释说"**不是**"不等于"**不存在**",托马斯·泰勒(Thomas Taylor)英译为"non-existence"是错误的,因为这里的"不是"比"不存在"的范围更广。④笔者认为他的解释是正确的,在最新的英译中,它被译为"something is not / this thing that is not"。⑤笔者仍要指出,这里要与作为"非是者"的物质区分开,这里的"不是"是表示超越一切"是的动作",而物质则是没有任何"所是",

---

① 柏拉图:《巴门尼德篇》141E。译文参见柏拉图:《巴曼尼得斯篇》,陈康译注,商务印书馆 2009 年版,第 157 页。
② 巴门尼德:《残篇》B 8。
③ 柏拉图:《巴门尼德篇》142A 1.2。
④ 柏拉图:《巴曼尼得斯篇》,陈康译注,商务印书馆 2009 年版,第 161 页。
⑤ John M. Cooper and D. S. Hutchinson, *Plato's Complete Works*, p. 375.

但它仍能够与"所是"在某种程度上配合而生出有某种"所是"的感觉世界。

这个"一"不能通过"是"获得自身任何名字、言论（λόγος）、知识、感觉和意见等附加的东西，所以它也不能被认识。总之，从"超越元是"到"没有关于它的知识"在《巴门尼德篇》中已经有了证明和推论，只是具体的"超越"（ἐπέκεινα）一词要在《国家篇》才寻得到。

我们在上面已经讨论过《国家篇》的至善是真知识的本原，所以它超越了元是、知识和真。这与《巴门尼德篇》所依据的学理完全不同。《国家篇》中的至善乃是一切的目的因，任何知识如若没有了目的也就失去了价值，它同时也是"真"的源泉，但它是"什么"，我们无从得知；而《巴门尼德篇》的"一"乃是为了固守其"一"的本原，所以去除一切杂多，也就超越了"是"，它甚至不是"一"，所以它是"什么"我们也无从知晓。所以，它们两个的共性不在于其名称（面相）及其回溯的路径，而是在于共同的本性的"无限定"和"不可知"。

二、亚里士多德

后来，亚里士多德说，第一者（τὸ πρῶτον）是分离的和可思的（νοητόν）[1]。但是当他说"它思自身"[2]，那么他就不再把它当作第一者。并且，[10]他把许多其他事物都说成是可思的，多如九天的天球，从而一个可思者移动一个天球[3]，因此他对可思的东西的描述方式与柏拉图不同，他从可能性发

---

[1] 亚里士多德：《形而上学》Λ7. 1072a26。
[2] 亚里士多德：《形而上学》Λ7. 1072b20。
[3] 亚里士多德：《形而上学》Λ8. 1073b20 及以下。

展出论证，而不是从必然性发展出来①。我们不禁要停下来思考一下，这是否可能，因为更加可能的是：所有的天球，既然它们分布于一个系统，就应该都注视一个东西，也就是第一者。

有人或许会问，对于亚里士多德来说，是否杂多的可思者是从一个第一者而来，还是说在可思者中有许多的本原（ἀρχαί）？如果它们是从一个来的，显然，类似于在感觉事物之中，一个天球包含另一个，直到抵达最外层的一个，那就是主宰者，它也一样包含一切，并且将会是一个可思的宇宙。就像下界一样，天球不是空的，第一者充满了星星，其他的也充满了星星，所以，在可思的宇宙中移动者也会在它们之中有许多事物，而更真者就在那里。但是，如果每一个都是一个本原，诸多本原就会是源于偶然的结果。那么，为什么它们为着同一个工作而同是（συνέσονται），并且[会有]整个宇宙的和谐一致？那可感物与可思者或移动者[的数目]如何能够相等？这些非物体性的[可思者]怎么可能在没有物质分离它们的情况下是杂多的？②（V. 1. 9. 6-27）

与之前的哲学家相似，亚里士多德也有类似的非物体性的分离的理思的学说。格尔森指出普罗提诺这里的"分离"引自亚里士多德《论灵魂》Γ5. 430a17，《形而上学》Λ7. 1073a4。第一个出处，亚里士多德指的是外在于具体事物的可分离的"心灵（理智）"（ὁ νοῦς χωριστὸς）；后一个出处也是指"理智"。对于"同是"（συνέσονται），格尔森同意哈德的看法，在没有任何原始手稿记录支持的情况下，把这个动词改为"协同工作"

---

① 亚里士多德：《形而上学》Λ8. 1074a14-16。
② 批评的是亚里士多德《形而上学》Λ8. 1074a31 中的"不动之动者"。

(συνεργήσει)。① 然而笔者认为，从逻辑上考虑，它们先"一起是（存在）"，然后"一起工作"，然后"使得整个工作成果（宇宙）得以和谐"，这样会更合理一些。

亚里士多德说，"还存在着原因和制作者，它造就了一切……正是这种心灵，万物被生成（καὶ ἔστιν ὁ μὲν τοιοῦτος νοῦς τῷ πάτων），另一方面，心灵造就万物，作为某种状态，它就像光线一样……这样的心灵是可分离的、不承受作用的和纯净的，从实体的意义上说它就是现实性（καὶ οὗτος ὁ νοῦς χωριστὸς καὶ ἀπαθὴς καὶ ἀμιγής, τῇ οὐσίᾳ ὢν ἐνέργεια）"②。不难看出，认为个体事物是第一实体的亚里士多德，也不否认传统哲学中在感觉事物之外的秩序本原。这种"心灵（理思）"当然不是指个体的人心中所思所想，也不是近代的"唯心主义"的思维的主体。它不仅是"形式因"（造就万物）还是"发生因"，因为它是实体的"现实性/活动性"（ἐνέργεια），最重要的是它"可分离"。他说："显然有某种永恒而不运动的实体，独立于可感事物而存在。这种实体没有体积，没有部分，不可分……它不承受作用，不被改变。"③ 这个心灵（νοῦς，理思）就是亚里士多德的第一者，最高本原。④

普罗提诺对亚里士多德这个最高本原最大的批评也在于其"思自身"⑤，因为"思"在普罗提诺看来必然有思的动作和对象（而且柏拉图在《巴门尼德篇》132B 也提出，思者必定有对象），那么这就会造成一个内部结构的"多"。根据前面《巴门尼德篇》的第一个推论，它肯定不是绝对的"一"，而是"一多"，既然它本身不是"一"，那么就需要一个在它之前的"一"作为本原，

---

① John M. Dillon and Lloyd P. Gerson, *Neoplatonic Philosophy: Introductory Readings*, p. 80.
② 亚里士多德：《论灵魂》Γ 5. 430a 10-17。
③ 亚里士多德：《形而上学》Λ 7. 1073a 4-14。
④ 参见亚里士多德：《形而上学》Λ 7. 1072b。
⑤ 关于亚里士多德的最高本原"思自身"的神我们已经在上一章进行了论述。

而它通过分有"一"才有"一"。所以，普罗提诺说，亚里士多德"就不再把它当作第一者"。①

另外，既然亚里士多德那里没有单纯的第一者，那么"第一者"就是杂多的，这也会导致杂多者如何能够统一为一个整体的理论困难。如果本原（开端）是多的，而且本原的意思是它没有之前的本原，那么有两种可能：（1）这些本原的出现是出于偶然，因为它们没有统一的本原作为彼此必然出现的基础，如果它们之间没有共同的基础（如果有的话，这个基础就应该是比它们还要在先的本原），那么它们之间也不能够有任何共同的活动（理由同上），而我们发现这个宇宙是有统一秩序的（亚里士多德的"天球"理论也同意这点）；（2）这些本原是出于必然的，那么这个必然性就是它们的本原。这个论证类似于前面提到的柏拉图的"床喻"中真正的床的理形只能有一个和《蒂迈欧篇》中的"完善的理思生物只能有一个"。

第三节　新柏拉图主义的升华

在普罗提诺提到的前苏格拉底哲学家那里，我们都能够发现一个"二分"的哲学结构用以解释感觉世界的一切现象。但不是"二元论"的"二元"，因为元素或物质并不是与秩序本原对等的另一个本原——所以不是"二本原"（二元）。严格说来，只有秩序本原可以被称为本原。物质和秩序的这两个极端被用于解释感觉世界，它们互相联系又互相区分，比起感觉世界，它们都是更"真实"的在起作用的实体。由于秩序本原在可思、确定性方面的

---

① 关于普罗提诺的太一和亚里士多德的最高本原的对比研究参见 John M. Rist, "The One of Plotinus and the God of Aristotle", *The Review of Metaphysics*, Vol. 27, No.1, 1973, pp. 75-87.

真实性都高于感觉世界,所以秩序本原更被认为是感觉世界背后的原因。然而,我们仍然可以将两个"原因"称之为"秩序本原"和"物质本原",就如亚里士多德在他的《形而上学》的前苏格拉底哲学史部分所说那样,虽不准确,但叙述方便。这些哲学家在形而上学上都可以被称为**一元论者**。

(1)他们都肯定,在人的感觉层面的世界是生成变化的,一物不断变成另一物。在这个感觉世界之上的是一个非物体性的秩序本原,它是世界有秩序地生成变化的原因,也是感觉事物具有相对不变性的原因,作为高于变化的原因,它自身不变,永恒如是;在感觉世界之下的是亚里士多德所谓的"物质性本原",它们由数目不定的元素组成,是感觉事物生成变化的基底,是这个世界在变化之中仍然持续存在的原因。但我们发现这种概括有点一刀切的味道。因为,前苏格拉底哲学家的元素自身不停运动,聚合和分离,并不是完全被动的。这些元素有自身的实存性,只是其运动受到秩序本原的统治。

(2)这两个"本原"都是永远存在、本身不增不减的,并不存在一者为另一者的存在负责的问题,它们各自负责解释感觉世界的两个方面。

(3)他们基本都提出理思是人借以认识秩序本原的高级思维能力,而且都认为认识了秩序本原也就认识了元素的运动和特性,在"知"的层面就达到了完善。而且他们都认为理思的活动只有少数人能够做到。

(4)特别需要注意的是这些哲学家都接受一条基本原则——"无物从无中来",他们没有后世的感觉世界的时间开端的问题。因此他们的"生成"概念更确切地说是指感觉世界的"变化",而不是本原有意或无意对感觉事物的"创造"。

(5)在优越性上,秩序本原要高于物质本原,因为前者管理后者的秩序,而后者变动不居,是导致感觉世界不能有确定知识而只有感觉的原因。正如亚里士多德所说:"因为作用者永远都比被作用者尊贵,本原比质料更尊贵。"①

这里有一个公理性的判断:"有秩序比没有秩序要更好"。基本上,这两者是本原,而感觉世界只是它们"合作"的产物,它们并不直接作用于感觉世界。但是,在优越性排序上,秩序的本原更适合本原的名称。并且,它们都是没有人格的,虽然会与希腊诸神比附,或者冠以神的名字,但这只是为了表达对比起有生成毁灭的感觉事物来它们自身不变、没有生成变化。秩序本原就好比宇宙运行的规律,物质则是这个规律的受体,两者一旦设定,就不再改变。它们并不关心感觉世界(人间)的事物。② 如果"自然"意味着元素在秩序本原的作用下,以自身固有规律生长发育、生成变化的话,在思维方式和关注的问题上,称呼他们为"自然哲学家"是合适的,即使巴门尼德也是如此。这就是最高本原的自然哲学传统。

苏格拉底是第一个把感觉世界的人间伦理带入哲学思考的人。他拓展了哲学思考的领域,也要求更高的解释性本原,既要包含自然,又要包含人间事务的价值。用现代哲学的话说,他要求"是"与"应当"的统一。否则将出现两个秩序的本原,那么它们要么是偶然并列的,彼此之间毫无关系也不能互相影响,要么是出于更高的统一的秩序的本原。后者更符合"秩序"的思维方式。

柏拉图仍然与前苏格拉底哲学家一样设定一个元素物质世界和一个分离的理念世界共同作为感觉世界的本原③,它们也都永恒存在,并没有所谓谁创造谁的问题。在上述分析的篇章中,他做的搭建本原体系的工作就是把"是"与"应当"及细化了的各个

---

① 亚里士多德:《论灵魂》430a 18-29。
② 哪怕是恩培多克勒的"爱""恨"所描述的仍然是元素层面,人间的爱恨只不过是元素的爱恨的副产品。
③ 见上文对柏拉图《蒂迈欧篇》的"元素只是被统合而非被创造"的分析。

方面的原因放在同一个理形世界。但他提出一个两方面共同的最高本原的冲动依然可以在其对话中发现，因为只有在其上再提出更简化的本原才能起到统一两者的作用，这些尝试包括"善"、"创世神"和"一"本身，在地位上都高于其他理形。柏拉图《蒂迈欧篇》本来是作为一个三组作品的第一篇，从自然的本原写起一直到人如何生成，第二篇《克里底亚》写城邦的历史和战争，但是没写完，也没有第三篇。① 他似乎有一个庞大的统一自然和伦理的哲学谋划，我们在第一篇里就发现了柏拉图尝试从物理的层面而解释人的性格、欲望的生成，而传统上这些被认为是灵魂的结果。他认为人身体构成元素的多寡和器官的运作会造成灵魂的疾病。②

如果我们相信亚里士多德所说的"不写之教"，认同柏拉图提出了"不定的二"作为物质元素的本原，又提出一个在上述理形世界之上、共同的统一的本原——"一"，那么，在这个体系下，不仅具体的秩序可以用数解释，就连物质元素的解释也纳入了数的范畴，传统的四根说也可以用数学关系进行解释（这点我们在《蒂迈欧篇》32B-C 就可以看到）。从而秩序本原和物质有了更加广泛的共同基础，那就是"数"。而且两者的对立关系都能够纳入理思的范围，这可以使"二元"结构更加趋于一元化，也就使得他的理论有更高的解释力。这种把"数"提到理思世界顶端的尝试也为普罗提诺所继承③。

有一点需要澄清的是，与其说前述哲学家总是提出感觉世界之外的本原，并认为这些本原才是真实的"是者"或者"物质"，

---

① 柏拉图：《柏拉图全集》第 2 卷，王晓朝译，人民出版社 2003 年版，第 347 页。
② 柏拉图：《蒂迈欧篇》86-87。
③ 参考 VI. 6 "论数"，对该篇的分析以及它与《蒂迈欧篇》的关系参见 Svetla Slaveva-Griffin, *Plotinus on Number*, Oxford: Oxford University Press, 2009. 太一虽然被称为"一"，但它并不是在数的含义上被称为"一"，它在数之前。参见本书第四章第三节和第五章的讨论。

还不如说他们都肯定感觉世界的生成变化,一切解释都是围绕着这个感觉世界的生成变化而进行,提出"不变"的本原正是为了把握"变"的世界。对于自然哲学,亚里士多德总结说:"既然探究本原、原因或元素的一切方式都须通过对它们的认识才能得到知识和理解——因为只有在我们认识了根本原因、最初本原,直到构成元素时,我们才认为是认识了每一事物,那么显然,在关于自然的研究中,首要的工作就是确定有关本原的问题。"① 因此,在他看来,自然的研究也是在"本原—元素"框架中进行,并且关注的是"认识每一个事物"。

普罗提诺并没有跳出传统的"二分"框架。在物质世界的一端,他认为,宇宙间的事物,包括移动的天体,都因为其中有灵魂才有价值,离开了灵魂,它们不过是"死的物体(身体)",土和水,更准确地说,是"物质的黑暗和'非是者'($\mu\grave{\eta}\ \check{o}\nu$)"。(V. 1. 2. 25-28)甚至人之为人之所以有价值也是因为有了灵魂,他借用赫拉克利特的话解释说:"因为身体比粪便还要可弃"②。(V. 1. 2. 42)那么身体是什么呢?身体性/物体性的东西就是土,甚至可以是火,还有加起来这些土、水、火、气四种元素复合的东西,但是它们的本原不是这些东西。(V. 1. 2. 45-50)这四种元素是自然哲学家们提出来的世界的物质性本原。普罗提诺承认这些元素在万物构成中的作用,但是把它们归为比灵魂低下者,也就是物质的组成者。但他进一步抽掉每个元素具体的"所是"或特性,只剩下什么"是"都没有的"物质",这接近于阿那克萨戈拉的"无限"物质本原,或"同素体"。

把四元素归结为同一种要素的尝试我们在柏拉图和亚里士多

---

① 亚里士多德:《物理学》184a 10-16。
② 参考赫拉克利特:《残篇》B 96。此处引用也体现了普罗提诺的写作风格,直接引用古人的话而不加出处,将其作为论证的理由揉入自己的论证过程之中。现在我们看到的《九章集》标注出处的工作都是现代研究者和译者完成的。

德那里已经看到，但普罗提诺进一步理清了它们的"是"与理思世界的关系。例如感觉世界中的"火""水"，并不是元素，它们的原型、本原是在理思世界中的"火的理形"和"水的理形"。（VI. 7. 11. 45 及以下）但火的理形和水的理形并不会有"燃烧"和"潮湿"的活动，它们是永恒不变的、没有质料的理形。在普罗提诺的"宇宙论"中，各种元素在万物中的作用也是各司其职。例如，天空中只有纯粹的火元素，似乎这些又与地上的"火"和理形的"火"不同①。

因此，"物质的黑暗"也并非虚空或"非存在"，只是"非是"，也就是"没有分有理形"，所以还不是任何成形的事物。物质，也就是感觉层面下的"基底"，还未上升到感觉层面可以定义为"一"的事物，所以它们是"不定/无限定"。物质一旦可以定义为"一"，那么它也就有了"是"和限定，从而是某一个"是者"。这与恩培多克勒所说的物质通过"爱"生成事物非常类似。物质，不过是在秩序本原"是"的另一端，所以是"非是"，也就是比感觉世界更没秩序的"无秩序的本原""混沌的本原"。但是，它们在感觉世界底下作为不变的基底，又比感觉世界在物理意义上更加"实在"。所以普罗提诺说，"物质对于物体/身体的形成做出了最大的贡献"（II. 4. 12 1）。对于物体的构成，普罗提诺遵从的是希腊自然哲学的传统看法。普罗提诺也在某种程度上同意亚里士多德对自然哲学家们的物质性本原的批评，并不是照搬前人对元素的看法。（参见 II.4.7.1-5）

在最高本原的一端，普罗提诺非常倚重柏拉图的著作，他的太一学说尤其以《蒂迈欧篇》《国家篇》《巴门尼德篇》三篇为重

---

① 详细可参见 H. Clark Gordon, "Plotinus on the Eternity of the World", *The Philosophical Review*, Vol. 58, No. 2, 1949, pp. 130-140.

要。大致地说，第一篇是普罗提诺宇宙论的基础[①]，为太一与万物的关系奠定基础；第二篇是他关于至善的学说（目的论、价值论）的基础；最后一篇则是"太一"的超越性的形而上学的、理论性的基础。除此之外，柏拉图本人是否肯定过太一就是至善呢？据记载，柏拉图曾就"至善"有过公开的演讲。人们以为将听到关于世俗所认为的善的东西，例如与幸福（εὐδαιμονία）相关的财富、健康、力量等，但他们听到的却是关于数学、数、几何、天文学，以及最后的结论"**至善就是一**"（ἀγαθόν ἐστιν ἕν）。结果招来了听众的讥讽、嘲笑和中伤。这个事件构成了"至善之谜"的**"谜底之谜"**：哪怕柏拉图亲口向大众叙说直接的答案，仍然没有人能够理解至善到底是什么。[②]

但是，普罗提诺并非以柏拉图本人的文本为唯一的真理见证（正如柏拉图的哲学也是吸收了前人的成果），普罗提诺也尊重、吸收其他哲学家的与柏拉图思想近似和支持柏拉图哲学的观点，按他们与柏拉图（或者普罗提诺所认为的柏拉图）思想的远近给予他们合适的位置。

作为一位哲学家而不是一位哲学史家，他对前人文本的使用颇有些"六经注我"的味道。他自觉地把自己的思想放在之前的古希腊传统中，以前人的学说来作为自己思想的支撑和哲学思维框架。多兹在回顾了柏拉图主义者对柏拉图的最高本原的阐释（如何整合关于超越性的"一"的理论）之后评价说，前人在理论连贯性上的失败就是普罗提诺的伟大之处的衡量标准之一，说他的思想是希腊哲学传统的一个高潮，无损他的哲学原创性。[③] 这个

[①] 关于该篇与 VI. 4-5 的关系的详细讨论，以及普罗提诺如何细化发展了柏拉图的学说，参见 Eyjólfur Kjalar Emilsson, "Plotinus' Ontology in Ennead VI. 4 and 5", *Hermathena: A Dublin University Review*, Vol.157, 1994, pp. 87-101。

[②] H. S. Macran, *Aristoxenou harmonika stoicheia. The Harmonics of Aristoxenus*, Oxford: Clarendon press, 1902, pp. 122, 187.

[③] E. R. Dodds, "The Parmenides of Plato and the Origin of the Neoplatonic 'One'", *The Classical Quarterly*, Vol. 22, No. 3/4, 1928, p. 139.

评价是公允的，我们既要承认他的哲学是"真正希腊的"，也要看到他对传统的综合和提升是他无愧于"时代哲学家"称号的原因。多兹有一篇简明扼要的文章回顾了普罗提诺哲学的历史"本原"（source）、所处传统和个人的成就。他指出，普罗提诺在前人提供的材料碎片上做了新的"设计"，他所构建起的框架和解释体系整体就是他的创新。[1] 卡茨梳理了"一"为最高本原哲学史的讨论并赞成普罗提诺以"一"为本原是在希腊哲学的背景中做出的追求，并没有东方神智学的影响。[2] 布雷耶怀疑理思的主客不分的特性对于希腊哲学传统是陌生的，太一在这之上更是不可用理性认识的，他甚至怀疑普罗提诺就是西方非理性形而上学的第一人。但他承认这个创新与柏拉图的理念论的理性主义紧密联系在一起，并且与神秘主义截然不同。[3]

我们可以肯定地说，普罗提诺的三个本原乃是"秩序"的本原，是非物体性的。三者在"是"与"真"，"善"与"一"的程度上要高于感觉世界，并且是生成变化的感觉世界中一切"是"的原因。然而无论理思内部，还是灵魂和理思，它们之间也需要一个统一性的秩序的关系，就如四元素需要秩序（Logos）将其绑在一起，原因之间也需要更高的原因。所有原因都是本原，反过来亦然。[4] 因此，最高本原太一乃是一切本原的本原，它也是一切原因的原因。（参见 VP.14）作为这个深厚的哲学传统的继承者，普罗提诺的太一、理智、灵魂三者作为永恒的、非物体性、可理思的秩序本原，其理论的解释力试图包含并超越了所有这些前人的本原。

---

[1] E. R. Dodds, "Tradition and Personal Achievement in the Philosophy of Plotinus", *The Journal of Roman Studies*, Vol. 50, Parts 1 and 2, 1960, pp. 1-7.
[2] Joseph Katz, *Plotinus' Search for the Good*, pp. 1-14.
[3] Emile Bréhier, *The Philosophy of Plotinus*, p. 132.
[4] 亚里士多德：《形而上学》1013a22。

第五章　神秘之因：言说不可言说者

太一，是普罗提诺形而上学体系中最高的实体，是三个本原中其他两个本原的本原，是产生万物的第一本原，也是普罗提诺提出来的不同于同时代哲学家的重要概念。"普罗提诺是第一个提出连贯的太一或者至善的学说的哲学家，将太一与它的第一个产物神圣理思（也就是柏拉图主义所说的理念世界）明显区分开的人。"① "它［太一］是万物的本原。"（V. 2. 1. 1）

在《九章集》中没有专门的文章用于证明太一的存在。一个原因是普罗提诺的作品是写给亲近的、经过挑选的人看的，另一个原因是他认为太一等本原的存有对于真正的哲学家来说是自明的。② 不同于经院哲学家，普罗提诺并没有证明第一本原存在的烦恼，最重要的原因就是太一并非一个以神迹干涉人类历史进程的人格神，它只是传统本原论的延续和发展的一个高峰，它是秩序的本原而非时空的起点。里斯特高度评价说，"普罗提诺更高地超越了柏拉图和亚里士多德的神人同形同性论"。他提醒我们，普罗提诺总是说我们身上有类似太一的东西，例如我们的活动，但从来不说太一的任何活动类似我们，总之，太一的特征要比人的

---

① A. H. Armstrong, *The Cambridge History of Later Greek and Early Medieval Philosophy*, p. 236.

② John Bussanich, "Plotinus's Metaphysics of the One", in Lloyd P. Gerson ed., *The Cambridge Companion to Plotinus*, pp. 39-40.

能力和活动的特点宽泛得多。亚里士多德的神的"思"（"心灵"）是类似于人的，而太一完全没有类似人的东西。①

太一的存在问题在于证明其必然有而不能是无，要么是它有实体性并对别的事物有影响。这个问题的关键在于阐明万物之上必定有一个本原的理论必然性，而非要求一种经验的证明。所谓证明太一的存在其实应该理解为"为什么在理思之上还需要设立一个更高的本原"，或者"万物之上为什么必然有一个绝对单纯的本原"。格尔森认为："通往普罗提诺形而上学最直接的线索穿过万物第一本原存有的论证"②。他同时提供了普罗提诺对第一本原存有的论证，并做了详细分析。罗斯批评他的这个论证用的是经院哲学，特别是阿奎那的理论框架来套普罗提诺的第一本原。③ 根据我们上一章的分析，在普罗提诺那里并没有"存在"和"本质"的概念区分。太一本性是什么就包含了它为什么必然存在的理由。

"太一"、"至善"、"全能"和"第一本原"四个名称分别对应太一的四个不可通约又互相依赖的面相，一同构成普罗提诺的"四因说"。本章旨在澄清太一的本性、名称和面相三者之间的复杂关系。它们分别意谓万物之中某方面共性的最终原因，但名字本身都不能涵括最高本原的本性。太一的多个名称源自其超然本性和对它的认识的有限性之间的张力。普罗提诺对名称的谨慎选择透露出了多面相背后隐含的统一的哲学考虑。由于最高本原的不可言说性，辨析各个面相的真实含义和彼此之间的细微区别是认识太一本性的必经之路。④

---

① John M. Rist, "The One of Plotinus and the God of Aristotle", *The Review of Metaphysics*, Vol. 27, No. 1, 1973, p. 87.
② Lloyd P. Gerson, *Plotinus*, p. 4.
③ Donald L. Ross, "Thomizing Plotinus: A Critique of Professor Gerson", *Phronesis: A Journal of Ancient Philosophy*, Vol. 41, No. 2, 1996, pp. 197-204.
④ 本章的主要观点，曾以《太一的多面相——论普罗提诺形而上学中的最高本原》为题，发表在《世界哲学》2011 年第 2 期。

第一节 太一的超越性和不可言说性

在普罗提诺的形而上学中，太一作为万物的开端、本原（ἀρχή, principle）和万物的终极目的（τέλος, end），是最高的本原。他在本原理论上的创新，在于把柏拉图《巴门尼德篇》中的"太一"和《国家篇》中的"至善"统一于一个"绝对单纯者"，进而设定它为柏拉图主义"一-多"的理形世界之上的第一本原。我们当然不能想当然地认为只因为柏拉图曾有过这样的术语，普罗提诺就盲从地使用"至善"和"太一"指称同一个本性。"一"（ἕν, one）和"善"（τἀγαθὸν, good），单从字面意义我们就很容易发现它们之间巨大的鸿沟，一个是"统一性"，一个是"价值"，具有伦理意义（在希腊哲学传统上，"善"往往指"行动的目的"），它们分别展示了第一本原的两个截然不同的角度。在传统上，许多研究新柏拉图主义的著作认为普罗提诺无差别地使用"太一"和"至善"这两个名字，从而忽略了这两个概念所表达的角度上的差异以及将它们统一于同一个本性背后的哲学考虑。

柏拉图在《国家篇》中并没有回答"至善"是什么，如果它是善的理形，那也不过说它就是最真的善本身而已。一方面，它"超越元是"，在知识之上，所以它并不是"什么"；另一方面，"至善"的提出却有"为什么"，因为知识本身是没有目的的，知识作为一种理性认识活动的对象，或者理思作为思和被思的统一，它需要外在于自身的目的，而至善就是知识的目的。如果说，知识就是包含一切真实的"是者"，一切由"是"联结起来的真命题，那么正是善赋予了知识以价值，因为知识和命题本身只有对错、真假，"内在"并不包含任何价值上的判断。例如，正义的理形就是"正义"本身，如果没有至善，那么它也不分有善（好），一个不好的正义又如何有价值？只不过在《国家篇》中，善、善的型和知识三者究竟是互相包含，还是善在知识之外仍然模糊不清。对普罗提诺来说，第二本原理思就是知识的总集和活动，它也必然欲求一个比之完全、完美的至善为目标，并且因为这个善而使得理思也是善的。

亚里士多德认为原初的东西必定是自足和自存的，因此最高本原必定是善。但他也提到之前就有人把善作为属性赋予元素或本原，但是面临着各种各样的困难，因为他们把本原设定为元素、相反者或者数字的"一"是错误的。还有人认为"一自身就是善自身……善的实质就是单一"。这个困难在于，一切一的事物都会是善的。他说，柏拉图设立善的理念也面临同样的困难。因为除了一之外，所有事物都或多或少有"多"和"异"，因为恶是善的相反，这就会导致所有个体事物都分有"恶"，甚至作为本原的一或善就潜在地有恶。① 因此，他所转述的柏拉图或者说柏拉图主义确实把"一"作为最高本原，并且把"善自身"等同于这个"一"。然而，"一"和"善"的矛盾在亚里士多德的批评中已经初见端倪。也许翻遍了现存的柏拉图对话，我们也不能找到明确的"一"即"善"的学说。② 然而，亚里士多德所批评的，正是普罗提诺所拯救的，因为他的最高本原正是"一"也是"善"。

"至善"和"太一"虽然都指称最高本原，它们分别意谓万物之中某方面共性的最终原因，但名字本身都不能涵括最高本原的本性。太一的超然本性和对它的理性认识之间的张力必然产生多个名称，它们仅仅展现了多个关系密切的太一的面相而非太一本身，但只有通过它们，我们才能真正认识超越于"单纯"和"杂

---

① 以上见亚里士多德：《形而上学》1091a25-1092a10。
② 例如，格尔森认为这是普罗提诺对柏拉图《国家篇》中的善的理形的误读，特别是为什么"一"既作为发生因又能够作为目的因，是远不清楚的。（Lloyd P. Gerson, *Plotinus*, p.19）

多"之上的太一本性。

　　为了避免名字上的纠纷，梅杰称其为"最高实体"（supreme entity）①。然而 entity 源自拉丁文的 esse（"是"），作为英语译词也不是很好的名称。格尔森认为称呼太一、理思和灵魂为"本原"（principle）符合普罗提诺的习惯并且更加准确地表达三者是解释各种问题的原因，而"本体"（hypostasis）可以用于各种事物，并非三者的专用名称。②笔者赞成他的提议，但理由不是因为普罗提诺的行文习惯，而是因为这个概念更能代表太一在哲学史中的地位。为了简便，本书也用不加引号的"太一"来指称其统摄多面向和名称的本性而不考虑该名称的字面意义；有时为了与其名称区分开来，我们称太一为"最高本原"（supreme principle）。

　　除了"太一"（τὸ ἕν）和"至善"（τἀγαθόν），太一主要的专属名称还包括"第一者"（τὸ πρῶτον），"万物的本原"（ἡ ἀρχὴ τῶν πάντων），"（产生）万物的潜能"（δυνάμις τῶν πάντων）等。（VI. 9. 3. 15, III. 8. 10. 1）其他能够指称太一但不是专属的名称还包括"父"（πατέρ）、"神"（θεός）、"本体"（ὑπόστασις）和"本原"（ἀρχή）。

　　虽然"父"与"神"的名称确实与奥林匹斯的主神宙斯有关，然而根据统计，全文 15 次对太一使用"神"这个名称都是比喻性的修辞手法，根据上下文需要而使用，并不是一种确定的属性或专名。而且，里斯特提醒我们，"神"（θεός）在希腊哲学中多是谓述性质的（非主体性的），更非基督教的上帝，所以翻译为"上帝"（God）也是有误导性的。希腊人说"爱是神"，意思是说它永存、无死、超过人类。就好像普罗提诺说灵魂是神，理思是

---

　　① P. A. Meijer, *Plotinus on the Good or the One (Enneads VI, 9): An Analytical Commentary*, p. xiv.

　　② Lloyd P. Gerson, *Plotinus*, pp. 3-4.

神，太一是神，如果太一超越了前两者，那么似乎可以推论太一既是神又不是神。① 他批评的是法国学者阿尔努认为太一本性是"神性"的本原的观点。梅杰也指出普罗提诺常常不提"神"，阿尔努的解释只是一种建构而非普罗提诺本意。②

太一没有一个不包含字面意义的专名。一个东西有多个名字并不值得奇怪，例如"椅子"表述椅子的本性，"红色的"或者"四条腿的"则谓述它的属性。而太一没有一个名字能够表述其本性和属性。普罗提诺告诉我们，太一无限的本性是理思所不能理解的（V. 5. 6. 18-19），表达理思的语言对此更是无能为力。普罗提诺强调太一本身具有"不可言说性"，他说，"没有任何东西能够谓述它"（III. 8. 10. 29），所以"太一"或者"至善"都不是合适的名字（VI. 9. 5. 30, VI. 7. 38. 4, III. 8. 9. 18, 参见 II. 9. 1. 1-11, V. 4. 1. 9, V. 3. 11. 23-24）。因此，如果没有一个太一的名字能够谓述太一，那么首要的问题就是"太一是什么"。③

首先，太一是实有的，而不是单纯的概念或者"空位"。普罗提诺解释说，"实存（ὑπόστασις, existence）是它的某种活动（οἷον ἐνέργεια, as it were, activity）"（VI. 8. 7. 45-46）。"οἷον"表示这个说法是"强为之说"，"不恰当的类比"。它的超然性使得"本质"和"存在"都不能谓述它。

在英译本中，有这样的词句："太一超越了'存在'（οὐσία, existence）"（V. 3. 12. 48-49）。该关键句出自柏拉图《国家篇》509A 3-B 3，在那里至善超越"是"、知识和真，这是普罗提诺最常用于谈论太一的引文。参考类似的表述就很清楚，"是"指

---

① John M. Rist, "The Neoplatonic One and Plato's Parmenides", *Transactions and Proceedings of the American Philological Association*, Vol. 93, 1962, pp. 389-401.
② P. A. Meijer, *Plotinus on the Good or the One (Enneads VI, 9): An Analytical Commentary*, p. 63.
③ 其实，严格地说，"是"和"什么"都不能谓述太一，见下文。

实是的理形世界而非"存在",例如:"超越'诸实是'者"(τὸ ἐπέκεινα τῶν ὄντων, what is beyond existence)(I. 8. 3. 1-2),"它超越理思并且超越'是'"(ἐπέκεινα οὐσία, beyond being)(V. 1. 8. 4-8),"太一超越'是者'"(ἐπέκεινα ὄντος)(V. 5. 6, 11)。英译者在选择希腊文的"是"的对应译词时也遇到了麻烦,只能根据语境给出不同的译词。英译文的"existence"还用于翻译下列希腊语单词,最常见的是"ὑπόστασις"(本体/实存性),例如"substantial existence(ὑπόστασίς τις)"(VI. 1. 6. 1),"in things where the existence (ὑπόστασίς) derives from"(VI. 1. 7. 26),此外还有"πάρχον"(VI. 2. 11. 15)和"τὸ εἶναι"(VI. 3. 6. 26)。因此,该句子并不是说"太一不存在",实际上是指它超越了柏拉图的"实是/理形世界",也就是超越了理思世界。既然超越了"是",太一甚至不能够用"是"来谓述。在本书第三章第二节,我们通过将 οὐσία 翻译为"元是"避免了与英译文一样的误导性。

在普罗提诺的"是"的等级体系中,万物都是复合的,太一作为第一者是单纯的因而也必然在万物之先而实存。(V. 4. 1. 1)当然,这个"之先"不是指时间之先,而是逻辑上在先。

其次,普罗提诺说,"我们不应该害怕假设第一活动[太一]没有'元是'/本质(οὐσίας, substance),但却要把这个事实归诸于它:[它有]某种实存性/存在(οἷον ὑπόστασιν, existence)"(VI. 8. 20. 9-11)。由于太一超越"是",超越一切限定,因此它没有可以用"是"确定的本质、"是其所是"(οὐσία, essence/being)的限制。如果仅仅是类比的话,太一的本性又有某种"存在"和"本质",只是它的真实本性超越了这两个范畴。[1]"它拥

---

[1] 格尔森认为绝对单纯的太一的本质和存在(essence and existence)是没有真正分别的,但是在其他事物之中则是分开的。(Lloyd P. Gerson, *Plotinus*, p. 10.)

有某种类似于本质的东西，勉强可以这么说，源自它的活动，并且它自身从这两者之中为了自身造就了自身，而不是从别的什么东西。"（VI. 8. 7. 51-55）太一的实存性是"自因"（VI. 8. 14. 41），而其他事物是"他因"。它的"自因"（自身是自身存在的原因）是其超越性的一个重要原因。追根溯源，太一是其他万物存在的原因。因此太一的存在方式确实不同于其他事物，适用于其他事物的言说方式不适合太一。

最后，因为太一没有本质，所以太一是无限的。说它"是无限的"，实质上这是否定的表述方式，没有对太一进行任何积极的谓述。这其实只是说它"不是"任何已经被限定、确定的东西。它不是任何"是者"，因为"是者"必然被"是其所是"限定。同样的道理，它的专名都只涉及谈论万物而不直接谈论太一。例如，"太一"主要展示了太一独有的"单纯性"（ἀπλοῦς），它并不肯定地谓述太一，而"只是包含了对杂多性（τὰ πολλά）的否定"（V. 5. 6. 24-26）。从构词上看，希腊语"ἀπλοῦς"（单纯）就是否定前缀"α"加上表示杂多的"πλους"。其他名称的含义也是本质上为否定性的。①

通过上述分析我们发现，太一自有其本性，只是理思和语言的局限无法完全表达它的超然本性。如果普罗提诺的太一没有"是其所是"，没有"是什么"，甚至连它自身的"存在"都不同寻常，那么自然就会存在一个问题："我们没有对它［太一］的知识，我们就完全不能拥有它吗？"（V. 3. 14. 3）然而，普罗提诺还是谈论了太一，赋予了它名称。我们首先要确定的是，这些名称与太一是怎么样的关系。

---

① 见下文对太一各个面相的分析。

第二节　太一的名称及其面相

太一的诸多名字是有含义的，辨认它们各自的含义是重要的。例如，是否存在"太一"（最单纯者、万物统一性的原因）和是否存在"至善"（万物的目的因）显然是两个不同的问题。为什么这些名称指称同一个本性则是另外一个问题。近年来，有学者开始重新审视普罗提诺对柏拉图这两个概念的阐释和这两个名称本质上的差异，并形成针锋相对的讨论态势。①

对于理思认识太一的结果，普罗提诺有一个生动的比喻。他说，理思是一个有多个面相的神，因为理思自身能力的不足，它接受的"至善的理形"（ἀγαθοειδοῦς）在它之中变化成多个（VI. 7. 16. 25-27，参见 V. 5. 5. 15，理思的"所是"/本质是太一的映像）。因此，我们用理思去认识，并落实到文字所得到的太一的各个名称都可以称为太一的"面相"，它们帮助我们辨认太一，但却不是太一本身。作为理思自身能力和太一共同作用的结果，名称所反映的都不是完整的太一的本性，却也不是太一的碎片，而是有限的理思从不同角度得到的完整的面相。

名称是出自同一个源头的多个倒影，跌进如同多棱镜的理思和语言之中而成了多个不同的影像。施罗德用了"反射"（reflection）来描述太一与理思和语言的关系，并强调反射者与接受者之间的互动关系。② 这是运用有限去认识无限必然遇到的矛盾和一种解决办法。

名称的含义不是谓述太一的属性，因为根据太一的单纯性，

---

① Asger Ousager, "Plotinus on the Relationality of Plato's Good", *Ancient Philosophy*, Vol. 28, No. 1, 2008, pp. 127-136, n. 4-19.

② Frederic M. Schroeder, "Plotinus and Language", in Lloyd P. Gerson ed., *The Cambridge Companion to Plotinus*, pp. 346-347.

它是不能够有属性这样的复合成分的。因此，这些名称与太一的关系颇有点"强为之名"的味道。然而普罗提诺选用这些名称而不选用其他名称，则是由于名称帮助我们间接定位了太一的独特性。根据这些独特性，我们可以指认太一的存在和在允许范围内认识它。在此意义上，这些名称帮助我们弄清楚我们要探究的究竟是"哪一个"，否则我们要怎么探究不可说的东西呢？论及太一必然要涉及它的面相作为某种勉强为之的定义，否则太一就变成一个孤立的、空洞的"实体"，对我们来说等同于"纯粹的虚无"。如是，那么它远在我们的知识之外，我如果连它是否存在都不知道，遑论进一步认识它。

普罗提诺总是很谨慎地根据名称的含义使用太一的名称以便从特定的角度谈论太一。他是一位严肃的、具有连贯性的作者。（VP. 8）对于普罗提诺在太一名字间转换的考虑，我们必须区分两种用法。第一，普罗提诺通常先根据语境采用合适的名称介绍太一，然后出于论述连贯性或者方便的目的，继续采用该名称指称太一而不考虑名称的含义。在这种用法中，名字仅仅是用来使我们清楚谈论的对象是"哪一个"而不是"什么"。第二，他也可能仅在名字所代表的角度上谈论最高本原。例如当谈论太一作为欲求对象时，普罗提诺特地添加另一个名称提醒读者，在这个角度上它也称为"至善"。他说："……万物源自太一并且欲求太一。以这种方式，他们也欲求至善……"（VI. 2. 11. 26）

不同名称揭示了看待太一截然有别的角度，而不仅仅是一个无内涵的指称符号。以 VI. 8（写作顺序上是第 39 篇）为例，这是普罗提诺论述太一最充分的论文之一。"神"（θεός）和"他"（αὐτός）是最初，也是最常用来指称太一的，可能因为这一篇是谈论太一的意志的。其次，当太一作为其他事物的欲望（或相关动作）的对象、目标时，普罗提诺总是使用"至善"这个名称（VI. 8. 4. 4, 4. 15-18, 4. 34-40, 6. 35-41, 7. 2-3, 7. 30-31, 7. 43-44,

9. 21, 13. 13）。在 VI. 8. 8. 2，9. 1，18. 19 虽然"善"出现在英译本，但是在希腊文本里只是"那个"或者"他"。在 9. 21-24 太一被说成是"真正的王，真正的本原，真正的至善，然而它的活动目的却不是至善——否则他会看起来是在跟随另一个……"。我们可以清楚看到太一的两个面相有实质差别，"本原"指开端而"至善"指终极目的。在 13. 13 及后，第一个出现的"至善"是欲望的目标，其后"至善"被用来指最高本原自身。在 15. 20，"至善"的出现是为了与"善的理形"（ἀγαθοειδοῦς）对比。总之，穷尽 VI. 8 的文本，"至善"的使用总是有上下文依据。虽然本篇题为"论自由意志和太一的意志"，但是所有《九章集》的题目都不是出自普罗提诺，而是他的读者添加再由编者选择约定俗成者，因此常常具有误导性。（VP. 14）"一"只被使用了四次，都是使用字面意义，即数量上的"一"，而不是专名"太一"（VI. 8. 1. 6, 18. 21, 20. 14, 21. 6）。① 有时英译文出现的"the One"只是译者意译，在希腊文中并非专名 τὸ ἕν。

梅杰在其专著中详细讨论了太一的名称，观点很具代表性。他注意到了太一的诸多名称各自展现了看待它的不同角度。但却认为名称的使用并无规律。② 在所有他引用的提到"至善"的文本中，太一都是作为动作的对象、目的出现（VI. 2. 11. 25-30, 17. 25-31, V. 5. 9. 36-39, 12. 13, 12. 20-21, 13. 1-9）。这与本书观点相符。唯一的例外，也是梅杰最感到疑惑的地方，是在 V. 5. 10. 12-13，"……他是至善——因为他是思考的、理思的生命的生产性的力量（αἴτιος δύναμις, the productive power）"。梅杰认为在这里"至善"表示"生产性"的力量，可以与"本原"这个名称互

---

① 梅杰也确证了这点。P. A. Meijer, *Plotinus on the Good or the One (Enneads VI, 9): An Analytical Commentary*, p. 60.

② P. A. Meijer, *Plotinus on the Good or the One (Enneads VI, 9): An Analytical Commentary*, p. 58.

换，因此他下结论说：普罗提诺随意使用太一的名称，我们不需要太在乎名称的字面含义。[①] 他的这个结论是靠不住的。他可能被英译者添加的"*productive*"（生产性的）误导了[②]，因为"δύναμις"（潜能、力量）不包含"生产"的含义，也与"本原"有别[③]。普罗提诺在紧靠这段引文之前已经解释了"至善"作为万物目的因的通常的含义（V. 5. 9. 36-39），他没有必要再重复解释一次。这符合我们总结的名称的第一种用法。这段引文之后，他再继续介绍"太一"和"本原"这两个名字的含义，又符合第二种用法。

至此，我们看到普罗提诺在太一的多个名称之间转换乃是出于统一的哲学考虑。单纯的太一与名称所对应的多个面相展现了不可言说的太一与谈论它的语言之间的张力。普罗提诺借此要回答的乃是如何认识超然的太一本性的问题。

第三节　太一、全能、第一、至善

按照"痕迹—原因"方法，普罗提诺在《九章集》中主要从四种痕迹推导出四个终极原因，也就是太一的四个主要面相。

一、统一性（ἕν）和太一（τὸ ἕν）

"正是由于'一'诸是者才是是者，不仅在先的诸实是者如此，而且那些在某种意义上也被说'是'的是者也是如此。"（VI. 9. 1. 1-2）[④] 这个"一"指的是万物之中的统一性，类似于恩培多克

[①] P. A. Meijer, *Plotinus on the Good or the One (Enneads VI, 9): An Analytical Commentary*, p. 56.
[②] 见阿姆斯特朗翻译的 III. 8. 10. 1 和 V. 3. 15-16 的注。
[③] 详见下文对"潜能"和"本原"两个不同面相的分析。
[④] 前者指理形世界/理念世界的理形，后一种指感觉世界的事物。

勒的元素间的"爱",或者巴门尼德的整体不分的"是"的整体性。任何事物只要不是"一",它就不能够"是/存在",例如一支乐队、一群人、一座房子、一条船、植物和动物的身体,这些"是者/存在者"失去了各自的"一",就不成其为所是,而是变成其他东西,例如散开成部分,成为各自的质料。(VI. 9. 1. 2 及以下,参见 VI. 6. 1. 18-20)这个"一"还不同于事物的"元是/实体/本体",因为一群人有了统一性所以才"是"一支乐队,而其中每个人也都有各自的"一"和"是"。亚里士多德认为令事物是/存在的是每一个个体事物的"所以是的是/所以存在的存在"。他还说"凡是不具有质料的东西,单纯地是个一"。那么,因为有质料所以事物才是多而不是一。他的最高本原理思的神是纯形式,那么也应该是"一"。① 但是,普罗提诺在这里不仅肯定了"统一性"是一切"是者"普遍共有的,而且主张"一"比"是"在形而上学上在先。(VI. 5. 1. 1,参见 VI. 5. 14,VI. 6. 5. 35 及以下)

绝对的统一性、单纯性是区分太一与理思的重要标志。最高本原是否为统一性的原因是有争议的。格尔森论证说单纯的太一不可能同时既是统一性的原因又是其他事物存在的原因,否则它就是杂多而不是单纯。② 奥萨格通过分析 VI. 9. 5. 29-46 而否认这种说法,认为太一(作为统一性的原因)是绝对的,而至善必须与其他事物联系在一起因而是相对的。③ 奥马拉则认为每一个复合物的统一性都必须追溯到一个统一性的源头,它是独一的并且是最单纯的。④ 对此争议,我们指出"一"只是某种在思中呈现的

---

① 以上参见亚里士多德:《形而上学》1045a 15 及以下,1045b 25。
② Lloyd P. Gerson, *Plotinus*, p. 9.
③ A. Ousager, "Plotinus on the Relationality of Plato's Good", *Ancient Philosophy*, 2008, 28 (1), pp. 141-146.
④ Dominic J. O'Meara, *Plotinus: An Introduction to the Enneads*, pp. 48-49.

"面相"而非唯一本性，那么太一既是统一性的本原，而且也能够是善的本原。

正如感觉事物的"是"来自理思，它们的"一"也是通过理思中的灵魂才获得，但是理思却不是最终的"一"，因为它本身就是杂多的、有组成部分的。我们需要一个绝对的"一"。理思的结构和它所思的对象（诸多理形）使得它不是完全单纯的而是杂多的，然而理思仍然是一个统一体，这就需要在它之前有一个统一性的原因，因为"杂多在统一性之后产生"（III. 8. 9. 3，参见 V. 3. 16. 8 及以下）。

统一性等同于单纯性（ἁπλοῦς），是与杂多性相对的。万物或多或少都有其组成部分，然而却保持自身的统一性而得以存在。如果说杂多的万物之中的统一性是太一的痕迹，那么往前追溯，最高本原的"太一"这个面相就代表太一是完全的单纯者，意即没有任何组成部分、非杂多的、纯粹的统一体。"正是从太一而来，以某种方式，其他事物获得它们的统一性"（V. 3. 15. 17-18，参见 VI. 6. 1. 4-8, VI. 9. 1. 1-5）。

二、实现（ἐνέργεια）和全能（δύναμις）

希腊语中的 ἐνέργεια 本义就是"动作"，δύναμις 指"力量"，英译为"activity"和"power"。两者成对可以翻译为"实现"和"潜能"，英译为"actuality"和"potency"。为表示区别，阿姆斯特朗特地把太一的 δύναμις 翻译为"productive power"（生产性的力量），表示它并非是被动的、第二位的、潜在的。[①]

与亚里士多德的被动的"潜能"概念相反，太一的潜能是主动性——或者更贴切地说，超越了主动与被动，是自然而然的能力。"潜能"表示它以更加完善、完美、完全的状态包含之后

---

① 参见 III. 8. 10. 25 及英译本注。

所实现的东西，而不需要接受外在的形式就能使这些在它之后的东西成为实现。太一潜能的实现就是所有理形的大全——理思（VI. 7. 17. 32-39）。它有双重结构——思的动作和思的对象。它所思的对象就是在它之内的"万物"（τὰ πάτα, all things），理思也就是"万物"（III. 8. 10. 1-5, 参见 V. 3. 15. 27-28, V. 2. 1. 1-3 等），所以太一就是"（产生）万物的潜能"（δυνάμις τῶν πάντων, productive power of all things）（III. 8. 10. 1, III. 8. 10.25, V. 4. 2. 35-37, V. 2. 1. 1-3）。严格说来，太一仅仅是理思之中的"万物"的潜能，因为理思是它直接的产物。这里的"万物"不包括感觉世界上的事物，而是万物的"真实所是"，即柏拉图所说的万物的理形（III. 8. 9. 40）。而感觉世界中的事物则是从理思和灵魂的潜能中生发出来的实现（III. 8. 10. 10-14）。所以，以太一为参照物时，我们必须根据语境区分谈论的"万物"的本体论层级。

万物都有属于自身的潜能（V. 3. 16. 3）。就如火会放出热，这个热必须原先潜藏在火之中，而热就是火作为潜能的实现，是火的痕迹。（V. 3. 7. 23-24）通过这种"潜能—实现"的关系类比，往上追溯，太一就是"第一潜能"（δύναμις ἡ πρώτη, the first power）（V. 4. 1. 25-27, V. 1. 7. 10, V. 5. 12. 33）。这表示太一具有无限制的能力，可以实现万物，甚至包含超过被实现的万物的东西。我们简称这个面相为"全能"。

三、万物的生成（γένεσις）和第一本原（τὸ πρῶτον/ ἀρχή）

在普罗提诺的哲学中，万物都必须有生成变化的原因（本原），而往前追溯，"第一者"就是太一。在"生成"的角度上我们也称太一为"第一本原"，而在"潜能—实现"的序列上，我们称其为"第一潜能"，这两个面相紧密相关，但是不能混为一谈。具体来说，太一潜在拥有理思，然后产生理思作为其潜能的实现；理思潜在拥有灵魂，然后产生个体灵魂作为其潜能的实现，这个逐级的生成之链一直持续到物质（参见 VI. 7. 15. 18-20, V. 4. 1-5）。[①] 就如上一章我们讨论的哲学家为解释万物的生成变化而设定了各种与万物分离的"理"，这个"生成之链"也是上一层与下一层分离的。

这种先后顺序不是在时间序列中，而是一种逻辑顺序，其中一个依据是"单纯性优先"原则："生产者总比被生产者要简单"（III. 8. 9. 44），这几乎是普罗提诺哲学中一条普遍的原则。太一是最单纯的，因此是第一者（V. 4. 1. 1-15, V. 3. 10. 2-5, 16. 10-14）。这一原则与"太一"的面相有关，但却不尽然由它负责，因为这里加入了"生产"的维度，从而指向一个中间可以有多个层级的连续序列的第一者。"本原"并不专属于太一，它可以指思的本原和运动的本原（灵魂）。"第一本原"的面相从理论上来说是因为最高本原在各种意义的生成序列上的"首先"。我们在第六章会继续详细讨论这一重要面相。

四、善（ἀγαθόν）和至善（τἀγαθόν）

"普罗提诺的'善'的基本意义与希腊思想保持一致。它主要指一个动作的目标和欲望的对象。"[②] "善总是暗示了被追求的目标。"[③] 中文可以对应翻译为"善""好"，但表达出的目的性却很弱，因此跨文化的理解就很重要。

任何动作，必然要有一个目的匡。例如，如果没有目的，理

[①] 格尔森认为普罗提诺所持的并不是太一直接创造一切事物的简单创造论，也不是逐层产生的流溢论，而是太一借助理思、灵魂等本原为工具，三者互相作用的复杂理论。（Lloyd P. Gerson, "Plotinus's Metaphysics: Emanation or Creation?" *Review of Metaphysics*, Vol. 46, No. 3, 1993, p. 574）这当然是对的。

[②] Lloyd P. Gerson, *Plotinus*, p. 19.

[③] P. A. Meijer, *Plotinus on the Good or the One (Enneads VI, 9): An Analytical Commentary*, p. 255.

思就不会有这个动作，或者它的动作就是一无所用的 —— 思考和知识就是没有目的的。(III. 8. 11. 6-10, V. 3. 10. 12-13, 20-22) 而这个目的因必须比理思更加完美（τέλειον, perfect），只有太一可以作为理思的目的因。因此，从"潜能—实现"的角度看，理思是太一的实现；而反过来，从"动作—目的"的角度看，理思的动作的完成（自身的完善）是作为"至善"的太一。这种双向的关系可以一直追溯下去，灵魂也要朝向理思并最终复归到太一以达到完全的完成（V. 1. 3. 15 及以下, 10. 13）。柏拉图在《国家篇》（505B, 505E）中也说：

> 如果我们不知道善的型，没有关于善的知识，那么我们即使知道其他所有知识对我们也没有什么用，就好像拥有其他一切，唯独不拥有善。或者说，拥有一切而唯独不拥有善，理解一切而唯独不理解善，你认为这有什么好处吗？……每个灵魂都在追求善，把善作为自己全部行动的目标。

因此，作为一切真知识的总集的理思必须寻求至善，否则知识就没有意义。

普罗提诺"定义""至善"为"万物所渴求的东西"（I. 7. 1. 23-24, I. 8. 2. 3），这个名称也只是谈论了万物及其欲望，并没有谓述太一的本性，并不是真正的定义。在英译本中，阿姆斯特朗对此注释说：这个定义出自《尼各马可伦理学》I. 1094a3，然而在《形而上学》Λ7. 1072a-b 中"至善"指亚里士多德独有的"不动的动者"。

作为一个柏拉图主义者，普罗提诺相信先有一个至善的原型，然后万物分有了它，所以也都在某种程度上是善的。分有善的万物最终都要朝向善，而它是不需要朝向任何目标的。(VI. 7. 18. 2-8, 49-50, 参见 VI. 6. 10. 30-33) 至善则没有自身的目的，它完全自足，也没有动作。"被移动的万物都必须移动向某个目标。太一没有这样的目标，所以我们必定不能认为它移动。"（V. 1. 6. 15-17）这就是为什么普罗提诺说它甚至不是善，它之中没有善。如果我们把善理解为未实现的目标，那么至善本身已经是最完美的，它没有未实现的目标，因此它也没有特定的善。

普罗提诺是如此解释这个复杂的关系的：

> 因为理思需要至善，但是至善不需要理思；所以，当它到达至善，它就变得与至善一致并被至善所完成，因为加之于它的形式是从至善而来的，这形式使得它与至善一致。在它之中看得见至善的痕迹（ἴχνος τοῦ ἀγαθοῦ），就是在这个相似性里，我们应该把握它真正的原型（τὸ ἀρχέτυπον），从它在理思身上所呈现的痕迹在我们自己里面形成它的一个理念。至善，给了自身的痕迹在理思上，而理思拥有它依靠的是看，因此在理思中有欲望，它总是在欲求并且总是在获得，但是至善并不在欲求——它能欲求什么呢？——也不获得什么，因为它并不欲求获得任何东西。（III. 8. 11. 14-25）

总之，一切事物都受四个原因所作用，我们可以概括如下：潜能因、统一因、生成因、目的因。这四个原因都归于唯一的最高本原太一，所以如果非得用"是"来谓述太一，那么太一同时是"万物的潜能""太一""第一本原""至善"。对比亚里士多德的"四因说"，在普罗提诺的形而上学中，感觉世界的万物的"形式因"被归于第二本原理思，发生因被归于第三本原灵魂，"质料因"则归于离太一最远的物质，唯有"目的因"被归于"至善"。当然，从根本上说，由于太一是"万物的潜能"，所以理思和灵魂所代表的感觉世界的原因归根到底都来自最高本原太一。

有些面相经常被混为一谈，从而导致很多问题。最重要的是，我们必须区分"万物的潜能"(简称"全能")和"本原"(ἀρχή, principle)。"全能"强调太一无所不包、无所缺乏，所以是完美的、完全自足的。"万物"尚未有分别地潜在于其中，从而保证太一是统一的、单纯的，不是像理思那样为杂多性的（V. 3. 15. 23）。亚里士多德认为"实现"是"潜能"的完成，从而更完美。然而，在普罗提诺的太一本原论中，生成秩序上的"潜能"比"实现"更完美。从这个面相出发，我们可以推知万物都应该欲求的对象就是"全能"的太一，所以它也被称为"至善"。更进一步，当全能面相被提起时，"万物"总是仅仅指理思世界中的"万物"、诸实是，并不包括之后的感觉世界的事物。如果"万物"是指太一之后直至物质的所有事物，那么就会存在一个难以解释的问题：至善的太一要为恶负责，或者说善潜在地包含了恶。[①] 太一实际上只包含理思中的"万物"，而这个"万物"中还没有任何恶（I. 8. 2. 7-8）。通过这种区分，笔者认为普罗提诺原则上成功地避免了这个困难。而且我们从之前的哲学家那里就看到了，在"二分"的世界观中，本原与物质乃是永远存在的两极，物质的出现不需要由本原负责，如《蒂迈欧篇》中的物质的生成变化接受更高本原的约束，对于普罗提诺也是如此。所以在本原的面相上，物质是受理形约束并"最终"（而不是直接）受太一影响的，但是太一的潜能中并不包含物质。

而"本原"，强调的是生产者与被生产者的关系，太一作为第一者，之后任何东西都可以说是它的产物，不限于理思。逻辑上说，某物必须先有"生产性的潜能"（潜在地包含将被生产的东西）然后才能使他物产生变化，而且根据普罗提诺的思想，它也必将生产，从而把潜能变成现实（V. 4. 1. 36, V. 3. 15. 36, V. 1.

[①] 这个问题引起很多争论，可参见张映伟：《普罗提诺论恶：〈九章集〉一卷八章解释》，第 71—77 页。

6.37）。这两个面相总是紧密联系，互相依赖。本原作为一个面相，并不能解释其他面相。例如，从本原面相出发，我们无法直接推论得出万物都必须欲求"第一者"。打个不恰当的比方，如果这个世界起源于一次大爆炸，我们为什么要回归到这个爆炸中去呢？[①] 因此，本原与万物的关系并非是时间性的，而是无时间性的，这个第一者是指理论在先，而非有今天线性时间观的万物起始。在潜能（力量）的维度上，万物自身不完美，而寻求自身的完美就必须朝向完美的第一者运动。这两个面相经常联系在一起，但是普罗提诺清楚区分它们所代表的角度。

第四节　诸原因的统一者

不可知、不可言的神秘本原并非普罗提诺的发明。希腊智者高尔吉亚最早提出了主客对立造成的认知难题。据塞克斯都的《反数理学家》记载，高尔吉亚提出三个命题：（1）"无物存在"；（2）"如果有某物存在，人也无法认识它"；（3）"即便可以认识它，也无法把它告诉别人"。"语言不是给予的东西和存在的东西；所以我们告诉别人的并不是存在的东西，而是语言，语言是异于给予的东西的"[②]。因为物、意、言存在本体论上的差别，彼此之间有不可跨越的鸿沟，所以在知识的传递过程中总是"言不尽意"。认识的对象不同于认识主体，所以即使有"物"存在，主体也无法完全认识这个对象。同样的道理，语言又是知识的弱化

[①] 我们至今的讨论都不是所谓的"宇宙论"，即关于宇宙天体的生成、构成、运行等理论。当然，这个宇宙在普罗提诺看来也是有天上和地下的区别，天体对他来说都是永恒的、不朽的，是某种神。这方面讨论可参见 James Wilberding, *Flotinus'Cosmology: A Study of Ennead II. 1 (40)*, Oxford: Oxford University Press, 2006。

[②] 北京大学哲学系外国哲学史教研室编译：《西方哲学原著选读》上，商务印书馆2004年版，第56—57页。

了的映像，并不是"物"本身，所以也无法传递。① 言与物的分离必然导致"言不尽意"的本体论差异。"任何作品……如果作者认为自己的作品包含着永远适用的重要真理，那么这种作品都会成为一种对作者的指责，无论这种指责有没有真的说出来。因为一个人要是不知道什么是正义和不正义、什么是善良和邪恶，不能辨认正义和善良的幻影和梦景，那么即使他得到民众的赞扬，仍旧不能逃避这种指责。"② 柏拉图的回忆说等都在努力跨越这个认识论的难题。思的本原是认识对象和认识主体的统一，因而也在一定程度上消弭了这个难题。

至善乃是"逻各斯"（λόγος，语言及理性）背后所指的**终极实在**。泰勒指出"超越理性"不是"非理性"，而是"不能将对象理性化"，即不能定义、描述和建构。③ 奥布莱恩进一步认为只有如此，一个超越性的至善才能作为感觉世界和理智世界（之外）、价值和真理的客观基础。"善的型"及相关理论是柏拉图对苏格拉底伦理学的系统化工作。但是只要人与理思、人与太一是有差别的，那么这个难题就依然存在。所以普罗提诺提出的"与太一合一"也是一种对传统难题的解决进路。④

然而，把最高本原建构成"不可思议"的对象，凡是说不通的地方就用"神秘"和人力无法认识的借口掩盖，这不是一种敷衍的做法吗？对于面相之间如何统一在一起，普罗提诺并没有详细的逻辑论证，因此需要我们去他的著作中重建答案。⑤ 学者之间

---

① 详细可参见拙作《古代语言与知识的关系范式新探——跨文化视域中的言意之辨》，《学术月刊》2013 年第 5 期。

② 柏拉图：《斐德罗篇》277D-E。

③ A. E. Taylor, *Plato: The Man and His Work*, New York: Meridian Books, 1956, pp. 231, 288.

④ J. D. O'Brien. "The Form of the Good in the 'Republic' and Other Middle Dialogues", Yale University, 1976.

⑤ 之后的普罗克洛的《神学旨要》完成了这个工作。但其论证与普罗提诺的哲学仍有些差距。

也存在争议。斯蒂尔注意到了"太一"和"至善"的差异是如此巨大以致它们的统一几乎是悖论性的。他认为只有梳理新柏拉图主义这一长久的诠释传统才能阐明统一是如何可能的。[1] 罗斯批评了格尔森在其专著《普罗提诺》中把太一以阿奎那的经院哲学方式解构和简单化;在综合前人的观点之后,罗斯认为太一本性上是"*apeiron*",即未限定的、无限制的,是希腊哲学传统中对本原看法的延续。[2] 笔者同意他的这个观点,却不同意他把"全能"等同于亚里士多德的"潜能"。两者最根本的差别是,太一的"潜能—实现"并不是同一个本体的转换过程,而是本原不动而外在生成新的"本体"(沉淀物)。珀尔认为太一超越了一切的矛盾对立,它同时是统一性和差异性的本原,所以它不是一个有限定的是者。他认为,要解释太一如何能够包容矛盾,只有一种可能,即它是生产性的"力量本身",它仅仅是产生一切确定的实是的"不断给出的动作"。[3] 但是,他把"δυνάμις"(力量、潜能)看作一个"动作",这就与"潜能"含义矛盾。他们都在寻找某个确定的"是"以统摄彼此不可公约的面相,这种尝试是不可能成功的。

对于这个超越性的实在,我们只能以类比的方式从某个角度上说它**是**某个面相。笔者认为,四个面相的统一性基础只能在它们彼此交织起来的互相解释的关系网之中。各个面相互相依赖,但没有哪一个能够统一其他面相。因为它们背后的太一本身要超越任何一个面相。

---

[1] Carlos Steel, "The One and the Good: Some Reflections on a Neoplatonic Identification", in Vanderjagt and Paitzold eds., *The Neoplatonic Tradition Jewish, Christian and Islamic Themes*, Köln: Dinter, 1991, pp. 9-20.

[2] Donald L. Ross, "Thomizing Plotinus: A Critique of Professor Gerson", *Phronesis: A Journal of Ancient Philosophy*, Vol. 41, No. 2, 1996, pp. 197-204.

[3] Eric D. Perl, "The Power of All Things the One as Pure Giving in Plotinus", *American Catholic Philosophical Quarterly*, Vol. LXXI, No. 3, 1997, pp. 301-313.

从上面我们看到，虽然普罗提诺声称最高本原是单纯的统一体，然而它在万物之中的作用和对应的面相是多方面的。任何能够用"是"谓述的事物都受到它的"是"的限制。太一是一切实是者（理思世界）的原因，所以它不受"是"的限制。因此，太一的单纯性和统一性其实是"不可区分性"，即用"是"无法区分的统一性。所以，"太一**是什么**"在普罗提诺形而上学中是不合法的。如果仅从**类比**的角度，太一就同时是"太一""全能""至善""第一本原"。这些面相的意义要与其产物特别是理思联系起来理解。亚里士多德称一切与万物的本原相关的问题中最困难的是"一"和"是"的关系问题。① 它不同于数字"一"的理形，因为后者是在理思之中，因而也在"实是"之中，如果没有"一"的理形则任何实是者也都不能够"是"，但这个数字"一"与"是"同在。（参见 VI.6.10.45-52）对于这个问题，普罗提诺肯定了绝对的"一"本身在"是"之前，这就保留了《巴门尼德篇》中第一个推论的结果。理思思自身，在普罗提诺看来思的动作/实现都是有所缺乏的，因为动作需要自身之外的目的，而且这也表明了在未达到目的之前运动的主体是有所缺乏的恶，再者有动作和受体的二分因而造成"多"（哪怕受体是自身），这些都使得第一本原的太一必然是"潜能"而且是"至善"才能避免它有动作/实现和有缺乏。

　　太一的面相曾经是其他哲学家对最高本原的描述，普罗提诺将这么多的面相归结于一个最高本原，从而编织出一个以太一为顶点的无所不包的形而上学框架。普罗提诺并不是随意添加面相，正如他并不是随意在太一的名字间转换。面相之间存在互相依赖的关系，缺少哪一个面相，其他面相也不能成立。我们不仅要区分太一的多面相，更重要的是要洞悉他将之弥合起来的背后的哲

---

① 亚里士多德：《形而上学》996a5。

学思考，即"如何"和"为什么"。用他的话来说，"我们不应该质问为什么一个本原（ἀρκή），一个像这样的本原，完美的本原，等同于终点（τέλος）；而是应该探究，为什么这个既是本原又是终点的东西是一个完整的整体并且没有任何缺乏和不足"（V. 8. 7. 45-49）。ἀρκή 表示"起始、开端"，τέλος 表示"终结、目标、目的"。两者恰好如一条线段的两个端点，它们重合于一个最高本原，因此在这个意义上说，普罗提诺的本体论结构似一个环。我们必须梳理重要面相在万物中所起的本原作用，再尝试解释它们为何能够是统一的。下一章我们把太一置于它及万物所组成的哲学框架中做考察，以揭示它在这个类似圆圈的体系中所起的作用。

第六章　秩序之因：万物皆来自本原

太一的两个主要面相"第一本原"和"至善"，分别从不同理论维度形成对万物的解释性层级体系。它们虽然都是太一的显现和能力，但彼此之间存在理论上的区别，反过来也是认识太一的不同"道路"的标志。这同时也展现了普罗提诺如何用这些层级解释感觉世界的现象。下面两章我们将尝试回答这两个面相是如何统一在一个超然的本性之中。本章我们聚焦在作为本原的太一是如何自身不变而**生成**万物的，反过来也从这种生成的秩序中窥视太一的本性，特别是回答了它的"无限"本性是空虚还是充实、它的第一性是如何理解、它内在是否有活动、它外在如何生成理思。

从"本原—映像"的关系出发，太一的映像是一切存在者或"是者"，直接包括理形世界也间接包括感觉世界。因此我们把太一的映像称之为"万物"，第一层级包括理形世界的一切实是者，第二层级包括分有它们而来的感觉世界的诸是者。[1]V.4[7]"论本原之后的事物如何由它而来兼论太一"是普罗提诺论述第一本原及其如何生成第二本原时最常被引用的文章，本章我们将主要对它进行文本分析，以揭示太一作为"第一本原"的哲学意义。[2]

---

[1]　虽然有"物"字，却不是仅仅指物质性的事物，也不仅指无生命的事物，而是包括人、肉体和灵魂、可见与不可见的一切事物。

[2]　除了参照阿姆斯特朗的译文，笔者又对照麦肯纳英译本和费其诺的拉丁文译本，V.4.2参考布萨尼奇（1988）的译注做了校对。

第一节　先后秩序：在后者必然来自第一者

"第一本原"乃是指万物生成变化的第一原因，但却不是第二者、第三者等从无到有的原因。因此这个第一者和之后万物的关系甚至不是通常认为的太一通过"**流溢**"产生其他事物，因为首先本原生成的事物是低于自身的映像，而不是同质的；其次本原并不因为生成而有减损或变化；最后生成并不是时间性的先后关系，没有所谓生成之前是否存在的问题。阿姆斯特朗指出"流溢说"是德国哲学史家策勒尔（Zeller）的总结，引起了之后许多读者理解上的混乱，特别是混淆了理思世界和物质的关系，而且这只是普罗提诺一个不常用的比喻。[①]

生成是一个前者永恒（无时间性）赋予后者以秩序和形式的过程。或者说本体论上高一级的本原令低一级的事物是其所是的，前者是原理性的而非时间性的原因。例如，第二本原理思并没有一个生成的起点，也没有一个生成的过程。普罗提诺说，理形（理思世界的诸实是者，也就是这里提到的诸第二者）"是被生成者（γενητὰ），乃是考虑到它们有一个本原，但是这不是说它们有一个时间性的本原（'开端'——引者），而是说它们永恒地从另一个而来（ἀεὶ παρ' ἄλλου），但却不是就像在永远地发生变化（γινόμενα），就如这个宇宙"（II. 4. 5. 25-30）。我们区分了"生成"与"发生变化"，虽然两者是同源词，但后者只是感觉世界的事物才有。[②] 感觉世界本身及其内部的事物变化无常，有生有灭，从一个事物变成另一个事物，从一种存在状态变成另一种，在时间中不断流变，是事物的发生和发展而不是本原性的生成。对于

[①] A. H. Armstrong, "'Emanation' in Plotinus", *Mind*, Vol. 46, No. 181, 1937, pp. 61-66.
[②] 参见第四章的讨论，特别是柏拉图《蒂迈欧篇》27D-28B。

人，是出生，对于物则是被造，对于事则是发生和消亡。①

在 V.4.1 他提出了一个万物与第一本原的解释框架。他是这么开始该篇的：

> 如果某个东西是（τι ἔστι）在第一者（τὸ πρῶτον）之后（μετά），那么它必然（ἀνάγκη）是出自那个［第一者］，要么直接地［出自第一者］，要么［间接］透过之间的诸事物而拥有朝向那个［第一者］的回溯（τὴν ἀναγωγήν），并且必然有一个［属于］第二者和第三者的秩序（τάξιν），第二者回溯到第一者，第三者到第二者。②（1.1-5）

V.4.1 整个对太一的推论都可以看作是本句分析性的展开。第一句话也提出了一个原则，是普罗提诺形而上学贯穿始终的原则："万物的生成都有原因"。这也符合希腊哲学的传统看法："无物从无中来"。③ 因此一切事物都有一个往前追溯的原因实体，但是杂多的万物如何归结到一个第一者呢？

引文第一句，τι 表示"某个东西"，这里泛指任何事物；ἔστι 是希腊语的"是"（现在时第三人称单数形式）。阿姆斯特朗翻译为"there is anything"，麦肯纳翻译为"anything existing"，他们都把这个"是"以"S 是"的句法形式作"存在"义理解，而认为后面的"μετά..."（在……之后）是对 τι 的修饰。照他们的理解，这句话应该翻译为"在第一者之后如果存在某个东西"。费

---

① 参见 Henry George Liddell et al., *A Greek-English Lexicon*, Oxford: Clarendon Press, 1996, p.349.
② 前一对"第二者"和"第三者"是单数，后一对是复数。这里已经透露出第二者、第三者既是一又是多的特性。
③ 参见巴门尼德：《残篇》DK 28.7, 8；阿那克萨戈拉：《残篇》DK 59.17；留基波：《残篇》DK 67.2.

其诺的拉丁译文则把"是"当作普通的系词,而且把"μετὰ"翻译为"*praeter*"(在……之外,伴随着……),这也符合"μετὰ"本身的多义性。因为是与最高级别的"第一者"相对,所以理解为"之后"也是正确的。然而我们要注意到本篇的整体结构,这里只是悬拟假设,而非肯定任何东西"存在"。退一步说,即使这里表示"存在",我们也无法确定是在哪里、在哪个层面存在。第一段都是一种概念分析,重要的是它们相互对比之下互相是什么,它们的关系是什么。翻译为"存在"或者"有"容易产生把概念物体化的误解。所以,本章内对 V. 4 的译文,凡是 εἶναι,不管是"S 是"还是"S 是 P"的形式,除非有明显语境依据,否则都翻译为"是"。

ἀνάγκη 表示"强力,强制,必然性",ἀνάγκη εἶναι ("是"的现在时不定式)构成固定搭配,从而这一句的所有动词不定式都在这个"必然的"句式之中。所以整个生成秩序以及里面的每一步都受到必然性的严格约束,没有例外,没有其他可能。

关于"第二者和第三者的秩序",见《蒂迈欧篇》30A,创世神自身有"宇宙秩序"(κόσμος, cosmos),把物质从无序的混沌变成有序的是者、万物。普罗提诺在 IV. 4. 10 引用时也区分了理思之神的宇宙秩序(κόσμος),并称它在灵魂中的映像即为秩序(τάξις)。κόσμος 即良好的秩序,常指运转有序的天地万物,即宇宙。τάξις 指排列、序列、等级等秩序,常常指军队的阵列、军阶,政治权力等级等,它更强调的是在一个有序的序列中先后之别。例如《高尔吉亚篇》504A,κόσμος 和 τάξις 分别为体育教练和医生赋予人体的东西,前者强调自然本性的自我发展,后者更强调一种人为调整的效果。

本句的"μετὰ"(之后)和下一句的"πρὸ"(之前)是反义词,对它们的解读是理解这两句的关键。第一句讲第一者**之后**的事物,第二句讲万物之前的**第一者**。两者虽然可以指"时间、空间"的相对位置，但这里讲的是太一和万物的对立关系，因此是指在形而上学的先后，或等级体系中的层级高低。普罗提诺以设问开始本篇，看似是在讨论第一者，实则是假设了一个"先后秩序"（或称"前后秩序"）的形而上学结构，也是 V.4 讨论的逻辑结构。这个结构就是我们之前看到的传统"一元二分"结构，只不过普罗提诺的解释要系统和精微得多。

　　本段另一个关键词是"τὴν ἀναγωγὴν"（回溯）。该阴性抽象名词由动词 ἀνάγω（追溯）变化而来，词根可以拆为介词前缀 ανα（朝向……，向上，回退）和动词 ἀγω（带领），指"把船带进外海，带到海里去"的动作，有一种逆流而上，把船行驶到它被造出的目的地那里去的含义；后也指将事物从低处提往高处。① 在哲学上，它的意义等同于中文的"追本溯源"，表示追寻自身本原的过程，与"从……而来"是相反的过程。柏拉图用它指将论证推到理论起点，例如他将城邦与城邦为敌的命题推论到村庄，直至个人，并得出理论的起点是每个人都在与自己为敌。② 亚里士多德用这个词指将杂多的万物追溯到本原的动作，例如他转述说：万物都可以归纳为"一和多"这对相反的第一本原；偶然性的事情都可以追溯到唯一的、不可再往前追溯的本原（原因）。③ 普罗提诺用这个词专门指万物追溯本原的行动，次序是先朝向其直接本原，后最终指向太一，但还不是指所谓灵魂上升并与太一合一的神秘的过程。在 I.3.1.5，指通过辩证法的论证"上升"（比喻性的）到第一本原和至善；在 III.8.10.20，万事万物都能追溯到它之前的某"一"，直至那个最单纯的一；在 IV.9.4.2，通过推论得出所有灵魂都可以追溯到之前的"一"的灵魂；在 V.5.4.1，任何直接、间接出自第一者的都可以追溯自身到第一者；在 V.7.1.2，

---

① 参见 LSJ《希英词典》。
② 柏拉图：《法律篇》626D。
③ 亚里士多德：《形而上学》1005a1, 1027b14。

如果每个人能够追溯自身到理思中的被思者（理形），那么我们每个人的本原就在那里，那么每一个个体都有自身的理形；在 VI.8.6.27，我们的"自由意志"（ἐφ' ἡμῖν）追溯到自由的非物质部分（灵魂中的理思）；在 VI.8.21.22，万物分有太一并可以追溯到太一。①

因此，这种回溯是指万物寻找自身的原因、本原的行动，虽然这个词本身带着一种强烈空间感和神秘主义色彩，但却没有时空的含义。② 根据我们前面分析太一作为统一性的面相，我们发现普罗提诺哲学中的原因（指高层次的本原）总是要比结果更单纯。因此，这种"追溯"，总是从"多"通达"之前"的"一"，既承认"下界"的"多"的情况，又为了解释"多"而寻求"上界"的"一"的原因。用现代的话讲，是透过纷繁复杂的现象寻找背后统一的本质原因。

亚里士多德在《范畴篇》（14a25-14b25）中解释了"之前/在先"的多种含义：（1）最初是与时间有关；（2）其次是关于"是/存在"（κατὰ τὴν τοῦ εἶναι）的必然的不能颠倒的次序，例如，一（τὸ ἓν）在二之前，如果"二"存在（εἶναι），我们可以直接推断"一"必然存在，但是"一"存在，我们却不能推断"二"必然存在；（3）任何次序，例如几何的点、线的次序，语法的字母先于音节等；（4）比喻更优秀的、令人尊敬的事物；（5）此外，"在两件互相蕴含的事物中，作为原因的事物，可以看作在本性上先于另一事物"。例如特定的人与关于这个人的真命题，前者是原因，因此在前。③ 后面的例子说，根据"是"的推论，特定的"是"的人

---

① 以上穷尽所有出现的文本都是如此。
② 普罗提诺之后的扬布里科（Iamblichus）才用这个词指把灵魂带到神那里。（参见 On the Mysteries, 3.7）
③ 中译文将 "τῶν γὰρ ἀντιστρεφόντων κατὰ τὴν τοῦ εἶναι ἀκολούθησιν" 译为 "在两件互相蕴含的事物中"，没有强调 "κατὰ τὴν τοῦ εἶναι ἀκολούθησιν"，综合后面的例子，这里可以直译为 "根据'是'的推论而互相蕴含的事物"。

就蕴含了关于他的真命题，如果某个人"是"，那么我们说"他是"这句话就是真的，反过来也成立。但是话语的真不是事物的"是"的原因，反而那个事物看起来在某种意义上是真命题"是"的原因。

与普罗提诺论证直接相关的是（2）和（5），特别是"一"和"二"的固定次序，决定了如果"在后"的事物存在/是，则这个固定次序"在前"的必然存在/是。而"一"是一切数字的最前者。其次是逻辑上的原因，一个实体的"实是"决定了关于它的命题的真。根据柏拉图主义的理形论，则应该是"理形的是"决定了感觉事物的"是"，因此理形在前而感觉事物在后。关于（4）我们看到普罗提诺也用以论述太一，他说："生产了秩序中的诸事物的东西（τὸ γεννῶν τὰ ἐφεξῆς）必定是最崇高的。"（V. 4. 1. 39）H-S² 和阿姆斯特朗版本都根据哈德版本认为这一句应该删除。ἐφεξῆς（= ἐπὶ ἑξῆς = ἑξῆς）表示在一个接着一个的序列上，是个副词，加了冠词后指在秩序中排列的事物，是"生产"的宾语。如果这一句保留的话，这个秩序中的事物只是指第二个被生产者。从这一句也可以看出来，生产者并不在秩序中。

另一个关键是（3），从亚里士多德举的例子看，都是指构成某物的元素在某物在次序上是居前的，但这种元素却不是指某个物体性的某个部分，而是指"在理论上"普遍作为后者元素的抽象的事物，例如"点"之于"线"，在几何上必须先有点，然后才有由点构成的线，但这种顺序关系却不是指任何一条特定的线和构成它的诸多的点。① 而且，这种构成关系决定了前者比后者单纯，字母比音节单纯，因为音节乃是更加单纯的字母的复合物，通过有限字母的不同组合可以产生比字母丰富得多的音节。也就是说，**本原性的原因要比结果更简单**。V. 1. 4. 1-5 说太一是第一

---

① 关于"点—线—面"如何确定在先顺序，参见 Dominic J. O'Meara, *Plotinus: An Introduction to the Enneads*, p.47。

者（在万物之前者），乃是因为太一是最单纯者。

第二节　一多秩序：杂多者必然来自单纯者

单纯者在先原则也是普罗提诺整个"本原—产物"先后秩序的尺度。他说：

> 因为在万物（πάντων）之前的必然是某个单纯者，并且这个东西必定异于在它之后的万物，它是自因的（ἐφ' ἑαυτοῦ ὄν），不与出自它的东西混合，然而反过来能够以一种不同的方式在这些万物中呈现（παρεῖναι），是本然的一（ὂν ὄντως ἕν），不是先是一个不同的是者，然后是一；甚至说关于它是一，都是错的……因为如果它不是单纯的，外在于所有的偶然性和复合性并且是本然的一，它就不能够是本原——对于自身（τῷ）它是最自足的、简单的，并且［它］是所有一切的第一者，因为"非第一者"需要在它之前的，而"非单纯者"则需要在它之中的诸多单纯者，［15］从而它能够出自那些而存在（ᾖ）。（V. 4. 1. 5-15）

第一个分句中，πάντων 表示"所有，一切，整体"等，为了简洁，本书一般翻译为"万物"，但是并不一定就是"物体"。它也常常被用来仅仅指代理思中的所有理形、所有实是者。因为没有上下文可推断，所以这里泛指第一者之后的一切事物。关于第二个分句，H-S[1] 断句为"Δεῖ μὲν γάρ τι πρὸ πάντων εἶναι – ἁπλοῦν τοῦτο – "，把前半句的"单纯"和后半句的"这个"合成一句，用作对之前一句的注释。这读起来好像普罗提诺武断地声称"在一切之前必定有某个东西"，重点放在"有"，而"单纯"只是一个补充说明，这与整个文章的论证模式不符。H-S² 的这句话作为推理的前件更合适，它强调的是这一句新加入的概念"单纯"。两种断句意义相差不大，只是强调不同。阿姆斯特朗和麦肯纳都从 H-S²，费其诺希腊文从 H-S² 而翻译从 H-S¹。

"自因"是意译，直译为"是朝向自身的"，第一者之前没有本原，所以它朝向（ἐπί）自身（前面的回溯也是用的 ἐπὶ，所以这里解释为第一者的"追本溯源"，它就是自身的本原）。"是"作为分词，如果理解为系词，则它连接谓语"朝向自身"和主语"某个单纯的东西"。如果理解为"存在"义的实义动词，而把"朝向自身"作为状语，则可以翻译为："existing by itself"（阿姆斯特朗译文，依靠自身而存在），"self-gathered"（麦肯纳译文，自身聚成）。

"呈现"，特指在身上或者在身边呈现。原词由"παρα"和"ειναι"两个部分组成，本义就是"是在身边，出现在身边，一起出现"。

"本然的一"就是太一。ὄντως，鉴于它既被普罗提诺用于修饰动词"是"，又被用于名词"一"，这里认为它是副词或是形容词，对意思没有太大影响。但考虑语境，这里集中讨论的主语是"第一者"，而且为了与下面分句对比，重点应该是放在名词"一"。

首先，我们明确了"单纯者"就是"一"，因此绝对"单纯者"就是"本然的一"。如果某个事物达到这样的完全单纯的状态，那么它就是"一"本身，就自身所是而言，它就是本然的"一"。"单纯"这个概念蕴含了它不能够是"杂多的"，这又分为两种情况：（1）外部不是杂多的，也就是没有"附加的偶性"（συμ-βάσεως），（2）其内部也不能够是"复合的"（συνθέσεως）。我们通过前面分析理思和"是"就知道，前者指感觉世界的"是者"，因为它们的"是"都是附加，后者指理思世界的"是者"，因为它们由只能通过概念分别的"是"和"所是"构成。亚里士多德解释"一"的对立面就是"多"（τὰ πcλλὰ），它们的"多"要么是因为不连续，要么是因为自身的质料（或者是最初的质料，或者是最终的质料）在种类上（κατὰ τὸ εἶδος，也可以理解为"类型上""形式上"）是可分的，要么是因为谓述其自身本质的定义有许多。① 我们可以举例说明这三种情况：（1）可数的个体事物，超过一个就是多，例如亚里士多德举的例子，一堆杂多的鞋子零件并不是一只鞋子，因为它们不连续，不构成单一的形状；（2）同样是鞋子，但因为质料的不同，例如皮革和布，所以可以区分出多种鞋子；（3）定义不同的事物也不同，例如鞋子和帽子的定义不同。所以，"附加的偶性"是因为有质料。而"复合物"是因为内部构成在形式上是可分的，这完全符合亚里士多德的定义。由亚里士多德的解释得到启发，一切事物的"一"都只是就某个层面而言，要么是种类是一，要么是数量是一。因此，"本然的一"就必须是在一切区分之前的，既没有定义也没有部分，或者说是"完全不可区分者"。

"多"源于"异"。若两个事物是完全相同的（不仅包括形式上、质量上而且包括存在的时空上等一切本质与属性），则它们实则是一。严格说来，理思世界也有"可思的物质"，它来自"异"的理形，而且因为它，实是者才是可分的。（参见 II. 4. 1. 17-19）有学者分析了太一和"异"在构建三种不同的"多"所起的共同作用，并指出"异"也就是"双""不定""否定""无限定性"，就如"物质"一样。② 理思中也有"思"和"被思者"的二分，这种"差异性"和"双性"贯穿普罗提诺整个系统，除了太一。

---

① 亚里士多德：《形而上学》1017a3-7。κατὰ τὸ εἶδος，罗斯英译为"in kind"。

② Dmitri Nikulin, "The One and the Many in Plotinus", *Hermes*, Vol. 126, No. 3, 1998, pp. 326-340.

普罗提诺还特地强调，本原不是物体性的事物，因为物体的生成变化决定了它需要之前的本原，而"本原不是被生成的"。（1.17-20）从而，"单纯者"即"一"实则意味着它在一切"是"之上。

其次，第一者与其后的事物并不是截然二分的，而是"能够以一种不同的方式在这些万物中呈现"。这种"不同"乃是指万物分有它的"痕迹""相似性"而不是它本身。就如，"一"和"二"的关系一样，"二"由"一"而来，但是"二"中两个构成元素"一"并不是"一"本身，而是"二"之内的分有了"一"本身的"一"（记为A）。在这两个构成元素之外，还有使它们成为"二"的统一性，这也是分有的"一"（记为B）。就太一而言，"统一性"（B）更适合它在万物中的痕迹而不是作为具体的构成元素。因为，一切是者都必须同时是"一"，这个"一"当然不是指它的所是的构成元素，而是指使它的是和所是合二为一的"统一性"。但太一不是一个是者，然后是某一个个别的统一性（被分有的统一性）。（V.4.1.8-9，参见 VI.6.13.50-51）

因为太一当然没有所是的内容，它不能够作为任何事物的构成要素，而只能是超越杂多却能将杂多在某种层面上保持为"一"的统一性，这才是单纯者的太一在万物中的呈现。例如白的理形，它有"所是"和"是"，那么在某个意义上，它的"所是"和"是"要比自身更单纯；白的事物，它的"白的属性"的"所是"和"是"也比这个事物更加单纯，因为这个事物可以是作为人的苏格拉底。这就是"不是单纯的需要在它之中的诸多单纯者"的含义。（阿姆斯特朗翻译为"不是单纯的需要它的单纯的诸多构成者"，但这容易让人误会是物体的事物的部分与整体的关系。）但这个构成元素的"单纯者"却不是来自太一，因为太一没有这些内容。作为每一个构成元素，它必定与其他构成元素不同，例如

"是"不同于"所是",元素自身并没有统合彼此成为"一"的能力,因为这是作为整体的能力而不是作为部分的能力。因此,这种统合的工作必然是由超越于这些"多"的元素的"统一性"负责。(参见 V. 3. 12. 9-14, VI. 6. 14. 28,"事物是一,是因为一的呈现")[①] 从而,由于统一性,每个是者都能够出自自身单纯的构成元素而是"一个"。

最后,第一者的统一性自然不是来自别的事物,而是来自自身,所以它是"自因",这是它与其他万物最大的不同。作为绝对的统一性、单纯者,它必然没有构成元素,因此也没有在另一种意义上的比它作为整体更单纯的部分。这种超越整体和部分的区分的绝对的一,我们已经在对《巴门尼德篇》第一个推论的分析中看过。然而更重要的是,它并非空无其他内容的"统一性",就好像我们把它当作某个其"所是"为"统一性"的是者,这样不过是把它混淆为"一"的理形。(参见 VI. 6. 13. 14)普罗提诺说太一"对于自身它是最自足的、简单的",这是因为它的本性不是被"统一性"所限定而是无限,它潜在包含了之后的一切秩序,它就是最完美的秩序本原。

第三节 生成秩序:不完美者必然来自完美者

普罗提诺对于"生成"的过程有一个"双重活动"的学说(在希腊语中,"ἐνέργεια"兼具"活动"和"实现"两义),他借以解释一个本原如何保持不动而生成另一个事物。

[①] 奥马拉非常巧妙地总结了普罗提诺的这个"单纯在先原则",但仍没有区分构成元素的单纯和元素整体呈现的单纯。Dominic J. O'Meara, *Plotinus: An Introduction to the Enneads*, Oxford: Oxford University Press, 1993, p. 48.

如果第一者是完美的，一切的最完美者（πάντων τελεώτατον），并且是第一潜能（δύναμις），它必定是［包含］一切实是者的最大潜能，其他诸多潜能必定尽其所能模仿那个［第一潜能］。当有任何一个其他东西到达它的完美，我们看到它必定生产（γεννῶν）并且不保持朝向它自身停留，而是生成出其他［东西］。不仅任何一个有选择［能力］的事物是如此，而且没有选择［能力］的自然事物（φύει）也是如此，甚至没有生命的东西［也是如此］，它们尽其所能都将自己分给（μεταδιδόντα）：就好像（οἷον），火发热，冰发冷，药物以一种符合它们自己本性的方式作用于其他事物——万物都在尽自身所能模仿本原以臻于永恒（ἀιδιότητά）和善（ἀγαθότητα）。最完美者、第一善由如何能够站立在自身之内，就好像它吝惜它自己或者无能，［而它是］万物的潜能①？［如果是这样，］它怎么会是本原？②必定有某个事物来自（ἀπο）它而生成（γενέσθαι），如果某个事物将会是（ἔσται）［属于］其他实存性（ὑποστάντων）由（παρά）它而来的诸事物③：因为［这个事物］必然是出自它。④（V. 4. 1. 23-39）

"完美"和"目标"是同源词，所以这里提到完美等同于事物达到既定目标。例如运动员跑步到达终点，植物从种子长成健康的大树，那么这两者都完成了目标，进入了"完成＝完美"的状态。但对万物以太一为完美目标，却是因为本原论上的对比，太一作为第一潜能而包含万物，因而一无所缺，而万物只要是多中

---

① 阿姆斯特朗译为"万物的生产性的力量"（the productive power of all things）。
② 因为没有后面展开的万物，又何来本原开端？
③ 这些从它而来的事物从它那里获得实存性（παρ' αὐτοῦ γε ὑποστάντων）。
④ 重复本篇开头的第一个推论。

之一的个体，就必定有所缺。

"自然事物"直译为"自身生长和生产的事物"。粗略地说，有选择能力的自然物是动物，没有选择能力的是植物。引文的例子是说，动植物成长到完全状态就会开始生产下一代，生产出自己的映像，而且连没有生命的火与冰等都会产生外在的效果。

"οἷον"（不恰当地说、就好像、类似），是普罗提诺语言里一个很重要的标志，表示一种类比、比喻，但不是正面的描述。所以无生命的东西的例子（火、冰）并非实例，而只是比喻意义。

万物对自身善性的竭力完成，颇有中国哲学"臻于至善"的意味。这个善不仅是道德的善，而且是万物自身的完美、完成。这个善是指抽象的善性，还不是指至善本身。

而至于这个生成的过程为什么"开始"，这就涉及普罗提诺的另一条公理："当有任何一个其他东西到达它的完美，我们看到它必定生产并且不保持朝向它自身停留，而是生成出其他〔东西〕。"这是从现象归纳出来的而不是可以再从其他公理推论的结论。然而，太一生产万物的理由与柏拉图在《蒂迈欧篇》中讲述创世神开始创世的初衷是一样的，在于自身则是因为自己"最完美"，因为自己的"至善"。至善"不吝惜自己"，阿姆斯特朗翻译为"as if it grudged to give of itself"（就好像它吝啬将自身给予）。最完美者没有 φθόνος，即没有自私和吝惜的保持自身的善的愿望，这与真正的神圣的慷慨是相反的，而这种慷慨是柏拉图关于神圣者的思想的一个核心特征，也是一个对原有希腊思想的清醒的挑战。①

从"本原—映像"的角度看，任何事物只要是其所是，就会生产出自己的映像，即产生符合自己本性的外在影响，因而是一条对所有存在者都适用的普遍规律。

---

① 参见柏拉图：《斐多篇》247A 7;《蒂迈欧篇》29E 1-2。

从"潜在—实现"的角度看，太一只是理思的万物的潜能，而不是感觉世界的潜能。因此，这里说的最完美者、潜能乃是对比理思而言的。那么，为什么太一能够潜在包含一切实是者呢？因为它是一切实是者之所以整体为"一"的原因。"被分有的统一性"并不是没有内容的，它总是某个统一性，就如一个房子的统一性乃是使所有石头成为一体（VI. 6. 13. 24-26，参见 VI. 9. 1. 1 及以下），那么类比太一和理思的关系，我们发现太一实则也是潜在的万物，并不是一个"空的"毫无内容的本原。它潜在地、毫无分别地包含了理思中的一切实是，而理思则是其"实现"。

从"形式和物质"的角度看，理思没有最底层的物质，不是物体，有的只是纯形式，太一当然也不是物体。因此，太一潜在地包含了一切形式，它与理思的关系乃是形式的"分给"和"分有"。引文就更清楚地表明了这种"生成"关系不是物体性或者类似物体性的"流溢"的生成关系，而是最完美的"秩序"产生了模仿自身的次完美"秩序"——形式因的形式，柏拉图的理念、理形。就好像"火发热，冰发冷，药物以一种符合它们自己本性的方式作用于其他事物"，这是一种传递"秩序形式"的过程，并不是创造的过程。火传出去的是与自身内在活动类似的"热"的活动，药物使得被作用的事物呈现与自身类似的状态。假设这个过程是 A 生成 B，并不是 B 完全不存在然后 A 从无到有地创造了 B，而是"B 的基质"一开始（如果有开始的话）就存在，但不类似于 A，而后通过这个生成的过程，"B 的基质"变成与 A 类似的 B（当然也可以说这时 B 才存在，而之前 B 并不存在，因为基质并不是 B）。

在 V. 4. 2 他更加详细地解释如下：

但是，那个［生产者］停留［不变］，它［被生产者］如何产生活动？前一个［活动］（ἡ）是属于元是的（ἔστι τῆς

οὐσία），后一个［活动］是出于元是的（ἐκ τῆς οὐσίας），它们属于每个事物。并且，前一个属于元是的活动就是每一个事物本身，而后一个活动出自（ἀπό）那个［前一个活动］，它［后一个活动］必然在所有情况下都跟随［前一个活动］，并且不同于每一个事物本身，就好像，在火中，前一个活动是某一个（τίς）合成（συμπληροῦσα）了其元是的热，后一个即是出自那个［前一个活动］而生成，［这时］那个［前一个活动］正在实现（ἐνεργοῦντος）对于［火的］元是是与生俱来（σύμφυτον）［的活动］，在停留［不动］的火焰中。在这里（κἀκεῖ）是如此；在之前的那里（ἐκεῖ）更加如此，它［生产者］"停留于自身固有的居所"，出于在它之中的完成性（ἐκ τῆς τελειότητος）和共是（συνούσης）的活动，那个被生成的（γεννηθεῖσα）活动获得了实在性（ὑπόστασιν），这些都（ἅτε）[①] 来自于一个强大的潜能（δυνάμεως），实际上是一切之中最强大的[②]，并且［这些］变成了（ἦλθεν）"是"（τὸ εἶναι）和元是（οὐσίαν）：因为那个［第一本原］是"超越元是者"（ἐπέκεινα οὐσίας）。并且那个是万物的潜能，而［它的实现］则是万物。（V. 4. 2. 26-39）

某些手稿把"活动"放在上一句之中，所以第一句话就变成"那个停留不变，活动如何产生？"费其诺从这种读法，本书亦从之。某些手稿把"活动"摆在后一句，H-S 从这种读法。第一种读法对后一句影响不大，因为阴性冠词 ἡ 明显指代"ἐνέργεια"（活动）（阴性名词）。而前一句的"不动者"肯定指生成者"太

[①] ἅτε = ἅ τε，是 ὅστε 的中性复数形式，用于引入一个陈述的理由。既然 ἅ 是复数，就应该是指前面所有谈及的事物，而不是一个。阿姆斯特朗翻译成"it"造成指代不清楚。

[②] 虽然中文用"之中"，但这个最强大者并非在一切万物之中，它不与万物混同。准确地说，它比万物都要强大。

一"，只不过问题从"太一不动，如何产生理思呢？"变成"太一不动，如何产生活动呢？"，重点从"太一"向"不动"转移，这符合下文继续探讨不同种类的活动的语境。第二种读法则与上文探讨理思相承接。所以这两种读法各有千秋，并没有绝对的对错。哈德和奇伦托认为这里是"ἐνέργεια"，第二句就变成"依靠活动，那个活动是属于元是的……"。还有的手稿把 ἡ 记为 ὁ（指代"理思"），从而变成"理思是属于元是的活动……"。无论如何，太一之后的"活动"都是指理思。笔者采用的读法更突显"不动如何产生动"的哲学问题。

οὐσία 我们翻译为"元是"（="是其所是"），即作为系词的"是"后面跟着的谓述主体的定义。而 τὸ εἶναι 则是"是"这个动词的名词形式，表示"是"这个"动作"，故翻译为"是"，除非根据语境明确表示"存在/有"。本书第三章已经详细讨论过采用新译名的考虑。

对于"元是……在停留不动的火焰中"，有希腊原文版本为"<ἐνέργειαν> ἐν..."，宾格的"活动"指代"热"，与前面的"实行了其元是的热"呼应。费其诺从此版本，直接译为宾格的"热"（calorem）。但 H-S 认为宾格的"热"很少见，所以不采用。这一句可译为"就好像在火中，一个活动是实行了其元是的热，另一个活动则是出自这一个活动而来的热；在不动的火之中，前一个活动是与火的元是共为本性的热"。既然无论火的哪个"活动"都是"热"，那么两种原文辨读区别都不大。

对于"这里"（κἀκεῖ）和"那里"（ἐκεῖ），联系上文的火焰的例子，"这里"指我们所处的感觉世界，相对于下文"那里"所指的高于感觉世界的理思世界，说明的是生产者和被生产者的情况在两个世界都是如此。

关于"完成性"，对比上文的 ἐκ τῆς οὐσίας，可知道这个完成性乃是指"元是"（οὐσίας）。一物是其所是，当然是充分完成其元是所规定的要求。普罗提诺在这里只是用另一个词来解释元是。"共是"（συνούσης），也可以翻译成"伴生、共存"，意义为"伴随而来的"，这段话中几个"συν-"前缀的动词都是强调这种"共生"关系。"被生成的"（γεννηθεῖσα）是瞬时态被动态分词，用以强调这个动作是没有时间延迟的，是与第一个动作同时发生的。

"强大的潜能"，表明前面的"活动"是"潜能—活动"模式中的活动（实现）。虽然翻译成"力量"（power）让人感觉更生动，但是这种转变关系就没办法表达出来。

由最强大的潜能而来的"活动"有一个"变成了"（ἦλθεν）的动作，原意是"来、去、走、抵达"等，强调一种从一个地点向另一个地点的行程上的变化。这里用以表示这两种活动的复杂关系最终造成了理思，从而回答了上一个问题：不动的生产者如何生成了被生产者？

这里，普罗提诺区分了两个对立事物：生产者（A）和被生产者（B）；两种活动：属于元是的活动（in）和出自元是的活动（out）。每个事物都有这两种活动，因而每个事物都相对于其产物是"生产者"，相对于其本原是"被生产者"。一个事物 A，它的内在活动（A.in）等同于它的"元是"（A.in = A），而外在的活动（A.out）乃是模仿内在活动而脱离 A，所以只是像 A 但不同于 A（∵ A.out ≈ A.in, ∵ A.in = A, ∴ A.out ≠ A）①。

对于 A = A.in，也就是我们第三章分析"是"和"所是"看到的事物内在的双重结构，每个事物都有其所是的内容和是的动作。所以普罗提诺又举火为例，火的动作是"热"，而这个动作就构成了火的元是（本质），它是火的内在活动；就如我们在第三章分析"元是"乃是"是"和"所是"的集合体而不仅仅是动

---

① 为了更直观地表达关系，我们用符号和字母表示。例如，这一句是指：因为 A 的外在活动与 A 的内在活动相似，同时因为 A 的内在活动就是 A 本身（本质），所以 A 的外在活动不等于 A。

作本身，所以普罗提诺说"热"只是合成火的"元是"的部分之一，从理论上说，"热"这个活动是属于火的元是，但还不是元是。（我们也可以接着推论，在于冰，则"冷"是其活动，因为火是"火"，而冰是"冰"，它们的"元是"不同，所以属于"元是"的活动也不同。）这种内在的活动可以说是在事物内部"停留不动的"，因为它就是事物的本质的（元是的）活动，火之所以**是**火，是因为它内部有热的活动，一旦它失去热的活动，它就**不是**火，所以普罗提诺说，这是"与生俱来的"。

对于 A 的"出自元是的活动"（A.out），则已经脱离了 A，但仍然模仿着 A 的内部活动（A.in），就如出自火的活动也是"热"而不会是"冷"，只不过这个热要比内部的热温度更低。所以这个外在的活动就等于被生产者（B = A.out）。

太一是生产者（A），则理思是其直接的被生产者（B），从而理思是出自太一"元是"的活动（B = A.out）而不是内在于太一的活动（B ≠ A，B ≠ A.in）。但理思毕竟已经脱离太一而独存，所以它获得实存性（ὑπόστασιν），是个实存者，或者按我们的译词，可以称为"本体"，也就是从太一沉淀下来的"沉淀物"。那么，理思也有了自己的内在活动（B.in）和外在活动（B.out），并且我们可以进一步推论，理思的内在活动就等于太一的外在活动（B = B.in = A.out），或者反过来推论，理思的内在活动是"思"，那么太一就有更高级别的、更完美的但不同于"思"的类似活动（B.in = A.out，A.out ≈ A.in）。那么，相对而言，理思是太一的活动（实现），太一就是理思的潜在（潜能）；理思是实是的"万物"，那么太一就是（实是的）"万物的潜能"。我们在第三章已经讨论过在理思之内"'思'与'是'是同一的"，从而理思的内在活动"思"（B.in）也同时是"是"（τὸ εἶναι）（B.in），而且理思就是"第一元是"，从而是真正的元是本身（οὐσίαν），那么太一的外在活动（实现）也就是"是"（A.out = B.in），它所生成的东西也就是"元是"本身（A.out = B.in = B）。普罗提诺说"并且［这些］变成了'是'和元是"，这都是指理思。所以，最后普罗提诺称呼太一为"超越元是者"（ἐπέκεινα οὐσίας），"万物的潜能"，就是指太一是超越理思的本原；理思的内在活动／实现则是（实是的）万物。太一的外在活动（A. cut）就是"善的型"（VI. 7. 21. 3-4），或者"太一的型""太一的Logos"，理思接受的是由太一而来的"秩序"，作为一个本体则包含了这个秩序和自身的质料（不定的"二"）。（V. 1. 5. 15及以下）

普罗提诺将这个过程比喻为从视力（潜在能力）到看（实现了的动作）的过程。这也是我们在《国家篇》中看到的"日喻"中的视觉比喻。普罗提诺还用希腊语的"一"和"是"、"元是"、"灶神"（hen, einai, ousia, hestia）的相似性，构造了词源上的比喻，可以称为"语言流溢"的比喻。（参见 V. 5. 5. 5. 13 及以下）里斯特认为太一是"确定"未成形的理思（不定的二）的原因，但理思的存在却是由本身的理形产生的，总之是双方参与的结果。[①] 他认为这是普罗提诺融合了亚里士多德（通过阿弗萝蒂西亚的亚历山大）的"可理思的物质"和柏拉图的"不定的二"的结果。多兹总结整个生成图景有如下特征：（1）它是动态化的概念，太一是唯一的创造性的潜能，在所有的等级中生命是力量的传递。（2）宇宙的起源是非历史性的也非神话描述的。[②] "生成（causation）不是一个事件（event）：而是无时间性的依赖关系，理思世界在永恒的'是'中因为它而持存；而感觉世界则是在一种永久的生成变化（becoming）中，可以比作现代天文学者所相信的'连续创造'（continuous creation）。"这与犹太教或诺斯替的

[①] John M. Rist, "The Indefinite Dyad and Intelligible Matter in Plotinus", *The Classical Quarterly*, 1962, 12 (1), p.104.

[②] E. R. Dodds, "Tradition and Personal Achievement in the Philosophy of Plotinus", *The Journal of Roman Studies*, 1960, Vol. 50, Parts 1 and 2, p.5.

创世神话不同，与字面化理解的《蒂迈欧篇》不同。（3）原因和结果（cause and effect）是"非交互的"。

因此，太一所生产的理思就是与它最类似的，是实现了的潜能，是展开了的统一性，是杂多的诸实是者。（参见 V. 4. 2. 39 及以下）而且，出自太一而生成的乃是"秩序"，就如理思生成的秩序约束物质，太一也生成了秩序约束了"约束之前"的理思的"基质"。就如前面"药"的比喻的分析，药不可能创造了它所作用的事物，它所生成的是类似于自己的形式。同样的，从理论上说，太一并不创造理思，而是生成理思。不恰当地说，理思在未是理思之前为一堆质料"-B"，而太一（A）由于自身的完美产生了类似自身的活动"+B"，从而理思的质料-B接受了+B而变成B；A与B有相似性，但B比A的能力要弱，而且B的统一性乃是来自A。而从"非理思"生成的理思，获得的是所谓的"善的型"，这就是"必定有某个事物来自（άπο）它而生成"所指的东西，从而理思是由"善的型"而来（παρά）的"诸事物"，因为理思只能以多的方式把握这个型（参见V. 5. 10）。[①] "将会是"（ἔσται）所隐含的是"现在未是，但将来会是"的过程。"παρά"乃是"依据"的意思，后面常搭配的是作为"分有"的动作的对象。

这个生成的过程只是理论上的，或者说非时间性的。理思永恒思自身杂多的诸实是者，也永恒接受来自善的统一的秩序，这两个过程并没有起点、终点，因而也不矛盾。（参见 V. 4. 2. 43-48）既然"善的型"来自太一本身，那么它就带着"太一"的相似性（参见 V. 5. 5. 15），所以说太一是最可敬的，而理思则是第二可敬的（V. 4. 1. 39-41）。这种生成的过程并非时间性的，它是永恒持续的，只是在理论上有这么一个先后的秩序，理思永远在接受太一的外在运动，就如本原的火一旦撤走，被它所照暖的东西

[①] 参见 VI. 7. 16. 25-27，我们在第五章第二小节对此有讨论。

就会变冷。(对照 VI. 4. 10. 15 及以下，V. 1. 6. 15, 25-38) 例如，布卢门撒尔分析了普罗提诺哲学中的灵魂和身体的关系后认为对于自然界的动植物也是如此，灵魂本原如同光源或热源，如果挪开，则这些被照亮、被加热的东西就又归入黑暗和冰冷，但是放射出来的光和热又不同于本原，并且本原也不受被作用的东西反作用。[1]（对照 IV. 3. 22. 12 及以下，29 及以下）

"本原—产物"的具体生产过程就是：本原（A）的内在活动（A.in）产生脱离自身的外在活动（A.out），外在活动（A.out）与质料结合产生新的本体（B），而这个产物又有自身的内在活动（B.in）和外在活动（B.out），并且产物模仿本原（∵ A.out ≈ A.in，∵ A.out = B = B.in，∵ A.in = A，∴ B ≈ A），所以两者具有相似性。

第四节　思的秩序：思想者必然来自不思者

太一超越理思，所以不思（V. 6. 1-2 有详细明确的论证）。但是，V. 4. 2 有引起学者长久争论的文本，那就是太一似乎又有某种"思"，或者"内在的活动"。布萨尼奇对这个问题有详细的回顾，他赞成这是普罗提诺早期文章受别人影响的表现。同时，他在 VI. 8. 16. 32 及附近发现普罗提诺有类似的表述，因而认为太一有非理思的丰富的内在活动，只是普罗提诺不常讨论这方面的思想。[2] 那么下面就让我们仔细检查具体的文本。

（1）第一点是，太一被称为"[理思的]思看着的被思者（τὸ νοητὸν）"（2. 3-4）。但是这个被思者只是表明它被理思"所

---

[1] H. J. Blumenthal, *Plotinus' Psychology: His Doctrines of the Embodied Soul*, The Hague: Nijhoff, 1971, p. 19.

[2] John Bussanich, *The One and Its Relation to Intellect in Plotinus: A Commentary on Selected Texts*, pp. 18-27.

思",是外在于理思的被思考对象,因为"看着"这个词很好地表达了不同于理思思考自身之内的对象的意思,而在别的地方普罗提诺基本不会说理思看着自身的实是者,只会说理思看着太一。H-S 注释这里的"被思者"就是思考的动作的对象,就是指太一。(参见 V. 6. 2. 4-9)在那里,普罗提诺明确指出,并不是每一个思的对象都必然在自身之内有理思并且思考,因此太一是理思的思考对象,但它本身并不一定就要思;如果太一也思考,那么它也会如理思一样成为一个"二",它就不会是一。然而理思必然有纯粹的思的对象,否则它也不会"是"。因此,我们看到在这种先后关系上,太一是理思的思的对象,但是在太一之内它自身并没有思,也没有思的对象。理思是第一个思者,因此它是思的本原。太一不思,因为它在思之前,它是完美的,所以不需要思;如果它思,哪怕是思自己,也会附加东西在其上(变成"一"和"思"),从而它就不是第一者,而是第二者,而且也不会是单纯的"一",而是"多"。(V. 6. 2. 15-21)

(2)普罗提诺说太一能够"认识自己",有"反思""共感"等不同于理思的思想活动。

这个被思者朝向自身而停留,并且不像那个看和思考者(τὸ ὁρῶν καὶ τὸ νοοῦν)那样是欠缺的①——相比那个[被思者],我称那个思考者为欠缺的——它不像是无感觉者(οἷον ἀναίσθητον),相反,万物属于它并且在它里面、和它在一起,它完全能够认识(διακριτικὸν)它本身,生命(ζωή)在它之中,万物在它之中,它对自身的反思(κατανόησις)就是它自身,就好像是依靠某种共感

---

① 某个手稿在这句之前加了"ὅτι"表示这句话是对前面问题的回答。费其诺遵从这个手稿。

(συναισθήσει)，在永恒的静止中（ἐν στάσει ἀιδίῳ），在另一种不同于理思的思考之中。(2.14-19)

第一句"被思者"的指代就有多种解释。科里根总结里斯特、亨利、施维泽和阿多等主要学者的观点后认为这里的太一被称为"被思者"是普罗提诺早期思想。但他也指出，在 V.6.2（时间上第24篇），V.1.7.5-6（时间上第10篇）也有类似的表述。最后，他认为问题的答案在 V.4.2。他提出，在太一自身和理智中间有一个中间性的本原，它是一个作为思的最高的合适的对象，与太一一致但在逻辑上它们占据不同的位置，它是使理智得以完成的思的对象。但他认为太一不是真正的"被思者"（思的对象），这里留下的模糊表述只是表明它是在统一的思的对象之上的超然本性。[①]

"共感"（συναισθήσει），意为"自我意识""下意识的感觉""伴随的感觉"，总的来说就是"某种共同、伴随出现的感觉"。有手稿将该词拆为 σύν αἰσθήσει，可翻译为"带着感觉一起"，费其诺从之，译为"就像带着某种自我的感觉和共感（*quodam sensu suique consensus*）"。这里是"是＋与格"的搭配，既可以理解为"某物属于某人"，也可以理解为"依靠某个工具"，从语境看应该是后者。阿姆斯特朗翻译为"依靠一种紧随的自我意识（immediate self-consciousness）而存在"。其中"consciousness（con-sci-ous-ness）"确实是很好的对应词，拆开来表示"在一起的-知-状态-性"，整个词意为"在自我之内的某种知觉的状态"，或"个体的总的知觉状态"。这个词应该是指类似于人的感官和产生的感觉同时起作用，感官和感觉虽然一个为潜在的能力，

[①] Kevin Corrigan, "Is There More than One Generation of Matter in the Enneads?" *Phronesis*, Vol. 31, No. 2, 1986, pp. 167-181.

一个为被感觉的对象，但两者起作用时总是同时出现。或者简单理解为"自我感觉的汇总"。这里用感觉的例子比喻思维也是如此，思的动作和所思的对象总是同时出现。（参见下文 2.44-45）感觉和感觉对象总是同时出现。无论如何，这只是比喻，而不是正面描述。施罗德研究了太一的"共感"和产生理思时究竟是哪一个以及如何"转向"，他区分了太一给予的"本质"以及理思自我构建时的看的动作，并指出太一的动作在它之前。[①] 也就是说，他同样认为太一本身先于理思所思的对象，而不是说理思直接就能思太一，否则太一就在理思之内了。因此，理思所思的对象仍然只能是太一给予的映像，而且从这个意义上说，是太一给予了理思的本质（对象）与存在（动作）。并不是说有一个理思在等着转向太一，而是太一产生了理思。

这一段说得非常明显，我们基本能够肯定普罗提诺在说太一不仅有超越理思的"直觉"性的活动，而且它之内有丰富的内容。（类似表述参见 VI. 8. 15. 19 及以下）在内容上，"太一是'一切但非一'者（πάντα καὶ οὐδὲ ἕν），万物的本原，不是万物，而超越的［是］万物"（V. 2. 1-2），阿姆斯特朗译为"太一是万物并且不是万物中一个单一的事物"，笔者认为应该连起来作为一个词组，表示没有"一"作为边界的万物——"无限"，所以这就是万物的本原，它超越一切有形束缚的万物，这与下文才能契合。因此，太一是一个包含万物[②]的"无限者"，而万物都因为分有了"一"而是有界限的个体。我们前面分析了太一作为单纯者乃是作为统一性的本原，而不是说它没有内容；太一潜在包含了万物，虽然万物在其里面没有分别（参见 V. 2. 3-5，太一潜在包含万物，所以万物本身还未在那里）；太一生成了理思的秩序，而且理思

[①] Frederic M. Schroeder, "Conversion and Consciousness in Plotinus, 'Enneads' 5, 1 [10], 7", *Hermes*, Vol. 114, No. 2, 1986, pp. 186-195.

[②] 这里"万物"是指一切"实是者"——理形。

乃是最接近太一的映像（见上一小节分析，参见 V. 2. 10-15，普罗提诺又简述了一遍"生成"的过程）；还有上一章我们分析的太一的四个主要面相及其统一——这些证据都表明，太一本身并不是空无内容的"单纯"，而是无法区分的"**充裕的单纯**"、完美的无限本性。

"无限"一方面是说太一的本性没有内部区分，甚至没有内外之别，从而太一不可认识；另一方面是说它"完全自足"，它包含了之后理思中的万物的最完美的潜在状态。与之相对的"有限"乃是指每个理思中的实是者都被其"所是"限定（类似于品质的限定而不是数量的限定），例如"美"就不能够是"正义"，各有其边界；而太一没有办法用一个"是"或者"所是"加以限定，所以是"无限"。阿姆斯特朗认为本原的"无限"性是在中期柏拉图主义者、犹太哲学家斐洛（Philo of Alexandria）和其后的基督教哲学家之后才被提出来的，而在传统的希腊哲学中最高本原总是某种确定的形式，无限（无限定）的只有物质，或者物质性的本原。他肯定普罗提诺太一的"无限"不是"无边界"（unbounded），而是"否定神学"的一种表达形式，是说它没有可确定的名称或概念。[①] 笔者认为可以做这样一个类比：太一是边界的边界，而物质是无边界的，就如说太一是衡量万物的尺度。里斯特指出米利都学派都追寻一个"单一"的万物的本原，此后在希腊哲学中一直有很强的一元论倾向，普罗提诺与前人不同的是，他提出一个力量/潜能（δύναμις）无限的本原，而不是本性为"一"的本原（从而避免"多"从"一"而来，或"一"和"多"为分别的本原的矛盾）。[②] 太一自然而然地（没有任何意愿参与）

[①] A. H. Armstrong, "Plotinus's Doctrine of the Infinite and Christian Thought", *The Downside Review*, Vol. 73, No. 231, 1954, pp. 47-58.

[②] John M. Rist, "Monism: Plotinus and Some Predecessors", *Harvard Studies in Classical Philology*, Vol. 69, 1965, pp. 329-344.

生成了不定的二——思的物质——之后又有理思（多）生成，但这过程没有恶。

总之，太一的"无限性"并非指"无限定的同质体"的物质本原，但却包含了这个后者的哲学功能：自身不变而万物因其而生成变化。只有这样的无限本性才能作为各种原因的本原。同时，我们注意到在这段话里面太一虽然有各种"类似的"（οἷον）活动和内容，都是不同于"理思"的事物。因此太一确实不思，它没有理思的思，哪怕理思的思是之后一切"思"的活动的本原。如果理思中只是纯粹的是者，那么太一则是超越了"是者"的更抽象的纯形式。说太一有某种"共感"，与第二本原是"思"是出于同样的理由：它可以被认识。在普罗提诺哲学中，从模糊到清晰的认识能力分别是：感官的感觉能力（以物体性的事物为对象）—理思（以无物质的理形为对象）[—太一的某种"共感"（无可分别对象的直观）]（最后一种只是类比，也就是前文所叙的"合一"），这些都可以称为"感觉"（参见 VI. 7. 7），乃是依照"痕迹—本原"的方法逐层上升推论得出。

从上一小节的分析看，太一确实可以推论为拥有类似于但高于理思的"思"的内在动作。但这还不是说太一有某种"意志"或"意愿"，它超越了这些动作，无论说它有自由意志或者没有，都是不合适的。奥马拉称 VI. 8 "论太一的自由意志"是普罗提诺最具原创性的文章，并对太一的"自由"进行了详细解读。① 笔者赞成奥马拉的猜测，这是对希腊哲学之外的学说或问题的回应，并且是对这种不合适太一的学说或提问的反击，普罗提诺自己的太一学说并没有因之改变。正确来说，是理思分有了太一的某种相似性而不是相反，正如莱卡斯所说，太一不过是在程度上或者

---

① Dominic J. O'Meara, "The Freedom of the One", *Phronesis*, Vol. 37, No. 3, 1992, pp. 343-349.

方式上与理思不同。①

当然，太一的"无限"可以说是太一的"自由"，它可以潜在地（具有力量）生成这种理智本原，也可以生成那种理智本原。这个世界呈现在我们眼前是这样，但从本原上说也可以是另外一种我们无法想象的模样。否则的话，太一的生成就是限定的，那么太一就不是无限的。

因而，这个 V. 4. 2 的证据不是普罗提诺早期思想的文本上的问题，也不是普罗提诺思想从不成熟到成熟而发生了变化，而是有普罗提诺的哲学论证为依据，证明太一本身可以推论为有某种活动，它的本性是充实而非空虚的无限。产生思的本原的太一本身不思考，但它有类比思的活动，因为思是它的映像，这种映像透露出了太一的本然状态。当然，这还只是在他的类比、否定上升的论述方法之内，所以他在以后的文本中甚少谈论太一的内部也是符合他的哲学的。

第五节 因果秩序：有原因者必然来自自因者

这个秩序结构的另一个推论就是，没有任何事物是纯粹偶然出现的，包括第一者；所有事物都能追溯到一个第一者而不是多个。所以普罗提诺说，如果有第二者生成，则"它当然不是因为偶然［而来］，否则那个［第一者］就不再是万物的本原"（V. 4. 1. 21-23）。就如原因是多种的，这个追溯也是在多种含义上追溯到在先者。

如果我们不看亚里士多德的解释，就不会清楚为什么普罗提

---

① Georgios Lekkas, "Plotinus: Towards an Ontology of Likeness (on the One and Nous)", *International Journal of Philosophical Studies*, Vol. 13, No. 1, 2005, pp. 53-68.

诺会提出第一者的多种特征。据亚里士多德定义,"如在每一个种里都有某一最初的本原,在先即事物距某一或单纯依据自然本性地,或在地点上,或为某人规定了的本原较近"①。(1) 这种意义上的在先有如下主要例子:在时间上,近于现在的为先;在运动上,距离第一运动者的在先;在单纯的本性上,儿童在成人之先;就潜能来说,距离更大能量的在先;在上一个关于潜能的推论的基础上,(潜能的)意图在先,服从意图而行动的在后,前者是运动,后者是被运动,因此意图对比起运动来,它是本原。(2)"就认识而言的单纯意义上的在先"。这又分为(a)在定义(*logos*,或译"原理")上在先(τὰ κατὰ τὸν λόγον),这些是普遍的东西,并且附加的东西(或译"偶性")比整体在先,因为附加的是整体的部分,而部分在先;(b) 在感觉上个体的事物在先。并且,柏拉图还提出过一种区别,在"本性和元是上在先的事物"(τὰ δὲ κατὰ φύσιν καὶ οὐσίαν),不需要他物而存在,而他物需要它们才能存在。亚里士多德还提过,潜能上在先的,如质料先于元是(οὐσία),在现实上却是在后,这种先后有相对性。"在生成变化的意义上的事物(τὰ μὲν γὰρ κατὰ γένεσιν),不需要其他事物就能够'是'(ἐνδέχεται ἄνευ τῶν ἑτέρων εἶναι)",例如,只有整体而没有部分,但是在毁灭的意义上的事物,则只有部分而没有整体。但是,他还说,"如果没有一个文雅的人存在,也就没有文雅的这一偶性"(καίτοι οὐκ ἐνδέχεται μουσικὸν εἶναι μὴ ὄντος μουσικοῦ τινός)。合起来看,亚里士多德似乎认为感觉的个体事物先于普遍的定义的东西。② 作为柏拉图主义者的普罗提诺当然是不会同意的。

因此,太一是在以上各种因果秩序中都归于第一位的。特别

---

① 亚里士多德:《形而上学》1018b9-1018b13。译文根据希腊文改动。
② 亚里士多德:《形而上学》Δ 卷第 11 章。

是它在"本性和元是上在先",不需要他物,而他物需要它才能存在;在生成变化意义上,只有整体而没有部分,因而就是最单纯者,不需要其他事物就能够存在。它就是因果之链追溯的终点,再往上就没有原因了。作为第一本原,唯有它不是被生成的,否则它就不是在先的,就又需要一个更先的本原。

而这个最先的本原必定只有一个而不能是多个,"如此这般的'一'必然是独一的,因为如果另一个[东西]是如此这般,那么这两者都不会是一①,因为我们不是在谈论两个物体(σώματα),也不是在谈论是一的第一的物体。……所以如果有不同的东西在第一者之后,它不能够仍然是单纯的:因为它会是一个'多'"(V. 4. 1. 15-20)。因为如果有两个单纯的东西,那么它们必然有区别,那么这个区别使得各自都不会是单纯的,因为区别总是有内容上的区别,那么这个东西就又会有主体和内容的区别。

但是,它也不能够是"无因",即它不能从偶然而来,或者从无中来。在普罗提诺哲学中,或者说他所代表的希腊哲学传统中,有一条普遍的法则是:对于所有生成变化的事物,"不允许有任何事物是没有原因的"(III. 1. 1. 16, 对照 III. 2. 1. 1-5, II. 4. 2. 9-11, V. 3. 12. 14-15)。甚至说作为第一者太一的存在是因为偶然也是不对的。偶然意味着没有原因,没有本原;太一自因,而不是因为"偶然"。(VI. 8. 14. 41)太一超越了一般意义上的因果之链的束缚,所以是"自由的",当然是一种不同于一般事物的自由,因为它的"存在"、任何的活动(如果有的话)都超越了必然性和偶然性。(VI. 8. 7. 34-37, 8. 25-27, 9. 10-14)参考《巴门尼德篇》,其中第一个推论的"一"超越了所有"是"的范畴,实则也超越了"必然"和"偶然"的区分。所以,它也不是出于"必然"所以存

---

① 阿姆斯特朗版本为"如果存在另一个这一类的,两者将会是一"。根据福尔克曼版本在"一"前面有<οὐχ>,因此这句就变成"如果另一个[事物]也是如此这般的,那么两者**都不是一**"。(黑体为引者所加)

在，倒不如说它本身就是必然性，它决定必然性。普罗提诺为了保全因果的普遍性，又避免"无限倒退"的难题，推论的结果是：太一就是"自因"的。如本章最初引用的，他说，"因为在万物之前的必然是某个单纯者，并且这个东西必定异于在它之后的万物，它是自因的（ἐφ' ἑαυτοῦ ὄν）"（V. 4. 1. 5）。结合本章的分析，"自因"是指"它因自己而是自己"，就好像"他是他所是"一样，这就是神秘而不可言的思想与语言的循环，或者是一个"奇点"，一切因果之链都在它这里收敛为不可再言说和认识的终点。但是理性的推论又指向它的存在。

第七章　复归之因：万物皆欲求至善

前苏格拉底哲学家的本原都不是"善"，因为他们谈论的是自然、物理世界。但是柏拉图的本原——创世神和善的形——都明确被称为"善"，亚里士多德的神也是善，而且它们都承担前人的本原的职能。从这个历史看，"善"是苏格拉底之后的哲学家附加于最高本原之上的新的哲学维度。所以普罗提诺也论证了在从太一到万物的生成方向之外，又有一个从万物到至善的回归方向，共同构成一个完美的圆。

第一节　超越而又遍在的双向图景

普罗提诺认为他关于至善的哲学不是新的，而是源自柏拉图的学说。他说："对柏拉图来说，有一个比之（我们的善）不同的善……这就是为什么他说，这'仅有和唯一的'在其中没有任何善的东西，然而，以不同的、更伟大的方式，它本身就是[善]。"（VI. 7. 25. 13-17, 39. 30）普罗提诺说柏拉图称呼太一为善，而柏拉图作品中的巴门尼德称呼它为太一，似乎"善"更像是柏拉图给它的专门称呼。（V. 1. 8）至善一方面就是超然万物的太一，另一方面又遍在万物之中，这是普罗提诺的阐释和理论建构。

一、万物欲求超越的理论图景

什么是善本身？普罗提诺把善本身"定义"为"**万物所欲求的东西**"(I. 7. 1. 23-24)[①]，严格说来，至善是不可定义，也不可言说的，因为"当你说了'善'，也并没有在你的思想中为它增加任何东西，因为如果你加上了任何东西，那么因为你加上的东西而使它变得是不足的"(III. 8. 11. 12-14)。因为完全自足的东西不需要其他任何东西；如果需要，则代表着在加上去之前是缺乏这个加上去的东西的，所以不是自足的。

实际上，善与"欲求"（ἐφίεται）联系在一起是有传统的。"欲求"是有方向性的，欲求一物就是朝向一物而去。善则是指事物运动的目标，如在柏拉图的对话录中，苏格拉底经常论证人是为了善的目的而去行动。[②] 亚里士多德在《形而上学》中说善是万物的目的因，也是万物的第一本原和原因之一。[③] 那么至善就是万物必然朝向的目的，并且善作为终极的目的，它本身就不能有其他的目的。（参见 V. 5. 13. 1-3, III. 8. 11. 10-12）"既然太一是善本身而非某个善，在其自身必然不拥有什么，甚至他在自身之内并不拥有善。"(V. 5. 13. 1-3) 善之中并不拥有善，这岂不是矛盾？但是如果把善理解为目的，那么至善是终极目的，它自身就不能再拥有另外的目的。笔者认为更确切的说法是，善是所有分有善的事物的目的因（final cause）。这种定义是借助万物对善的"否定"的描述，它只涉及善之外的万物，因此这个定义并不指出善的本性。但这个定义是善的必要条件，是我们判断一物是否是至善的标准。

[①] 这个定义同于亚里士多德《尼各马可伦理学》I. 1094a3，参见《形而上学》Λ7. 1072a-b。

[②] 例如柏拉图：《高尔吉亚篇》346B，参见《美诺篇》77D-E，所有人都想要得到善的东西而不是恶的。

[③] 亚里士多德：《形而上学》A2. 982b10。

普罗提诺当然不是在说善与不善由"欲求"所决定，这是荒谬的（VI. 7. 19. 1-6）。反过来，"善，必然是被欲求的，但不是因为被欲求所以是善的，而是因为它是善而被欲求"（VI. 7. 25. 17-18）。这类似苏格拉底的论证：事物是善的所以诸神喜悦，而不是因为诸神喜悦，所以是善的。[①] 并且，普罗提诺也不是在说万物都"直接"盯着一个东西不放，对于万物是如何欲求善，他解释说："无灵魂之物指向灵魂，灵魂指向理思，理思指向至善。"（I. 7. 2. 1-6）也就是说不同的万物的欲求是有过程和层次的，毋宁说万物在一条直线上一级一级地排列，都朝向同一个方向，至善是这个方向的终点。（VI. 7. 23. 11-12）所以至善是万物的"**终极的目的**"而非直接目的。

如果非得用后世的"存在"概念来要求一个"至善"的存在证明的话，那么普罗提诺下述的命题也许是最接近的："现在我们也许可以把这个［善为万物所欲求的］事实作为证据：**善存在**（τοῦ εἶναι, the Good exists）。"（VI. 7. 24. 8）或者翻译为"这就是善的'是'"。也就是说，如果非得为善找到它的"是"（动作），那么它的"被欲求"（动作）就是它的"是"（动作）。所以，证明"至善"存在的必然性，就是证明万物都最终欲求同一事物，或者说万物在欲求上都朝向统一的方向。

首先我们要区分"善的"和"至善"[②]：如果我们欲求某个东西，那么它就是善的，如果有一个东西是万物都欲求的，那么它就是至善。当然，普罗提诺作为柏拉图主义者相信的是：首先有一个至善，然后其他东西从它而来，从而有了它的痕迹所以也是善的（VI. 7. 18. 2-8, 49-50），那么只要我们发现万物有不同程度

[①] 柏拉图：《欧绪弗洛》10A-E。
[②] 下文有时仅用"善"代替"至善"。它在希腊原文中只是加了冠词的"善"，表示"善本身"。

的善，我们就可以推断必然有一个至善，否则万物就不会是善的。但这个框架本身的证明则要复杂得多。

普罗提诺认为符合至善的条件的只有万物的本原。善这个名字并不能谓述它，除非"善"的意思是**"它是在万物之前"**（V. 3. 11. 22）。"之前"（πρό）的意思是说在生成的逻辑序列上是在前的原因，前者存有，然后后者才存有，但这不具有时间上的含义。（参见 III. 7. 13. 30-40）并且，"在这些［万物］之前的是它们的本原，不是内在于它们"（V. 3. 11. 16-18）。根据上下文，严格说来，这里的"万物"是指在理思之内的事物真实所是的万物（参见 V. 3. 15. 27-28, V. 2. 1. 1-3），但是，从理思到感觉世界的万物[①]都可以看作是来自于太一，而且这条纽带并不破裂。（V. 2. 2. 25-30）因此，至善是万物的本原，但它不是万物中的第一者，它不同于万物。（V. 3. 11. 19）"因为，这是善的本性，他不是万物自身，也不是万物中的一个；因为如果他是的话，那么他就会变成在一之下，并与万物处于同一个范畴，那么他与其他事物的不同就只能依靠他的个体性和特定的差异性和某些附加上去的属性。"（V. 5. 13. 20-38）万物从万物之前的东西而来（我们称之为"第一者"），所以没有东西比第一者更强有力（κρεῖττον），而且万物都比它要弱（ἐλάττω）。（VI. 7. 23. 5-6）并且，如果说善的本性是自足的，作为第一者它只有自己，所以它是自足的、不需要任何东西，那么它当然是善的，因为还未有恶（κάκια）出现。（VI. 7. 23. 7-11）作为第一者（δύναμις ἡ πρώτη，第一潜能），它必定潜在地拥有了其后生成的一切，亦即潜在地拥有一切。（5. 4. 1. 25）所以第一者是完美的，是一切之中**最完美的**（τέλεον, perfect）（V. 4. 1. 14）。我们从 τέλειος（完美、完成）和 τέλος（目标）构词上的同源关系，就可以看出，一个事物的完成（完美、成全）

[①] 本章的万物，如不特别指明，都指善之外的所有东西。

和它达成自己目标具有密切联系。因此，第一者是完美的意味着它自身就是自身的目标。又因为造物者比被造者要优秀，因为更完整（V. 1. 7. 40-41, V. 5. 13. 38-39）。所以，如果万物渴望比自身更好的东西，必然就要朝向这个最好的东西。

我们这里的"万物"指的是一切在至善之后的事物，它们有秩序地分成层级。整个万物与善构成的图景，也就是普罗提诺常用的柏拉图的比喻：它（善）是万物之王，是万物善和美的原因，它是第一者，第二者围绕它，而第三者围绕第二者。(I. 8. 2. 29-32，参见 V. 1. 8. 1)① 至善直接产生的是理思，也就是真正的"实是的万物"（τά ὄντα），所以至善超越"诸实是者"（τὸ ἐπέκεινα τῶν ὄντων），它与所产生的不同，它不是"是者"。(I. 8. 3. 1-2，参见 V. 4. 1. 5-6) 第一者和第二者之中没有恶，都是好的。(I. 8. 3. 3) 整个图景就犹如一个同心圆，最外圈是无灵魂之物，然后是灵魂、理思，圆心就是善。一方面善产生这些东西，另一方面万物朝向善。"所以，它（善）必须保持不动，而万物转回指向它，就如一个圆圈对着它的中心，从中心发出所有的轴线。"(I. 7. 1. 24-25，参见 VI. 2. 11. 28-29, V. 1. 11, VI. 9. 8, VI. 5. 6) 善"是它（灵魂）的开端和结束（ἀρχή καί τέλος，也译为'本原和目的'）"。(VI. 9. 9. 20) 万物依靠善的程度划分层级，但无论哪个层级最终都是指向善本身。

不管万物渴求什么，都是因为它**是某种善**而不是因为它**是什么**，并且万物最终都指向至善。(VI. 7. 20. 16-25) 在 VI. 7 之中，普罗提诺构造了另一个**直线的上升超越的图景**：

　　因此对于所有存在的事物中最后和最低级的来说，在其之前的就是善的，并且存在一个连续的上升之路，在上的

---

① 见前面第四章第二节第一小节的分析。

东西对于在下的东西就是善的，基于这么一个假设：上升之路永远不会超越相对的比例，而是永远伸向更大的善。是这样吗？不，它会停止在一个终极的东西，在其之后不能抓住任何更高的东西，而这就是第一者和真正的善，在严格意义上的"善"（善本身），也是其他诸善的原因。（VI. 7. 25. 18-24）

这个比喻与柏拉图在《国家篇》509D-5011E 构造的万物的直线及灵魂上升的几个阶段非常相似。而且《国家篇》507-509 论述善是在知识和"是者"之上，之后这个比喻紧跟着出现。因此，更加有理由相信，普罗提诺认为自己是在为柏拉图的学说作解释和辩护。

而这里的"最后和最低"与前面提到的"之前"是一样的意思，指的是万物从第一者以降的生成序列。这个序列是不断的，而且是分层次而非个体事物间直接的因果关系，太一生理思但不同于理思，理思生灵魂也不同于灵魂（II. 9. 3. 8-11，参见 V. 1. 6. 31）。而反过来，不是第一者的万物必须从不同于自身的、更高的本原而来（II. 9. 3. 9-10）。这种更高本原产生低一级事物的序列从太一一直延续到物质，"就连最底端的物质都被更高的本原照亮"（V. 5. 9. 3-8, II. 9. 1. 11-12, 3. 18-21）。并且，这种生成关系"之前"，并非时间上的起点和发展，而是超越时间的本性上的"之前"。

当我们这么一直上升到单纯的东西那里，我们就找不到"欲求"，因为它之中既没有部分，它之外也没有另一个，那么它就是善本身（至善）。我们无法再问为什么它是善的，因为这就是它的本性，它的善不是来自更高的东西。（VI. 7. 27. 20-28）

二、万物善性遍在的理论图景

普罗提诺认为这个感觉世界是一直存有，并无开端的，例如，他说："我们肯定这个宇宙是一直存有并且从来没有不存有过……理思在它之前，不是时间在前的意义上说的，而是因为宇宙来自理思，理思在自然本性上是在前的。"（III. 2. 1. 20-23）并且，第一本原是**生成**的原因也是万物**持存**的原因。（V. 3. 27-28）

但是，为什么万物不停留自身而要**欲求**之前的东西呢？因为一个事物有"欲求"的时候，它总是欲求某个东西，也就是说欲求者总是处于缺乏的状态，唯有得到它所欲求的才得到满足。如果，把善放在欲求和被欲求者身上，那么善不过是它们的附属物。愉悦是欲求者自己拥有的主观感受，如果善是因为愉悦，那么就是把善的原因归之于欲求者，那么至善它不欲求任何东西，岂不是它不是善的？（VI. 7. 25. 7-12）如果说，至善是终极的目的，那么拥有至善就是"当一个事物变得更好而没有后悔时，它获得满足，并与至善同在，而不再寻求其他东西"（26. 12-14）。而愉悦不是自足的，它不能是善，因为愉悦指的是人获得某个事物带来的满足，但是"人不能因为同一个事物而满足"，没有得到就不会满足，所以愉悦不是自足的，也就不是善。（26. 15-16）事物总是潜在地指向比它更高的，指向更高就是说它需要（缺乏）更高的，所以那个更高的就是它的善。（27. 7-11）"物质是万物中最缺乏的"，其次是感觉世界中的事物，它的"完成和理形和比它高的都会比它自身更是一个善，因为这个更高者的本性，也因为它令这个事物是善的"。（27. 13-17）

那么为什么事物会有"欲求"呢？普罗提诺解释说："只要有任何东西比展现在它（灵魂）之前的东西更高，它出自本性地继续向上升，被其爱（ἔρως）的给予者所抬升。"（VI. 7. 22. 18-20）根据上文，这里指灵魂被善唤醒，从理思上升到善，所以"更高者"和"爱的给予者"指的是善。阿姆斯特朗在这里注释说，我们回归到善的欲望是善所给予的，这是最清楚的说明。因此，对于灵魂来说，向上的欲望（ἔρως）是一种本性，是一种内在的动力。但是文中又说，这种欲望也是被更高者，也就是善所给予的，是一种外因。这是矛盾吗？这并不矛盾。因为万物欲求善的本性就是善所给予的。普罗提诺比喻说，所有人都被太一推动、讲述这个在我们之中共同的神，来到本原面前，因为万物都欲求至善。（VI. 5. 1. 1-3, 10-11）这种"推动"的比喻并不是说万物被其强迫，或者以外力推动，而不如说这是一种**"诱惑"**，就如我们饿了之后看到食物就会主动靠近，看到美丽的东西就会有欣赏的欲望。这个过程中，主体和客体一起出现，但是动作由主体发出。这就像是预先约好的一样，主体在发出动作之前就必须有了对客体的某种认识。这就是为什么普罗提诺说，"它是迷人的，万物都依赖它，因为有它的痕迹而快乐，并且寻找与它一起的至善"（VI. 6. 18. 49，参见 VI. 9. 9. 33-36）。

因此，**分有善的东西都必然指向善**（VI. 7. 20. 24），没有分有善的就不会指向善（III. 5. 9. 44-45），并且分有更多的善就更加值得欲求（VI. 7. 22. 32-33），因为每个事物分有的善是"共同的"，而不是"相同"（VI. 7. 18. 9-14），也就是说万物自身所具有的善性是有等级差别的，而且各自不同。对更高的"善"的追求乃是将自身与更高的存在对比而激发出来的一种内在欲望，而不是一种外在的"梯度压力"。层级间的善的可比性又是因为上下层级间分享了来自至善的共同的东西。高层级的事物分有了更多至善的东西，低层级分有的是高层级的，当然就更少一些。越多的善性意味着越完美，因此越"可欲求"，所有欲求都可以在一个标准下衡量。因此，万物欲求善的最终原因是因为万物来自于至善，并且有了这种层级差别，但并不是至善"有意"为之。

万物都是善的映像，就连"没有灵魂的事物也分有了理形；既然它们也分有了统一性、存有和理形，所以它们也分有了善"

（I. 7. 2. 1-6）。因此万物的本性其实是来自于善，万物与善并不是彼此没有联系但是偶然指向善的，而是万物因为分有了善而指向善，所以，万物对善的指向是善在万物之中留下的独特痕迹。所以，这也是为什么普罗提诺形容说，太一如太阳，万物如它发出的光，光从太阳而来并依赖于太阳，彼此并不切断。(I. 7. 1. 25-29)

于是他构筑了一幅连续的永恒**善性生成的图景**：太一永恒地发出光给它之后的东西，万物因为这个光而被牢牢统合在一起，并且受其滋养。(参见 II. 9. 3. 1-15, V. 6. 4. 12-14)

但是，比喻总是一种近似关系的说明而不是直接的论述，所以不同的情景解说下，太一的"光喻"也是不同的。例如，普罗提诺也曾解释说，第一本原是光，第二位的理思（νοῦς）是太阳，而第三位的灵魂本原是月亮。他说，

> 第一者应该被比作光，次者比作太阳，第三是月亮天体，即从太阳领受光者。因为灵魂拥有的理思就如一种外来的渲染着自身的添加。因此那才是理思的；[灵魂的] 理思在自身之中拥有自身的理思，但这不是光本身，而是自身被光照亮的存在；给予它光明的不是别的，而是单纯的光，它给予了理思成为自身之所是的力量。(V. 6. 4. 15-20)

在这个比喻中，太阳照亮月亮，因此是说理思照亮灵魂，理思更加是本原，但问题在于为何太一是"光"？灵魂是光的观看者，而光是被看者；光源（太阳）是理思，而灵魂内部的理思则是来自这个本原。这里的比喻是为了强调太一、理智和灵魂三个本原的分别及其从上而下"生成"关系。同时，因为太阳和月亮是"某一个"发光的"个体"，但是太一在这个关系中不能够是"某一个"，而只能是遍在的"光"——一切背后的本质性力量，

令存在者得以存在并是其所是的力量（潜能）。这样看的话，不管是多么伟大的太阳，还是照亮黑夜的月亮，都不过是"某一个"发光的个体，但不是光本身。笔者认这种关系也可以用现代人比较熟悉的"重力"比喻加以说明。地球因为其质量而有重力，人在每个地点都感受到指向地心的重力，所以重力是遍在的。但是，当"重力"被我们认识并给出理论总结之后，它的遍在性就得到更好的认识。而这时的"重力"本身作为自然规律（法则）则是抽象的，超越一切具体的重力事实和现象。也就是说，"存在"的层次不同，但是不同层次之间又是联系在一起的。但并不是说因为重力规律被认识所以才有重力，而是重力规律就像是一个实体，所以才产生了遍在的现象，不管它是否被任何有理性的存在者所认识。

就此而言，两个比喻真正想表达的关系其实是一致的。太一/至善就是遍在万物但又超越万物的东西。它的遍在表现在万物分有它，由它而来，但都不是完全的至善/太一，而是某个善/某个一/某个存在/某个是者，所以万物遍在的欲求就是至善存在的证明。太一与万物的联系从未断绝，而是太一超越时空地持续支持万物的存在。而超越万物表现在太一才是完美无缺的源头，没有任何一个事物，包括理思和灵魂两个本原都不能够与之相比——它们不是一个层次上的。所以万物的完美就只有回归太一，越接近则越完美，因而万物都欲求太一，太一因而也被称为"至善"。

第二节　生成的"是"的等级体系

"至善"或者"全能"并不能作为万物存在和生成变化的面相，而是"太一"和"第一本原"设定了连续的本体论的等级体系。遵从传统的希腊哲学世界观，从感觉世界存在的事实出发，

第七章　复归之因：万物皆欲求至善 | 273

普罗提诺很容易设定第一本原直至它所统辖的最底层的元素。他说："在第一者之后的事物必然是/存在（εἶναι），就如最后者[也必然是/存在]，这个就是物质（ἡ ὕλη），它不拥有任何属于它［第一者］的东西。因此它必然是属于恶的。"①（I. 8. 7. 20-24，对照 V. 4 .1 .1-22 及以下）在第一本原到物质的恶之间就是丰富的"是"的万物了。

普罗提诺的"之前"（πρό）除了在一般时空意义上使用，对于太一与万物则有"统一性""本原—产物""潜能""善"等秩序意义，当我们追溯这个用法的时候，也同时重新还原一个比"三本原"更丰富的生成的等级体系②：

（1）单纯的太一在"双"的理思之前（III. 8. 9. 10），它生成理思和实是的万物，在它们之前又不需要它们（III. 9. 47, V. 1. 5. 4, V. 2. 1. 18, V. 3. 11. 16, V. 5. 5. 4），太一在思之前（V. 6. 2. 13, III. 9. 6. 3）；

（2）而理思又在物体性的事物之前（III. 6. 6. 28）；总的来说，（理思的）善和美本身在（灵魂的）美德之前（I. 8. 13. 10）；

（3）大全灵魂，作为一个"元是"（οὐσία），是由于在它之前的理思和"其元是"的活动而生成的（III. 5. 3. 4）；大全灵魂又先于个体灵魂，因为后者有感觉、情绪等更低级的部分（III. 6. 1. 19）；

（4）*Logos* 本身在灵魂的 *logos* 之前，而话语（logos）又是灵魂的 *logos* 的在后的映像（I. 2. 3. 30）；

---

① 阿姆斯特朗译为 "...it is necessary that what comes after **the First** should exist, and therefore that **the Last** should exist; and this is matter, which possesses nothing at all of **the Good**."（黑体为引者所加）他也看出这种"是"与"价值"的矛盾。

② 参见 John Herbert Sleeman and Gilbert Pollet, *Lexicon Plotinianum*, pp. 891-893。

（5）灵魂在肉体／物体之前（I. 1. 2. 12）；

（6）这个感觉世界在生成变化中模仿它之前的理思本性（II. 1. 8. 27），因为理思在本性上在它之前而不是在时间上在前（因为这个世界是永远的，没有时间起点），理思和"其所是"是真正和第一的宇宙（III. 2. 1. 22）；具体的过程则是，这个自然将在它之前的大全灵魂中的思映射到物质上，所以不需要大全灵魂或者更前的事物作用于物质（IV. 13. 21）；物体性的事物则是出自自然及元素而生成变化的，生命物、自然物也是如此生成变化的（IV. 4. 14. 1-5）；

（7）物质必然因其之前的原因（理思世界的诸理形）而生成变化，从而有了感觉世界的分有了"是"的事物（IV. 8. 6. 21）；

（8）总之，被引起生成变化的一切（感觉世界的万物）要么在造它的事物（如"灵魂"）要么在这个事物之后的事物（如"自然"）之中，它需要引起其变化的之前事物，所以，之后的事物在之前的事物之中，一层一层，直至最前的事物：第一本原（V. 5. 9. 1-10）。

虽然有这么丰富的"在前"的等级，但是真正称得上"本原"的还是只有三个：太一、理思和灵魂。（参见 II. 9. 1-3）而中间过渡者虽然不是本原，可是依然可以拥有某种在先性。因为前面分析的"双重活动"过程，"生成"并不只在本原层级之间直接发生，而是内外活动的转化对等，因此显得复杂。太一生成万物的过程以及本原之内、本原之间，本原与感觉事物之间的生成联系虽然一直不断，但却可以比"三层"更加细腻。并且这个过程并非时间性的，这些过程不在时间也不在空间之中发生，除了感觉世界处于时间中永远生成变化外，其他过程都是永恒进行的。在这个系统中，生产者停留在一个层级，而产物则在下一个层级（V. 2.

2.3），什么事物（是者）在哪个层级都是固定的（V. 3. 11. 22）。

每个层级都有其自身必然存在的理由。例如，理思必然包含"同异"，从而才有了"运动"；因为运动才有了生命，因为运动它才是"思"，而且因为有了上述的条件，它自身才分化为杂多，如此，它的生命才有了丰富性而不是单调的，并且都是多种多样的。（参见 VI. 7. 13）与柏拉图、亚里士多德等希腊哲学家一样，普罗提诺认为生命就是一种运动，而真正的本然运动和生命只在真正的实是世界——理思中才有。所以，如果感觉世界之上就直接是太一的话，普罗提诺就无法解释感觉世界的杂多，因为"多"的本原乃在于理思。太一用以解释理思和感觉世界的"统一性"，理思用以解释感觉世界的"杂多性"，两者的映像就是"一"和"多"混杂的感觉世界。灵魂和其他本原也都各司其事。

这里有一个值得注意的"**包含**"问题，那就是**之后的事物在之前的事物之中**。因此，感觉世界的万物和生命在灵魂本原之中，灵魂在理思本原之中，理思本原在太一之中。

太一的不同面相当然都统一在一个超然的本性之中，但是在其后的万物中却代表着实际不同的功效，如果我们以"等级体系"来形容它，那么就应该有多个不同的等级体系（hierarchies）。我们必须承认面相之间确实有差别，而且以不同面相为顶点和标准构成了不同的看待事物的等级世界。第一本原的面相是指太一为万物的"发生因"。普罗提诺以其为顶点，构建了一个包含万物生成的等级体系。更准确地说，"等级体系"包括下列层级："超越是者"（太一）、"实是"、"感觉事物的是"、"不是者"（物质）。无论"因果之链"还是"等级"都是普罗提诺之后的哲学家的概念，这里只是出于方便借以指称普罗提诺按"是"的程度分类的世界观。[①] 所以"因果之链"和"等级制"只是为了方便说明而使

[①] 参见 Dominic J. O'Meara, "The Hierarchical Ordering of Reality in Plotinus", in Lloyd P. Gerson ed., *The Cambridge Companion to Plotinus*, pp. 60-67。

用的比喻性描述。

　　就如上一章对 V. 4 的分析指出的，在这个万物的等级体系中不存在没有原因的事物，即使太一/至善也是自因的。在它之后的万物都遵从这一法则，从而形成一条"因果之链"，同时也是"是的等级世界"，因此"必然地，万物都必定永远存在于互相依靠的秩序之中"（III. 9. 3. 11-12）。这里讲的万物是指感觉世界的事物，它是这个因果之链的"结果"，因为它以物质为基底。不仅相同层级之中的事物互相依靠、互相作用，更重要的是下一层的事物的"总体的"生成变化是以上一层为原因的。但是物质的生成变化并不是以感觉世界为原因，而是相反，在物质因的意义上，物质是感觉世界的某种"基质"。至于物质是由灵魂生成从而根本上是太一生成的，还是永恒存在并且是非生成的，则是一个长期争论的问题。科里根认为普罗提诺在这个问题上有三种不同意见，因为有"可思的物质"，"最底层的物质"，"可思物质随着灵魂下降而在感觉世界的映像"（这个为灵魂所生成）三种区分，但它们在等级上是连续的。[①] 总之，物质是一种对"形"的缺乏，一种本身不连续的领域。它虽然不是"虚无"，也不是"不存在"，但其实是"非是"，因而是不可认识，没有分有太一、善，也不是出自太一。所以它也是恶，恶也是虚无，虽然根本上说，不可以用"是"来谓述它。因而，它是一个内容为虚的"无限者"。但它不可以与本原相比，不是二元论的另一个"本元"。[②]

　　普罗提诺认为这个感觉世界在时间上是永远的，没有开始，也没有结束。（II. 9. 3. 12 及以下）他强调这几个世界的整体

[①] 相关讨论可见 Kevin Corrigan, "Is there More than one Generation of Matter in the Enneads?" *Phronesis*, Vol. 31, No. 2, 1986, pp. 167-181.

[②] 我们在第四章已经讨论过早期哲学史里物质的问题，大部分将之作为事实接受了下来，并不认为是一个问题。至少在柏拉图《蒂迈欧篇》那里，物质是永恒在那里的，并不是谁创造的。本小节最后我们会再讨论这个问题。

性、因果性，是因为他认为从太一到最底层的物质，它们都是连贯的，没有任何分割或者断裂，这整个生成的等级制是浑然一体的。(V. 2. 2. 27-29) 因此，我们在谈生成变化的时候，并不是在谈一个等级创造另一个等级，或者同等级的一个事物创造另一个事物（严格地说，这当然也属于"生成"，但在整个等级体系中生成主要是讲层级间的本原与产物的"生成"）。这也是遵从了希腊哲学的传统，但是这些术语"之前"和"之上"确实很容易引起误解，因为它们在日常用语中也用来指空间和时间的相对位置。所以，普罗提诺强调："既然我们肯定这个宇宙是永远的，从来没有不存在过，因此我们坚持这么说是对的：对于[感觉世界的]万物来说，它们的'所是'是根据理思而是（τῷ παντὶ εἶναι τὸ κατὰ νοῦν αὐτὸν εἶναι），理思在它之前，不是说它在时间上是'之前'，而是因为这个宇宙从理思而来才'是'，并且理思在本性上在先，是它的原因，某种意义上是它的原型（παρὰ νοῦ ἐστι καὶ φύσει πρότερος ἐκεῖνος καὶ αἴτιος τούτου ἀρχέτυπον οἷον）……"(III. 2. 1. 20-23) 物质对于感觉世界的生成变化是必需的，它是基底，在这个意义上，物质在感觉世界之先；但是物质比起理思世界中的实是来说又是在后的（因为物质在潜能上在先，而在实现上在后）。① (VI. 3. 7. 4-6, 对照 VI. 1. 26. 1-3) 在宇宙论生成变化论上，普罗提诺遵从的是柏拉图在《蒂迈欧篇》中的理论。②

作为顶点自身，太一不在上述体系之中，并完全与万物不同，从另一个角度看，太一是支撑着它们的存在的"基底"。我们不能够把本原想象成感觉世界（或者"物理世界"）的时间开端。因为"在这些事物之前的是它们的本原，而不是内在于它们中间的东西"(V. 3. 11. 16-18)。根据上下文，这里的"万物"（τὰ πάτα, all things）

---

① 理由同亚里士多德《形而上学》1019a1-10。
② 所以普罗提诺也遵从希腊哲学传统，将物质作为事实接受下来。由此可见，物质的创造者问题是之后犹太—基督教神学的问题。

指的是理思世界的所有实是（V. 3. 15. 27-28, V. 2. 1. 1-3）。就如一个三角形的顶点，它并不受其他边或者点的约束，相反，整个三角形受顶点的约束，或者就如一个圆形的中心点，它决定整个圆形的位置，但它自身作为本原，并不受圆形的制约。普罗提诺常以圆形和中心点为例子说明这个观点，例如 V. 1. 7. 1-2，11. 10 及以下，VI. 7. 9 及以下，还有"万物都围绕万物之王"的比喻。太一确实是其之后包括理思的生成变化的终极原因，但并**不是直接原因**。因此，如果有人说"太一生成了感觉世界"，这是不对的，它**并没有从无到有的创造**，也没有直接地对其生成变化作影响，直接对感觉世界的生成变化制定秩序的是"理思"。不如说太一是整个系统的起点，在这个意义上说，它又像"蝴蝶效应"中的那只蝴蝶，我们不能说它的翅膀"扇动"着整个风暴，但它确实是整个因果支链的起点。

因此，太一乃是整个系统的基点，但不是整个系统杂多的原因。它甚至不是一切运动、变化、生成的起点，因为如果它有运动，那么它就不是单纯的（而是"主体"和"运动"），整个系统的第一运动（或"实现"）是理思。（V. 3. 12. 17 及以下）不管太一之后的万物如何生成变化，或者开始生成变化，太一都保持绝对的自身固有状态，但它基于自身的绝对静止是其他万物得以"实存"（ὑποστῆ）的基础。（V. 3. 12. 35-36）例如一个点之后生成的是三角形还是圆，与这个点本身没有任何关系；但是如果没有这个点，整个圆、三角形也都不存在。所以，理思是杂多的本原，而灵魂是运动的本原，然后太一是它们的本原。

太一自身当然也不是数学的"一"，不带有任何从数字"一"的内涵推论而来的任何本质，否则它就是被限定，它就成了"一的理形"，成了理思中的是者的一员。它被称为"一"只能理解为类比单位的"一"作为一切数的本原的地位，也就是系统的端点。一的理形在理思之中，它才是数学的"一"的原型，而不是太一。普罗提诺清楚地区分了太一和一的理形。（参见 VI. 6. 5. 35-40）

物质并不排除在这个系统之外。因为普罗提诺说，甚至物质也被更高的诸本原所照亮。(III. 9. 3. 20) 让我们记起"无物从无中来"这条公理①，物质是"被照亮"，意思是它从更高的本原获得秩序并接受秩序的安排，同时也因为它被照亮，我们能够获得关于它们的某种认识。我们大概可以称其为万物"存在"和"持存"的本原，这样看，最底层的物质当然也是因为它才"存在"和"持存"，但这不等于说它是被"创造"出来的。而且，在这个系统中，也没有任何东西会完全地消失，或者说"绝对的不是""绝对地不存在"。事物被毁灭，或者趋于死亡，都只会被分解成物质，而物质不会再接受更深的分解。即使是一个个体，它也不会完全消失，归于虚无，用普罗提诺的话说，是变成比"是"的等级更低的事物，也就是在这个"存在之链"上进入下一环：物质。而这就是所谓的最后的事物，没有再往后的层级了。（参见 II. 9. 17-28 及以下，II. 4. 6. 4-8, III. 9. 3 及以下，VI. 5. 9. 44-46, VI. 9. 11. 36-38）物质对于普罗提诺来说毕竟不是严格意义上的某种"是者"，它连感觉事物的那种分有的"是"都不是。但它也不是一个完全的虚无，它只是"非是者"、"没有所是者"或者"不是者"（τὸ μὴ εἶναι/ τὸ μὴ ὄν），这是以"是"为标准的相对的说法。它是一种"缺失"，而不是实体性，因而不是与太一相对的另一个本原。至于完全的虚无、绝对的"不是"，普罗提诺称之为"τὸ παντεῶς μὴ ὄν"（I. 8. 3. 7 及以下），英译"absolute non-existent"，我们可以译为"全然非是"，或者"无"。

---

① 格尔森也认为普罗提诺遵循的是"巴门尼德的遗产"——"无物从无中来"（*ex nihilo nihil fit*）。(Lloyd P. Gerson, *Plotinus*, p. 27)

第三节　价值的"善"的等级体系

我们注意到这个等级化的大全世界（从"第一"到"最后"）既包含本体论的维度（例如物质），也包含了价值的维度（例如恶）。物质也是在第一者之后的事物，包含在大全之中，因而被说是"存在/是"，那么它的"存在"也必然是因为第一者；但是后面却又说它完全不分有第一者，而且等同于说它不分有"善"，所以它是"恶的"。那么，"第一本原"和"至善"是两个不同的实体吗？如果它们都是指太一，那么为什么"至善"作为"**万物**所欲求的目标"，而物质在这个"万物"之外却算在"第一者之后"？我们说理形是实是者，而物质相对于"实是者"是"不是者"，但是当我们谈论它时，它有某种类似的"是"，我们在这里暂且把这个类似"是"的动作译为"存在"，表示物质拥有一种最低限度的实存性而不是完全的虚无（因为"无物从无中来"）。那么，更加严重的是，这里揭示的两个面相之间的裂痕将导致另一个问题："是"和"存在"所谈论的是"事实"和"**实然**"，而"善"是一种"价值"和"**应然**"，普罗提诺如何能够统一它们呢？多兹也同意普罗提诺作为一个最系统化的哲学家之一也关注两个概念："**存在**"和"**价值**"（Being and Value），以及它们的关系。[①]

这个问题并不是一个"时代错误"。普罗提诺自己就把这个问题摆了出来作为对自己论证的挑战。他假设有某位"好争论的人"对他提出怀疑主义式的反对，这个人会说：如果说理思或者生命不是快乐的，那么它为什么还是善的？我们能够从人的存在/是获得什么善呢？更严重的是，他会说："除非有人一时兴起为自己编造

---

① E. R. Dodds, "Tradition and Personal Achievement in the Philosophy of Plotinus", *The Journal of Roman Studies*, Vol. 50, Parts 1 and 2, 1960, p. 2.

了所有这些问题的理由，否则存在/是或者完全不存在/是又有什么区别呢？"（VI. 7. 24. 18-30）这些问题不仅在质问除了感觉世界之外设定一个实是的世界有什么善，而且也在问，"是/存在"本身又有什么价值呢？这实质上是把事物的"是"与它们所具有的"善"撕裂开。这样的人并不怀疑感觉世界存在的事实，但是他否认这样的存在有外在于人主观设定之外的任何价值，甚至怀疑价值判断是否可能。然而，甚至普罗提诺自己也清楚事实和价值确实有分裂（当然，它们本来就是不一样的），他说："[实是者]每一个都依靠自身而是其所是，但是只有当至善渲染了它，它才变得可欲求，[至善]给予欲求它们的欲求者某种恩典和激情的爱。"（VI. 7. 22. 5-9，参见 VI. 2. 11. 26-28）如果说，只有当"至善渲染"之后，事物才变得可欲求（得到某种善），那么普罗提诺在这里只是在声称，虽然"欲求"是一种主体的情感，但是**应该被欲求**的对象则是客观的，而且只有一个标准衡量它应该被欲求的程度（也就是"善"的程度），这个终极的对象和标准就是"至善"。

在上面提到的 VI. 7 的"直线图景"中，普罗提诺依据"善性"的程度建构了一个等级体系，分有越多"善"的事物在越高的层级。最顶层是至善，恶则在另一极端，并且最极端的恶存在于"在任何方面都完全没有分有至善的东西那里"（23. 11-12）。在"是"的等级体系那里，最底层的物质不是"完全没有是"的绝对的"无"，而在"善"的等级体系里，最底层的恶却是"完全地没有善"。富勒（Fuller，1912）提出普罗提诺没有形而上学意义上的恶，但有物理和伦理世界由"不完美"而来的恶。他批评普罗提诺在这些维度上的不一致，导致了二元论的倾向。里斯特认为普罗提诺在善恶问题上从来都不是一个二元论者，虽然有可理思的物质，但却没有恶的理形。他认为恶和物质只是看待同一个形而上学的不同方式，因为"本体论和伦理学在《九章集》

中是一个不可分的综合体"①。他虽然意识到恶和物质的差别，但他没注意到这个差别的原因乃是不同面相所带来的不同等级体系。否则他就不会比喻说太一是无限而物质是"0"、是"无"，但却同意物质有某种存在。

至善是这个体系的尺度，打个不恰当的比方，如果它是 1，则恶是 0，但 1 是其后数字的单位和尺度，却不是 0 的尺度。所以普罗提诺说，对比起善来，**恶是"不可衡量性"**（I. 8. 3. 13 及以下）。这个善的体系还有另外两个条件：（1）恶之下就没有其他事物了，它已经触底；（2）善和恶是一条线段的两个端点，不能够再有其他的价值方向，它们之间也不能够有"非善非恶"的中项，一切事物都有其价值，而且这价值都可以归于统一的善的尺度。（23. 12-13）这个线段的比喻并不十分恰当，我们要注意对于普罗提诺来说，恶并非与善对立的另一个"本原"，它不是一个尺度。因为善并不需要通过恶作为对立面而被定义和确定，至善在逻辑上并不要求有一个对立者"恶"来使得它是善的，这个系统是一元的。相反，恶的确认反而要通过善，因为它是"善性的完全缺乏"。这里的"恶"不仅包含伦理意义，也包含自然事物"不完美""有缺陷"的意义。总之，在这个善的等级体系下，善是唯一的尺度，万物都因为它、根据它而有了一定程度的善性，不同层级的事物的善性是可以对比的。因此，理思之中的任何实是都要比感觉世界中的事物拥有更高的善性，也更值得欲求。例如"正义"本身就比感觉世界中任何具体的法律都更善（好），更值得欲求；而在"是"的体系中，正义又是世间任何正义的原型。这也成为普罗提诺论证的比起感觉世界的事物，灵魂更应该追寻其根源，因为灵魂本身是来自理思世界的，比任何世间的事

---

① John M. Rist, "Plotinus on Matter and Evil", *Phronesis: A Journal for Ancient Philosophy*, Vol. 6, 1961, pp. 154-166.

物都要善。

超然的太一本身并不接受善的尺度的衡量。严格地说，如果正义的善的程度是99，那么太一本身并不是100，它是无限而不是可衡量的。因为如果它可以被衡量，那么它就是有限的、被确定的，那么它就不成其为太一而成为某个"是者"。它可以衡量万物，但不能反过来认为这是一种相对性，从而我们可以用万物来衡量太一。当提到"尺度/衡量"时，普罗提诺总是很清楚地区分太一本身和其面相所代表的不同的角度。例如，"他［太一本身］是［万物的］'外'，［万物的］包含者，他就是万物的尺度"（Τὸ γὰρ ἔξω αὐτός ἐστι, περίληψις πάντων καὶ μέτρον）（VI. 8. 18. 2-3）。它就是极限，在它之外无物，在它之内则是万物，所以万物受其约束，但它不受万物约束，它只是完全独一的它自身。它既不能纳入某种衡量和计算，也不与任何东西对比，否则衡量的尺度和对比的基础就会是比它更高的本原，因此"太一是一个衡量的尺度而不是被尺度衡量者"（V. 5. 4. 13-14）。亚里士多德说："作为一而是，就是作为数目的某种本原而是〈τὸ δὲ ἑνὶ εἶναι ἀρχῇ τινί ἐστιν ἀριθμοῦ εἶναι〉。因为作为最初的尺度即是本原或始点。"[①]这个尺度就是人们认识某个范畴最开始借以认识的东西，例如数量的单位、音节或元音、几何上的点，也就是"单元"，是不可分的。普罗提诺不仅强调了太一作为尺度本身不是被衡量的量（即使"1个单元"也不等于单元自身，而是一个"量"），而且强调了它是其他万物得以被认识的开端。

即使是至善，它也不会对我们有任何类似于人的善行，它甚至不会表现出"正义""美""智慧"等，因为这些的本原或理形都存在于理思之中。在善的等级体系中，"善的本性"确实是"万物的尺度和边界"（I. 8. 2. 5），但它并没有善性的程度。因此，至

[①] 亚里士多德：《形而上学》1016b。

善的本性甚至不是"善的"。作为顶点的至善是整个体系的基础，但它却与整个体系的"所是"无关，这里的"所是"就是"善"。或者我们可以说，它是无限的善，但它不是某种具体的善。

在另一个极端，我们在感觉世界确实知觉到"恶"，普罗提诺并不否认这一点。反而因为我们体认到了恶，我们知道必定有善的一端，而且能够推论出这一端的极限——至善——必然存在。这倒不是说恶是某种实体或者它有某种"是"，也不是说它是世间"恶"的本原，而是因为我们感到了善的缺乏、事物的不完美。所以，恶并没有自身的实存性，反过来说，如果没有善作为尺度也就没有恶了。

就如前面提到的好争论的人的问题，感觉世界的事物只是存在而已，有什么善恶可言呢？如果这是真的，那么我们将生活在一个没有规范性、没有价值标准的世界，有的只是物理现象，自然物的生成变化。普罗提诺认为这是荒谬的，并极力反对。（Ⅵ. 7. 23. 12-17）如果缺乏了"至善"这个面相，太一的效果就只是"保持是者是，思者思，活者活，提供所思者，提供生命，如果有东西不能够活，那么就提供存在"（Ⅵ. 7. 23. 21-24）。这就如苏格拉底在《斐多篇》中批评阿那克萨戈拉的物理主义一样，对于人生如何才是善的、对于城邦事务的判断毫无帮助。

普罗提诺在Ⅵ. 7中提供了多种论证为万物具有善性作辩护。例如：

（1）不同的事物有不同的欲求，如果没有背后作为共同的善，我们怎么判断不同的欲求哪个"更善"，甚至连"更善"这个概念都不可能。（19. 5-9）

（2）他列举了一组相反的事物，例如"有序、无序"，"健康、疾病"，认为人从直觉上就会认为前者是善的，所以这些善的东西的创造者也应该是善的。（20. 4-10）

（3）如果有人说至善只不过是一个虚假的幻想，那么在这

个映像背后必须有一个真的,否则我们怎么能说它是虚假的呢?(26.1-6)

(4)如前所述,善是一种目的因,他说:"每一个事物的欲求和渴望的阵痛都为每个东西有[所欲求的]善[对象]作证。"(26.6-7)欲求只是善的一个标志,它不是善。"欲求/欲望"揭示了善性的在场,也是普罗提诺哲学中的"善"的一个伴随物。

(5)如果有人抛开理思去认识至善,那么这样的人是把至善当作感觉事物的属性。但是如果他否认这些感觉事物,那么他就为自己设定了某些善。(29.15-19)因为他一旦做出否定的行为,那么他就有所目的,所以也是设定了自己认为善的东西。

(6)甚至质疑善的提问者本身,不需要明白我们上述的论证,他本人就已经有一个"对善的预先的直觉"——他有一个探求更高的本原的出于自然本性的欲望。因为,每一个人天生都乐于使用本身所具有的理思,并且认为非理思是不好的(恶的)[①],我们的感觉天生有一种愿意察知的倾向,这就是证据。[②](29.19-26)这也证明了真正的"思"、理思,是比人的一般的理思思考更值得欲求的,因而也是更好的。(29.27-29)

总之,"如果[我们的反对者]不顾[自身的]存在/是和生命[③],他就是在反对自身和他自己的一切经验"(29.30-32)。

第四节 本原和至善的统一

"是"的层级体系(从第一本原到最底层的物质)与"善"的

[①] 这里的"恶"并不一定指伦理上的邪恶,而是指缺乏了应有的东西。
[②] 参考亚里士多德《形而上学》开篇:"求知是所有人的本性。对感觉的喜爱就是证明。"(980a-980b)普罗提诺与亚里士多德一样,把这作为不证自明的起点。
[③] 因为理思是"是"和"生命"的本原,人也分有了这两者。

层级体系（从至善到恶）的每个层级都是对应的，"是"的程度越高，"善"的程度也越高。但是层级间的关系的"方向"却是相反的，下层以上层为善，而上层为下层的原因。从而，往上的阶梯的顶端是至善，底端则毫无善可言（因为没有任何东西在其下）；往下的阶梯以第一本原为其他一切的第一原因，而物质则是最终的受体（它是感觉世界一切"是"的载体）。普罗提诺在 VI. 7. 25. 25 中曾设想物质也可以说有某种朝向更高形式的欲望。当然，"欲望"只属于感觉世界的事物，物质只是如前苏格拉底哲学家的元素那样接受更高形式的"统治"，是在这种意义上说的有"欲望"，因为它们完全接受了统治。多兹也认为普罗提诺的现实图景包括两个冲动："外化"（outgoing，πρόοδος）和"回转"（return，ἐπιστροφή）。①

前一个等级是指事物存有的事实，后一个等级是指它具有的价值，中间连接起两端的关键是"欲求"。欲求是一个事实，但它在普罗提诺的哲学中恰好是一个判断善的指针。因为如果一个东西欲求另一个东西，那么另一个东西就是善的，但是万物的欲求都不是偶然的或者各有各的方向的，而是指向同一个方向、同一个本性。所以万物欲求本原是一个事实，而这个事实透露出善的信息。因为只有存有的本原和善的本原在至善那里得到统一，所以分有它的事物才变得既存有，又是善的。这样，普罗提诺在感觉层面就把事实和价值的问题统一了起来。

长久以来，学界有关于灵魂在层级间移动带来的善恶悖论的讨论：灵魂的下降造成了感觉世界，但也同时意味着灵魂趋向物质，而物质又被说是恶的所在，那么是否灵魂创造世界是恶的呢？从而说明普罗提诺对于恶和物质的本性的解释存在不一致性。

---

① E. R. Dodds, "Tradition and Personal Achievement in the Philosophy of Plotinus", *The Journal of Roman Studies*, Vol. 50, Parts 1 and 2, 1960, pp. 1-7.

科斯特洛（Costello）提出一种解决方案，认为要根据篇章主题区分，否则这种不一致性将贯穿整个《九章集》。例如，他认为在 I.8 中的伦理问题必须和其他篇章的形而上学问题彻底区分开，在伦理上物质是恶的，但在形而上学上，物质帮助构成感觉世界，因而是善的。[1] 笔者认为，他看到了这两个等级体系的差别，但忽略了善性是相对性的而不是绝对性的。与理思世界比起来，感觉世界当然是不完美，因而有恶，但不是绝对的恶，而是通过衡量、对比而来的缺乏带来的相对的恶；否则理思比起太一来，不也因为其不完美而是恶的吗？与物质比起来，感觉世界又因为其完美性而是善的。这种善与不善（而不是"恶与不恶"）都是对比出来的，至善是唯一标准，而不是以恶作为另一个标准。就如上文分析的，比起原先世界是混沌的物质状态来说，太一赋予的"是"的秩序（本体论层面）当然要更善，从而感觉世界的被生成的过程当然是善的。因为生成的"是"的等级传递的只有秩序（"是"和统一性的程度）而不生成物质，否则感觉世界能与之对比的之前的存在者只有理思和灵魂，那么感觉世界的生成就恒是恶的。按灵魂下降是恶的看法继续推论，则太一保持自身而不生成才是最大的善的状态，否则太一有生成的活动，造成不如它的东西，岂不也是造成自身的恶和自身善性的减损？这种看法是混淆了两个等级体系的结果，也是搞混了太一和物质的关系的结果。

然而，欲求作为中间的手段，不止最高者的至善没有欲求，最低者的物质也没有，而且它也没有欲求它的更底层的存在。作为传统的"二分"世界观的另一极端，就如恩培多克勒的"四根"，我们不能说它们哪一个是善、哪一个是恶，它们的聚集和分离才导致感觉事物产生，在感觉事物之中才有善恶。它更像是消极被动的质

---

[1] Edward B. Costello, "Is Plotinus Inconsistent on the Nature of Evil?" *International Philosophical Quarterly*, Vol. 7, 1967, pp. 483-497.

料，是一切感觉事物"是"的基底，它在切实起作用，所以有自身的存在性。在自然秩序上接受来自更高本原的"是"，所以形成感觉世界的事物，从这点上看，它似乎分有了某种"是"，但一旦与"是"结合，这些物质就从无限定变成有限定的个体事物。就如人是灵魂和物质的结合体一样，我们会更确切地说"这个人"分有了人的"所是"，但不会说这堆杂多的物质分有了人的"所是"。

但从价值的角度上看，物质当然完全没有任何"善"，它本身非善非恶，但却是恶的根源。这个"根源"不是如至善那样，它不给予事物以"恶"，事物也不是因为分有它才有了"恶"。因为"恶"是对比善而出现的，是感觉世界层面的价值判断，应该理解为对比理思世界而来的"不完美"，而感觉世界从根本上与理思世界的不同，乃是它以物质为基底，那么物质当然要为这种"不完美"负责了。就如，一个工匠心中有一个床的"形"，无论这个工匠如何优秀，他用特定的材料做出来的个体的床却不可能达到心中的形那样完美的程度，因为这种不完美来自于感觉层面之下的材料本身的特性。因此，恶、"不完美"在物质之中。因此，普罗提诺说，物质是未规范者、无形式者、非是者，是感觉世界生成变化的另一个无限定者，绝对地不分有善，被标记为恶的本性的东西。（参见 I. 8. 3. 20 及以下）既然感觉世界以物质为基底，那么恶就是这个世界必然出现的现象，那就是比起理思而来的种种不完美（缺陷），种种变化不定（生老病死），总之，比起永恒的理思，个体在时间和空间的局限性必然造成"恶"。[①]

在 II.4 中，普罗提诺更全面地处理了有关物质的问题。物质并不分有太一的"至善"（16. 16-17）和"全能"（参见 II. 3. 17. 5-8）的面相。但是，物质存在（参见 I. 8. 15. 1-4），有某种意义

---

① 参见 I. 8. 6. 1-13，恶是必然的。该处译文可参见张映伟：《普罗提诺论恶：〈九章集〉一卷八章解释》，第 94—95 页。然而笔者并不赞成其对普罗提诺"二元论"的推测和"逃离"恶的解释，因为普罗提诺的"恶"没有实存性，它只是善的缺乏而已。

上的实存性和统一性（单纯性）(7.20)。在理思之中，还有"可思的物质"，它是"异"的理形的产物，因为有了它，各个理形之间才有"异"，才不是完全混同，但它不是指最底层的物质。(1.17-19, 29, 15.30, 16.25-27) 最底层的物质是感觉世界存在的必要因素。(12.1) 因此，恶作为由物质带来的"不完善"，普遍存在于感觉世界而且必然存在，但它是一种"相对性"，是对比理形的绝对秩序而显出的"无秩序"。这无得于说万物都分有善性从而是善的，因为感觉世界的恶不过是"善的相对缺乏"而已。

正如我们在前面的哲学史回顾中看到的一样，秩序本原和物质之间并没有谁生成谁的问题，它们永恒存在，前者规范后者。所以，也不存在"至善潜在包含恶"的问题。但是当我们把善恶纳入整个体系秩序中考虑时，乃是以感觉世界为判断的对象，而不是以"本原—物质世界"两个极端为对象，因此，两个极端自身都超出了善恶的衡量，在善的尺度上，一个是无限，一个是无。那么，太一与物质就是两种无限的极端，一种是绝对的无限的"是"的、秩序的充实，一种是绝对无限的"是"的、秩序的缺乏。（但在"存在""不存在"的后世哲学概念中，这两者都是"存在"，物质不是"不存在"。）

亚里士多德认为"神的自我之思"的对象就是至善，它是第一者，所以是善本身。[①] 亚里士多德批评柏拉图的善的理形时说，如果善的理形才是唯一的善自身，那么它不过是一个空洞的概念，它除了自身之外不包括任何具体事物，没有任何外延。亚里士多德认为人的生活的幸福才是最高的善。[②] 普罗提诺的答案接近柏拉图，但他的"至善"实则非"善"（不是任何分有善的事物），它是"至善"（善的原型），这是它在整个等级体系中的超然地位

---

① 亚里士多德：《形而上学》1072b 25。
② 亚里士多德：《尼各马可伦理学》1096b 20, 1095a 15。

所致。因为至善本身不是"善",万物都是具体的善,这样就避免了只有唯一一个善的批评。它之后的理思分有的"善的型"包含一切可以归为善的具体内容(例如"美德""正义""美"等),这又成为感觉世界善的事物的多样性的基础。它们因为自身的"所是"所以是善的,其自身就值得欲求。① 普罗提诺跳出了亚里士多德批评的"空洞的唯一善"的窠臼。

在"一"和"善"的统一上,我们发现太一自身在"是"和"善"两个系统中已经"**非一**""**非善**",更准确地说都是系统的起点,都是同一个"无限"本性。那么,它一方面符合了亚里士多德所说的最高本原必然是善的推论,另一方面也避免了亚里士多德批评的"一"(或某个理形)是善将使得一切事物都是善而"毁灭"了恶的推论。因为**恶不是善的对立,而是善的缺失**,缺失者并无任何实体,而只有善性程度上对比得来的"差距"。至善本身不参与到系统中,也就不必为整个系统的善性衰减负责,为此负责的乃是物质,而物质又非真正意义上的本原。"至善"并不是"第一本原"的附加属性,而是属于同一本性的并列的面相。从而,它们之后的等级体系也是在某种意义上有可比性的。例如,事物拥有越多的统一性就代表它拥有越多的善性。(参见 VI. 6. 3. 8-9)理思虽然有了与统一性相反的杂多性,但不能说它比起太一有"缺乏"因而是"恶"的,而是因为它分有最多的统一性也分有最多的善性,而不是相反,以此类推,感觉世界也不是恶的,只是统一性和善性的程度没有理思世界多。

太一的外在活动可以称为"**善的型**"(ἀγαθοειδής),但不同于太一,它与可思的物质结合,产生了理思本身,因而它也就是理思的"所是",这又转化出理思的内在活动。虽然"善的型""后来"

---

① 当然,严格说来它们也是分有了太一所以才有了其元是,因为整个理思都是从太一而来。所以,它们也是分有了至善,才是善的,但是这个分有的东西就已经成为它们自身了。

等同于理思,但它在生成过程上要前于"生成后的"理思。

因此,第二本原理思实际上是:"**善的型**"(与至善相对),"**理思**"(作为一个独立的本体),"**'思'和'是'**"(同一的内在活动),"**(实是的/可思的)万物**"(内部的"思"和"是"的内容),"**元是**"(内部活动和内容的统一体),"**一-多**"(因为理思是上述双重结构的统一体)。(参见 VI. 7. 21. 3-4, VI. 7. 15. 9, VI. 2. 17. 28, III. 8. 11. 16, 18, V. 3. 16. 18-19, V. 6. 4. 5, VI. 8. 15. 19)理思中的每一个实是者,例如灵魂,也可以说是获得"善的型"(V. 3. 3. 10, VI. 7. 22. 33, VI. 7. 18. 1, 7, 14, 25, I. 7. 1. 16, I. 7. 2. 7, I. 8. 11. 16)。上述统计穷尽了《九章集》所有有 ἀγαθοειδής 的文本。[①] 阿姆斯特朗常常不把这个词单独翻译出来,而是翻译为"像善的东西"(that like the Good),光从英译文看不出它与柏拉图《国家篇》中"善的型"的联系,而且阿姆斯特朗把 VI. 7. 15. 9 翻译为"善的原型,它有善的型",显然他还不理解这两者的区分。因为后面有"因为它[理思]在诸多理形中拥有善",并且下面的 15. 23-24 就说了理思因为能力不足而把自身之中的"善的型"打碎为多个部分;在 16. 10-24 中,普罗提诺又复述了一遍 V. 4. 2 的生成过程用于解释柏拉图在《国家篇》中的"日喻",这是他对苏格拉底的谜语的回答,也是我们这个结论的佐证。

通过类比的方法,我们知道太一是上述理思诸多特质的本原,所以太一从"非是"(超越理思)的角度看,它是"**至善**"(善本身)、"**万物的潜能**"、"**超越元是者**"、"**太一**"(一本身)、"**第一者**"(最高本原)。如果说理思是"秩序"的集合体,那么太一就是秩序的秩序,赋予诸多秩序统一性的本原。

[①] John Herbert Sleeman and Gilbert Pollet, *Lexicon Plotinianum*, p. 1.

第五节 通达太一的两条道路

要认识一物可以通过两种途径：直接和间接，也就是通过自己的体验亲自见证和通过其他事实进行间接推断。这正是普罗提诺在 III. 8 中的思路，他说：

> 它［太一］不是是者（μὴ ὄντος），不是元是/本质（μὴ οὐσίας），不是生命（μὴ ζωῆς），因为没有任何东西能够谓述它，勉强地说，它是某种超越所有这些东西的"是"（οἷον,...τὸ ὑπὲρ πάντα αὐτῶν εἶναι）。① 但是，如果你通过除去"是"（τὸ εἶναι）抓住它，那么你将会被惊奇充满。（把自己）抛向它，突然停止在它里面，越深入越理解它，通过直觉知道它，依靠在它之后的、由它而来的东西看见它的伟大。（III. 8. 10. 31-35）

他首先指出认识太一的困难在于它超越"是"。然后他介绍了认识太一的两种途径，与太一合一（亲证），或者通过在它之后的事物去认识它（间接认识）。第一种方法要求我们抛开"是"的限制，超越理思，超越一切杂多和分别，自我的灵魂与太一合为一体。这当然是最完全和最真的"认识"，可以称为一种直觉性的把握。他声称，在与太一合一的状态中，太一超越一切所能够被想象的"它之所是"，因为它没有任何附加的属性（VI. 9. 6. 13-15, 11. 1-4）。因此就算与太一合一，这种对太一的把握也是不能够用言语说得清楚的。这种体验不是感官性的，甚至不是理性

---

① 普罗提诺很谨慎地使用"οἷον"（某种）表明"τὸ εἶναι"（"是"）是不恰当的类比，意在表示太一仍然是实有而非无。因此这里的"是"也可以翻译成"存在"。

思维的结果,大概只能用"神秘"来形容它。(VI. 9. 11. 1-2)它无法人为筹划,只能在完成准备之后期待它如突然降临的光照射在灵魂上面(VI. 7. 36. 19-24, V. 3. 17. 29)。

普罗提诺多用比喻的方式来阐述这种神秘的认知方式,因为这种直觉不是推理性的认识方式。例如,"首先要向神自己祈求,不是用言语,而是伸展我们自己与我们的灵魂向他祷告,从而能够以此种方式向他独自祷告"(V. 1. 6. 9-12)。"要抓住'孤立和单独者',你不能思考"(V. 3. 13. 33)。"理思必须回归到在自己背后的东西并放弃自己"(III. 8. 9. 29-32)。这种体验的降临不能够为人所预知,而是突发的,这时体验到的人"突然看见……但是他所看见的是光本身……他自身就是光"(VI. 7. 36. 19-21及以下),"灵魂突然抓住了光"(V. 3. 17. 29)。梅杰认为在柏拉图那里最高的认识只是"看到善",而普罗提诺则进一步提出"与之合一",这个"合"的对象并不是指"太一"(统一性),而作为动作的对象通常是"至善",或者"他",最终是太一本身。[①]

更重要的是,这种途径只能向合乎资格的人显露,不是对所有人适用(VI. 9. 10. 18-19, 11. 3-4)。普罗提诺最推崇这种认识方式,并说诸神的生活就是"独自向那独一者的逃脱"(VI. 9. 11. 49-51)。这是《九章集》的最后一句话,至少代表了编者、普罗提诺的学生波菲利的倾向。但是这种"与神合一"的迷狂,只见于波菲利的记载。[②] 虽然他使用了描述空间的语言,但实际上太一本身不适合用空间的语言描述。他也经常提醒我们一些空间性和时间性的词汇在运用于理思领域时要特别小心。太一只在于自身:既不在任何地方,又在任何地方——这两种描述都是对的,因为它赋予其他一切存在者以存在,所以说它是无所不在的,但它又

[①] P. A. Meijer, *Plotinus on the Good or the One (Enneads VI, 9): An Analytical Commentary*, pp. 289, 297.

[②] 见本书第一章对《生平》的讨论。

超越一切存在者，所以是不在任何地方的（因为只要在任何一个空间位置，它就变成了某个存在者）。（参见 VI. 8. 16）因此向太一复归并非一种空间上的转移，而是一种灵魂上的转变 —— 更确切地说是灵魂的理性、理智的统摄方向朝向至善的转换。因而是**一种生命意义、生活方式的转变。**

我们可以简单地说，这是他的神秘主义的"迷狂"，已经超出了哲学理性的范围。我们还可以说，这是太一的不可言说性导致面相和太一本身之间存在一个鸿沟，对这个鸿沟的跨越必然要依靠直觉性的灵魂与太一的"合一"，所以这是一种理性的神秘主义。但我们还可以更进一步，说这不过像是用展开的话语（logos）描述一件东西，但听者必须用一种非推理性（logos）的理解力统一和把握话语的所指和真正含义。如果普罗提诺热衷于这种"捷径"，他就不需要如此不懈地用言语重复讲述太一的多个面相及它们与万物的关系，也不需要写下艰深晦涩的《九章集》。最后一种理解在柏拉图那里可以找到文本依据。柏拉图说他真正的学问不是写下来的，因为语言有局限性，所以要熟悉它就要长期接受教导，"然后终于有一天，它就像突然迸发的火花在灵魂中生成，并马上成为不证自明的东西"[①]。他所说的最终认识的东西，不过是事物真正的实在，而不是所谓的"神"。普罗提诺引用这句话，在 V. 3. 17. 29 作为一场艰辛的思想旅程的结尾表达了灵魂如何突破推理性的认识方法去认识太一。即使是那著名的"向那独一者的逃脱"，在该篇前面也解释了为什么即使柏拉图说这个教导不可以写下来而普罗提诺仍然要写这篇文章，因为他要为不知道的人展示这条道路。据此，我们也可以解释他使用关于灵魂飞升的比喻性的语言，不过是因为太一超出了推理认识的范围所以才使用类似诗性的语言。

---

① 参见柏拉图的第七封信，341D 及其后。

我们基本可以肯定"合一"对于普罗提诺来说不是一种理论上的可能，而是一种实实在在的体验。[1]卡茨甚至声称，整本《九章集》都可以看作通往这个体验的向导书。有意思的是，甚至有某位现代读者的证言说自己在阅读《九章集》的过程发生了"全身一热"等神秘的体验，这当然是极端的例子。日常语言不足以描述超时空的理思领域，对太一的体验当然就更不能诉诸语言，普罗提诺的哲学语言指向的仍然是思的领域。西方于普罗提诺形象的模糊认识，源于整个西方哲学试图融合希腊固有理性倾向和犹太—基督教道德体验。[2]

至于这种体验是超出传统哲学框架的神秘，还是哲学推理的结果，则各有历史解释。但是我们也注意到神秘的"合一"是当时流行的迷信，而且普罗提诺之后的新柏拉图主义者大多对此津津乐道，是他们推动和塑造了后世对"合一"的神秘性认识的倾向。但与之相反，对整个普罗提诺体系做理性的、逻辑性的诠释的也不乏其人，如普罗克洛，他著有《神学旨要》。语言能力范围是否就限于感觉经验，能否以及如何表达思的领域，对于不可说的事物如何言说，这都是值得讨论的更深的问题。[3]布雷耶同意卡茨认为"合一"是体验的看法，并进一步指出，这是一种没有爱的对象的爱，一种自我意识，**至善就是爱**，灵魂沉浸在纯粹的爱中。他试图解释普罗提诺理性的哲学体系如何与神秘的体验结合在一起，他指出关键在于对理思和太一的追求都是内在于我们自己的追求，自我与所思的诸事物同一，但因此自我也不能够认

---

[1] E. R. Dodds, "Tradition and Personal Achievement in the Philosophy of Plotinus", *The Journal of Roman Studies*, Vol. 50, Parts 1 and 2, 1960, p. 6.

[2] 以上见 Joseph Katz, *Plotinus' Search for the Good*, pp. 15-28, 20-21, 26。

[3] 可参见 D. Robertson, *Word and Meaning in Ancient Alexandria: Theories of Language from Plato to Plotinus*, Aldershot, England; Burlingto, VT: Ashgate, 2008; D. Frede et al., *Language and Learning: Philosophy of Language in the Hellenistic Age*, Cambridge: Cambridge University Press, 2008; Michael Sells, *Mystical Language of Unsaying*, Chicago: University of Chicago Press, 1994。

识自我的界限，而太一则是这些事物的统一基础，在这个过程中自我如镜子变得与对象相似。①

里斯特澄清了这种体验并非在现实中与某个实体合一并且变成那个实体，而是理思／灵性的"自我"与其本原的无限接近。②梅杰指出在"合一"之前的道路完全是哲学化的，与任何体验无关。他同意多兹的看法：普罗提诺的"合一"不过是一个自然的过程，与之后的基督教神秘主义完全不同。③科里根梳理和对比了从普罗提诺到普罗克洛再到基督教神秘主义的"神秘主义"，认为普罗提诺的合一更具内省主观性，与柏拉图的迷狂一样是一种哲学的旅程。④冈野（Okano）更是详细讨论了"合一"作为一种直觉性认识的哲学基础：既然理思中对象与活动是同一的，那么对更高本原的太一的认识也类比地要求灵魂与之"合一"。⑤

普罗提诺还提供了第二种方法，具体来说，就是从"它之后的、由它而来的东西"发现太一作用的痕迹，再从痕迹去推论原因。所以，第二种方法可以称为"痕迹—原因"或者"本原—映像"方法，或者"哲学（爱智慧）的方法"。

这种方法也是通往第一种方法必需的预先学习。普罗提诺追随柏拉图而称其为"最伟大的学习"（the greatest study），包括"对从它［太一］而来的事物的知识的对比和否定，还有某些逐级上升的方法"（VI. 7. 36. 5）。这是柏拉图《国家篇》辩证法的学习阶段。这一方法的结果是停留在理思世界，能够认识到诸实是

---

① Emile Bréhier, *The Philosophy of Plotinus*, pp. 153-154.
② John M. Rist, "Back to the Mysticism of Plotinus: Some More Specifics", *Journal of the History of Philosophy*, Vol. 27, 1989, pp. 183-197.
③ P. A. Meijer, *Plotinus on the Good or the One (Enneads VI, 9): An Analytical Commentary*, p. 294.
④ Kevin Corrigan, "'Solitary' Mysticism in Plotinus, Proclus, Gregory of Nyssa, and Pseudo-Dionysius", *The Journal of Religion*, Vol. 76, No. 1, 1996, pp. 28-42.
⑤ Ritsuko Okano, "Philosophical Grounds for Mystical Intuition in Plotinus", *Dionysius*, Vol. 25, 2007, pp. 93-114.

者。(I. 3. 1. 15)但这不是说我们要用"不是什么"这样的否定句式来论述太一,而是要从"它所不是的东西"(即它之后的万物)去认识它。名称及其所代表的面相正是在不同的逐级否定上升道路上的终点。认识了面相并不代表认识了太一本身,正如普罗提诺的比喻说的,就如在一个房间的任何一个角落听到一个声音,"你将接收到整个声音,然而还不是全部"(III. 8. 9. 29)。

要否定太一"是"又"不是"某个东西,那么学习者必须对这个东西有深刻的认识,而不是一种语言上的游戏。因此这种学习就如《国家篇》里面对"哲学王"的教育那样,在知识上要逐渐从学习经验性知识到理论性知识,最后到哲学;在思维能力上,就要从经验认识到理性认识,再到理智认识,最后才是"一下子把握全体"的对太一的直观认识。据此,普罗提诺解释说即使爱智者(哲学家)也要长久地保持训练,特别是数学,从而让他适应于认识非物质的事物,对抽象的知识驾轻就熟;完善自然本性就有的诸多美德;学习辩证法,认识善与非善、真与假、是与非;然后他扬弃了逻辑——关于命题和推论的思维认识活动,最终达到的是万物的本原,实现圆融一体的境界。(I. 3. 4)

这种方法也被许多研究者称为柏拉图学派和普罗提诺的"否定神学"。赛尔斯(Sells)声称普罗提诺是西方"否定法"(apophasis)的奠基者,并且这种"神秘的对话"极大影响了希腊、犹太教、基督教和伊斯兰教思想。[①] 具体说来,这种方法叙说太一"既不是 x 又不是非 x",或者"既是 x 又是非 x",从而逐步把太一的意义引向深入而不停留于某一个确定实体。

笔者认为"否定神学"的称呼是用后世的影响反过来理解普罗提诺,有本末倒置的错误。陈康先生认为这里遵从《巴门尼德

[①] Michael Sells, "Apophasis in Plotinus: A Critical Approach", *The Harvard Theological Review*, Vol. 78, No. 1/2, 1985, pp. 47-65.

篇》的第一个推论，连太一（所谓"神"）自身都否认，不可能是一种"神学"。[①] 笔者也不认为这里是"否定神学"，因为所谓"否定"是指用不是太一但出自太一的万物来说太一，因为万物身上有它的痕迹。但是否定太一是"一"，不过是对"**是**"的绝对否定，并不是对太一本身的存在的理论必然性的否定。而且这种"否定神学"可以无限继续下去，会带来类似无限倒退的难题。

除了最重要的辩证法，探究自然知识、美德知识也是哲学方法不可或缺的，因为后者是辩证法的训练场。换句话说，自然哲学与道德哲学的研究需要辩证法和数学。(I. 3. 6. 1-10) 在这条道路上，哲学家积累了自然、伦理、数学、逻辑、形而上学、辩证法等逐步抽象上升的知识和训练，让灵魂变得更加容易领悟太一和至善。

太一的痕迹不仅存在于作为认识的中介对象的万物，而且也在于认识主体——我们——的身上，因此这种方式是适用于所有人的。人在宇宙中，人自身就是一个宇宙，是大宇宙微缩的小宇宙。[②] 只不过，灵魂的上升对于不同的人的难易程度是不同的。他说，哲学家（爱智慧者）是依照自然本性就回想起了灵魂的归家之路，而音乐家、爱者（能辨识出并感动于感觉世界的美、至善的痕迹的爱好者）等则紧随其后。(I. 3. 1. 10) 这是《斐德罗篇》描述的灵魂如何从尘世生命恢复羽翼最终回到能见一切真理的诸神的生活，但是普罗提诺做了一定的简化和修改，其中最重要的是肯定所有人最终都有上升的可能。

普罗提诺说："因为，既然对其他事情的知识通过理思才为我

[①] 柏拉图：《巴曼尼得斯篇》，陈康译注，商务印书馆 2009 年版，第 160 页。

[②] 诺埃尔·于布莱总结了普罗提诺的宇宙论为：太一和理思既在宇宙之中无处不在，太一和理思又超越了宇宙本身，类似的，个人灵魂和身体也是这种结构，灵魂遍在肉体，灵魂也超越了肉体。也就是说，这种结构是逐层传递的。J. Noel Hubler, "Locating the Cosmos in the Divine and the Body in the Soul: A Plotinian Solution to Two of the Great Dualisms of Modern Philosophy", *International Philosophical Quarterly*, Vol. 48, No. 3, 2008, p. 321.

们所知,我们依靠理思才知道理思,那么我们要通过什么样的单纯的直觉才能把握这个超越理思本性的东西呢?我们必须告诉那些要我们解释这如何可能的人:依靠我们之中的相似的东西。因为有属于它的东西存在于我们之中;或者这么说,在所有分有它的事物之中它无处不在。"(III. 8. 9. 18-24)所以太一虽然不可言说,但普罗提诺相信它的存在却是可以在人之中传达和教导的,因为这是在所有人的本性中就已经具有的潜能,是普遍的。因为人的存在本身就是太一的体现,因而人的灵魂、灵魂中最精华的理性思维就是越来越接近太一的相似者。而思维之所以为真,或者说知识的真理基础,就是知识的原因实体,而人本身、思维本身之所以是其所是的原因也是因为这个实体——太一。那么一旦在理思/理智的思维上再进一步追问,其结果也就是灵魂与太一的合一:人透彻地理解了自己的本性、人的最终极的本原、存在之因,同时也是知识之因、世界万物之因。这就是人向内求的道路,就是认识自己真正本性的道路。就如中国禅宗讲的人人皆有佛性,只是等待内心空明然后觉悟,然后窥见自心本性。每个人都可以在这条道路上精进,但是,觉醒者毕竟是少数,所以才有了两条道路的区分。就像禅宗讲的渐悟和顿悟的区别。但是只要到达智慧的终点就都是一样的。因此通达太一的两条道路不过是因为理智的区分,实质上也是一条道路。

第八章　尾声

第一节　主之以太一：一之义

正如庄子评价老子的思想是"主之以太一"，普罗提诺以最高本原构筑的哲学系统也可以用这句话来形容。太一就是道，道与万物的关系在中国传统哲学中有丰富的表述，虽然这与普罗提诺依托的希腊哲学传统有根本上的原理不同，但却有助于我们理解和阐释。

"至善"和"第一本原"是指称同一个本性的两个名称，它们都不是正面的表述，而是一种以"非是"（否定）的方式从不同角度指出在生成变化的万物的另一端的最高本原——太一。在《九章集》中，这两个名称和所代表的面相当然都是指太一本身，如前面分析的，普罗提诺在太一的不同名称间连续转换就可以证明这一点。连接起这两个面相的是"全能"和"单纯者"。就如普罗提诺所论证的，如果有任何东西从"第一本原"而来，那么任何东西都不比这个"第一者"有力量，全都比它要弱，那么，"这个比起万物来是最好的怎么可能不是至善呢？"（VI. 7. 23. 5-7）这遵从的是我们已经揭示过的一条原则：生产者（本原）要比被生产者（产物）更好，因为它更完美（完全），更单纯，更有力。（V. 1. 7. 40-41，参见 V. 5. 13. 38-39）作为万物生成变化的起点，太一是"万物的原因"，也是主动性潜能/力量的原因（V. 5. 10. 13），所以它也是"万物的潜能"（III. 8. 10. 1, V. 1. 7. 10, V. 4. 1. 36, V. 5. 10. 13）。所以在各种因果序列中，太一虽然不是直接原因（例如理思是杂多的本原，灵魂是运动的本原），但它是最终的原因。万物皆有原因，所以作为原因的原因，甚至太一也是"自因"。这也意味着太一是"无限"，因而也是某种意义上"自由"。

普罗提诺说，至善在其自身不拥有任何东西，并且不是"万物"，否则它就不能是单纯的而会是复合的，要是这样它也必然在某个单纯者之后，而不是第一者。（V. 5. 13. 30-39）这个"先后"和"第一者"乃是就"本原—产物"的形而上学顺序而言。若无单纯者，杂多的万物也将不复存在（V. 4. 1. 11-15）。因为其"一"的面相的绝对单纯性，所以它在一切有杂多性和复合的事物"之先"。作为第一本原，在其他万物之先，仅仅"是其所是"（ἣ ὅπερ ἦ, was what it was），所以它是最自足的，因为它不需要之后的万物，因此它也是至善，因为这时恶（κακία）——"不足、不完美"——还尚未出现。①（VI. 7. 23. 9-11）作为万物的"终点"（τέλος, 也是"目标"），至善必然是"完美的"（τέλεον）。（V. 8. 7. 47-48, 参见 VI. 7. 23. 7-9）最完美和最自足的，当然只能是独一无二的，因为（1）它必然不缺乏任何东西，（2）也不会有与之并列的另一个"最自足者"，否则它们互相之间就会有属性上的差别，它们就互相缺乏对方身上的这个属性，从而都不是自足的。（参见 V. 4. 1. 11-16）②考虑到第一本原及其他面向之间的关系，我们也可以推断出，如果万物欲求最好的事物，也必然要欲求第一本原，因此它是"至善"。

因此这些面相间互相交织，互相支持，在最高本原的超越性、

---

① 类似的论证见亚里士多德：《形而上学》1091b 15-20。
② 虽然理思也被说成是完美和自足的，但因为它是"万物（所有实是）"，所以它在单纯性上低于太一，仍然要依赖太一。（V. 1. 4. 14 及以下, V. 1. 5. 5）

无限性、"不可区分性"之中统一在一起（而不是统一在某个面相之中）。所以，万物必然分有"是"，也必然分有"善"，分有"（生产性的）潜能"，分有"统一性"。

上述太一的诸多"特性"都是对亚里士多德最高本原的不足的克服（至少在普罗提诺看来是不足的）。这些不足包括：活动者需要之前的目的，因而活动者是不足的、缺乏的；思者具有内部思和被思的区分，因而不是单纯的；活动者也需要活动的对象，因而在某种意义上说，不如它之前的主动性的潜能来得完美；等等。

普罗提诺的太一理论也揭示了万物的形而上学结构。既然万物只要它分有"是"，它本性上就都有某种程度的"善性"，如果它们不欲求至善，那么这就是反对自身的本性。即使是没有灵魂的事物也分有它，因为每个个体事物本性上都有"某种程度上的'一'（ἕν），某种程度上的'所是'（ὄν），某种程度上的'是'（εἶναι）"，因此它们也分有了"理形"（εἴδους）和"善"（ἀγαθόν）。（I. 7. 2. 1-6）也就是说，因为太一的统一性，万物的这些本性的"面相"其实本质上都是相通的。例如，某物（让我们想象拆毁一把椅子）缺乏了"一"，它就缺乏统一性，就开始分崩离析，那么它也就开始失去"其所是"（"椅子"），也就开始失去其"形"（椅子的结构），最终它也失去其"善"（椅子的功能），最终它失去了其"是/存在"（作为椅子的物体消失了、不存在了，剩下的是质料）。

任何事物要是放弃了它的善，反对自己的本性，它也就是在放弃其统一性、形和所是，从而在"一"和"是"的程度上变得更少，自身也变得更加缺乏。（II. 3. 3. 28-30, V. 8. 1. 26-27, 参见 II. 1. 4. 17 及以下，VI. 6. 1. 15-20, VI. 9. 1. 3-4）缺乏"是"，它就变得"不是"和"不定"，缺乏"一"，它就变得更加"杂多"，而这种变化就是越来越接近物质层面。特别是，一个个体灵魂，如果它因为某个原因而被迷惑，忘记了自身所来，从而被误导到了错误的方向，迷恋感觉世界和物质世界（V. 1. 1. 3 及以下，参见 I. 8. 15. 19, VI. 6. 1. 11），那么普罗提诺告诉我们，它就"同时［错误地］承认了自身的下等卑贱（inferiority）"，并使得自身"降低到了生成变化和毁灭的事物［层面］"（V. 1. 1. 18-23）。这种下降并不是我们前面讲的在"是"的等级体系下的向下的生成变化，不管我们称呼这个过程为"流溢"还是"光照"，这种下降是个体灵魂因为自身错误的欲望而导致的堕落。当然，这种出于自身的原因而在本原层级间上升和下降的事物必然只有个体灵魂才有。

如果说"第一本原"作为万物生成变化的原因乃是实然性的原因，那么"至善"则是应然性的原因。当它们结合在一起，普罗提诺就使得应然的善建立在实然的本体的基础上，从而建构起一个具有客观标准的价值评判体系。例如，当灵魂遗忘了更高的本原而迷恋比自身还低级的事物时，在价值判断上它就离弃了善而错误地朝向恶，而在现实中灵魂就从高级的存在降落到低级的存在从而毁灭了自己。（V. 1. 1. 18-23）普罗提诺因此有自信声称，我们不应该追寻自身的享乐而沉迷于感觉世界，我们应该欲求更高的、永恒性的本原——灵魂要上升到理思，它是真正的生命、理性的本原，并最终复归至善。也就是说，人出于自身的选择可以选择向善，或者向恶。选择向恶，就是降低自身，选择向善，则是提升自身。这就是太一自身的统一所带来的不同面相的等级体系的统一，以及在万物和人之中造成的效果。以这种方式，普罗提诺把自然的秩序和人间的秩序统一到一个最高本原——太一。

第二节 一与万物：本原之理

一、返本开新

如果说现代科学构建的知识体系是人类探索真理道路上不断

的进步，那么普罗提诺等古代哲学家的哲学理论，特别是形而上学体系又有什么现代价值呢？或者是只能作为一种历史上遗存的、不合时宜的人文思想，作一种标本式的保存式的研究呢？实际上，除了历史意义之外，以研究普罗提诺的太一本原论为例，古代思想通过返本开新以及跨文化比较可以源源不断地为现代思想提供创新源泉，揭示了被知识的现代性外表所遮蔽的传统来源和被遗忘的认识论维度。

首先，太一本原论提供了一种宏大的世界观图景，以比较严密的逻辑安排了人的精神世界与物质世界的秩序，并最富原创性地阐释了彼此的关联。通过这种新柏拉图主义的建构，普罗提诺以及他的学生能够将纷繁复杂的人类生活现象、多元文化传统、经验与历史的积累统统纳入一个统一的形而上学框架——万事万物都在其存在论中获得存在的地位和价值。这种哲学训练的好处就是把知识进行了理论抽象、归纳和简化，能够把知识纳入一个框架、各归其位，并且在纳入新知和反思中进行框架的修正。而且，从普罗提诺对各种哲学流派的评价和反驳的例子看，这种"先立乎其大"的认知范式能够帮助认识、归纳、预测和评价新的知识和观点。在现代科学学科分化、专业研究分工细化，知识传播碎片化的时代，这种对知识本原统一性的追求是否有其重要价值呢？自然科学揭示的是否是同一个自然的不同方面？自然科学、社会科学、人文科学是否可以有共通和对话的基础呢？不同的知识视角如何嵌入共同的人类的生活呢？真理是多元的还是在终极意义上是统一的呢？普罗提诺继承和推进的希腊哲学传统实际上也是几乎已经被埋没的前科学时代的知识理想。

其次，太一本原论提供了许多可供使用的逻辑工具、普遍概念、反思方法。例如，它强调一种非时间性的因果关系，提倡研究感觉现象背后的普遍本质，对各种学说（甚至自身的学说）保持审慎的怀疑态度等。虽然《九章集》篇章甚多，成文的时间跨度也大，但是普罗提诺对要解决的问题从来不是用权威的论断武断地给出答案，而是总要寻求往复的理性论证，而且总体上保持一种逻辑的一贯性。他提出的通达太一的道路实际上是一种发展了的苏格拉底辩证法，在哲学以及许多其他的人类知识领域都有应用性。他对"是/存在"的哲学分析也是一种语言分析，揭示了现象界的事物的杂多性"存在"与事物背后规律性的、普遍性的存在的单纯性"存在"的区别。通过阐释柏拉图理念世界的统一性以及对经验世界的优先性，他实际上强调了越是普遍的知识越是接近真理的知识论方向，从而为抽象理论思维的地位作了辩护。这些或许可以视为现代科学的一种精神根源，正如现代哲学家波普尔将自己的"第三世界理论"称为"柏拉图式的世界理论"或者"客观精神的理论"——在感觉世界背后起作用的是一个思想的、客观的、真实的、不可见的世界。①

最后（但不是仅有的），太一本原论也是对人类思维原理的一种心理分析。它揭示了思维的二重性：思维动作必定是对某种对象的思维，思维的动作与被思维的对象是同一的。但是，真理性的知识却又是客观存在的，独立于个人的思维行为。所以，他从理论上解释了，任何人通过相同的理性道路都能够达到相同的知识，那就是思的本原。只不过他根据思维的二重性，认为思的本原也是由行为和对象组成，所以仿佛万物背后有一个宏大的心灵在承载和思考着一切真理知识——真理是活生生的心灵。因此，他实际上对为何人类的知识具有真理性的问题提供了一种解释，而且人类理智可以认识真理，那是因为人的思维本身就是这个真理的分身。感觉世界如此地向人的思维呈现，是因为人的思维与感觉世界都是源自同一个思的本原。因此，所谓"思与存在

---

① 卡尔·波普尔：《客观知识：一个进化论的研究》，舒炜光等译，上海译文出版社1987年版，第114、131—134页。

/是的同一性",也可以解释为一切事物在思维中之所以"是如此",是因为思维本身蕴含了如此认识它的原因。而事物本身总是有一些我们理性边界之外的"东西",那就是两个无限,其一是大全式的"终极实在",其二是最细微的"物质",无法用已有的"是"来认识。但是我们也能够无限地朝着这两个无限逼近。

体系化哲学提供了宏大叙事,从普罗提诺到黑格尔,哲学潜藏着这种大全式解释宇宙万物和人类命运的冲动。这种发展脉络到了20世纪时遭遇了现代解构主义等诸多思想的挑战。反抗宏大的理由可能有维护人的个体性,维护个体思想独特性的权利,维护肉体性的俗世生活的权力等。当然,还有自然科学获得了解释自然世界的合法性,并且社会学、经济学、人类学、心理学等社会科学也不断获得人解释自身的合法性。然而具体的知识部门不能够取代对知识本身的形而上学的思考。应该被解构的不是"先立乎其大"的智慧理想,而是试图取代现实的"叙事",普罗提诺的哲学中并没有这种谮妄,相反,他在文本中的反复唠叨是一种朋友间平等的对话。而且,人是知识的发现者、体认者和活化者,"认识自我"的主题永远不会过时,阅读普罗提诺能够提供通往这一主题的独特指引和契机。

二、哲学之路

本原总是要和产物结合起来讲,太一作为一切的本原在对感觉世界的哲学解释上扮演着重要的角色。遵循柏拉图主义的传统,普罗提诺的哲学也有着重要的两个世界的划分:感觉世界和理思世界,前者是后者的映像。普罗提诺证明思的世界更真实的论证通常都是从我们日常经验到的不完美谈起。他的思路是,我们既然能够有思,但是经常犯错,那么必然有一个一直是正确的真理和思的本原,与之对照我们才知道自己错了;同样的,我们知道有些东西是善的,那么也必然有一个逻辑上在先的善本身。人的理思是对必然领域的观照,而感觉所及的则是事物偶然的、附加的、外来的属性,因为思的领域的对象也是必然的、永恒的、不变的,而感觉领域的对象(感觉事物)的"是"都是偶然的、附加的、对思的对象的模仿。所以,普罗提诺肯定了这个世界有客观存在的秩序,这些秩序又有其内在的结构,太一是一切秩序的秩序,是秩序统一性的基础。这些秩序并非神秘不可知的,而是通过人的高级的理性思维可以获知的。人经过长时间的哲学训练,追求真知识,停留在真正思的领域,才有可能在某个时候"突然"领悟最高的本原,达到对天地间一切秩序、规律、道理的融会贯通。除了这条通往至善的"思"和"是"道路,别无获得智慧的捷径。

太一赋予万物统一性、目的、秩序。如果我们考虑到万物都有"活动",包括理思,那么"至善"在"目的论"的意义上也是第一者,因为动作的发动首先必须有一个之前的目的。思的世界加上太一组成了一切向原点"回溯"的结构。思而无目的,只是没意义、没价值的空想;知识没有了"善"就失去了用途。因此,以太一为中心,其他思的万物围绕它组成了和谐的整体,太一就是一切的目的、终点,思的各部分因为这个共同的目的而获得定义。太一因此被称为"至善",思的万物既因为朝向同一个目的又因为由同一个本原生成而来,因而太一给予了思的世界以"统一性"。

普罗提诺对此有一个形象的"光喻":太一永恒地发出光给它之后的东西,万物因为这个光而被牢牢统合在一起,并且受其滋养。因而万物也永远因为这个秩序而在一起,互相依赖,被第一者永恒地"生成",但第一者却不是生成的。(II. 9. 3. 1-15,参见 V. 6. 4. 12-14)这是模仿柏拉图的"日喻",但把"至善"替换成了"一"。太一赋予的统一性有两种:一种是万物作为有机联系的整体的统一,另一种是每个事物有自身的统一性。这个"光喻"比"流溢"的比喻更好地表明了太一的生成作用是传递纯形式的"秩序",而不是创造任何物体性的东西。多兹认为普罗提诺对这个图景的描述最喜欢用的是"线喻":圆周上的点都与圆心有一条连线(半径)。他自己将普罗提诺的这个图景比喻为水中的涟漪,并认为现实(reality)就仅仅是这些逐渐扩散并衰弱的涟漪,既不是石头,又不是水。他也赞成"生成"的图景不带有物质。[1]

从太一到万物的生成过程是"秩序"的传递,而不是物质的传递。这种传递更像是语言单向传递的过程,通过语言(logos)一个人把自己的思想传递给另一个人,使另一个人有了自己的"痕迹",在某种程度上更加接近自己的思想。[2] 就如感觉世界的事物也是通过更高的灵魂和理思才获得统一性一样,例如一支军队,他们不是杂多的个体的人,而是以共同目的聚集起来的、有核心的群体,他们之所以称为一个整体也是来自于他们之外的"本原",并服从本原的秩序安排(也就是亚里士多德所说的"意志的发动者",例如,军队的统领也被希腊人称为"本原")。这个比喻也很好说明了本原与产物的关系不是同类间的生产或者直接的力的作用关系,而是本原赋予产物以秩序,使得杂乱的诸多事物成为一个有秩序的整体,而这个整体**成为**一个事物(某个"是者"),这是一个从"不是"到"是",从混沌到秩序的"生成变化"的过程。孔子说,"善人教民七年,亦可以即戎矣"(《论语·子路第二十九》),在某种意义上,也是如我们所举的军队的例子,一个更善的、更有智慧和秩序的人通过教导、传授而使得原先杂乱的民众成为统一、有秩序的整体,作为一支军队而不断接受来自首领("本原")的话语(出自首领思想而来的 logos)的指挥。

太一位于秩序的顶端,它也不在秩序之中,而是秩序的超越性的基础。我们只能通过对秩序的认识运用"痕迹—本原"的否定上升的方法去推论它"是什么"。太一就是至善、统一性的本

---

[1] E. R. Dodds, "Tradition and Personal Achievement in the Philosophy of Plotinus", *The Journal of Roman Studies*, Vol. 50, Parts 1 and 2, 1960, p. 6.

[2] 语言的比喻见 VI. 6. 13。

原，万物生成变化的本原，潜在拥有万物者（全能），理智之父，诸神之神等。它的无限性乃是出于我们作为感觉世界的个体的有限性，是"认识"的结果，而不是太一本然的面目。因而，太一的本性是内在无差别、无矛盾、非杂多的"丰富"[①]，本原必然潜在地包含之后的一切，虽然这些言语在我们看来是矛盾的，不过这也说明它超出一切对立矛盾。它就是知识所指称的终极实在本身。

太一有而理思无的"东西"，就是甚至连对立矛盾都归于一体的绝对"统一性"。既然没有分别，就无法认识，就如人行走在漫漫白雾中，分不清楚雾中的事物，但这些事物终归是有而不是无。但也因此在人的有限理性（分析性思维）看来，太一是神秘的。神秘乃是说它不可在理思中直接认识，只能最后通过灵魂超越杂多的理思而达到与之合一的境界而被认识。然而，"合一"，只不过是"完全认识"的另一种说法。就如普罗提诺说理思世界中的诸实是都是"思"和"是"的"合一"，对没有物质的事物的知识就是与认识主体与认识客体的同一，就好比我们现在思一个概念，我们思的动作与思的对象是不分的。因此，这种神秘的体验类似于"悟"，是一种直观的、直觉的把握。但其基础乃是理思的知识，是经过长期训练之后对客观实在的直觉性的完全认识。[②] 这种"合一"基于柏拉图第六封信的"不可言说的学

[①] 参见 V.4.2 对太一有某种类比的活动和生命的叙述以及本书第六章的分析。

[②] 王晓朝教授探讨了神秘主义的定义，并提出神秘与认识是相对的，越是认识就越不神秘。普罗提诺描述灵魂与太一合一的神秘性，这就为他后世弟子（例如波菲利）的神秘主义提供了基础，他的"合一"在某种程度上可以认为是理性神秘主义，他也因此间接影响了奥古斯丁，并影响了基督教哲学神秘主义的发展。（王晓朝：《神秘与理性的交融：基督教神秘主义探源》，第3—10、232—237、262页）然而，我们要注意到，这种对后世神秘主义的最直接负责者乃是普罗提诺的弟子。就如本书导言对波菲利神秘主义倾向的分析一样，我们要区分普罗提诺的哲学本身和其后世影响。虽然普罗提诺的这种认识方法联系起了最高本原和个人体验，但是太一不是有神论的"上帝"，普罗提诺的哲学也不是宗教，那么他的这种认识方法按现在的定义看，确实是神秘主义认识论，但是他的哲学不是神秘主义。"神秘主义只有在构成宗教信仰体系的思想世界变成规范的礼拜仪式和教义时才会发生。"（王晓朝：《神秘与理性的交融：基督教神秘主义探源》，第263—264页）

说",也是指灵魂通过长期训练之后突然的"顿悟"。从知识论的意义上说,普罗提诺揭示的是人类学习抽象理论的一种过程,我们从个别知识的学习上升到融会贯通的境界并非一个线性发展的过程,中间有"飞跃性的"思想的综合和领会的过程。

普罗提诺的本原并非某种特殊的、个别的"实体",它们都不是"物"(参见 V.4.1),而是一种无形体的"秩序",或者我们可以类比为现代科学意义上的"自然规律"。本原作为解释感觉世界的原因,并非指感觉世界中的直接的因果关系(例如事物 A 和 B 的机械运动,它们直接的因果关系),而是在两个世界划分的层级体系间的整体作用关系。因此,对于普罗提诺而言并没有无形体的灵魂如何作用于有形体的事物的问题,因为灵魂是普遍的原因,而有形体的事物都是特殊的个体,这两者并不能够并列地谈论。就如我们问重力规律如何作用于某个人,最后归结为地球对人的引力而不会把"规律自身"当作一个实体与个体的人并列谈论;也就是说,一个是类,一个是个体,它们所在的层次不同。不同的规律负责感觉世界某方面的运动,使得整个宇宙呈现和谐和秩序;而不同的"规律"之间的统一性和协调性则由太一负责,所以太一是一切规律的规律,是一切类的类,用于解释为何不同的规律间能够具有统一性。不过,因为这种类和个体的不对等关系,个体间的互相作用并不是由上层本原事无巨细决定的,所以普罗提诺的本原论并不是一种严格的决定论。

普罗提诺说感觉世界在灵魂之中,灵魂在理思之中,理思又在太一之中,乃是就其作用范围而言,也就是说,感觉世界模仿灵魂而动,是灵魂的一个投影,灵魂是模仿理智而动,是理思的一个投影,理思模仿太一而动,是太一的一个投影。就如上面类比的重力规律,它在整个世界中都普遍有效,从这种关系上说,我们都在重力规律之中,每一个事物都是重力规律的一个投影实例。因此,这三个本原在整个自然世界之中,在我们的身体之中,也在我们的灵魂（真正的自我）之中起作用，因为感觉世界的万物都是它们的投影。（参见 V. 2，从最高本原到最底端的事物都是连续无间断的）普罗提诺又说太一不需要万物，而万物需要太一，并说从上往下的生成关系并不减损在前的本原。因为从逻辑上说，原因决定结果，而结果并不反过来作用于原因。所以，普罗提诺认为三本原是客观存在的秩序，不是通过对感觉事物的归纳得出的，而且它们实实在在地在起作用。不管是灵魂本原、理思还是太一，都不是以感觉事物为目的而运动（关于理智不是为了这个感觉世界而做任何"设计"，参见 VI. 7. 2-3），而是为了更高的本原或者自身。它们都不可能为了感觉世界而改变自身，或者对某个感觉事物有特别的"恩典"。

三、生活方式

因为一切都能够归结到同一个源头——太一，所以自然界的规律和人间的法律在根本上也是有一个共同的本原的。哲学家是通过理思发现这些规律的人，他们关注的是自然和人间的全体而不是具体的城邦事务。大概因为这种对普遍性的关注更加强烈，使得普罗提诺不再像柏拉图那样区分城邦的善（因为他在《国家篇》中的至善学说乃是为了培养城邦的"哲学王"）和一切万物的善，所以他也几乎不再涉及作为单一门类的政治哲学、自然哲学等。在他看来，大到宇宙，小到个人、花鸟虫鱼，任何事物都遵从同一个秩序体系，拥有同样的本原结构。

在形而上学上，普罗提诺揭示的是万物中一种普遍的等级体系结构，以及这种结构如何得以通过最高本原获得统一性、本原如何控制和指挥体系中的万物。例如，如果他有政治哲学的话，我们可以设想他会赞成柏拉图的哲学王理想而选择《国家篇》中的层级组织形式，统治者扮演的是太一的角色，他是国家意志的开端，命令和秩序的赋予者而不是具体事物的创造者。他潜在拥有每种特殊的知识但并不是某种知识的专家，而是哲学家那样有综合性的智慧。他自己能够以一种直观的方式综合一切知识和信息，因而做出的决断要优越于理性推理的结果。或者如一个乐团的指挥，他赋予整个乐团统一性和秩序。

以同一个本原为起点，我们将"是"和"善"的等级体系重叠在一起，就形成一幅万物变化的原因和价值尺度统一的图景。第一者是太一/至善，其次是理思（真正的知识和高级认识能力），再次是作为中介的灵魂（运动的本原），然后是整个自然界（有灵魂和无灵魂的万物），里面包括人的社会（人是包含最高级灵魂的生物），最后底层的物质只参与感觉世界万物的生成变化但并不分有任何善性，因此物质不在价值体系的评价中。这也是普罗提诺太一本原论大体的解释性框架。只不过普罗提诺很少用这个哲学框架来解释日常事物，他更像一个揭示出原理的哲学家而非一个如波菲利那样热衷于聚集公众的演讲家。就如亚里士多德所说的，智慧不是经验的事物，不是具体的科学，而是"对最初本原和原因的思辨的科学，因为善以及何所为或目的是原因的一种"①。

以人的疾病和贫乏为例，在实然层面上，普罗提诺会说这些现象是"是"的缺乏，由于感觉事物以物质为基底，是分有了人的"是"但不是完美的"人"（的理形），所以个体的人多多少少比起理思世界中的人的理形在"秩序"上有所缺乏；在应然层面上，他会说，这是对比完美者而来的不完美，这种缺陷就是恶，但原因不在于感觉世界的个人，也不在于理形世界的灵魂，而在于物质本性上不能达到完美。（参见 I. 8. 5. 21-25）对哲学的进一步应用和实践并非作为哲学家的普罗提诺的任务。不过我们可以在其基础上进一步推论，普罗提诺也许会说，治疗疾病的大的方

---

① 亚里士多德:《形而上学》982b 9-11。

向就是恢复人的身体本来的秩序，在目的论上则是使其恢复"健康"（"健康"是一种善）。然而这些事情对于至善甚至理思来说，根本就只是变化不定的现象而已，没有实在的价值，也不会干扰真正向善的灵魂。

在以太一为基础的统一体系中，普罗提诺能够解释为何生命的价值比任何物质的东西都要重要。感觉世界的不完美在于其必不可少的组成部分——"物质"。因为本原总是永恒不变、确定的，它没有任何杂乱和偶然，而这个感觉世界总是有出乎意料的事情，包括恶，时而呈现出混乱，因而必然地有某种"缺乏秩序"的原因。普罗提诺认为这就是物质，它是"秩序的缺乏"，而不是既定秩序的主动扰乱者，它也是恶的所在地。从价值的角度看，恶就是善的缺乏。那么，人对这种混乱无序的克服，必然是主动追求对秩序的知识，因为人的灵魂中就有认识的能力和认识的对象。一旦人的灵魂不追求本原而追求物质，不运用自己的理思而沉溺于肉欲，那么这个灵魂就会陷入更大的混乱，因而是更大的不完美，在价值上说，就是朝向恶。

从这个意义上说，普罗提诺承认人（指个体灵魂）是有自由意志的，有内在的善的本性，也受肉体影响而有朝向恶的倾向。普罗提诺肯定了人特有的价值，又肯定了人与自然的天然联系。[①] 人既与自然万物有同一个来源，在本原的同一个大全灵魂中是一体不分的，同时人的本性又由于有了个体的灵魂而比一般自然物要高贵，因为人的灵魂有理思和自由意志的部分。所以，他说，一个外表丑陋的活着的人，都要比一个美丽的人的死的雕像更加美丽和珍贵，因为她分有了更多善的型，为至善的光所渲染。（VI. 7. 22. 31-36）布卢门撒尔认为，普罗提诺特别地用"我们"打开了

[①] 或许因为这个原因，普罗提诺是个素食主义者（植物的破碎不影响灵魂，参见 V. 2. 2, VP. 1）。

个体灵魂看待大全和本原的视域。从这个角度出发，又可以生发出"我们是谁"，我们作为个体灵魂下降到肉体是善还是恶，我们能做什么等问题。灵魂不能分为大全灵魂和个人灵魂，它必然整个下降到感觉世界，因为不可能有一部分是完美的而另一部分是不完美的。他认为普罗提诺的个体灵魂是人的"形式"部分，掌管肉体，是脱离于大全灵魂的"效果"。普罗提诺的"自我"学说是一个哲学创新。①

人要真正趋向善，不在于如何使得形体趋向完美，而在于内在的"人"——自我灵魂——向本原的复归。第一步就是运用灵魂中的理思以通达理思世界，也就是探寻普遍联系的知识、探求真理，其次是在求真的过程中能够不为知识所束缚，能够认识到知识之上的万物的至善。最后一步虽然多有神秘的论述，然而通达它的途径却只有理思（"是"）一条路，此外别无捷径，这与巴门尼德的通达真的路只有"是"是一脉相承的。这种探求乃是内在于自我的发现之旅而非向外求，既不是依靠超自然的事物，也不是依靠太一主动的恩典，更不是灵魂在时空意义上的移动。理思不包含底层的物质，因此对它的认识也不包含对感觉世界事物的认识，而是包含了万物生成变化的原理。因此，灵魂的上升也不意味着对感觉世界的任何神奇的改善，而是通过灵魂的"觉醒"，使它具有更多理思的能力，在个人生活上更加能够运用理性破除无知带来的黑暗和恐惧，自觉安排自己的生活而不为感觉

---

① 布卢门撒尔在考察了普罗提诺的"心理学"（个体灵魂学说）之后，评价说：普罗提诺能够评价和吸收前人的思想并做出创新性的综合，"他作为一位希腊哲学家在工作"。（H. J. Blumenthal, *Plotinus' Psychology: His Doctrines of the Embodied Soul*, pp.6-7, 17, 140）对普罗提诺的"自我"概念有许多研究，可参见 E. R. Dodds, "Tradition and Personal Achievement in the Philosophy of Plotinus", *The Journal of Roman Studies*, Vol. 50, Parts 1 and 2, 1960, p. 5; Asger Ousager, *Plotinus on Selfhood, Freedom and Politics*, Aarhus: Aarhus University Press, 2004; P. Remes et al., *Self in Ancient Philosophy*, London: Springer, 2008; Stephen R. L. Clark, "Plotinian Dualisms and the 'Greek' Ideas of Self ", *Journal of Chinese Philosophy*, Vol. 36, No. 4, 2009, pp. 554-567; 等等。

冲动所控制，过上一种有智慧的善生活。① 在 I.4.4.23-38，他描述了获知至善之后的人的生活。即使遇到诸多不如意，这种人也因为"知"而豁达不哀伤，对他唯一的伤害只有"不知""不拥有理思"。他说：这种幸福的人作了三侯也不增添他的欢喜，死亡也不能减损他的善性。（I.4.7）这类似于中国人讲的泰山崩于前而色不变的内在气度、不以物喜不以己悲的涵养和修为。当然，普罗提诺用的语言是理所当然的样子，而不止是在谈论人可以表现出来的一种内在修为。那里的话甚至安慰了奥古斯丁最后的生命。② 因为我们就在灵魂之中、在理思之中、在太一之中，我们缺乏的只是发现和思考。这个探寻至善的哲学实践就是柏拉图所说的"最伟大的学习"。③ 这也是苏格拉底"认识自己"的传统的延续，更是希腊哲学爱智慧的传统的延续。

第三节 一于太一：审美之人

在这一小节中，我们尝试从认识论、美德知识论的角度解释普罗提诺"神秘的合一"。

一、求知之美

追求智慧者，一旦获得前所未见的真理，他的灵魂会有什么感受呢？让我们想象一下。首先，他所面对的是之前未知的事物，是知道谜面但未知谜底的谜，也是令他困惑但又心向往之的目标；

---

① 关于"向内求"，参见 I.4.11；关于善的生活在于追求智慧、更高的本原，参见 I.4.16.10-15。
② 参见阿姆斯特朗在 I.4.7 的注。
③ 参见 I.7.36.5, I.4.13.7，源自柏拉图《国家篇》505A2，我们在本书第三章对此有详细的分析。

其次，他会感到惊诧，因为这与他之前所知道的东西不同，甚至会有敬畏之心，因为无论多小的真理其普遍性都远远超过他作为个体的有限性；最后，他会为真理的美所陶醉。

知识通达智慧，而智慧总是伴随着美。普罗提诺的太一也是"美"本身，重返太一也是人的审美历程。这并非古代哲学理想化的空想，我们可以在现代科学的经验和知识论那里找到印证。著名科学哲学家、科学家波兰尼提出过人类知识除了可以文字表达的部分之外，还有不可表达的"默会知识"，而且后者更加重要。[1] 其中一种"默会知识"就是人类探索新知识和学习新知识的心理结构，其中包含的个人性、直觉性和偶然性是无法完全用语言详细描述的。在波兰尼看来，求知的过程循环着热情和信念两者，这两者内在于人类本性的求知欲望之中：凭借热情朝向某个直觉认定的方向探索，而在通往未知的目标过程中却保持着信念。因为人类知识具有这种个人信仰结构，也因为这种个人热情具有合理性，科学与宗教、艺术、道德、法律等一同构成人类统一的文化生活体系的一部分。波兰尼说："所有真知识在本质上都是碰巧的，就像所有真信仰是向未知的飞跃那样。"[2] 他的知识论也是对柏拉图在《美诺篇》（506）中提出的著名的"美诺悖论"的回答：我们如果知道了一个事物那么我们就不需要去学，如果我们不知道这个事物，那么我们也不知道要去学。因此，波兰尼的解答就是在"求知"的具体过程中并非只有"知道"与"不知道"两个非黑即白的极端，我们实际上是具有某种面向未知的**信念**，并且被这个未知的终点引发的**热情**所吸引、推动——信念和热情都不是"知识"。波兰尼称这种感情追求的对象为"求知美"

---

[1] 对于"语言""思想""实在"更普遍情况的分析可参见拙作：《古代语言与知识的关系范式新探：跨文化视域中的言意之辨》，《学术月刊》2013 年第 5 期。

[2] 迈克尔·波兰尼：《个人知识——迈向后批判哲学》，许泽民译，贵州人民出版社 2000 年版，第 197、202—203、384 页。

（intellectual beauty）。他说："没有任何科学理论是美的，如果它是虚假的话。没有任何发明是真正有创见的，如果它是不可行的话。"[1] 我们可以认为在知识求真的维度之外，波兰尼重申了审美的维度，并且肯定真与美不可分割。

在理智活动的领域，美是一种直觉性的指引，而在直觉之下是对真理的实存性、统一性和可认识性的信仰。波兰尼认为第一位揭示了这种认识结构的功劳是"终结了希腊哲学"的奥古斯丁，因为"他教导人们，一切知识都是上天的恩典，为此，我们必须在先行的信念的指导下尽力而为：汝若不信则不明"[2]。然而，我们可以把这种理论进一步追溯到普罗提诺。[3] 就如普罗提诺说的人的灵魂就在太一之中，虽然灵魂尚未入识，但是有一种欲望内在于灵魂本性，吸引着它朝向至善，引发灵魂热情的就是"美"。更进一步，"没有见到它的人会把它当作至善而欲求它，但是在它的美之中看见了它的光芒的人，充满了惊叹和喜乐，遭到了强烈但是没有伤害的震撼，以真正的热情和强烈的欲望爱着它"（I. 6. 7. 14-18,《论美》）。强调直觉性把握、整体性认知，实则是对人思维主体能动性的强调，是对知识还原论和机械论的否定。

二、本然觉醒

所谓普罗提诺的神秘主义，它的核心就在于"**合一**"，但它究竟是什么？首先，不管它是一种事实，还是一种体验，或者兼而有之，"合一"并不是一个很恰当的表述，正如普罗提诺对太一的所有论述都是"勉强为之"。因为，"合一"预设了存在

---

[1] 迈克尔·波兰尼：《个人知识——迈向后批判哲学》，许泽民译，第 221—245、299—300 页。
[2] 迈克尔·波兰尼：《个人知识——迈向后批判哲学》，许泽民译，第 406—407 页。
[3] 奥古斯丁确实读过普罗提诺著作 I. 6《论美》，并深受新柏拉图主义哲学影响。可参见拙作《跨文化视野中的奥古斯丁：拉丁教父的新柏拉图主义源流》，特别是第四章。

着有本质区别的"两者",然后要么一个融于另一个,要么两者合并成新的存在。然而后一种是不可能的,因为我们已经被多次告知,太一是永恒不变的,不会增加,不会减少,也没有欠缺。其次,因为太一的"光照"实际上是一直在那里的,正是因为太一的"光照"令一切存在者存在。因此,所谓的"光的降临",实际上是灵魂本身的"**觉醒**"(ἐγρήγορσίς),这是一种超越一切"是与存在"(ἐπέκεινα οὐσίας)、理智/思想(νοῦ)、超越理性(ἔμφρονος)的生命状态。并且,"这些就是它……它就是这个活动——来自它自身而非别的",所以灵魂觉醒使得灵魂本身也超越了是与存在,超越了理智/思想,超越了理性。"他就是超越理思(理智、思想)、实践智慧的生命的那个(Αὐτὸς ἄρα ἐστὶν ἐνέργεια ὑπὲρ νοῦν καὶ φρόνησιν καὶ ζωήν)……不是好像偶然所是,而是本然所是(οὕτως ἐστίν),并且就好像是他自身意欲(ἠθέλησεν)所是"。(VI. 8. 16.30-35)我们知道"超越理思"是用以指示太一的语言,而在这里"觉醒者"也得到了同样的描述,因而实际上普罗提诺表达的就是"与太一合一"的状态。最后,把"觉醒"与"本然"作为一个突破的角度,我们可以解释"合一"其实是指人的灵魂本来就**一直与太一是一体的**,在本然的本质上是没有差别的,灵魂就在太一之中,但是有限的理性、分辨性的理智、尘世的生命遮蔽了这种本然的状态,所以他只能在杂多的、有区分的、变化无常的感觉世界中生活。"我们"的灵魂忘记了这种本来的一体,而好像昏昏沉沉地沉睡。所以,灵魂复归太一,不过是重新"记起"自身原来就与太一一体,也就是"**觉醒**"。

如果说,"合一"就是觉醒,那么普罗提诺的神秘主义也仍然处在柏拉图主义的传统之中,那就是源自柏拉图的"知识回忆说"——我们的灵魂本来就在天上见识过一切真实不虚的知识,只是堕落到肉体的牢笼中被弄得昏昏沉沉忘记了,所以所谓的"学习"就是重新回忆起天上的故乡,让灵魂重新回归天上。

"回忆说"因此也是针对"美诺悖论"的柏拉图主义回答。苏格拉底说,哲学就是练习死亡,而实际效果就是:生前经过哲学训练的灵魂追求知识的快乐,拥有自身的秩序(κόσμος),也就是节制(σωφροσύνη)、正义(δικαιοσύνη)、勇敢(ἀνδρεία)、自由(ἐλευθερία)、真理(ἀλήθεια)。①

因此,灵魂的本然状态在现世的分殊则是让人养成这些美德品质,是有具体的伦理价值和生活方式的指引,却很难说只是追求一时的巅峰体验。按普罗提诺的"合一"解释,哲学就是复归灵魂的本然所是的练习和旅途。这种复归的重点当然是灵魂认识上的变化而非肉体的,即通过认识到整个世界的本然结构——物质世界与理念世界的区分,上升到理智本身,最终达到最高的太一。这也是一个过程,是一个不断追求真理和学习知识的过程,不能一蹴而就。而且从苏格拉底的传统看,"合一者"在尘世过着哲学家的生活,就好像自律地遵从神律那样生活,而不仅是一时的神秘感动。"据说苏格拉底经常处于一种出神的状态,长久鹄立凝神默思求得内心的启示。他说,早有一种神的声音阻止他进入公众政治生活。……在苏格拉底看来,神就是最高的理性,人的理智以神的启示为基础。"②所以,苏格拉底就是这种"合一者"的现世生活典范,而他的言传身教就主要通过柏拉图的对话流传下来。所以,普罗提诺认识的哲学就是他所"还原"的柏拉图的整个教导,或者说柏拉图主义,当然我们按过去的惯例也可以称之为"新柏拉图主义"。

让我们回想起普罗提诺的生平,他被描述为一位思想连贯、处世得体又会为哲学沉思而出神的人。他自我节制而又能够与城

---

① 柏拉图:《斐多篇》114D-115A。以上柏拉图的观点可见 72A、64C 及以下、105 及以下。在 107C,苏格拉底讲述了灵魂下降到冥府的神话,让我们联想起了希腊的"秘仪",都是模拟死后生命轮回的体验。可以说,这种"神秘主义"是一脉相承的,是柏拉图主义固有的,但不是说柏拉图主义是施行秘仪的宗教,倒不如说它是文化融合并且理论抽象的产物。

② 王晓朝:《神秘与理性的交融:基督教神秘主义探源》,第 51 页。

邦各个阶层的人友好相处，他不仅自己获得知识的满足，而且能够教导和提升别人，最后他能够从容面对死亡——这些不就是他所教导的"合一"作为一种哲学的生活方式的佐证吗？

如果我们再诗性一些，消除跨文化阐释带来的语言上的生硬和隔阂，我们或许可以运用中国哲学的"天人合一"来类比和理解，只不过这个"天"不是具体的天空，而是指"大道"，"人"是指"本心"；人之所以能够通达这种境界是因为"道不远人"，其途径则是"反身而诚""明心见性"。天道之所以神秘莫测，是因为"道可道非常道"——它不能用语言分解叙述而必须整体性地、直觉性地把握。陶渊明的《饮酒》最鲜明地表达了这种不可细言的意境："采菊东篱下，悠然见南山。山气日夕嘉，飞鸟相与还。此中有真意，欲辩已忘言。"① 冯友兰先生称这个意为"混沌"，他说："这个'真意'就是菊花，南山，飞鸟和他自己融为一体的那一片混沌。这一片混沌是后得的。……[如果]不忘言就破坏了那一片混沌。"他比之为郭象的"玄冥之境"并肯定这"只是人的一种精神境界"②。以上作为一种粗浅的比较，或许可以窥见跨文化之间基于人性而在终极问题上具有的共性，但是就其学理和源流历史而言都是非常不同的，彼此之间可以相互比较而加深对自我的认识，但却不能简单地相互嵌套，而是需要更加具体的文本辨读和更加深入的理论格义。

三、美之幸福

最后，如果梦中的生活更好，那么灵魂为什么要觉醒？如果世上的荣华富贵让某些"幸运"的灵魂流连忘返，为什么这些幸运儿也需要觉醒呢？因为，在此世，灵魂不管欲求任何事物，或

---

① 袁行霈：《陶渊明集笺注》，中华书局2003年版，第247页。
② 冯友兰：《中国哲学史新编》第四册，人民出版社1986年版，第126页。

者占有任何事物,它都不会有最终满足的时候,除非它达到一种完善、完成、完美的境界。这种境界就是成为它应然所是以及本然所是的样子("是"与"应当"的统一)。"它就在真理中得到解放,因为它与自身捆绑在一起"(VI. 8. 21. 30)。这种境界就是"觉醒",就是"合一",因为是太一产生万物,因而其自身无所缺乏。具体来说,就是过上一种清醒的、自觉的、自我认同的智慧生活。这也是哲学的理想生活方式,因为这样的人灵魂没有欠缺,所行的事都遵从理智和美德自然而然地发生,超越了低级的理性计算。这也是止于至善的状态,因为他就如至善在人间的化身。这样的心灵也不会受到感觉世界变化无常的命运干扰。当然,也因为尘世的美都不是真正的美——爱美是灵魂的本性,一旦它们认识到太一、认识到至善,马上就会抛下一切直奔而去并且永不愿意再分离——"因为它是美"(καλὴ γάρ)。(VI. 8. 21. 8)

这种审美的体验是此世生命的最高意义,因而是要求投入整个生命的行动、体验和成就。"因为,它是万物最美的,作为第一者的美,是它令爱它的事物变得美和可爱。这里摆在我们灵魂面前的是最伟大的、最终极的比赛[1],我们所有的困顿和烦恼都是为了不被落下而分享不到这个最好的凝视(τῆς ἀρίστης θέας, the best visions)[2]。谁成功做到这一件事,看到了这个幸福的视野,他就是幸福的;谁在这一件事上失败了,他也就完全地失败了。如果一个人没能够赢得色彩或者形体的美丽,甚至没有赢得力量、地位、王权,他也不算失败,但是如果他没能赢得这个,而且唯独是这个,那么他才算完全地失败了。为了这个,他要放弃获得王权,放弃获得统治整个大地、海洋、天空的权力,也只有藐视和弃绝它们,他才能转向那个并且看到它。"(I. 6. 7)在这场

---

[1] 参见柏拉图:《斐德罗篇》247B 5-6。
[2] 或者译为"这个最好的异像""最美的一瞥",对象就是美本身——太一。

终极比赛中，人必须竭尽全部的力量，灵魂不能左顾右盼、顾此失彼，而是应该处于知行合一的状态。觉知转化为行动，行动就是觉知的一部分，因为不仅灵魂是浑然一体的，而且灵魂与世界和真实也是一体的。因为自我已经消融在大全之中，因此这也是生命的全面发展、潜力的完全实现。在这种生命意义充盈的状态中，每一个人生的过程片段都是完成状态的一部分，也就无所谓过程与完全。灵魂醒悟到自己原来一直在大全之中从未分离，因此"神秘合一"并非从无到有，或者从有到无，或者重新融入，而是发现自我——觉醒我与非我本是一体，从而达到智慧之境。在这种超越是与非的境界中，人生的烦恼消失了，过去与未来也都得到坚定无误的澄明认识，时间性认识的整合带来的是活在当下的意识。因此这种智慧者的生活没有犹豫、没有懈怠、没有怀疑，他就是自觉服从智慧的行动本身。而且他的行为会产生更多的映像，就如至善、太一那样发光、流溢，带来更多人的觉醒，令智慧遍布人间并且联结在一起。而这种状态就是人之"幸福"（εὐδαιμονία），即福佑的一生。①

"一于太一"也可以说是一种终极审美的生命，在至美、大美、真美中浑然忘我，回归本真。

第四节 未尽之意

普罗提诺的哲学乃是希腊哲学传统的延续，他的问题、框架、

---

① 普罗提诺这里引述发挥的是柏拉图《会饮篇》211A8、D8、E1、E2 等篇章，关于哲学的爱美历程的终极状态。奥古斯丁到了晚年都记得普罗提诺的这个教导，参见《上帝之城》第十卷第 16 章。关于智慧者与真理和幸福的关系的理解，可参见奥古斯丁《驳学园派》，作为此处普罗提诺审美与幸福论的佐证。灵魂上升的主题在许多古代基督教思想家那里都有反映，例如尼撒的格列高利的《摩西生平》等。

概念的本原都出自这个传统，这些都是在他的系统内无法内推得出的起点。① 从本原论传统看，太一等三本原不应该归入"本体"（hypostasis）的范畴。普罗提诺的本原论与自然哲学家以及柏拉图和亚里士多德的哲学紧密联系。这些都是历史的"本原"。

本书理清了太一的名称与太一本性的复杂关系，回答了引言中提出的关于太一的疑难问题，并且重新审视和总结了它们不造成太一的"杂多"却能够统一于一个充裕、三富的"无限"的本性的内在逻辑。本书在文本分析的基础上解释了面相间的内在逻辑，从而揭示了普罗提诺太一学说的另一个重要哲学意义在于他为"应然"和"实然"两个领域建立了统一的形而上学基础。理思作为第二本原，本是之前其他哲学家的第一本原（例如亚里士多德），它是内在统一的万物的秩序本原，但却不能够是最单纯者，因而太一作为单纯者有其理论必然性。

本书通过分析太一的内部结构，解释了普罗提诺本体论框架中丰富的"是"的层级结构和彼此之间的关系。在这个过程中，本书对如何理解和翻译普罗提诺哲学中的"是"的问题也提出了一些自己的看法，例如区分了"是"的动词性，"所是"的名词性和"元是"（οὐσία）的统一性。本书通过对 V. 4 的注疏，指出太一的"无限"本性内部自有其活动和内容，但却没有可以束缚它的边界。因而它的单纯性乃是不可分的"丰富性"而非"没有属性的单纯"。② 它的单纯性于太一的另一极端的是物质，它是秩序的绝对缺乏，是与太一充裕的"无限"相反的"空虚的"无限。

---

① 多兹也用了"源头"（source）一词描述前人哲学对于普罗提诺哲学的意义，并分析了普罗提诺如何从希腊传统的源头做出自己的成就：不是加入非希腊的东西，而是赋予旧材料以新意义的重新设计。（E. R. Dodds, "Tradition and Personal Achievement in the Philosophy of Plotinus", *The Journal of Roman Studies*, Vol. 50, Parts 1 and 2, 1960, p. 2）

② 格尔森正确地指出了太一因其单纯性而在原因上在先，并且这个"一"（单纯性）不是指复合物的构成部分的"一"，因而太一是原因上的第一者。（Lloyd P. Gerson, *Plotinus*, pp. 4-14）

因此，物质也被认为是恶的所在地。

通常人们把从太一到感觉世界的生产过程称为普罗提诺的"流溢说"，但"流溢"只是比喻性的说法，带有极大的误导性，而且它没有说明生成的具体过程。[①] 本书总结了普罗提诺解释从本原到万物生成的"两种活动"学说，并进一步指出这是一种"秩序"的传递过程，而非创造的过程。这就解释了为何在普罗提诺的等级体系中有如此多的层级。这也就能够解释为何普罗提诺强调本原只有三个，但其等级体系中却有 logos、自然、物质等貌似本原的层级，因为这些事物是"两种活动"学说解释生成过程所带来的"副产品"。如果我们考虑到"秩序"和"物质"这两个极端的分立乃是希腊哲学的传统，就会明白"太一（或'灵魂'）是否产生物质"，或者"至善是否潜在包含恶"这样的问题都是普罗提诺哲学系统外的问题。

苏格拉底对阿那克萨戈拉的"心灵（理思）"的最大不满就是它作为所有感觉事物和秩序的原因，却不是人类社会秩序的原因。这个秩序的本原漏了灵魂的善和恶。柏拉图、亚里士多德的最高本原在一定程度上弥补了这个自然哲学和伦理学在根基上分裂的危机：他们的"神"既是善，又是万物生成变化的原因。不管他们之间其他观点有多么不同，他们实质上已经树立了一个可能的最高本原的框架，只等待有一个人安排秩序并填补内容。但这飞跃性的一步，非普罗提诺个人的天才和原创性不足以完成。

[①] 主要文本依据一般都是 V. 2[11]，这篇简短的论文重新复述了一遍 V. 4[7]. 2 的"两种活动"的生成过程，但是脱离开 V. 4 的解释，就容易理解为：太一生产了不定的质料，然后质料通过看太一而分有了其所是，从而把第二者完全看成是出自第一者的"流溢"。《九章集》的文章都是写给亲近的人看的，许多地方的简述都是假定读者已经知道最基本的学说，因此我们必须综合多个文本依据才能更好理解普罗提诺。另一个例子是 V. 1. 6. 38。对"流溢说"的澄清参见 A. H. Armstrong, *The Cambridge History of Later Greek and Early Medieval Philosophy*, pp.239-241；Lloyd P. Gerson, "Plotinus's Metaphysics: Emanation or Creation?" *Review of Metaphysics*, Vol. 46, No. 3, 1993, pp. 559-574。

普罗提诺是希腊哲学传统在某个历史阶段的完成者，也是本原论哲学内在逻辑的一个完成者。在随后的哲学史上，他又是一个新的开端，成为后世哲学家的又一个历史的本原。

当然，从柏拉图到普罗提诺中间隔着亚里士多德、学园派、中期柏拉图主义等漫长的思想史，加上近年来重新引起学者兴趣的柏拉图的成文与未成文学说的分野，真正对此做细致的发生学研究需要一个长期的学术计划和多卷本系列才能完成。这也是本书未尽之意之一。

普罗提诺是新柏拉图主义的奠基者，这点毋庸置疑，但是，后世学者把他连同波菲利、扬布里科等人贴上"新柏拉图主义"的标签却充满误导性，这个结果导致他长期被归入"神秘主义"的阵营，而且他的"迷狂"成了哲学史上津津乐道的闲谈。英国学者多兹在近百年前极大地推动了普罗提诺研究进入学院派的学术轨道，他努力地清除了当时（乃至今日仍然残留）对普罗提诺的"神秘主义""东方主义""折中主义"的误解、偏见，从而清扫了学科领域前进的障碍。他对普罗提诺的历史评价至今仍震耳发聩："如果有人怀疑普罗提诺是一个天才人物，那么让他研究一下离普罗提诺最近的前人和后者的成就。让他浸泡一会儿斐洛和赫尔墨斯神秘主义者（Hermetists）的神智学的（theosophical）絮絮叨叨，德尔图良（Tertullian）的有毒的狂热盲信，普罗塔克的'茶桌上的'（无关紧要的）超越主义，马克西姆（Maximus）文雅的老生常谈，波菲利和蔼可亲的虔诚，[扬布里科]《论神秘》的真正不可言说的降神论的喋喋不休——让他尝试一下，然后如果他把头再次冒出水面，他就会从真正的历史视角审视普罗提诺，他会看到，在一个开始遗忘思考意味着什么的时代，普罗提诺是那位仍然知道如何清楚思考的人。"[1] 其实正如沃利斯所做的对比，

---

[1] E. R. Dodds, "The Parmenides of Plato and the Origin of the Neoplatonic 'One'", *The Classical Quarterly*, Vol. 22, No. 3/4, 1928, p. 142.

普罗提诺的历史待遇与其哲学天才对比似乎成了一种反差:"虽然他是古代晚期不可比拟的最伟大的哲学家",但是,当时的民众渴望更容易的救赎道路,而普罗提诺的哲学对他们来说太过艰深;虽然晚期新柏拉图主义者都在为《九章集》做注脚,但是普罗提诺的思想却对他们影响甚微,因为这些"学生们"正忙于"神智学"和建立包括巫术等神秘的东西在内的烦琐体系。① 总之,与同时代的人比起来,普罗提诺更像一位如柏拉图、亚里士多德那样的富有希腊传统思辨精神的哲学家。

奥古斯丁称赞柏拉图是最优秀的哲学家,因为他的学说更接近基督教神学,并认为:"普罗提诺和他的老师是这样相似,如果不是他们之间相隔的一段时期迫使我们说柏拉图在普罗提诺身上复活的话,人们一定会以为他们是同时代的人。"② "人们对普罗提诺记忆犹新,称赞他对柏拉图的理解超过其他任何人。"③ 他把普罗提诺的太一看作宇宙的创造者,把三本原称为三个位格并将其与三位一体的教义作比较,只是批评普罗提诺搞错了崇拜的方式。④

文德尔班评价说:"对神圣真理的超理性的领悟……这种天启的概念后来叫作神秘的概念。在这一点上,**新柏拉图主义是后来一切神秘主义的根源**。"⑤ 凡是谈论西方神秘主义历史的书籍几乎没有不把源头追溯到普罗提诺的。他当然是基督宗教的神秘主义传统的思想来源之一。而且他的思想在神秘主义的学理层面与苏菲主义(Sufism)、印度的奥义书(Upanisads)和薄伽梵歌传统(Bhagavadgita),甚至现代各种倡导"冥想"的灵性运动都有

---

① Richard T. Wallis, *Neoplatonism*, London: Duckworth, 1972, p. 93.
② 奥古斯丁:《驳学园派》第三卷第 18 章第 41 节,转引自王晓朝:《神秘与理性的交融:基督教神秘主义探源》,第 241—242 页。
③ 奥古斯丁:《上帝之城》第九卷第 10 章,参见第十卷第 2 章。
④ 奥古斯丁:《上帝之城》第十卷第 2 章、第 23 章。
⑤ 文德尔班:《哲学史教程》,罗达仁译,商务印书馆 2007 年版,第 306—307 页。

比较与互释的平台。① 通过我们前面对太一本原论的历史梳理，还发现在哲学史之外有一个隐秘的希腊"秘仪"来源没有深入探索，而且这一方面也是现有研究没有深入探讨的。因为不仅在前苏格拉底哲学家、苏格拉底和柏拉图的著作中多次提到秘仪，而且在普罗提诺之后的新柏拉图主义学生中间也对秘仪文化多有推崇。② 波菲利在《生平》最后附上了一段描述普罗提诺"死后升天"的神谕，也是希腊秘仪文化的反映。受叔本华启发，尼采挖掘出希腊理性的日神精神掩盖下的非理性的酒神精神，也采用"太一"生动地描绘了希腊的秘仪文化场景：

> 此时，奴隶也是自由人；此时，专横的礼教，和"可耻的习俗"，在人与人之间树立的顽强敌对的藩篱，蓦然被推倒；此时，在世界大同的福音中，人不但感到自己与邻人团结了，和解了，融洽了，而且是万众一心；仿佛"幻"的幛幔刹时间被撕破，不过在神秘的"太一"面前还是残叶似的飘零。人在载歌载舞中，感到自己是更高社团的一员；他陶然忘步，混然忘言；他行将翩跹起舞，凌空飞去！他的姿态就传出一种魅力。正如现在走兽也能作人语，正如现在大地流出乳液与蜜浆，同样从他心灵深处发出了超自然的声音。他觉得自己是神灵，他陶然神往，飘然踯躅，宛若他在梦中所见的独往独来的神物。他已经不是一个艺术家，而俨然是一件艺术品；在陶醉的战栗下，一切自然的艺术才能都显露出来，达到了"太一"的最高度狂欢的酣畅。人，这种

---

① 例如，至上意识（Paramapurusa）与太一，知识（Cit）与理智，菩提（Buddhi）与灵魂等。毕竟波菲利声称普罗提诺曾经仰慕印度哲学，不排除他曾听说过在地中海传播的印度思想的可能。当然，这也是一个长久存在争议的话题。参见 R. B. Harris, *Neoplatonism and Indian Thought*, NY: State University of New York Press, 1981.

② 参见王晓朝：《希腊宗教概论》，第 202—221 页。特别是俄耳甫斯教的末世学，关于如何恢复善的记忆、迎接灵魂的新生、灵魂轮回不朽等。

最高尚的尘土,最贵重的白石,就在这一刹那间被捏制,被雕琢;应和着这位宇宙艺术家酒神的斧凿声,人们发出尼琉息斯(Eleusis)秘仪的呐喊:"苍生呵,你们颓然拜倒了吗?世界呵,你能洞察你的创造者吗?"①

就此而言,普罗提诺的太一学说展现了希腊哲学理性与神秘交融汇聚的本来面貌。然而,这个主题不仅是跨学科的(涉及语言学、考古学、古典学、古代史、宗教史等),而且深究下去还是跨文化的(埃及、小亚细亚、两河流域、印度等希腊人所谓的"东方",还有整个地中海文化圈)。这就涉及整个古代柏拉图主义传统的"非哲学"来源的问题,或者说在这个问题上更加涉及整个"哲学"的历史起源和传播问题。希腊哲学学派中的神秘主义也不是柏拉图主义独有,甚至有时理论交织、相互影响、难以区分。例如,毕达哥拉斯学派最初就是一个秘密结社,成员不得公开教义。据说毕达哥拉斯的秘仪来自埃及,并且是奥菲斯教的改革者,"似乎是第一个将这些信仰传进希腊的人"②。其他希腊哲学家多多少少都与希腊宗教有联系,因为希腊人从读荷马史诗开始就生活在一种浓厚的宗教氛围之中。哲学脱胎于宗教,却并未断绝过对宗教或者神学的反思,理性神论传统就是最鲜明的例证。据说,柏拉图真正的教导被少数人秘密地传承着,普罗提诺的老师阿莫尼乌就是其中之一,而且他本来要求学生也要发誓保守秘密,这就像是一种"哲学的秘仪"。哲学在书写的传统之外似乎还有一个更大的口述传统,而且后者如果与我们对普罗提诺的

---

① 尼采:《悲剧的诞生》,周国平译,生活·读书·新知三联书店1986年版,第6页。参见第41页:"我们业已接触到一种深刻而悲壮的世界观的一切因素,以及悲剧的神秘教义;那就是'万物一体'这个基本认识,以及个性化是灾祸之主因,艺术是一种快乐的希望,只有打破个性的隔阂才能期望恢复原始的统一,等等概念。"
② 波菲利:《毕达哥拉斯传》,第18节,转引自王晓朝:《神秘与理性的交融:基督神秘主义探源》,第46页。

"神秘合一"的解释相符,那么古代述而不作的哲学就是一种行动的美德修炼和生活方式。①(VP.13-14)本书的研究因此在某种意义上是在一个宏大的主题上凿开了一个窗口,更多的希望只能留待后续的因缘。

太一本原论事实上影响了后续宗教的神学,特别是"上帝论"和"神秘主义"。"新柏拉图主义者普罗提诺的太一神与神创论等运用到基督教神学上来,解释教义、制定基督教神学的理论。奥古斯丁完成了柏拉图主义神学化的工作,建立了系统的基督教神学理论。"②我们要注意的是,"神秘主义"这个术语是在普罗提诺之后而不是之前。古希腊罗马的"神秘主义"——特别是秘仪文化——从其宗教历史出发是一直存在的,并且其中的某些精神成分通过柏拉图的对话融入了后续柏拉图主义的发展长河中。奥古斯丁又从普罗提诺等新柏拉图主义哲学家那里把这些神秘要素作了基督教化的处理,明确了神秘的源头和对象就是上帝。但是普罗提诺虽然有时称太一是神,但太一却不是基督教的上帝,因为他并没有依据圣经的文本去认识上帝,而是依据柏拉图的文本。因此,虽然他与基督教的神秘主义有千丝万缕的学理源流关系,但却不能简单地用"神秘主义"限定这位同时拥有深厚历史渊源和巨大原创性的哲学家。因为后世神秘主义强调个体性,这将导致许多难以作历史追溯的问题,例如,不同的神秘主义实践途径是否有相同的神秘主义体验?不同宗教的神秘主义最后到达的是否是同一位上帝?

普罗提诺的太一并非一种非理性的"迷狂"带来的幻觉,其根据也并非感觉或体验,它既是古代希腊哲学理性神论的发展,也是综合各哲学部门理性推导所得出的结果,恰恰就是哲学家

---

① 他们对哲学口头论辩和说服的重视胜过或者至少与书写等同。而且写作的"学者"与实践的"哲学家"是有区分的。

② 王晓朝:《神秘与理性的交融:基督教神秘主义探源》,第50页。

"爱智慧"的对象——智慧的本原。普罗提诺的太一本原论是一个完整的体系，他以柏拉图主义为主线反思和整合希腊哲学传统，在古代晚期成为各派哲学家与宗教家共同借用的背景话语。在这个意义上，他的太一学说是希腊哲学的绝唱：从第一位哲学家泰勒斯追问"世界的本原是什么"开始，"本原之问"贯穿希腊哲学历史，普罗提诺以"太一"为最后和最响亮的回答。因为"信仰寻求理解"的宗教探索与哲学的理性思维异曲同工，后世神秘主义的哲学或宗教在他那里找到了论述"不可言说者"的精妙理论之网。神秘主义者在普罗提诺这里也找到了终极关怀的慰藉之路，或者说"灵魂上升的阶梯"。因为他阐明了灵魂和万物都已经在太一之中，一直合一，从未分离，因此他也指出了一条回归自我的实践道路，帮助爱智慧者消除外在世界的纷扰和理智自身的怀疑，在认识真理的无尽道路之中与万物和谐共在，在对无限者的沉思中澄明地顿悟生命的意义和存在的喜悦。

参考文献

一、外文文献

Adam, J., 1902, *The Republic of Plato*, Cambridge: University Press.

Ahbel-Rappe, S., 2000, *Reading Neoplatonism: Non-Discursive Thinking in the Texts of Plotinus, Proclus, and Damascius*, Cambridge, New York: Cambridge University Press.

Alexandrakis, A., 1998, "Plotinus' Aesthetic Approach to the One", *Philosophia: Yearbook of the Research Center for Greek Philosophy at the Academy of Athens*, 27-28, pp. 224-235.

Anton, J. P., 1977, "Some Logical Aspects of the Concept of 'Hypostasis' in Plotinus", *The Review of Metaphysics*, 31, (2), pp. 258-271.

Armstrong, A. H., 1936, "Plotinus and India", *The Classical Quarterly*, 30, (1), pp. 22-28.

Armstrong, A. H., 1937, "'Emanation' in Plotinus", *Mind*, 46, (181), pp. 61-66.

Armstrong, A. H., 1938, "The Gods in Plato, Plotinus, Epicurus", *The Classical Quarterly*, 32, (3/4), pp. 190-196.

Armstrong, A. H., 1940, *The Architecture of the Intelligible*

Universe in the Philosophy of Plotinus: An Analytical and Historical Study, Cambridge: Cambridge University Press.

Armstrong, A. H., 1953, *Plotinus*, London: Allen and Unwin.

Armstrong, A. H., 1954, "Plotinus's Doctrine of the Infinite and Christian Thought", *The Downside Review*, 73, (231), pp. 47-58.

Armstrong, A. H., 1966-1982, *Plotinus*, London: Heinemann.

Armstrong, A. H., 1967, *The Cambridge History of Later Greek and Early Medieval Philosophy*, London: Cambridge University Press.

Armstrong, A. H., 1977, "Form, Individual and Person in Plotinus", *Dionysius*, 1, pp. 49-68.

Armstrong, A. H., 1979, *Plotinian and Christian Studies*, London: Variorum Reprints.

Armstrong, A. H., 1984, *Plotinus 5. Ennead V, 1-9*, Cambridge, Mass.: Harvard University Press.

Armstrong, A. H., 1988, *Plotinus 7, Enneads Vi, 6-9*, Cambridge, Mass.: Harvard University Press.

Armstrong, A. H., 1988, *Plotinus,* in seven volumes, Cambridge, Mass.: Harvard University Press.

Armstrong, A. H., 1991, *Hellenic and Christian Studies*[D], Brookfield: Gower.

Arnou, R., 1921, *Le désir de Dieu dans la philosophie de Plotin*, Paris: Alcan.

Atherton, J. P., 1976, "The Neoplatonic 'One' and the Trinitarian 'Apxh': The Conflict Over the Unity of the Principle and Its Relation to the 'Identity' of the Absolute in Schelling and Hegel", in Harris, R. Baine(ed.), *The Significance of Neoplatonism*, Norfolk, Va.; Albany: International Society for Neoplatonic Studies, Old Dominion University; distributed by State University of New York Press, pp. 173-185.

Atkinson, M., 1983, *Plotinus: Ennead V. 1, on the Three Principal Hypostases: A Commentary with Translation*, New York: Oxford University Press.

Blumenthal, H. J., 1971, *Plotinus' Psychology: His Doctrines of the Embodied Soul*, The Hague: Nijhoff.

Blumenthal, H. J., 1987, "Plotinus in the Light of Twenty Years' Scholarship, 1951-1971", in Haase, W. (ed.), *Aufstieg und Niedergang der Römischen Welt*, Berlin and New York: De Gruyter, S. 528-570.

Blumenthal, H. J., Markus R. A., Armstrong. A. H., 1981, *Neoplatonism and Early Christian Thought: Essays in Honour of A. H. Armstrong*, London: Variorum Publications.

Bréhier, E., 1924-1938, *Plotin: Ennéades*, Paris: Les Belles Lettres.

Bréhier, E., 1958, *The Philosophy of Plotinus*, Chicago: University of Chicago Press.

Bussanich, J., 1988, *The One and Its Relation to Intellect in Plotinus: A Commentary on Selected Texts*, New York: E.J. Brill.

Bussanich, J., 1996, "Plotinus's Metaphysics of the One", in Gerson, Lloyd P. (ed.), *The Cambridge Companion to Plotinus*, New York: Cambridge University Press, pp. 39-65.

Caluori, D., 2015, *Plotinus on the Soul*, Cambridge: Cambridge University Press.

Cilento, V., 1947-1949, *Plotini Enneades*, Bari: Laterza.

Clark, S. R. L., 2009, "Plotinian Dualisms and the 'Greek' Ideas of Self", *Journal of Chinese Philosophy*, 36, (4), pp. 554-567.

Clark, S. R. L., 2016, *Plotinus: Myth, Metaphor, and Philosophical Practice*, Chicago: University of Chicago Press.

Cooper, J. M., Hutchinson, D. S., 1997, *Plato's Complete Works*,

Indianapolis, Ind.: Hackett Publication.

Corrigan, K., 1985, "The Irreducible Opposition Between the Platonic and Aristotelian Conceptions of Soul and Body in Some Ancient and Mediaeval Thinkers", *Laval theologique et philosophique*, 41, pp. 391-401.

Corrigan, K., 1986, "Plotinus, 'Enneads' 5, 4 [7], 2 and Related Passages: A New Interpretation of the Status of the Intelligible Object", *Hermes*, 114, (2), pp. 195-203.

Corrigan, K., 1986, "Is there More than One Generation of Matter in the Enneads?" *Phronesis*, 31, (2), pp. 167-181.

Corrigan, K., 1996a, *Plotinus' Theory of Matter-Evil and the Question of Substance: Plato, Aristototle, and Alexander of Aphrodisias*, Leuven: Peeters.

Corrigan, K., 1996b, " 'Solitary' Mysticism in Plotinus, Proclus, Gregory of Nyssa, and Pseudo-Dionysius", *The Journal of Religion*, 76, (1), pp. 28-42.

Corrigan, K., O'Cleirigh, P., 1987, "The Course of Plotinian Scholarship from 1971 to 1986", in Haase, W. (ed.), *Aufstieg und Niedergang der Römischen Welt*, Berlin and New York: De Gruyter, S. 571-623.

Corrigan, K., 2005, *Reading Plotinus: A Practical Introduction to Neoplatonism*, West Lafayette, Indiana: Purdue University Press.

Costello, E. B., 1967, "Is Plotinus Inconsistent on the Nature of Evil?" *International Philosophical Quarterly*, 7, pp. 483-497.

Creuzer, G. F., 1835, *Plotini Enneades*, Oxford: E Typographeo Academico.

Deck, J. N., 1967, *Nature, Contemplation, and the One: A Study in the Philosophy of Plotinus*, Toronto: University of Toronto Press.

Diels, H., 1922, *Die Fragmente der Vorsokratiker: Nachträge zusammen Gestellt für die Besitzer der Dritten Auflage*, Berlin: Weidmannsche Buchhandlung.

Diels, H., Kranz, W., 1959, *Die Fragmente der Vorsokratiker*, Berlin-Charlottenburg: Weidmann.

Dillon, J. M., Smith, A., 2012- , *Plotinus: The Enneads of Plotinus with Philosophical Commentaries*, Las Vegas, Zurich, Athens: Parmenides Publishing.

Dodds, E. R., 1928, "The Parmenides of Plato and the Origin of the Neoplatonic 'One'", *The Classical Quarterly*, 22, (3/4), pp. 129-142.

Dodds, E. R., et al., 1957, *Les sources de Plotin: dix Exposés et discussions par vandoeuvres-Genève, 21-29 Août 1957*, Genève: Vandoeuvres.

Dodds, E. R., 1960, "Tradition and Personal Achievement in the Philosophy of Plotinus", *The Journal of Roman Studies*, 50, (Parts 1 and 2), pp. 1-7.

Dodds, E. R., 1965, *Pagan and Christian in an Age of Anxiety: Some Aspects of Religious Experience from Marcus Aurelius to Constantine*, London: Cambridge University Press.

Dufour, R., 2002, *Plotinus: A Bibliography 1950-2000*, Leiden: Brill.

Edwards, P., 1967, *The Encyclopedia of Philosophy*, New York: Macmillan.

Eliasson, E., 2008, *The Notion of that Which Depends on Us in Plotinus and Its Background*, Leiden, Boston: Brill.

Emilsson, E. K., 1988, *Plotinus on Sense-Perception: A Philosophical Study*, New York: Cambridge University Press.

Emilsson, E. K., 1994, "Plotinus' Ontology in Ennead VI. 4 and 5",

Hermathena: A Dublin University Review, 157, pp. 87-101.

Emilsson, E. K., 2007, *Plotinus on Intellect*, Oxford: Oxford University Press.

Emilsson, E. K., 2017, *Plotinus*, NY: Routledge.

Ficino, M., Creuzer, G. F., Moser, G. H., et al., 1835, *Opera Omnia*, Oxonii: E Typographeo Academico.

Findlay, J. N., 1970, *Ascent to the Absolute*, NY: Humanities Press.

Findlay, J. N., 1974, *Plato: The Written and Unwritten Doctrines*, NY: Humanities Press.

Findlay, J. N., 1978, *Plato and Platonism: An Introduction*, NY: Times Books.

Frede, D., Inwood, B., 2008, *Language and Learning: Philosophy of Language in the Hellenistic Age*, Cambridge: Cambridge University Press.

Freeman, K., Diels, H., 1948, *Ancilla to the Pre-Socratic Philosophers: A Complete Translation of the Fragment in Diels, Fragmente der Vorsokratiker*, Cambridge: Harvard University Press.

Fuller, B. A. G., 1912, *The Problem of Evil in Plotinus*, Cambridge: Cambridge University Press.

Gatti, M. L., 1996, "Plotinus: The Platonic Tradition and the Foundation of Neoplatonism", in Gerson, L. P.(ed.), *The Cambridge Companion to Plotinus*, New York: Cambridge University Press.

Gerson, L. P., 1993, "Plotinus's Metaphysics: Emanation Or Creation?" *Review of Metaphysics*, 46, (3), pp. 559-574.

Gerson, L. P., 1994, *Plotinus*, New York: Routledge.

Gerson, L. P., 1996, *The Cambridge Companion to Plotinus*, New York: Cambridge University Press.

Gerson, L. P., 1997, "The Study of Plotinus Today", *American*

Catholic Philosophical Quarterly, 71, (3), pp. 293-300.

Gerson, L. P., 2010, *The Cambridge History of Philosophy in Late Antiquity*, Cambridge [u.a.]: Cambridge University Press.

Gerson, L. P., Dillon, J. M., 2004, *Neoplatonic Philosophy: Introductory Readings*, Indianapolis, IN: Hackett Pub.

Glare, P. G. W., 1968, *Oxford Latin Dictionary*, Oxford: Clarendon Press.

Gordon, H. C., 1949, "Plotinus on the Eternity of the World", *The Philosophical Review*, 58, (2), pp. 130-140.

Gurtler, G. M., 1988, *Plotinus: The Experience of Unity*, New York: P. Lang.

Haase, W., Temporini, H., 1981, *Aufstieg und Niedergang der Römischen Welt: Geschichte und Kultur Roms im Spiegel der Neueren Forschung*, Ii, Principat / Einunddreisigster Band, *Sprache und Literatur: Literatur der Augusteischen Zeit: Einzelne Autoren, Forts*, Berlin: W. De Gruyter.

Hadot, P., 1993, *Plotinus, Or, the Simplicity of Vision*, Chicago: University of Chicago Press.

Harder, R., Beutler, R., Theiler, W., 1956-1970, *Plotins Schriften I-VI*, Hamburg: Felix Meiner.

Harris, R. B., 1981, *Neoplatonism and Indian Thought*, NY: State University of New York Press.

Henry, P., Schwyzer, H., 1951-1973, *Plotini Opera I-III*, Paris: Desclée de Brouwer.

Henry, P., Schwyzer, H., 1964-1982, *Plotini Opera I-III*, Oxford: Clarendon Press.

Inge, W. R., Plotinus, 1929, *The Philosophy of Plotinus*, the third edition, London: Longmans & Co.

Katz, J., 1950, *Plotinus' Search for the Good*, New York: King's Crown Press.

Kirchhoff, A., 1856, *Plotini Oera*, Leipzig: Teubner.

Lekkas, G., 2005, "Plotinus: Towards an Ontology of Likeness (on the One and Nous)", *International Journal of Philosophical Studies*, 13, (1), pp. 53-68.

Liddell, H. G., Scott, R., 1996, *A Greek-English Lexicon*, Oxford: Clarendon Press.

Lloyd, A. C., 1986, "Non-Propositional Thought in Plotinus", *Phronesis*, 31, (3), pp. 258-265.

MacKenna, S., Dillon, J. M., 1991, *The Enneads*, London: Penguin.

Majumdar, D., 2007, *Plotinus on the Appearance of Time and the World of Sense: A Pantomime*, Aldershot: Ashgate.

McGroarty, K., 2006, *Plotinus on Eudaimonia: A Commentary on Ennead I.4*, Oxford: Oxford University Press.

Meijer, P. A., 1992, *Plotinus on the Good Or the One (Enneads Vi, 9): An Analytical Commentary*, Amsterdam: J. C. Gieben.

Nikulin, D., 1998, "The One and the Many in Plotinus", *Hermes*, 126, (3), pp. 326-340.

Noel, Hubler J., 2008, "Locating the Cosmos in the Divine and the Body in the Soul: A Plotinian Solution to Two of the Great Dualisms of Modern Philosophy", *International Philosophical Quarterly*, 48, (3), pp. 321.

O'Brien, E., 1964, *The Essential Plotinus; Representative Treatises from the Enneads*, 2nd ed., New York: New American Library.

O'Brien, J. D., 1976, *The Form of the Good in the "Republic" and Other Middle Dialogues*, Yale University.

Okano, R., 2007, "Philosophical Grounds for Mystical Intuition in

Plotinus", *Dionysius*, 25, pp. 93-114.

O'Meara, D. J., 1992, "The Freedom of the One", *Phronesis*, 37, (3), pp. 343-349.

O'Meara, D. J., 1993, *Plotinus: An Introduction to the Enneads*, Oxford: Oxford University Press.

O'Meara, D. J., 1996, "The Hierarchical Ordering of Reality in Plotinus", in Gerson, Lloyd P. (ed.), *The Cambridge Companion to Plotinus*, New York: Cambridge University Press, pp. 67-80.

Oosthout, H., 1991, *Modes of Knowledge and the Transcendental: An Introduction to Plotinus Ennead 5.3*, Amsterdam: J. Benjamins.

Ousager, A., 2004, *Plotinus on Selfhood, Freedom and Politics*, Aarhus: Aarhus University Press.

Ousager, A., 2008, "Plotinus on the Relationality of Plato's Good", *Ancient Philosophy*, 28, (1), pp. 125-151.

Perl, E. D., 1997, "The Power of All Things the One as Pure Giving in Plotinus", *American Catholic Philosophical Quarterly*, Vol. LXXI, (No. 3), pp. 301-313.

Peters, F. E., 1967, *Greek Philosophical Terms: A Historical Lexicon*, New York: New York University Press.

Philostratus, Eunapius, 1922, *Philostratus and Eunapius: The Lives of the Sophists*, Wright, C. W. (tran.), London: W. Heinemann.

Pilavachi, P. K. T. B., 2014, *The "Enneads" of Plotinus: A Commentary*, Volume 1, Princeton University Press.

Proclus, Taylor T., Prometheus, Trust, 1994, *Proclus' Elements of Theology*, Frome, Somerset: Prometheus Trust.

Radice, R., Bombacigno, R. (ed.), 2004, *Plotinus*, 1st ed, Milano: Biblia.

Remes, P., 2007, *Plotinus on Self: The Philosophy of the "We"*,

Cambridge: Cambridge University Press.

Remes, P., 2008, *Neoplatonism*, Berkeley: University of California Press.

Rist, J. M., 1961, "Plotinus on Matter and Evil", *Phronesis: A Journal of Ancient Philosophy*, 6, pp. 154-166.

Rist, J. M., 1962a, "The Neoplatonic One and Plato's Parmenides", *Transactions and Proceedings of the American Philological Association*, 93, pp. 389-401.

Rist, J. M., 1962b, "Theos and the One in Some Texts of Plotinus", *Mediaeval Studies*, 24, pp. 169-180.

Rist, J. M., 1962c, "The Indefinite Dyad and Intelligible Matter in Plotinus", *The Classical Quarterly*, 12, (1), pp. 99-107.

Rist, J. M., 1964, *Eros and Psyche: Studies in Plato, Plotinus, and Origen*, Toronto: University of Toronto Press.

Rist, J. M., 1965, "Monism: Plotinus and Some Predecessors", *Harvard Studies in Classical Philology*, 69, pp. 329-344.

Rist, J. M., 1967, *Plotinus: The Road to Reality*, Cambridge: Cambridge University Press.

Rist, J. M., 1973, "The One of Plotinus and the God of Aristotle", *The Review of Metaphysics*, 27, (1), pp. 75-87.

Rist, J. M., 1989, "Back to the Mysticism of Plotinus: Some More Specifics", *Journal of the History of Philosophy*, 27, pp. 183-197.

Rist, J. M., 1996, "Plotinus and Christian Philosophy", in Gerson, Lloyd P.(ed.), *The Cambridge Companion to Plotinus*, New York: Cambridge University Press, pp. 386-413.

Robertson, D., 2008, *Word and Meaning in Ancient Alexandria: Theories of Language from Philo to Plotinus*, Aldershot, England; Burlington, VT: Ashgate.

Ross, D. L., 1996, "Thomizing Plotinus: A Critique of Professor Gerson", *Phronesis: A Journal of Ancient Philosophy*, 41, (2), pp. 197-204.

Ross, W. D., 1908, *The Works of Aristotle*, Oxford: Oxford University Press.

Schroeder, F. M., 1978, "The Platonic Parmenides and Imitation in Plotinus", *Dionysius*, 2, pp. 51-73.

Schroeder, F. M., 1986, "Conversion and Consciousness in Plotinus, 'Enneads' 5, 1 [10], 7", *Hermes*, 114, (2), pp. 186-195.

Schroeder, F. M., 1987, "Ammonius Saccas", in Haase, W. (ed.), *Aufstieg und Niedergang der Römischen Welt*, Berlin and New York: De Gruyter, S. 493-527.

Schroeder, F. M., 1992, *Form and Transformation: A Study in the Philosophy of Plotinus*, Montreal: McGill-Queen's University Press.

Schroeder, F. M., 1996, "Plotinus and Language", in Gerson, Lloyd P. (ed.), *The Cambridge Companion to Plotinus*, New York: Cambridge University Press, pp. 336-355.

Sells, M. A., 1994, *Mystical Languages of Unsaying*, Chicago: University of Chicago Press.

Sells, M., 1985, "Apophasis in Plotinus. A Critical Approach", *The Harvard Theological Review*, 78, (1/2), pp. 47-65.

Simplicius, Diels H., 1882, "Preussische Akademie der Wissenschaften", in *Aristotelis Physicorum Libros Quatuor Priores [-Posteriores] Commentaria*, Berolini: G. Reimeri.

Slaveva-Griffin, S., 2009, *Plotinus on Number*, Oxford: Oxford University Press.

Sleeman, J. H., Pollet, G., 1980, *Lexicon Plotinianum*, Leiden: Brill.

Stamatellos, G., 2007, *Plotinus and the Presocratics: A Philosophical*

Study of Presocratic Influences in Plotinus' Enneads, Albany: State University of New York Press.

Steel, C., 1991, "The One and the Good: Some Reflections on a Neoplatonic Identification", in Vanderjagt, Arjo, Paitzold, Derlev (ed.), *The Neoplatonic Tradition Jewish, Christian and Islamic Themes*, Köln: Dinter, pp. 9-20.

Taylor, A. E., 1919, "Review: The Philosophy of Plotinus. By William Ralph Inge", *Mind*, 28, (110), pp. 238-245.

Taylor, A. E., 1956, *Plato: The Man and His Work*, New York: Meridian Books.

Taylor, T., 1895, *Select Works: With an Introd. Containing the Substance of Porphyry's Life of Plotinus*, a new Ed. with Pref. and Bibliogr. by G. R. S. Mead, London: Bell.

Urbano, A. P., 2013, *The Philosophical Life: Biography and the Crafting of Intellectual Identity in Late Antiquity*, Washington, D.C.: Catholic University of America Press.

Wallis, R. T., 1972, *Neoplatonism*, London: Duckworth.

Wallis, R. T., Gerson, L. P., 1995, *Neoplatonism*, Indianapolis: Hackett.

Watson, J., 1928, "The Philosophy of Plotinus", *The Philosophical Review*, 37, (5).

Wilberding, J., 2006, *Plotinus' Cosmology: A Study of Ennead II. 1 (40): Text, Translation, and Commentary*, Oxford: Oxford University Press.

Yhap, J., 2003, *Plotinus on the Soul: A Study in the Metaphysics of Knowledge*, London: Susquehanna University Press.

Yount, D. J., 2014, *Plotinus the Platonist: A Comparative Account of Plato and Plotinus' Metaphysics*, NY: Bloomsbury.

二、中文文献

奥古斯丁:《上帝之城》,王晓朝译,北京:人民出版社 2006 年版。

北京大学哲学系外国哲学史教研室编:《西方哲学原著选读》上,北京:商务印书馆 2004 年版。

波普尔:《客观知识——一个过化论的研究》,舒炜光等译,上海:上海译文出版社 1987 年版。

柏拉图:《柏拉图全集》,王晓朝译,北京:人民出版社 2003 年版。

柏拉图:《巴曼尼得斯篇》,陈康译注,北京:商务印书馆 2009 年版。

陈越骅:《古代语言与知识的关系范式新探:跨文化视域中的言意之辨》,《学术月刊》2013 年第 5 期。

陈越骅:《柏拉图的至善之谜》,《道德与文明》2013 年第 3 期。

陈越骅:《跨文化视野中的奥古斯丁:拉丁教父的新柏拉图主义源流》,杭州:浙江大学出版社 2014 年版。

范明生:《柏拉图哲学述评》,上海:上海人民出版社 1984 年版。

黑格尔:《哲学史讲演录》,贺麟、王太庆译,北京:商务印书馆 1996 年版。

寇爱林:《心向上帝的旅程》,上海:复旦大学 2005 年博士学位论文。

第欧根尼·拉尔修:《名哲言行录》(希汉对照本),徐开来、溥林译,桂林:广西师范大学出版社 2010 年版。

李北达、霍恩比:《牛津高阶英汉双解词典》第 4 版增补本,北京:商务印书馆 1997 年版。

刘玉鹏:《自净其心:普罗提诺灵魂学说研究》,杭州:浙江大学出版社 2008 年版。

迈克尔·波兰尼:《个人知识:迈向后批判哲学》,许泽民译,贵阳:贵州人民出版社 2000 年版。

T. M. 罗宾森:《赫拉克利特著作残篇》,楚荷译,桂林:广西师范大学出版社 2007 年版。

罗素:《西方哲学史:及其与从古代到现代的政治、社会情况的联系》,何兆武、李约瑟译,北京:商务印书馆 2009 年版。

庞希云:《普罗提诺"太一"说:古希腊文论神化的阶梯》,《上海师范大学学报(哲学社会科学版)》2005 年第 6 期。

普罗提诺:《九章集》,石敏敏译,北京:中国社会科学出版社 2009 年版。

钱锺书:《谈艺录》,北京:生活·读书·新知三联书店 2007 年版。

石敏敏:《普罗提诺的"是"的形而上学》,上海:上海人民出版社 2005 年版。

石敏敏:《古代晚期西方哲学的人论》,北京:中国社会科学出版社 2007 年版。

宋继杰:《柏拉图〈蒂迈欧篇〉35A 1—B 3 的翻译及其学理依据》,《哲学译丛》2001 年第 1 期。

宋继杰:《BEING 与西方哲学传统》,保定:河北大学出版社 2002 年版。

汪子嵩、王太庆编:《陈康:论希腊哲学》,北京:商务印书馆 1990 年版。

汪子嵩:《亚里士多德关于本体的学说》,北京:人民出版社 1997 年版。

汪子嵩、范明生、陈村富、姚介厚:《希腊哲学史》第一卷,北京:人民出版社 1997 年版。

汪子嵩、陈村富、包利民、章雪富：《希腊哲学史》第四卷，北京：人民出版社 2010 年版。

王路：《"是"、"所是"、"是其所是"、"所是者"——关于亚里士多德〈形而上学〉中几个术语的翻译》，《哲学译丛》2000 年第 2 期。

王路：《"是"与"真"：形而上学的基石》，北京：人民出版社 2003 年版。

王强：《普罗提诺终末论思想研究》，北京：人民出版社 2014 年版。

王晓朝：《希腊宗教概论》，上海：上海人民出版社 1997 年版。

王晓朝：《神秘与理性的交融：基督教神秘主义探源》，杭州：杭州大学出版社 1998 年版。

王晓朝：《希腊哲学简史》，上海：上海三联书店 2007 年版。

王晓朝：《对"是"必须作语境化的处理》，《江苏行政学院学报》2009 年第 1 期。

王晓朝：《"是"的用法和意义不能混淆》，《世界哲学》2010 年第 4 期。

王晓朝：《跨文化视野下的希腊形上学反思》，北京：人民出版社 2014 年版。

王亚平：《基督教的神秘主义》，北京：东方出版社 2001 年版。

文德尔班：《哲学史教程》，罗达仁译，北京：商务印书馆 2007 年版。

先刚：《柏拉图的本原学说——基于未成文学说和对话录的研究》，北京：生活·读书·新知三联书店 2014 年版。

亚里士多德：《亚里士多德全集》，苗力田译，北京：中国人民大学出版社 1992 年版。

张映伟：《普罗提诺论恶：〈九章集〉1 卷 8 章解释》，上海：华东师范大学出版社 2006 年版。

章雪富：《希腊哲学的 Being 和早期基督教的上帝观》，北京：中国社会科学出版社 2005 年版。

赵敦华：《柏罗丁》，台北：东大图书股份有限公司 1998 年版。

朱光潜：《朱光潜全集》第六卷，合肥：安徽教育出版社 1990 年版。

后　记

呈现在读者面前的这本书是笔者的第二本学术专著。但它实际上是本人踏入专业学术训练之后开始的第一个研究主题。从选题、学习、研读、撰写到成稿大概用了六年时间，其中的哲思时时萦绕心头，偶有"新得"就随笔添加，文稿辗转在多个电脑硬盘中又过了六载春秋。所以本书因各种机缘齐备而终以实物形式出版，实在是令我感激这一路上的诸位良善。

我第一位要感谢的是恩师王晓朝教授！2005年我考入清华大学哲学系，有幸跟从先生治古代哲学与宗教思想史。从硕士入学到博士毕业，王老师在学术上对我精心指导，同我一起选定研究题目，给我指明了前沿方向；给我提供许多相关材料，带我在专业领域登堂入室；鼓励我掌握研究所需的古代语言；给我翻译任务让我打下良好的工作语言基础；帮我联系了各种参会和访学机会，让我大开眼界；百忙之中为我撰写本书序言……更重要的是，先生孜孜不倦的言传身教、严谨求是的治学精神、勤奋踏实的治学态度都将使我终身受益！同时要感谢老师和师母一家人在生活上一直给予我的亲切关怀！

在清华大学五年的研究生时光，与许多不同专业的老师和同学的交往，让我得到许多治学方法的熏陶、跨专业灵感的碰撞和行胜于言的教诲，并且收获了友谊和难忘的回忆。在研究上，尤其感谢清华大学哲学系的老师们以及同窗学友们的热情帮助和点拨！时任系主任万俊人老师从第一堂课给我们讲解哲学为何是"无用之大用"开始，就一直勉励着我们在哲学道路上坚守初心。印象最深刻的是他在我博士论文答辩结束之后亲切的关心和鼓励。感谢邹广文老师、艾四林老师、卢风老师、胡伟希老师、王路老师、田薇老师、肖鹰老师、贝淡宁老师、韩立新老师、肖巍老师、韦政翔老师、唐少杰老师、唐文明老师、宋继杰老师、彭国翔老师、朱东华老师等带领我在课堂上研读经典或者平日里的春风化雨。感谢最早认识的张言亮师兄，陈浩、马明辉同学，他们给了我对哲学学习最初的想象。感谢硕士同级的张春峰、王喜文、余佳、郝学羽、左希、孙凌凌、萧歌、毛静、苏子媖、安炫泽、朱嘉、肖彪，博士同级的淘涛、田超、陶峰、齐安瑾、董玲、李巍、蔡利民、蔡志军、胡明艳、张姝艳诸位同学，以及詹文杰、陈凯、石鹏、李树琴、武云、王瑛、朴寅哲、匡钊、李义天、任多伦、胡可涛、张容南、谢惠媛、刘隽、张娟娟、弭维、龙希成、李成旺、周谨平、周志荣、张惠娜、朱慧玲、解文光、胡玉华、陈前辉、刘玮等各位师兄师姐的同窗之谊。感谢郑伟平师兄和杨仕健同学在我毕业和访学期间帮助甚多。感谢时常激发文史哲讨论的王水涣、常永强、钱得运、牛敬飞、李飞跃、张胜波、刘晓亮、周晓佳、盛传捷、文贤庆、乔治娜等同学。感谢在我担任"西方哲学精神探源"课程助教期间的讨论班同学，你们积极的参与也给了我讲述和辩护哲学见解的机会。还有许多院系的朋友同学我都铭记于心，在此恕不一一列出。

2009—2010年，我以联合培养博士生身份在加拿大多伦多大学哲学系做了为期一年的访学，承蒙合作导师普罗提诺专家罗伊德·格尔森（Lloyd Gerson）教授的热心指导与帮助。他的课程、与他的谈话以及他所赠送的书籍让我对研究课题的理解有豁然开朗的突破。感谢时任加拿大国家古典哲学研究讲座教授、CPAMP主任布拉德·英伍德（Brad Inwood）教授（现任美国耶鲁大学哲学系与古典学系双聘教授）在我的希腊语和拉丁语学习、课程选修和学术资源方面给予热心的指导和帮助。感谢温伟耀教授和太太勒妮（Renee）及其友人对我在生活上的照顾和灵感上的启发。感谢多伦多大学东亚研究中心主任沈青松教授及中国哲学研读小组所有成员的鼓励和建议。感谢多伦多大学哲学系博士生休·洪特尔（Hugh Hunter）和彼得·大卫（Peter David）在多次学术讨论中给予的肯定和帮助！感谢国家留学基金委、中国驻多伦多总领事馆在访学方面的支持和帮助！感谢香港道风研究所，特别是杨熙楠总监在学术交流上给予的慷慨支持！

2011年至今，我在浙江大学进行宗教学博士后研究并留校任教，让我有机会沉潜深耕本书相关课题。我的第一本专著《跨文化视野中的奥古斯丁：拉丁教父的新柏拉图主义源流》就得到了浙江大学董氏文史哲研究奖励基金的出版资助，本书又继续得到资助。感谢董氏基金会和中央"双一流"经费资助，感谢浙大社科院诸位领导的支持和赵怡老师的协助。这种帮助年轻学者成长与传播人文学术的热诚让人感动和温暖。工作期间，我陆续主持的高校自主创新课题、国家博士后科学基金、教育部社科基金青年项目、国家社科基金青年项目、国家社科基金重大项目子课题等也对本书的完善有襄助之功。感谢哲学界和宗教学界的前辈同仁在各种学术会议和交流场合给予我学术共同体的支持。感谢两位已经毕业的硕士生范时佳和刘世锦，他们是我日常工作的好助教和助研。感谢我担任班主任的本科生班和研究生班同学、选修相关课程的同学，你们让我真切感受何为教学相长。在上一本书的后记中我感谢了杭州诸位师长和同事，在此除了再一次致谢，还要特别感谢陈村富老师、罗卫东老师、黄华新老师、楼含松老师、王志成老师、董平老师、章雪富老师、王俊老师的指导和关怀！

自从初稿完成以来，随着研究视野的开阔和知识的积累，我断断续续修改本书,但是集中修改终稿的时机恰好是在 2016—2017 年本人在耶鲁大学做为期一年的访问学者期间。耶鲁大学提供了丰富和便利的图书资源,同时与学者交往、上课和同行讨论都给了本书许多新的思考。感谢合作导师斯特林教授（Prof. Sterling）以及司马懿教授（Prof. Starr）。感谢在耶鲁同帮互助的中国学者们,你们给了我在异国他乡亲人般的温暖。还要再次感谢国家留学基金委和纽约领事馆在访学方面的帮助,因为来自祖国的强大支持才让青年学者得到越来越多参与世界学术交流的机会。

本书得以顺利出版,背后有许多重要的流程和编辑事务。感谢商务印书馆陈小文副总编辑的推荐以及李强、王璐编辑的细致工作!

最后,千言万语不足以感谢家人无私关爱!

陈越骅
2017 年 10 月初稿于美国耶鲁大学斯特林图书馆
2018 年 7 月修改于温哥华

图书在版编目（CIP）数据

神秘主义的学理源流：普罗提诺的太一本原论研究／陈越骅著. —北京：商务印书馆，2019
ISBN 978-7-100-16699-7

Ⅰ.①神… Ⅱ.①陈… Ⅲ.①普罗提诺（Plotinos 约204—270）-神秘主义-研究 Ⅳ.①B502.44

中国版本图书馆CIP数据核字（2018）第232964号

权利保留，侵权必究。

神秘主义的学理源流
——普罗提诺的太一本原论研究
陈越骅　著

商　务　印　书　馆　出　版
（北京王府井大街36号　邮政编码 100710）
商　务　印　书　馆　发　行
三河市尚艺印装有限公司印刷
ISBN 978-7-100-16699-7

2019年3月第1版　　开本 640×960　1/16
2019年3月第1次印刷　印张 22 1/2　插页 1

定价：68.00元